dtv

20 Tage im 20. Jahrhundert

Herausgegeben von
Norbert Frei
Klaus-Dietmar Henke
Hans Woller

Detlef Bald

Hiroshima, 6. August 1945
Die nukleare Bedrohung

Deutscher Taschenbuch Verlag

Ein Überblick über die gesamte Reihe findet sich auf S. 302/303

Originalausgabe
April 1999

Umschlaggestaltung: christof berndt & simone fischer
Umschlagfoto: Atombomben-Opfer, Hiroshima 1945
(© Ullstein Bilderdienst)
Satz: Oreos GmbH, Waakirchen
Druck und Bindung: C. H. Beck'sche Buchdruckerei, Nördlingen
Gedruckt auf säurefreiem, chlorfrei gebleichtem Papier
Printed in Germany · ISBN 3-423-30607-6

Inhalt

Hiroshima, 6. August 1945

Der Morgen war still, der Ort kühl und angenehm. Da zerriß ein grauenvoller Lichtblitz den Himmel. Tanimoto erinnerte sich genau, daß der Blitz von Osten nach Westen ging, von der Stadt nach den Bergen. Es war sozusagen ein flammendes Stück Sonne« [...].[1]

»Da sah ich einen riesigen Feuerring, der die ganze Stadt umfaßte. Eine gewaltige weiße Wolke stieg aus dem Zentrum. Sie wurde immer größer, und in ihrem Innern schwoll ein gigantischer Feuerball an. Unter dem Feuerball erschien eine schwarze Wolke, verbreitete sich über die Stadt, kroch an den Bergen entlang und zog über das Ohtatal in Richtung Hesaka, Wälder, Wege, Reisfelder, Bauernhöfe und Häuser einhüllend. Ein orkanartiger Sturm wirbelte den Staub und Dreck in der Stadt empor [...].

Eine lodernde Säule schoß gen Himmel. Sie wuchs zu einer riesigen Wolke an, als wolle sie den Himmel durchstoßen. Plötzlich wurde mir eiskalt, Angst kroch in mir hoch. ›Was ist das?‹ So etwas hatte ich noch nie gesehen. Die riesige Wolke war immer größer geworden, als wolle sie ganz Hiroshima unter sich begraben. Ein Sturmwind fuhr durch die Blätter, die Schreie der Dorfbewohner drangen herüber. Der aufgewirbelte Sand lag wie ein Nebel über uns. Die riesige Wolke schwoll weiter an und leuchtete in allen Farben, als wolle sie den Glanz des Himmels übertreffen.

Hiroshima war eine Wüste. Die Stadt war innerhalb eines einzigen Tages in Schutt und Asche gelegt worden. Das Wasser in der Bucht von Hiroshima glitzerte im Sonnenlicht, davor standen nur noch wenige Häuserruinen [...].

Als ich über den Rasen ging, sah ich Soldaten, die nebeneinander auf der Erde lagen. Sie waren beim Exerzieren getroffen worden. Bei allen waren die linke Gesichtshälfte und der linke Arm verbrannt. Ich beschleunigte meine Schritte und gelangte zur Burg.

Große Lotusblätter lagen auf dem Wasser des Burggrabens, und im Schatten der massiven Steinmauer roch es noch wie früher. Doch die alte Pinie mit ihren ausladenden Ästen lag halb im Wasser, der Stamm war der Länge nach gespalten. Fische trieben auf dem Wasser. Und die Schuppen der kleinen Fische, die noch im Wasser hin und her huschten, waren vom Blitz gebleicht worden. Der große Torturm der Burg war niedergebrannt. Aus den Trümmerhaufen züngelten Flammen. Es gab keine Wachposten mehr.«[2]

»Ich vermutete, daß es keine gewöhnliche Bombe war. Im Armeehauptquartier bekam ich manchmal Geheiminformationen mit, und einmal ging das Gerücht um, daß es Bomben von der Größe einer Streichholzschachtel gibt, die große Gebäude zerstören konnten. Ich dachte, daß diese Bombe zwar nicht dasselbe, aber etwas Ähnliches war [...]. Als ich das Feuer sah, wußte ich, daß ich umkehren und einen anderen Weg suchen mußte. Dieses Feuer am 6. August war kein gewöhnlicher Brand, es war eine Feuerwalze. Sie kam sehr rasch die Straße herauf, direkt auf mich zu [...].

Der Weg war sehr schwierig. Ich konnte keine Straße finden. Alles war zerstört, überall lagen Dachziegel, da und dort brannte es noch. Es war schwer, nicht auf die Toten zu treten [...]. Ich ging zur nächsten Ecke, und dort stand eine Straßenbahn. Ich ging hin und schaute hinein. Sie war vollbesetzt, und die Haltung der Menschen war ganz normal. Sie saßen oder sie standen und hielten sich an Bügeln fest, genau wie in den Augenblicken vor der Explosion. Nur daß sich alle in dieselbe Richtung lehnten – weg von der Detonation. Und alle waren schwarz verkohlt, ein rötliches Schwarz, und sie waren starr und steif.«[3]

»Man sah jetzt weniger Menschen auf der Straße gehen, aber eine große Anzahl saß und lag auf dem Pflaster, erbrach sich, wartete auf den Tod, starb. Die Menge der Leichen auf dem Weg nach Nagatsuka wurde immer rätselhafter [...]. Alle litten unter fürchterlichem Durst und versuchten, aus dem Fluß zu trinken. Sofort wurde ihnen übel, sie erbrachen sich, und der Brechreiz hielt den ganzen Tag an. Auch anderen wurde übel. Alle glaubten, daß es von einer Gasbombe käme, die die Amerikaner abgeworfen hätten [...). Die Verletzten waren still; keiner weinte, geschweige denn schrie vor

Schmerzen; keiner beklagte sich; von keinem der Sterbenden hörte man einen Laut; nicht einmal die Kinder weinten, und nur sehr wenige Menschen sprachen. Und als Pater Kleinsorge einigen, deren Gesicht durch eine Stichflamme fast ausgelöscht war, Wasser reichte, nahmen sie ihren Teil, erhoben sich ein wenig und verbeugten sich dankend vor ihm [...].

Der Asphalt der Straßen war durch die Hitze noch so weich und warm, daß das Gehen erschwert wurde. Unterwegs begegneten sie nur einem einzigen Menschen, einer Frau, die im Vorbeigehen sagte: ›Mein Mann ist in dieser Asche.‹«[4]

»Da starker Wirbelsturm herrschte, begannen sich halbnackte und splitternackte Körper zu bewegen, dunkel gefleckt und blutüberströmt; zu Gruppen zusammengeschlossen wankten sie, wie die Geister der Verstorbenen, davon, um in wirrer Flucht dem Inferno zu entgehen. Einer nach dem anderen fiel zu Boden und starb [...]; so schlimm waren sie verbrannt, daß die Haut sich abschälte und aus dem rohen Fleisch der Hände und Arme Blut sickerte und tropfte. Sie glichen Gespenstern.«[5]

»Er lief ins Freie und stellte mit geschultem Blick fest, daß es eine B-29 war. ›Da fliegt Mr. B.!‹ schrie er [...] – B-san (Herr B), wie die Japaner in einer Mischung von Respekt und bitterer Vertraulichkeit die B-29 nannten. Einer seiner Angehörigen rief zu ihm hinaus: ›Hast Du noch nicht genug bekommen von Mr. B.?‹«[6]

Vierzehn amerikanische Flugzeugbesatzungen waren seit September 1944 unter harten Drillbedingungen zusammengezogen worden, um für den Geheimauftrag in Übersee zu trainieren. Seit dem 1. April 1945 standen sie mit Fernbombern vom Typ Boeing B-29 Superfortress auf Tinian, einer kleinen Kalksandsteininsel der Marianen, bereit. Die 509. »Composite Group« nutzte den wenige Jahre zuvor von der japanischen Besatzung angelegten Flugplatz, der mittlerweile zu einer Drehscheibe der amerikanischen Kriegführung in Ostasien ausgebaut worden war. Auf dem damals weltweit wohl größten Luftwaffenstützpunkt gab es einen streng abgeschlossenen Teil für diese Sondereinheit. Sie hatte den Auftrag, eine neue Wunderwaffe über einer »noch unbekannten« japanischen Stadt abzuwerfen.

Im Morgengrauen des 16. Juli nahm die »USS Indianapolis« am Hunter's Point in der San Francisco Bay Fracht an Bord. Ein Kran hievte eine Kiste von fast 5 Tonnen Gewicht und 5 Metern Länge an Bord. Zwei Soldaten schulterten im Morgengrauen eine Trage für den Bleibehälter mit dem Urangeschoß. Es wurde in einer Kabine zur Sicherheit mit Bolzen festgeschweißt und von Offizieren aus Los Alamos rund um die Uhr bewacht.

Es war derselbe Morgen, an dem um 5 Uhr 29 Minuten 45 Sekunden ein künstliches Licht in Alamogordo, einem Flecken in der Wüste von New Mexico, aufstieg und von einem neuen Zeitalter kündete. Es war der Tag, der die Welt veränderte. Frank Oppenheimer sagte zu seinem Bruder Robert, der das Atombombenprojekt der USA wissenschaftlich leitete: »Und dann dieser Eindruck der bedrohenden Wolke, die über uns hing. Sie war so leuchtend purpurrot von der ganzen radioaktiven Strahlung. Und sie schien eine Ewigkeit da zu hängen [...]. Und das Donnern der Explosion. Es prallte gegen die Felsen, und dann zog es fort – ich weiß nicht, wogegen es noch alles prallte. Aber es schien gar nicht aufzuhören. Nicht wie das übliche Hallen eines Donners. Es hallte einfach in der Jornada del Muerto hin und her. Es war ein sehr grauenerregender Moment [...]. Ich glaube, das haben wir gesagt: ›Es hat funktioniert.‹«[7] Wenig später, um 8 Uhr 36, legte die »Indianapolis« in Hunter's Point von der Pier ab und passierte die Golden Gate Bridge in Richtung Tinian.

Am 2. August traf aus Washington der Einsatzbefehl ein. Die Vorbereitungen liefen planmäßig. Am Sonntag, dem 5. August, konnte man noch gemeinsam einen großen Gottesdienst feiern. In der folgenden Nacht war es dann soweit. Drei Maschinen starteten, um das Wetter über Kokura, Nagasaki und Hiroshima, den drei potentiellen Zielen, zu erkunden; ein Bomber flog nach Iwoshima, einer Station auf der halben Strecke nach Japan – eine Notmaßnahme für den Fall, daß etwas schiefgehen sollte. Dann erfolgte der Start der Dreiergruppe mit Oberst Paul Tibbets. Er war der Kommandeur und flog in dem auf den Namen »Enola Gay« getauften Bomber. Eine andere Maschine hatte Meßapparaturen an Bord, die über dem »Objekt« abzuwerfen waren, die dritte sollte Foto- und Filmaufnahmen machen. Auf dem Rollfeld verfolgten hundert Reporter den Start. Im Logbuch wurde notiert: »2.27 Uhr. Wir warfen die Motoren an. Dann rollten wir aus der Lichtflut der vielen Wochenschaukameras ins weiche Dunkel der Nacht.« Bald danach kam die Starterlaubnis.

Der leitende Waffenspezialist für die »Special Bombing Mission No. 13« nahm sich seine Checklist vor, um die Arbeit im Bombenschacht an dem stumpfnasigen, unförmigen Monstrum – »little boy« war der Name der einen Bombe – aufzunehmen. Nach vier Stunden war der Stromkreislauf geschlossen. Erleichtert verkündete Tibbets über Bordfunk: »Wir haben die erste Atombombe der Welt an Bord.« Ab 7 Uhr 09 trafen die meteorologischen Daten der Wetterbeobachter ein. Über Hiroshima lagen leichte Morgennebel. Claude Eatherly[8] signalisierte grünes Licht für den Anflug. Das dechiffrierte Telegramm an den Oberst in der Kanzel lautete: »Empfehlung: erstes Objekt.«

Die Würfel waren gefallen. Tibbets sagte dazu: »Wir waren es damals nicht gewöhnt, mit unseren Bombern in einer Höhe von neuntausend Metern zu fliegen. Für den Bombenabwurf brachte das ein neues Problem mit sich, wegen der Höhenwinde oder ›ballistischen Winde‹ wie man sie nennt. Wir wußten auch, daß wir bei so einer Waffe, nachdem wir sie ausgeklinkt hatten, nicht einfach weiterfliegen konnten, wie wir es damals in Europa und über dem Pazifik taten. Über die Explosion dieser Bombe konnte man unmöglich drüberfliegen und überleben [...]. Aus einer Entfernung von 110 Kilometern konnten wir die Stadt sehen. Und während wir näherkamen, hatten wir bestimmte Prozeduren zu erledigen. Es ging in dieser Situation um Zielerfassung und -bestätigung. [...] ›Yeah, ich bestätige das. Das ist – das ist Hiroshima.‹ [...] ›Ja, ich bestätige, das ist der zugewiesene Zielpunkt.‹ Ich selbst schaute den beiden die ganze Zeit über die Schulter, und da ich mir die Stadt anhand von Luftaufnahmen eingeprägt hatte, konnte ich ihnen nur zustimmen, denn wir hatten absolut freie Sicht, und es war so klar wie auf einem Foto [...].

Wir hatten die Explosion im Rücken, und das Flugzeug hatte nicht viele Fenster. Als die Bombe explodierte, konnte ich trotz des hellen Sonnenscheins diesen silbrigen Blitz sehen. Es war so etwas wie ein bläulich-silbernes Blitzen. Na schön, das ist etwas, was man sonst normalerweise nicht sieht [...]. Es war nur ein momentanes Zucken, und dann war es wieder vorbei. Da wußte ich, daß die Bombe explodiert war. Etwa zu diesem Zeitpunkt, als ich das spürte, saß hinten mein Heckschütze und hielt Ausschau nach der Druckwelle. Er trug eine Schweißerbrille, damit er von dem Lichtblitz nicht geblendet wurde. Und er sagte: ›Da kommt sie.‹ Er konnte sie hochkommen sehen, wie eine Fata Morgana in der Wüste.«[9]

6. August 1945, 8 Uhr 15 – das Datum brannte sich in die Geschichte ein. Hiroshima wurde zur atomaren Wüste. Der Bomberpilot funkte nach Tinian: »Ziel nach Sicht mit guten Ergebnissen bombardiert.« Der Waffenspezialist ergänzte stolz: »Ergebnisse eindeutig. In jeder Hinsicht erfolgreich.« Allein den Kopiloten beschlich angesichts der ungeheuren Detonationswolke, deren Konturen vom Himmel abstachen, ein banges Grauen: »Mein Gott, was haben wir getan?«

Der zweite »big bang«, wie J. Robert Oppenheimer das Ereignis nannte, fand am 9. August statt. Nagasaki wurde das Opfer der Plutoniumbombe – »fat man« –, die die Wirkung der Hiroshima-Bombe mit 12,5 Kilotonnen Sprengkraft des herkömmlichen Trinitrotoluols (TNT) mit etwa 22 Kilotonnen deutlich übertraf. Das Material für die dritte Bombe, deren konventionelles Gehäuse bereits nach Tinian geschafft worden war, lag schon in Wendover/Utah bereit. Die Waffentechniker sicherten im übrigen eine Erhöhung der monatlichen Produktion zu.

Die Auswirkung der beiden Explosionen war ungeheuerlich. Feuersbrünste, thermische Strahlung, Stoß- und Druckwellen der Luft in Schallgeschwindigkeit überlagerten und verschränkten die Zerstörungsenergien. Stahlgerippe- sowie Stahlbetonbauten bis zu einer Entfernung von eineinhalb Kilometern zum Detonationspunkt, einfache Häuser im Umkreis von 3 Kilometern konnten den Hitze- und Stoßwellen nicht standhalten. Doch die eigentliche Gefahr für die Menschen lag in der freigesetzten Anfangsstrahlung, die in der ersten Minute nach der Detonation emittiert wurde, und in der Rückstandsstrahlung der längerfristig induzierten Radioaktivität.

Die ungeheure Strahlenbelastung hatte die schlimmsten Folgen für die Menschen, die der Wirkung einer Atombombe ausgesetzt waren – bedrohlichste Folgewirkungen noch, als die materiellen Zerstörungen längst beseitigt waren. Statistiken können keine rechte Auskunft von dieser Realität der Vernichtung im Krieg vermitteln, von den Dimensionen der dauerhaften Folgen der Verbrennungen, der Verkrüppelungen, der genetischen Schäden, aber auch der Ängste der Betroffenen. Die Überlebenden konnten nicht sicher sein, wirklich »überlebt« zu haben; der schleichende Strahlentod erreichte sie allerorten, noch nach Jahrzehnten.

Ein Arzt berichtete aus Nagasaki: »Bei den übereinanderliegenden Körpern waren weder Tote und Lebende noch Männer und Frauen zu unterscheiden. Ihr Haar war ausnahmslos bis auf kurze Kräusel verbrannt; sie waren nur noch mit Fetzen bekleidet; ihre bloße Haut zeigte schwere Verbrennungen und war von Blut getränkt [...]. Ich griff zu, um den ersten vom Lastwagen zu heben; er hatte so schwere Verbrennungen, daß ich nicht sagen konnte, ob es sich um einen Mann oder um eine Frau handelte. Weil das Blut auf den Brandwunden geronnen und die teerartige Flüssigkeit glitschig war, rutschten meine Hände immer wieder ab [...]. Bei Männern und Frauen hing die Kleidung gleichermaßen in Fetzen. An den Menschen, die von der Taille aufwärts nackt waren, hing irgend etwas wie alte Lumpen herum. Bei näherem Hinsehen stellte ich fest, daß sich die verbrannte Haut abgelöst hatte und lose am Körper hing. Darunter war die Struktur des Fleisches deutlich zu erkennen.«[10]

Das Grauen der fortdauernden Wirkung der einmal freigesetzten Strahlung wurde zum Signum dieser neuen Waffe. Sie bedroht seit dem 6. August 1945 die Menschen. Die materiellen Zerstörungen waren nur der Anfang eines Schreckens ohne Ende. Die atomare Destruktion übertraf offenbar in ihrer Totalität sogar die Vorstellungen derer, die den Einsatz der Atombombe befürwortet hatten. Ein Augenzeuge des japanisch-amerikanischen Gesundheitsteams zur medizinischen Untersuchung der ersten Atombombenopfer beschrieb seine Eindrücke aus der Distanz von Jahrzehnten: »Nur das Straßennetz und einige Flußbrücken zeugten davon, daß es hier einmal eine Stadt gegeben hatte. Hiroshima war ganz einfach verschwunden. Es fehlten alle Anzeichen des Lebens: kein Grün, kein Gras, keine Blätter, nicht einmal Insekten belebten die Wüste [...]. Scheinbar gesunde Menschen, die schon an ihre Rettung geglaubt hatten, bekamen nach einem Monat Blutungen und Fieber, die meisten von ihnen starben bald darauf. Später häuften sich die Mißbildungen bei den Neugeborenen, die im Bauch der Mutter den Strahlungen ausgesetzt waren. Jahrelang war der Prozentsatz von Leukämie und anderen Krebserkrankungen in Hiroshima und Nagasaki [...] höher als in der übrigen japanischen Bevölkerung. Hinzu kam die soziale Diskriminierung: wegen des Verdachts auf Sterilität und Mißgeburten konnten viele Opfer der Bombe später nicht heiraten; bei Arbeitgebern galten sie als krankheitsanfällig und fanden deshalb keine Anstellung. Die Bombe hatte nicht nur eine Stadt und zahlreiche Menschenleben vernichtet, sondern über viele Menschen ein unbekanntes, langdauerndes Leiden gebracht.«[11]

Generationen sind seit 1945 gezeichnet. »Hibakusha« werden die explosionsgeschädigten Menschen genannt, von denen Anfang der neunziger Jahre fast 400 000 lebten: seelisch und körperlich Behinderte und Geschädigte in ärztlicher Behandlung, zumeist in speziellen Atombombenhospitälern.[12] Die Zahl der Opfer wird niemals exakt zu bestimmen sein.[13] Ein Ende 1945 angefertigter amerikanisch-japanischer Bericht kam nach einer Repräsentativerhebung zu einem Schätzwert von 64 602 Toten unter den Einwohnern von Hiroshima. Im August 1946 gelangte das Amt für Strahlenerfassung der Stadt zu einer Größenordnung von mehr als 151 000 Personen. In der Stadt arbeitende Pendler, Durchreisende, Soldaten in den Kasernen oder Gruppen fremder Arbeiter (aus Korea etwa) ließen die Schätzungen bei aller Plausibilität im einzelnen zu einem Kriterienspiel werden. Die Zahl der Toten der ersten kritischen Phase wird auf 90 000 bis 120 000 geschätzt; in den beiden Monaten nach dem Bombenabwurf wurden von Ärzten in den provisorisch eingerichteten Nothospitälern mehr als 105 000 Menschen stationär und etwa 210 000 ambulant behandelt. Nach fünfzig Jahren wird die Gesamtzahl der Todesopfer mit über 200 000 angegeben. Die Abweichungen der statistischen Ermittlungen über die Opfer in Nagasaki sind ähnlich groß. Eine Hochrechnung vom Januar 1946 nennt eine Zahl von 29 000 bis 37 000 Toten, eine Schätzung von 1950 kam auf etwa 74 000 Tote und ebenso viele Verletzte. Gegenwärtig nimmt man eine Größenordnung von 60 000 bis 70 000 Opfern als direkte Folge der Bombeneinwirkung an.

Das Ausmaß der Schäden und der radioaktiven Verseuchung überstieg alle Erwartungen. Auch J. Robert Oppenheimer, der Forschungsleiter und Koordinator der wissenschaftlich-technischen Elite für den Bau der amerikanischen Atombombe, hatte sich für ihren Abwurf ausgesprochen. In der entscheidenden Sitzung des obersten politischen Gremiums, des »Interim Committee« im Pentagon unter Leitung von Kriegsminister Henry L. Stimson, führte er die zivile Beratergruppe – mit Ernest O. Lawrence, Enrico Fermi, Arthur H. Compton durchwegs Nobelpreisträger – an und trug die Auffassung mit, der Abwurf der Bombe sei notwendig. Angesichts der jahrelangen Anstrengungen der amerikanischen Truppen und der drohenden Verluste bei einer Invasion der japanischen Hauptinseln, die für den November anvisiert wurde, schien alles für diese Entscheidung zu sprechen.

Außenminister James F. Byrnes, Repräsentant des Präsidenten in diesem Gremium, wollte keine bloße Demonstration inszenieren, sondern ohne Vorwarnung ein wirkliches Ziel auf japanischem Territorium ins Visier nehmen. Ganz von dem Bewußtsein getragen, im engsten Zirkel der Macht mitzuwirken, trat bei diesen Erörterungen ein Wissenschaftler hervor, James Conant, dessen Name für eine zukünftige Sicherheitsstruktur stand, bei der Macht und militärische Verteidigung rational auf der Basis des Atombomben-Potentials zu organisieren sei. Seine Auffassung lief auf das bedingungslose Plädoyer hinaus, die neue Waffe als ein legitimes Mittel im Krieg auch einzusetzen. Diese Ansicht entsprach dem vorherrschenden Motiv- und Interessenmuster. Darüber bestand in der Sitzung am 31. Mai kein Zweifel, genausowenig wie in den späteren Zusammenkünften des »Committee«.

Oppenheimer rechnete der Runde in vorsichtiger Zurückhaltung vor, daß bei einer zu erwartenden Sprengkraft der Atombombe von 2000 bis 20000 Tonnen TNT realistischerweise mindestens 20000 Menschen ihr Leben lassen müßten; eine Stadt von 300000 oder 400000 Einwohnern würde in einem Inferno untergehen – darüber bestand bei den Wissenschaftlern in Los Alamos Einigkeit. Daß die Bombe eingesetzt werden sollte, war die Prämisse der Sitzung am 31. Mai 1945 und stand gar nicht mehr auf der Tagesordnung. Viel Zeit wurde dagegen der Frage gewidmet, wann die Sowjetunion über eine einsatzbereite Bombe verfügen würde. Einige Teilnehmer gingen von einem Zeitraum von etwa vier Jahren aus.

Kapitel 1

Die Bombe

Die Schlacht der Laboratorien

Angesichts der explosionsartig angewachsenen Erkenntnisse auf dem Gebiet der Kernspaltung schrieben Albert Einstein und Leo Szilard, beide Emigranten aus Europa, am 2. August 1939 einen dringlichen Brief[1] an den amerikanischen Präsidenten Franklin D. Roosevelt, um ihn vor dem deutschen Atomprogramm zu warnen. In den ersten Tagen des März hatte der Physiker Szilard die Entdeckung gemacht, daß eine nukleare Kettenreaktion der bei der Spaltung von Atomkernen freigesetzten Neutronen möglich sei; eine unkontrollierte Kettenreaktion von spaltbarem Material würde unvorstellbare Verwüstungen anrichten, falls dieser Prozeß gezielt in einer Waffe initiiert würde.

Aus Sorge vor dem expansiven Nationalsozialismus und seiner rassistischen Ideologie hatte er den prominenten Einstein gewonnen, um den Präsidenten zu einem Programm zum Bau der Atomwaffe zu bewegen. Dieser Schritt folgte keiner spontanen Eingebung; beiden hatte sich die Frage nach der Sicherheit der Welt vor Hitler und ihrer Verantwortung schon sehr früh und sehr existentiell gestellt, und sie zögerten nicht, ihren Schlußfolgerungen auch Taten folgen zu lassen. Im Herbst 1938, nachdem auch in Italien antijüdische Gesetze erlassen worden waren, hatte Max Born im Rahmen seiner Suche nach Gegenaktionen an Einstein geschrieben: »Könnte man nicht die amerikanische Regierung veranlassen, dadurch einen Druck auf die Italiener auszuüben?« Irgendein Druckmittel müsse es doch geben, das die westlichen Demokratien gegen die »Herren Diktatoren« einsetzen könnten. Vielleicht würde das Hitler und Mussolini zur Besinnung bringen. Die prekäre Lage in Europa dränge zu einer eindeutigen Lösung, es gebe keine andere Methode »als Gewalt wider Gewalt«. Born wies auch gleich den politischen Weg: »Und könntest Du Dich nicht an Präsident Roosevelt wenden?«[2] Diese Aufforderung gewann nach dem gewaltigen naturwissenschaftlichen Erkenntniszuwachs nur eines einzigen Jahres und angesichts der kriegerischen Turbulenzen im Herbst 1939 einen noch ungleich größeren Stellenwert als ein Jahr zuvor.

Deutschlands Angriff auf Polen hatte den mühsam ausbalancierten Frieden in Europa zunichte gemacht. Der Siegeszug der modernen Waffen an der Weichsel und die vertraglichen Absprachen zwischen Berlin und Moskau im Hitler-Stalin-Pakt signalisierten den Analytikern im State Department die Umwälzung der europäischen Ordnung. Jetzt wollte man Vorsorge treffen. Bereits im Oktober wurde das »Advisory Committee on Uranium« eingerichtet, um zu klären, wie die ungeheuerlichen Zerstörungskräfte der Atome gebändigt und militärisch genutzt werden könnten. Das war die Geburtsstunde des atomaren Schreckens. Der historische Brief Einsteins und Szilards, der so viele Energien freisetzen sollte, traf mitten in eine Phase weltpolitischen Umbruchs. Für die USA bahnte sich eine globale Krise an, da sich jenseits des Atlantiks und des Pazifiks die politischen Koordinaten dramatisch verschoben. Nicht irgendwelche Phantasien, sondern die Erfahrungen der Unfreiheit sowie die Realität eines alle erfassenden Krieges waren das auslösende Moment für die Entwicklung der Atombombe.

Die Regierung der Vereinigten Staaten setzte die Initiative der Naturwissenschaftler[3] in einem beispiellosen Akt der Mobilisierung finanzieller, materieller und humaner Ressourcen um. Da es zunächst um ein militärisches Produkt ging, war Geheimhaltung das erste Gebot. Außerdem kamen auf die staatlich-zentrale Organisation der Wissenschaft ungeahnte Aufgaben zu, um die divergierenden Interessen einzelner Koryphäen und die Interessen ganzer Disziplinen, von Instituten und Laboratorien, ja ganzer Industriesparten zu bündeln. Die wissenschaftlich-technologische Leitung des Projekts hatte in der eigentümlichen Atmosphäre der Isolation unter militärischer Geheimhaltung und unter präsidialer Generalkompetenz zu erfolgen. Der Krieg gewährte jede Legitimation. Präsident Roosevelt und ein kleiner Beraterstab hielten alle Fäden fest in Händen und schlossen Ministerien, Kongreß und erst recht die Öffentlichkeit von allen Informationen aus.

Die Nutzbarmachung der Wissenschaft folgte ganz dem Kriegsziel, die feindlichen Diktaturen niederzuwerfen, von denen sich bald Tausende von Wissenschaftlern auch ganz persönlich bedroht fühlten, darunter die jüdischen Emigranten der dreißiger Jahre aus Deutschland und die weiteren Wellen der Vertriebenen aus Österreich, Polen, Holland, Italien, Frankreich und Dänemark. England gliederte seine Atomforschung vollständig der amerikanischen Projektkonzeption ein. Reglementierung, Kontrolle, Planung, Bürokratie, Sicherheitsmanie sowie persönlicher Ehrgeiz, Neid, Mißtrauen, aber auch wissenschaftliche Neugier, Begeisterung und Skrupel führten zu enormen Spannungen, die jedoch in einer Art Anti-Hitler-Motivation aus politischer Verantwortung und Überzeugung überwunden werden konnten. Außerdem war es eine phantastische Chance, im sogenannten »Manhattan-Projekt« mit geradezu unbegrenzten Mitteln an vorderster Front der Forschung arbeiten zu können.

Die Ebene der atomaren Experimente an den Universitäten und in den Labors wurde im Jahr 1941 verlassen, als am 9. Oktober definitiv die Entscheidung zum Bau der Atombombe fiel. Damit wurde ein Prozeß in Gang gesetzt, der in die industrielle Großforschung führte. Das gelang auch deshalb, weil mit der »Top Policy Group« unter ihrem technischen Direktor Vannevar Bush und dem von James B. Conant geleiteten »National Defense Research Committee« zwei zentrale Organisationen für die langfristige Planung errichtet wurden. Politische und militärische Prioritäten beherrschten die wissenschaftlichen Ansätze. Allein die Kreativität und ingeniöse Phantasie der Forscher mußten erhalten bleiben, um sie mit den Fähigkeiten der Ingenieure und Techniker in den Industrielaboratorien zu koppeln. Der wissenschaftlich-technische Fortschritt trat mit diesem Projekt in ein neues Stadium der Innovation. Quasi isoliert voneinander, weitgehend separiert von den Produkten ihrer Arbeit und reduziert in der fachlichen Kommunikation erfuhr ein Heer von Wissenschaftlern die Restriktionen moderner Rüstungsforschung und -entwicklung.

Unvermeidlich entstand unter solchen Umständen ein gewandelter Typus von Wissenschaft, im Krieg geboren und kaum dem Wind der öffentlichen und fachlichen Kritik ausgesetzt. Die Rahmenbedingungen waren durch den Krieg, die Erfordernis der militärischen Geheimhaltung und den spezifischen Auftragszweck vorgegeben. Dies prägte ganze Forschungs- und Industriezweige auf Dauer. Eine abgeschottete, nicht kommunizierbare Wissenschaft schälte sich heraus, deren restriktiver Rahmen vom Auftraggeber definiert wurde. Künstliche, verschlossene Städte allein zum Zweck der Forschung und Produktion wurden aus dem Boden gestampft und waren auf keiner Landkarte verzeichnet. Los Alamos in New Mexico verbarg sich hinter der Adresse P.O. Box 1663, Santa Fe.

Von einer solchen Konzentration der Kräfte waren die wichtigsten Rivalen, die Deutschen, weit entfernt. Zwar hatten deren Leistungen in der Kernphysik bis zum Sommer 1939 die Phantasien entfacht und auch panische Visionen hervorgerufen, zumal die Geheimhaltung nach Kriegsbeginn hier ebenso alle Einblicke in Details auf dem weiteren Weg der Uranspaltung verwehrte. So entstand der Alptraum vom Bündnis zwischen Wissenschaft und totalitärem System zum Bau einer deutschen Atombombe.

Ganz unbegründet waren solche Ängste nicht, waren es doch im Dezember 1938 Otto Hahn und Fritz Straßmann gewesen, die in einer Kette von theoretischen und experimentellen Entdekkungen in der Atomphysik als erste die Uranspaltung durch Neutronen bekanntmachten. Lise Meitner und O.R. Frisch bestätigten beiden kurz darauf noch zögernd, welche Kräfte der Forschung zugänglich würden: »Vielleicht ist es energetisch doch möglich, daß ein so schwerer Kern zerplatzt.«[4] Noch vor Kriegsbeginn erschien in den europäischen Fachzeitschriften eine Flut von Beiträgen, die mosaikartig die Voraussetzungen zur praktischen Umsetzung der Kettenreaktion zusammentrugen.

Wenn diese naturwissenschaftlichen Entwicklungen im internationalen Diskurs so offen erörtert und die technischen Möglichkeiten zur Revolutionierung der Vernichtungskapazitäten so eindeutig angesprochen wurden, dann fragte man sich schon zu Recht, wie sich der Staat des machtbesessenen Adolf Hitler dieses Wissen wohl zunutze machen würde. Die Sorgen der Emigranten kamen nicht von ungefähr. Das Heereswaffenamt in Berlin hatte bereits am 30. Mai 1938 auf einer »Gautagung« der Deutschen Physikalischen Gesellschaft in Breslau Experten der Kernphysik im Hinblick auf eine mögliche Mitarbeit angesprochen. Und im Frühjahr 1939, als ein vorläufiger Überblick über den Prozeß des »Zerplatzvorgangs« oder (wie es dann hieß) der Atom- und Kernspaltung gewonnen war, hatten bekannte Vertreter der Universitäten Hamburg, Gießen und Göttingen das Heereswaffenamt von sich aus auf die denkbare Herstellung von Explosivstoffen ganz ungewöhnlicher Sprengkraft hingewiesen. Ein weiterer Artikel von Otto Hahn und Siegfried Flügge in der Zeitschrift ›Naturwissenschaften‹ vom Juni 1939 über die Möglichkeit der technischen Nutzbarmachung des »Energieinhalts der Atomkerne« eröffnete auch für das Militär praktische Perspektiven.

Der deutsche Überfall auf Polen beendete alle Spekulationen. Einige Dutzend Wissenschaftler wurden eingezogen und vom Heereswaffenamt dazu verpflichtet, das wirtschaftliche und militärische Potential der Atomphysik zu ergründen. Dieser »Uranverein« sollte ermitteln, mit welchem Aufwand und bis zu welchem Termin Atomwaffen konstruiert werden könnten. Schon am 16. September tauchte das Wort auf: »Es geht um die Atombombe.« Sie sollte »rechtzeitig« verfügbar, einsetzbar – und kriegsentscheidend sein.

Der Machbarkeits- und Erfolgseuphorie der in Blitzkriegsstrategien schwelgenden Politik des Nationalsozialismus verdankten die rekrutierten Wissenschaftler eine gewisse Förderung ihrer Arbeit, die unter den Kriegsverhältnissen noch recht erträglich schien. Wichtige Beiträge lieferten Ende 1939 Werner Heisenberg über isotopisches Uran 235, im Sommer 1940 Carl Friedrich von Weizsäcker über die Erzeugung von Plutonium, und wenig später benannte Otto Hahn die militärische Bedeutung dieser Ergebnisse. Politische oder ethische Bedenken kannten sie nicht. Finanziell gut ausgestattet, hatten die Wissenschaftler einen günstigen Start.

Das Heereswaffenamt wurde über Fortschritte und mögliche Chancen informiert. Beispiel dafür ist der berühmte Vortrag von Heisenberg vor führenden Vertretern der NSDAP, der Reichsministerien, der Industrie und des Militärs über die Grundlagen der »Energieerzeugung durch Uranspaltung« am 26. Februar 1942. Für Erich Bagge, einen der beteiligten Experten, war völlig klar, daß dabei für jeden normalen Physiker nachvollziehbar die »Wahrscheinlichkeit« einer Kettenreaktion unzweideutig herausgestellt worden war, wie sie ein halbes Jahr später tatsächlich gelingen sollte. Aber Heisenberg überzeugte nicht. Seine Formulierungen waren zu akademisch, zu differenziert. Wohl betonte er die »vollkommen unvorstellbare Wirkung«[5] des nuklearen Sprengstoffes, mit der er sein Publikum begeistern konnte, doch im selben Atemzug hob er die langwierige und schwierige Arbeit hervor, die bis zum Bau einer Bombe noch geleistet werden müsse.

Diese Ambivalenz diskreditierte am Ende die deutsche Atomforschung bei den auf schnelle Erfolge erpichten Machthabern. Tatsächlich waren Anfang 1942 Ergebnisse und Lösungswege des »Uranvereins« mit den Fortschritten in den USA vergleichbar, aber die deutsche Atomforschung rutschte im Nationalsozialismus von der Prioritätenliste. Die politisch-militärische Beschlußfassung ersparte den Beteiligten, daß die Wissenschaft dem NS-Regime eine Atombombe zur Verfügung stellen konnte. Die Arbeit wurde von da an lediglich mit etwa fünfzig Mann auf der Ebene der Laborforschung fortgeführt, also faktisch eingefroren. Ein Ziel ließ sich damit aber auf jeden Fall erreichen, nämlich den wissenschaftlichen Nachwuchs über die Zeit des Krieges hinweg zu retten. Das andere Ziel, der Bau eines Reaktors, entfiel.[6]

Der Weg zur industriellen Mobilisierung der technischen Ressourcen wurde nicht beschritten. Schließlich zerstörten alliierte Bombardements Produktionsanlagen und Labors. Im Jahr 1945 waren die deutschen Ergebnisse bescheiden, fragmentiert und überhaupt nicht mit dem Stand des »Manhattan-Projekts« vergleichbar. Die deutschen Ansätze blieben ganz von der Herangehensweise der universitären Forschung geprägt, auch wenn sie eine starke Einbindung in die staatliche Politik hatten.

Ganz anders die Dimensionen in den USA: Bush und Conant, die Leiter des Programms, stellten in ihrem Bericht an den Präsidenten vom 17. Juni 1942 fest, der Erfolg sei durch »big science« möglich. Atomwaffen böten die Chance, den Krieg, der noch Jahre dauern würde, siegreich zu beenden. Bei größtmöglichem

Einsatz sei die Durchführbarkeit des Atomprogramms keine Utopie. Die Produktion von Uran diktierte dabei das Tempo der Versuche, und bald waren Tonnen davon verfügbar. Die Planer des Präsidenten sahen in einem »Totaleinsatz« ihrer Waffe einen kriegsentscheidenden Beitrag, die Beamten im Heereswaffenamt hingegen setzten andere Prioritäten. Politisch-militärische Erwägungen wurden zu bestimmenden Faktoren für Fortschritte in der Wissenschaft. Als im Sommer 1942 das »Manhattan District Project«, die Tarnbezeichnung für das Atombombenprogramm, beschlossen wurde, stand sein Leiter, General Leslie Groves vom »Army Corps of Engineers«, an der Spitze eines ambitionierten Projekts – es war das einzige dieser Art auf der Welt. Zum Zeitpunkt dieser Entscheidung war die ursprüngliche Voraussetzung der Einstein-Initiative, die Angst vor einem Hitler mit Atombombe, bereits gegenstandslos.

Der erste Atomtest: Trinity

Am 16. Juli 1945 lagen einige Männer hinter flachen, von Planierraupen ausgehobenen Gräben. Der Countdown lief.[7] Bush und Conant hörten Groves fragen, was zu tun wäre, wenn Null gezählt würde und nichts geschehe. Sie waren nervös, die Kälte der Wüste, das Warten, die Anspannungen der Arbeit von Jahren, die Einsamkeit in Los Alamos, die Zweifel. Sie lagen mit dem Gesicht nach Süden, vom Detonationsnullpunkt abgewandt, 16 Kilometer von ihm entfernt. Eine grüne Leuchtrakete stieg in der Nähe von Kontrollbunker S-10 000 auf. Oppenheimer empfand die Bürde seiner Verantwortung: »Mein Gott, diese Dinge gehen einem zu Herzen.« Er hielt sich an einem Pfosten fest, um sich zu beruhigen, und starrte geradeaus. Noch zehn Sekunden, ein Gong ertönte. Es war 5 Uhr 29 Minuten.

Auf Compania Hill, weitere 16 Kilometer entfernt, standen Ernest Lawrence, Hans Bethe, Victor Weisskopf, Richard Feynman unruhig in einem Pulk von Menschen. Edward Teller hatte eine Flasche mit Öl herumgereicht, und es war sonderbar anzuschauen, »wie sich dort einige unserer hervorragendsten Wissenschaftler Gesicht und Hände mit Sonnenschutzöl einrieben, im Stockdunkeln, 32 Kilometer von der Stelle entfernt, von der der

Lichtblitz zu erwarten war«. Teller schaute erwartungsvoll in den neuen Morgen: »Wir waren entschlossen, dem Ungeheuer ins Gesicht zu sehen.«

Dort, auf einer 30 Meter hohen Stahlkonstruktion, ruhte ein unförmiges Gebilde, ein Haufen Technik – das Trinity-Experiment. Der Stromkreis schloß sich; an 32 Zündpunkten explodierten die Sprengkapseln, rissen die äußere Ummantelung auseinander, die Druckwelle bohrte sich in die zweite Mantelschicht aus Spezialsprengstoff, sie wurde beschleunigt, traf auf die Uranschicht, auf den Plutoniumkern ... Schockwellen, Energie, Expansion, die Kettenreaktion. An diesem 16. Juli 1945 explodierte die erste Atombombe, begann in der Jornada del Muerto der Alamogordo-Wüste die Reise des Todes.

Ein ungeheurer Lichtblitz schoß hinauf, nahm den leichten goldenen Streifen im Morgengrauen den flüchtigen Glanz, ging gleißend in einen Flammenstrudel von blendender Helligkeit – heller als hundert Sonnen – über, in einen Feuerball, der den Boden berührte, eine schlankere Säule emporschob, wie ein Pilz einen dicken Schirm aus strahlend hellem Spektralblau ausbildete, sich ausweitete, eine eigentümlich-bedrohliche Stille vor dem Himmel aufbaute, als ob seine purpurrote Aura alles einhüllen wollte, bevor das Donnern der Explosion mit fürchterlichem Getöse den Betrachtern ein Frösteln über die Haut jagte.

»Es hat funktioniert.« Die Druckwelle hatte einige Menschen in der Nähe des Kontrollbunkers umgeworfen. »Jetzt sind wir alle Hundesöhne«, meinte Oppenheimer, sei das beste gewesen, das einer von ihnen nach dem Test gesagt habe. Fermi schätzte die Sprengkraft auf gut 10 Kilotonnen TNT. Der Jubel war groß, man gratulierte einander. Die Wissenschaftler fühlten sich als Helden in der menschheitsgeschichtlichen Tradition des Prometheus, der das Licht der Erkenntnis an sich gerissen und den Menschen gebracht hatte, so daß es sie blendete und die Schatten der Unzulänglichkeit prophetisch an die Wand geworfen waren. Oppenheimer empfand sich, wie er später berichtete, als ein Glied in dieser schicksalhaften Kette. Noch angesichts der Wolke des Atompilzes sprach er: »Wir wußten, diese Welt war nicht mehr die gleiche.«

Oppenheimer erinnerte sich einer Zeile aus der hinduistischen

Bhagavadgita, die von den Umstehenden mit betroffenem Erschrecken als apokalyptische Vision aufgenommen wurde: »Der mächtige Tod bin ich, der die Vernichtung der Menschen bewirkt, und habe mich hierher begeben, um die Menschen zu vertilgen.«[8] Den Ort der Explosion nannte man »Trinity Site« – Ort der Dreifaltigkeit; die säkularisierte Realität im Bündnis von Wissenschaft, Militär und Politik.

General Groves kam mit den Worten auf Oppenheimer zu, er sei stolz auf ihn.[9] Man hörte ihn sagen: »Der Krieg ist zu Ende. Ja, nachdem wir zwei Bomben auf die Japaner abgeworfen haben.« Dann setzten sie ein Telegramm nach Potsdam auf, um den Präsidenten Harry S. Truman, den Außenminister James F. Byrnes und den Kriegsminister Henry C. Stimson zu informieren, damit sie bei den Verhandlungen mit Josef Stalin über die politische Zukunft nach dem Kriegsende eine neue Karte ins Spiel der Mächte bringen konnten. Die verschlüsselte Nachricht über eine »glückliche Geburt« lautete: »Operation erfolgte heute morgen. Diagnose noch nicht vollständig. Ergebnisse scheinen jedoch zufriedenstellend und übertreffen bereits die Erwartungen.«

Bereits am 25. April hatte es zwischen Truman, Byrnes, Stimson und Groves eine eingehende Besprechung über das Projekt »S-1« – die Bombe – gegeben. Dabei erfuhr der Präsident, daß in einem landesweiten Geheimunternehmen, von dem nur eine Handvoll Politiker – und nicht einmal er als der frühere Vizepräsident – wußten, mittlerweile 125 000 Menschen, darunter Hunderte mit ihren Familien vollständig kasernierte Physiker, Mathematiker und Techniker, an der Fertigstellung der Atombombe arbeiteten. Die beiden Minister ließen sich von der Idee leiten, mit der Bombe könnten die Amerikaner am Ende des Krieges ihre Bedingungen diktieren. Dies sei die »winning weapon«, eine einzigartige Waffe, unschlagbar für einen Pokerspieler, wie der Präsident meinte, die »master card«, ein »royal straight flush« gegenüber der »Russian situation«. Verhandlungen mit den Russen sollte es erst wieder geben, wenn den Worten auch Taten gefolgt waren – der erfolgreiche Test von »S-1« in der Wüste.

Die Termine wurden abgestimmt. Die Aktion »Endstation«, das Treffen der Politiker in Potsdam, konnte stattfinden. Am

Abend, bevor die erste Vollsitzung der Berliner Konferenz am 17. Juli in Schloß Cecilienhof in Potsdam eröffnet wurde, hatte der amerikanische Präsident zu einem inoffiziellen Treffen geladen. Generalissimus Stalin und Premierminister Winston Churchill nahmen in der holzgetäfelten Zimmerflucht einer alten Villa in Babelsberg mit Blick auf den Griebnitzsee Platz. Der Einladungsort, von Truman persönlich »Little White House« getauft, lag in der Straße der SA, der vormaligen Kaiser- und späteren Karl-Marx-Straße. Hier also wartete Truman auf die Nachrichten aus Alamogordo. Churchill, vorab informiert, war instruiert worden, Stalins Reaktion zu beobachten. Das Telegramm, das mit den berühmten Worten »Baby is satisfactory born« begann, traf ein. Die Überraschung schien gelungen, aber Stalins Gesicht blieb ungerührt.

Die Zweifel am Bombenabwurf

In Potsdam kam der Prozeß der politischen Entscheidung zum Abschluß, der den Abwurf der Atombomben nun definitiv freigab. Die Beendigung des Krieges war für Truman, die Ruinen Berlins vor Augen, sicherlich das »wichtigste Anliegen«[10]. Japan war aus der pazifischen Inselwelt zurückgedrängt worden, jetzt arbeiteten die Amerikaner an der Strategie der militärischen Eroberung und der politischen Kapitulation Japans. Das nahe Ende zeichnete sich schon deutlich ab, wie es sich gestalten sollte, war aber noch offen. Die Spekulationen über die amerikanischen Verluste an Soldaten bei einer Invasion gingen in die Millionen. Darüber, daß der Krieg mit allen Mitteln und schnell beendet werden sollte, konnte kein Zweifel bestehen. Auch hier hielt die militärische Führung der USA ihr Prinzip der Kriegführung hoch, das schon den Deutschen sehr zu schaffen gemacht hatte. Die Sicherheit der eigenen Soldaten war ein ausschlaggebender Faktor bei der Planung militärischer Operationen; Materialeinsatz und Zeit waren zentrale Gesichtspunkte.

In Trumans Umgebung dominierte ein Minister, den er zum persönlichen Beauftragten für das »Manhattan-Projekt« gemacht hatte: James Byrnes. Sein Blick hatte sich bereits auf die Nachkriegsordnung gerichtet, in der die USA eine entscheidende

Position einnehmen sollten. Byrnes wollte die Macht seines Landes in der künftigen Struktur der internationalen Beziehungen solide untermauern. Auch er plädierte für den Einsatz der Atombombe im Krieg. Sein Augenmerk galt jedoch vornehmlich der Sowjetunion, gegenüber der die Demonstration amerikanischer Stärke durch eine im blendenden Licht der Atombombe erzwungene Kapitulation Japans ihre Wirkung nicht verfehlen würde. Byrnes hatte in der Runde der Falken in der nach Roosevelts Tod gebildeten Regierung den größten Einfluß. Er stand, zusammen mit Kriegsminister Stimson, für mehr als nur einen Klimawechsel. Die Meinungsbildung innerhalb der amerikanischen Regierung war überdies nachhaltig vom Konsens der öffentlichen Meinung getragen, den Krieg mit allen Mitteln schnellstens zu beenden. Zweifel am Einsatz ungewöhnlicher Waffen konnten erst gar nicht aufkommen, da ihre Wirkung nicht bekannt war. Sogar im Kabinett fehlten die Voraussetzungen, Alternativen ernsthaft zu erörtern.

Um so überraschender ist die Tatsache, daß es auf der politisch-militärischen Ebene schon 1945 Widerstand gegen den Einsatz der Atombombe gab. Doch Fleet Admiral William Leahy, Chef des Stabes und Mitglied der Delegation, stand mit seinen Bedenken in Potsdam wohl allein. Er pochte auf die alten Soldatentugenden, Zivilisten, Frauen und Kinder nicht absichtlich zu vernichten. Der atomare Bombenkrieg würde die Menschen auf den »ethischen Standard der Barbaren im finsteren Mittelalter« zurückwerfen, meinte er. Unterstützung hatte er zuvor bei Ralph A. Bard, dem Staatssekretär des Marineministeriums, gefunden, der den Abwurf der Atombombe für unnötig hielt, da der Krieg eigentlich schon beendet sei. Seine Sorge galt dem zu erwartenden nuklearen Rüstungswettlauf mit den Russen, und außerdem fürchtete er um den Ruf und das Selbstverständnis der USA als »große humanitäre Nation«. Nach einem ergebnislosen Vortrag bei Truman war er am 1. Juli von seinem Amt zurückgetreten.

In den ersten Tagen des Treffens, als Churchill (dem seit September 1944 die Einsatzoption Japan bekannt war) noch an der Konferenz teilnahm, erreichte der Bericht von Groves über den Test per Kurier die Runde.[11] Truman und Byrnes schienen von den Schilderungen überwältigt. Sie fühlten sich geradezu in biblische Welten versetzt und spürten die apokalyptische Macht in ihren Händen; sie projizierten die Vorhersage über den Feuersturm im Euphrattal nach der Sintflut auf die Gegenwart des Kriegsendes.

Die Welt erfuhr am 6. August in einer Presseerklärung des Weißen Hauses, was in Hiroshima geschehen war. Präsident Truman befand sich auf dem Rückweg von Potsdam an Bord der »USS Augusta«. Das Geheimnis der Wunderwaffe mit einem Explosionsdruck, der zweitausendmal so groß war wie die größte in der Geschichte der Kriege bislang bekannte Bombe, wurde lapidar gelüftet: »Es handelt sich um eine Atombombe. Sie macht die elementare Energie des Universums nutzbar. Die Kraft, aus der die Sonne ihre Energie bezieht, ist gegen diejenigen freigesetzt worden, die Krieg über den fernen Osten brachten.«

Die Explosion über Hiroshima wurde nicht zum sofortigen Fanal des Friedens. Ihr folgte nicht die sofortige Anerkennung des Ultimatums zur Kapitulation. Truman sah sich gezwungen, wie er in seinen Erinnerungen schreibt, den »Regen der Verheerung aus der Luft« erneut fallen zu lassen – »wie man ihn auf Erden noch nicht erlebt hat«; diesmal auf Nagasaki. In Japan lief ein »unübersichtliches Palastspektakel«[12] ab, bevor die USA schließlich doch das entscheidende Zugeständnis machten und den Fortbestand der Dynastie des Tenno akzeptierten. Endlich, am 15. August, kam das Kriegsende. Kaiser Hirohito sprach im Rundfunk, auch über die Atombombe: »Vor allem hat der Feind mit einer neuen grausamen Waffe Tod und Vernichtung über die unschuldige Bevölkerung gebracht. Unter diesen Bedingungen den Krieg fortzusetzen, hieße nicht nur, die Vernichtung unserer Nation herbeizuführen, es würde auch die Zerstörung der ganzen Zivilisation bedeuten.«

Die Presseerklärung des amerikanischen Präsidenten vom 6. August enthielt noch eine andere überraschende Passage, die auf einige Prämissen für den Bau der Atombombe einging. Sie sei ursprünglich gegen die Deutschen, die ihre Kriegsmaschinerie durch die Atomenergie hätten ergänzen wollen, gerichtet gewesen. In markigen Worten wurde anschließend verkündet: »Die Schlacht der Laboratorien barg für uns ebenso schicksalsschwere Risiken wie die Schlachten in der Luft, zu Lande und zu Wasser;

und wir haben die Schlacht der Laboratorien ebenso gewonnen wie wir die anderen Schlachten gewonnen haben.«

Bei der Schlacht in den Laboratorien ging es nicht nur um die Entdeckung und Entfesselung der Kräfte der Natur. Der Ehrgeiz einzelner und die Faszination der Forschung, in der Natur die Struktur der Materie zu erkennen, befeuerten die Arbeit in Los Alamos. »Wir versuchten«, hat Victor Weisskopf geschrieben, »das Ausmaß an Zerstörungen zu bestimmen, die Anzahl der Opfer, falls die Bombe über einer Stadt detonierte, und die potentiellen Strahlungsschäden für Menschen, Tiere und Boden. All dies erforderte sorgfältige Untersuchungen in unseren Labors und an unseren Schreibtischen.«

Die Faszination der Arbeit nahm die Forscher vollkommen gefangen: »Unter den gegebenen Umständen vermochten wir es nicht, den moralischen Problemen unserer Arbeit ins Auge zu sehen, auch wenn wir sie erkannten. Es läßt sich nicht leugnen, daß ständige Diskussionen über die durch Feuer und Strahlenkrankheit verursachten Schäden und über die Millionen von Toten eine zunehmende Abstumpfung gegenüber diesen grauenhaften Konsequenzen bewirkten.«[13] Allenfalls tauchte der Horror des Nachts in Alpträumen auf, wurde aber wieder und wieder beruhigt mit dem Hinweis, den Terror des Nationalsozialismus rigoros bekämpfen zu müssen.

Zweifel waren freilich von Beginn an gesät. Die Schlacht in den Laboratorien gewinnen hieß auch, die Einsatzbereitschaft und die Begeisterung der Wissenschaftler zu erhalten. Doch im Herbst 1944 nährte der Kriegsverlauf in Europa die Erwartung, daß die Atombombe nicht mehr gegen Deutschland zum Einsatz gelangen würde. Die Hoffnung griff um sich, nach dem Krieg ein Zeitalter des gesicherten Friedens zu schaffen, da die schiere Existenz solcher Waffen demonstrieren könnte, daß Kriege sinnlos und selbstmörderisch seien. Die wissenschaftliche Erkenntnis würde Kriege obsolet machen.

Der Physiker Niels Bohr, der nicht fest in das Programm in Los Alamos eingebunden war, bestärkte solche Positionen und verknüpfte sie mit der Idee der internationalen Kontrolle. Supranationale Wissenschaft und Technologie könnten, so glaubte er, das neue Fundament einer Friedensordnung werden. Eine solche

Kursänderung nationaler Machtpolitik betrachtete er als Voraussetzung dafür, daß kein atomarer Rüstungswettlauf die Welt künftig entzweien würde. Denn es schien klar, nach dem Kriege würde die Sowjetunion als Gegenspieler der USA auf den Plan treten. Bohr suchte in vielen Gesprächen Unterstützung für seine utopischen Ideen. Präsident Roosevelt schien von seiner Argumentation, die Welt auf diese Weise vor einer atomaren Katastrophe zu bewahren, beeindruckt. Gab seine Aufgeschlossenheit Hoffnung auf die friedliche Gestaltung der Nachkriegszeit, so erschütterte die apodiktische Haltung Churchills jede Verständigungsmöglichkeit. Bohr wurde von ihm sogar der Kumpanei mit Moskau verdächtigt.

Zweifel am Einsatz der Atombombe hatte auch Leo Szilard, dem im Dezember 1942 mit Enrico Fermi die erste Kettenreaktion in einem Reaktor gelungen war. Er entfaltete seit dem Frühjahr 1945 starke Aktivitäten, um die Bombardierung Japans zu verzögern oder zu verhindern. Sein Memorandum vom April, unterzeichnet von beinahe siebzig Kollegen, erreichte den frisch vereidigten, von Byrnes vorbereiteten Präsidenten, ohne ihn von den beiden Hauptgesichtspunkten überzeugen zu können. Erstens sei ein Angriff ohne Vorwarnung, der Japan nicht die Chance lasse, sich zu ergeben, nicht zu rechtfertigen, und zweitens seien die moralischen Implikationen der Atombombe nicht ausreichend bedacht.

Szilard bemühte sich Ende Juni 1945 auch, Teller und Oppenheimer für eine Intervention beim Präsidenten gegen den Abwurf zu gewinnen. Die Atombomben bedeuteten ein neues Weltzeitalter, sie dürften nicht benutzt werden. Er legte einen Plan zur internationalen, politischen Eskalation vor, der vorsah, den Abwurf einer Bombe vor der japanischen Küste anzukündigen und demonstrativ vorzuführen, so daß Japan und die USA kalkulieren könnten, worum es sich bei dieser Waffe handele. Diese demonstrative Detonation, zeigte sich Szilard überzeugt, werde eine Invasion in Japan überflüssig machen. Teller, ein engagierter Verfechter der These, aus politisch-moralischen Erwägungen die Atombombe fertigzustellen und einer gemäßigten Regierung in die Hand zu geben, beriet sich mit Oppenheimer über diesen Plan, und beide kamen zu dem Schluß, die Verantwortung für die

Entscheidung uneingeschränkt der Regierung zu überlassen.[14] Ihr definitives Ja zum Einsatz und zum Primat der Politik im Juni 1945 wurde durch die Worte berühmt, die Wissenschaftler hätten doch keinen blassen Schimmer von der militärischen Lage in Japan (»didn't know beans about the military situation in Japan«).

Das wichtigste Dokument für eine politische Alternative, die Magna Charta der ethischen Reflexion der Konstrukteure der Atombombe, war schließlich der ›Franck-Report‹. James Franck, Leo Szilard und fünf weitere Wissenschaftler der Universität Chicago verfaßten im Sommer 1945 diesen Bericht an Kriegsminister Henry L. Stimson. Die Physiker erkannten in der Hektik kurz vor Kriegsende, als in Deutschland die Waffen bereits ruhten, und die Endmontage für den »S-1«-Test in der Wüste auf vollen Touren lief, daß die Atomphysik ihre eigene Existenzbedingung verändert und daß sich die Ambivalenz der Wissenschaft, der Menschheit zum Segen oder zum Fluch zu gereichen, nunmehr potenziert hatte. Im Frieden könne sie für politischen Druck sorgen, im Krieg grauenhafter Zerstörung dienen.

Die Kernenergie offenbarte ihren zutiefst politischen Charakter: »Alle gegenwärtigen Pläne zur Organisation der Forschung, der wissenschaftlichen und industriellen Entwicklung und der Publizierung auf dem Gebiet der Kernphysik sind bedingt durch das politische und militärische Klima, in dem diese Pläne verwirklicht werden sollen.« Ein Zeitalter war angebrochen, das ein neues Denken verlangte. Was eingetreten war, konnte nicht als Fortsetzung der Kooperation zwischen Wissenschaft und Militär bezeichnet werden, sondern als ein tiefgreifender und irreversibler Einschnitt, als »Sündenfall der Wissenschaft«, wie Hans-Peter Dürr es klassifiziert. Alle Maße menschlicher und menschheitsgeschichtlicher Entwicklung wurden mit der Entfesselung der in den Atomkernen gebundenen Energie überschritten. Die Einsicht, Wissen sei Macht, erhielt eine neue Dimension. Dieses Wissen war nun in der Lage, die Menschheit als Gattung zu zerstören.

Das Dokument ist einzigartig. Es stellte die Beziehungen von Wissenschaft und Politik unter ethische Prinzipien, die von nun an die Forschung wie die Atompolitik als Herausforderung begleiten würden. Die Sicherheit der USA und die Zukunft der anderen Nationen zwinge dazu, die Erkenntnisse der Naturwissenschaften und deren Fähigkeit, neue Waffen zu produzieren, unter dem Aspekt zu betrachten, daß damit die größten Gefahren verbunden seien. Die Autoren hatten die drohende »Vision einer jähen Zerstörung vor Augen, einer Zerstörung unseres eigenen Landes, einer Pearl-Harbor-Katastrophe, die sich in tausendfacher Vergrößerung in jeder Großstadt unseres Landes wiederholen könnte«. Denn andere Wissenschaftler in England, Frankreich, Rußland und Deutschland würden über kurz oder lang die Fähigkeit zum Bau von Atombomben erlangen. Der Vorschlag im ›Franck-Report‹, keinen Einsatz in Japan vorzunehmen, ohne vorher die Chance für eine vor einem internationalen Publikum vollzogene Demonstration des »S-1«-Tests zu nutzen und mit einem Ultimatum zur Beendigung des Krieges zu verbinden, blieb ohne reale Aussicht auf Verwirklichung. Zu weit war die politische Entscheidungsprozedur schon fortgeschritten, als daß ein Neuabwägen noch zugelassen wurde.

Konsequent war schließlich der Vorschlag zur Internationalisierung der Atomwaffen, der mit eindringlichen Argumenten gestützt wurde: »Sollte kein wirkungsvolles internationales Abkommen erzielt werden, so wird bereits am Morgen nach unserer ersten Demonstration, daß wir Kernwaffen besitzen, das allgemeine Wettrüsten losgehen.« Der Mangel an gegenseitigem Vertrauen dürfe nicht über dem Wunsch nach Verständigung stehen. Die Idee einer weltweiten Sicherheits- und Friedensordnung durch internationale Kontrollsysteme für die zivile und militärische Nutzung der Kernenergie wurde beschworen – geradezu prophetisch für die kommenden Jahrzehnte.

Als die Wissenschaftler im Sommer 1945 die internationale Kontrolle der Atompolitik forderten, hinkten sie hoffnungslos hinter der Realität her. Jeder politische Einfluß war ihnen längst entglitten. Waren die Wissenschaftler als Emigranten aus Europa seit Beginn der dreißiger Jahre Teil einer europäischen, dann atlantischen Koalition der Vernunft gewesen, so schienen ihre persönliche Freiheit und die Lebensbedürfnisse der amerikanischen Nation spätestens seit 1939 identisch zu sein. Die Allianz gegen die totalitären Diktaturen in Europa und gegen den japanischen Imperialismus wurde eine globale, aber das Ziel, die souveräne Integrität der Staaten wiederherzustellen, hatte mit den Jahren des Krieges – mit den Siegen und Erfolgen in Stalingrad, Nordafrika und auf den Philippinen – an Gewicht verloren.

Nun waren die Signale auf die Zeit nach dem Sieg über die Diktaturen gestellt. Leo Szilard hatte den amerikanischen Präsidenten 1939 von der Dringlichkeit des Atomprojektes noch mit dem Hinweis auf die Gefahr überzeugt, die von Hitler-Deutschland ausging. 1944 waren für ihn mit den militärischen Siegen der Alliierten die Voraussetzungen für die Bombe entfallen. Doch inzwischen hatten sich Politik und Militär ihrer bemächtigt. Kaum hatte die Bombe sich als realisierbares Unternehmen entpuppt, wurde sie Teil des politischen Kalküls. Die Atombombe besaß von Beginn an eine politische Dimension, und bald hatte der Prozeß ein unumkehrbares Stadium erreicht. Das ursprüngliche europäische Szenario wurde zunächst durch die japanische Bedrohung im Pazifik ausgeweitet und dann so angelegt, daß es den Vereinigten Staaten in der Nachkriegsordnung eine hegemoniale Stellung einräumte.

Die Mobilisierung aller Kräfte

Der Krieg hatte ein übriges getan. Die Ausweitung des Waffeneinsatzes hatte überall die Grenzen der Konventionen der Haager Landkriegsordnung quantitativ und qualitativ überschritten. Militärische und zivile Ziele kamen gleichermaßen ins Visier der Angriffe. Auch wenn Hitler und Roosevelt sich am 1. September 1939 gegenseitig bestätigt hatten, außerhalb militärischer Aktionen keine Luftangriffe zu unternehmen, um die Forderungen des menschlichen Gewissens und der Humanität zu achten, hatte die Entgrenzung des Denkens dem Krieg längst das Feldzeug der Vernichtung gegeben. Bekannt sind deutsche Denkschriften über den Terrorkrieg gegen demokratische Systeme zum Beispiel aus dem Jahre 1936: »Die Terrorisierung feindlicher Hauptstädte oder Industriegebiete durch Bombenangriffe wird um so rascher zum moralischen Zusammenbruch führen, je schwächer die nationale Haltung eines Volkes ist, je mehr die Großstadtmassen materialisiert und durch soziale und parteipolitische Gegensätze zerklüftet sind.«[15] Im spanischen Guernica hatte ein Bombardement das kommende Entsetzen markiert, bevor Warschau, Rotterdam oder Coventry die Menschen an das Unheil aus der Luft mahnten.

Im Mai 1940 hatte das britische »War Cabinet« unter Leitung von Winston Churchill das »indiscriminate bombing« als langfristig angelegte, zunächst gegen das Ruhrgebiet gerichtete Strategie festgelegt. Der Bombenkrieg hob die Unterscheidung von Front und Heimat, von Soldaten und Zivilbevölkerung endgültig auf. Alte militärische Tugenden wie Ehre, Ritterlichkeit und Tapferkeit waren damit weitgehend obsolet oder in ihr Gegenteil verkehrt worden. Der Maschinenkrieg wurde am Schreibtisch organisiert, um aus der Ferne zu vernichten. Das neue Kapitel in der Geschichte der Zerstörungskatastrophen wurde mit gigantischen Operationen zur Verwüstung von Feindesland aufgeschlagen und bald zur Alltagsroutine moderner Kriegführung. In den industrialisierten Staaten sollten die existentiellen Funktionen lahmgelegt oder ganz beseitigt werden. Das richtete sich gegen das militärisch-industriell-wirtschaftliche System ebenso wie gegen die Moral der Bevölkerung.

Als Hitler die deutsche Luftoffensive gegen England mit den Worten eröffnete, man werde die Städte auf der Insel »ausradieren«[16], hatte er dem Vokabular für diese Art der Terrorangriffe nur eine zusätzliche Variante hinzugefügt, und die »Heil«-Rufe im Berliner Sportpalast auf die Frage von Joseph Goebbels: »Wollt Ihr den totalen Krieg? Wollt Ihr ihn, wenn nötig, totaler und radikaler, als wir ihn uns heute überhaupt noch vorstellen können?« im Februar 1943 hatten einen dramatischen Akzent gesetzt. Die totale Mobilisierung sämtlicher Hilfsquellen hatte den totalen Einsatz zur rücksichtslosen Vernichtung perfektioniert. Die Bombardements hatten sich im Laufe des Luftkrieges immer mehr ausgeweitet. Schließlich wurden im Frühjahr 1945 Flotten von siebenhundert bis achthundert Bombern gegen Regionen und Städte organisiert. Die Opfer von Köln, Hamburg und Dresden machen genausowenig Sinn wie die von Tokio; Tausende, Zehntausende von Toten waren zu beklagen. Sie waren im Kalkül der militärischen Effizienzberechnungen enthalten. Die herkömmlichen Regeln der Kriegführung wurden bereits im Zeichen der konventionellen Vernichtung verwässert, ja aufgegeben.

Die Saat der Radikalisierung des militärischen Denkens mit Hilfe der Optimierung von Wissenschaft, Technik und Rüstung war aufgegangen. Die Destruktionen des Krieges zeigten, wie die Theorie von Clausewitz auf das bloße Kriegshandwerk reduziert wurde. Das »Halbding«, der Krieg, verselbständigte sich. Der Satz: »Dieses Ganze ist die Politik« verkehrte sich in das Motto vom »totalen Krieg«, das Erich von Ludendorff als fatales Verdienst in das 20. Jahrhundert einbrachte. Das Wesen des Krieges sollte den Frieden durchdringen und mit den Mitteln der Moderne den Kampf der Nationen bestimmen.

Die Stimmen der Warner, der moderne waffentechnische Krieg sei nicht mehr zu gewinnen oder nur nach unvorstellbaren Verlusten, waren demgegenüber schon bald nach der Jahrhundertwende aufgekommen; Spekulationen malten die Alpträume von Tod und Untergang im »Schlachthaus« des Krieges durch die Waffen der Zukunft aus – »der Panzer, das Flugzeug und die Atombombe«. Davon kündeten Visionen in den utopischen Romanen von Herbert G. Wells. Die Hoffnung auf Bändigung des Fortschritts – »die volle Herrschaft über diese Macht«[17] – gehörte und gehört auch heute noch ins Gefolge moderner Technologie.

Der Krieg als Gesellschaftszustand wird faßbar im »Cannae«-Prinzip, der angeblich notwendigen Vernichtung des Gegners aus Sorge vor der eigenen Vernichtung durch den Gegner. Die Geschichte – die Schlacht von Cannae – wurde von Generalstabschef Adolf von Schlieffen schon um die Jahrhundertwende zur Legitimation dafür herangezogen, eine immer intensivere Disziplinierung im Innern mit Blick auf eine immer extensivere militärische Auseinandersetzung mit dem äußeren Feind vorzunehmen. Hinzu kam eine überhöhte Identifizierung des Volkes mit dem Staat. Wenn das Überleben mit dem Sieg über die Diktatur gleichgesetzt wurde, konnte eine »Kultur des Krieges«[18] bürgerliche Tugenden pervertieren und die neuartige Klasse des »homo militans« entstehen lassen; akzeptierte Werte wurden zur Sicherung derselben Werte außer Kraft gesetzt, Motive funktionalisiert, Tabus gebrochen. Dahin führte die »guerre à outrance«, die bis zum äußersten vorangetriebenen Anstrengungen des Krieges, wovor Feldmarschall Helmuth von Moltke bereits ein halbes Jahrhundert vor dem Zweiten Weltkrieg gewarnt hatte. Am Ende hatten sich die Regeln der Kriegführung verändert, da der Einsatz die Vernichtung ziviler Objekte und den totalen Einsatz der Massenvernichtungswaffen einschloß.

Doch am Ende des Weltkrieges tauchte noch ein weiteres Phänomen der zukünftigen Politik auf. Nicht nur die Naturwissenschaften gerieten in den Bann des Staates, auch die Sozial- und Geisteswissenschaften leisteten einen Beitrag zur Stärkung des Westens. In ersten Konturen wurde das System der Politikberatung durch wissenschaftliche Expertise erkennbar. Sie sollte in der Außen- und Sicherheitspolitik der kommenden Dekaden eine ungewöhnlich bedeutsame Stellung erhalten. Ähnlich wie die naturwissenschaftliche Forschung durch die institutionelle Verknüpfung mit der Industrie im »big science« revolutioniert wurde, erhielt die zeitgeschichtliche, sozial- und politikwissenschaftliche Forschung ganz neue Impulse. Am Anfang – zu Beginn der vierziger Jahre – hatte die interdisziplinäre Kooperation im Vordergrund gestanden, als die Emigranten aus Europa an zentralen Orten zusammengefaßt worden waren. Ein Jahrzehnt später war die Reform unter dem Begriff der »think tanks«, der Denkfabriken, bekannt. Dahinter verbarg sich die Organisation von bis zu einigen hundert Wissenschaftlern, die im Auftrag der Regierung in Washington Analysen zur internationalen Konstellation anfertigten.

Für diese Wissenschaftler hatte zunächst Hitler-Deutschland, dann die Sowjetunion als Aggressor gegolten. Dagegen sollte die Macht der westlichen Demokratien unter Führung der USA formiert werden. In Chicago wurde dieser Ansatz zur Keimzelle besonderer wissenschaftlicher Kapazität in der Beratung von Diplomatie und Auswärtiger Politik; hier entstand die »realistische Schule« der Internationalen Politik. Der Blick richtete sich auf die Ansätze von Leopold von Ranke und Max Weber, favorisierte die politische Nüchternheit eines Klemens von Metternich und eines Otto von Bismarck, um aufgrund dieser historisch-politischen Analyse zu einem Begriff der Macht zu gelangen. Danach steht im Zentrum des Interesses eines Staates – sei es Krise, Krieg oder Konflikt – allein die Macht als Herausforderung für Sicherheitspolitik oder Friedenswahrung.

›Macht und Frieden‹ lautete das 1946 erschienene richtungsweisende Werk von Hans J. Morgenthau.[19] Die Analyse der Geschichte historischer Machtausübung und der damaligen Diktaturen brachte diese Wissenschaftler dazu, weniger auf friedfertige Vereinbarungen denn auf verantwortungsbewußte Machtpolitik zu vertrauen. Friedlicher Wettbewerb nur auf der Basis realer Macht – mit einer solchen Formel konnten sie damals überzeugen. Die Machtpolitik der USA galt infolgedessen als Garantie für eine internationale stabile Ordnung über den Krieg hinaus.

Macht und Machtbalance wurden zentrale Kriterien, um die Welt politisch zu erfassen und zu gestalten. Mit »Machtpolitik« hatte bereits Georg Schwarzenberger, ein Veteran dieser Schule, 1941 die Richtung gewiesen, um die Experten in den Regierungsstäben wissenschaftlich zu beraten. Raymond Aaron, John Herz, Karl W. Deutsch führten die Liste der universitären Forscher, die Regierungsberater in Washington waren, an. Seit Ende der fünfziger Jahre folgte die nächste Generation mit prominenten Namen wie Henry A. Kissinger und Zbigniew Brzezinski oder Morris Janowitz und Samuel Huntington. Europabezogenes Denken, Machtrivalität und -gleichgewicht im Lichte des 19. Jahrhunderts, die diplomatische Kunst des Wiener Kongresses sowie das Bismarcksche Denken wurden selbständige Figuren für die amerikanische Bestimmung des eigenen Stellenwerts im Konzert der Mächte in der zweiten Hälfte des 20. Jahrhunderts.

Viele Mächte, Kräfte und Persönlichkeiten wirkten im Sommer 1945 zusammen, daß es zum Abwurf der Atombomben über Hiroshima und Nagasaki kommen konnte. Der Wunsch, mit dem Kriegsende den Zauber des Friedens und einer möglichst heilen Welt zu verbinden, war weit verbreitet, verständlich und nicht nur verführerisch. Schuld und Verantwortung in der Politik, die zur Entscheidung führte, lassen sich nicht einfach zuweisen. Die »Mythen des August« (Stewart Udall) deuten mehr auf die Abgründe der Macht, als daß sie aufklären. Allein die Motive der Verantwortlichen und die Strukturen der Konstellation nachzuzeichnen, die schließlich zum Abwurf der Atombomben führten, füllen fachwissenschaftliche Bibliotheken. Geschichtswirksam wurde ein Knoten geschürzt, der dann nicht mehr gelöst werden konnte. Es fand sich kein Alexander mit dem Schwert, die Weissagung des Orakels abzuwenden. Ein neues Zeitalter zog herauf.

Kapitel 2

Das globale Arrangement der Interessen

Die gespaltene Kriegsallianz 1945

Die Konferenz von Potsdam war das letzte Treffen der »Großen Drei« in einer Reihe von Begegnungen, die schon Ende November 1943 in Teheran begonnen und im Februar 1945 in Jalta auf der Krim Winston S. Churchill, Franklin D. Roosevelt und Josef W. Stalin neuerlich zusammengebracht hatte. Nach dem Tode des amerikanischen Präsidenten im April 1945 nahm Harry S. Truman die Verhandlungen in die Hand, zumal der erfahrene Haudegen Winston Churchill wenige Tage nach Konferenzbeginn aufgrund seiner heimischen Wahlniederlage von Clement Attlee abgelöst wurde. Auf der Konferenz ging es um die Regelung der Kriegsfolgen, um die Behandlung Deutschlands und den Sieg über Japan; im Mittelpunkt stand die abschließende Bestätigung der in Jalta vorbereiteten Aufteilung der Einflußsphären der Vereinigten Staaten und der Sowjetunion in Europa. Diese bildeten die Basis und formten die Struktur der internationalen Ordnung des Kalten Krieges.

Als das Treffen am 17. Juli 1945 in Schloß Cecilienhof begann, blickte die »Anti-Hitler-Koalition« bereits auf ihren historischen Erfolg zurück. Mit dem Sieg über die Wehrmacht waren die kriegerischen Auseinandersetzungen beendet, die zur vollständigen Eroberung und Besetzung des Reiches durch die alliierten Armeen geführt hatten. Die nationalsozialistische Politik und Kriegführung hatte die Drei an einen Tisch gezwungen, als der ungezügelte deutsche Eroberungsdrang im Sommer 1941 mit dem Angriff auf die Sowjetunion eine diplomatische Lawine auslöste. Aus Sorge vor einer Invasion der Insel im Falle eines deutschen Erfolges im Osten gewährte Churchill gleich zu Kriegsbeginn Stalin die Unterstützung Großbritanniens. Roosevelt zögerte angesichts der Bedrohung Englands nur eine Woche mit seiner Zusage auf Hilfe; die Abneigung in den USA gegen Stalins Sozialismus war kaum geringer als gegen den Nationalsozialismus. Dem Präsidenten erschien es nur konsequent, die besonderen Beziehungen der USA, des »Zeughauses der Demokratie«, zu England herauszustellen, die er im März 1941 mit der Schaffung des »Leih-Pacht-Systems« zur Versorgung der Alliierten mit Kriegs- und Hilfsmaterial untermauert hatte.

Durch die Anti-Hitler-Koalition zog sich allerdings angesichts unterschiedlicher Interessen von Beginn an eine Kluft. Das Mißtrauen war von Anfang an gegeben. Die Staaten sahen sich genötigt, aufgrund der Bedrohung durch die deutschen Hegemonialansprüche ein gemeinsames militärisches Vorgehen auf dem Kontinent zustande zu bringen. Hitlers infernalischer Vernichtungskrieg hatte die ideologische Zuordnung vorerst und nur auf Zeit außer Kraft gesetzt. Die deutsche Kriegserklärung am 11. Dezember 1941 und der vier Tage zuvor erfolgte japanische Angriff auf die amerikanische Flotte in Pearl Harbor hatten den schwelenden globalen Konflikt in den Rang einer direkten Herausforderung der USA gehoben. Machtkalkül wurde das Zeichen der Zeit. Zu ihrem Beitritt zur »Anti-Hitler-Koalition« gab es keine Alternative. Typischerweise wies die militärische Strategie der politischen den Weg: »Germany first« hatten Churchill und Roosevelt am 14. Januar 1942 vereinbart und dies ein Jahr später in Casablanca öffentlich bekräftigt. Dabei folgten sie den bewährten Absprachen zwischen dem britischen und dem amerikanischen Generalstab vom März 1941, die Kräfte auf den europäischen Kriegsschauplatz zu konzentrieren.

Die Weichen für den Zusammenhalt der Koalition waren auch programmatisch gestellt worden. Die amerikanisch-englische Solidarität fand ihren Ausdruck in einem Dokument von epochaler Bedeutung, mit dem zugleich die Abgrenzung gegenüber der Sowjetunion verbunden war. Die USA und England demonstrierten damit diesen Gegensatz und auch ihre besonderen Beziehungen zueinander nach außen. Churchill und Roosevelt hatten am 14. August 1941 vor der Küste Neufundlands an Bord der »Prince of Wales« und der »Augusta« die Atlantik-Charta unterzeichnet. Für die Friedensordnung nach dem Sieg verkündeten sie eine Reihe von Prinzipien: keine territorialen Annexionen; Achtung des Selbstbestimmungsrechtes der Völker; Respektierung des Rechts der Völker, »sich die Regierungsform zu wählen, unter der sie leben wollen«; »nach der endgültigen Vernichtung der Nazityrannei« sollte ein stabiler Frieden »ohne Not und Furcht« garantiert und eine weltweite wirtschaftliche Zusammenarbeit für »Fortschritt und soziale Sicherheit«[1] zustandegebracht werden. Dieses Dokument der angelsächsischen Weltsicht – Deklaration und Selbstklärung in einem – stand schon lange, bevor es der Untergang des Deutschen Reiches für die praktische Politik relevant machte.

Die Anti-Hitler-Koalition war ganz offenkundig eine Geburt der Not; manchen erschien sie von Anfang an so antagonistisch bestimmt, daß sie als »unnatürliche Allianz«[2] charakterisiert wurde. Die Westmächte und die Sowjetunion befanden sich tatsächlich seit dem Sieg der Bolschewiken im Oktober 1917 in einem andauernden ideologischen Ordnungskonflikt mit der sozialistischen Sowjetunion. Schon am Ende des Ersten Weltkrieges hatten konterrevolutionäre, vom Westen und von Emigranten finanzierte Truppen von Polen aus heftige Attacken mit weitreichenden Expeditionen zur Destabilisierung des »roten« Moskau unternommen. Herbert Hoover schließlich versuchte den »cordon sanitaire«, den Staatengürtel entlang der sowjetischen Westgrenze von der Ostsee bis zum Mittelmeer, mit einem amerikanischen Programm der Nahrungsmittel- und Aufbauhilfe gegen jede bolschewistische Attraktivität zu immunisieren.

Die internationalen Beziehungen waren aus der Sicht Londons und Washingtons bereits in den zwanziger Jahren durch einen gemäßigten Ost-West-Gegensatz gekennzeichnet, dessen Gleichgewicht durch die diktatorischen, die radikalen sozialistischen oder die faschistischen Systeme in Europa nicht wesentlich verschärft zu sein schien. Die Stabilität der geographisch-politischen Ordnung war trotz des kommunistischen Anspruchs auf weltrevolutionäre, anti-imperialistische Umgestaltung nicht bedroht, zumal Stalin 1927 seine Koexistenz-Maxime verkündet hatte. Das blieb mit dem traditionellen Staatensystem in Europa vereinbar. Doch Unruhe erfaßte den Westen, als die Nationalsozialisten 1933 den Revisionismus zur offiziellen Politik erhoben.

Dieser prototypische, erste Ost-West-Konflikt bestand für Churchill und Roosevelt weiter, als sie die Kooperation mit Stalin eingehen mußten. Hitlers Weltmachtanspruch erzwang eine Politik der Gegenmachtbildung durch Kooperation.[3] Die USA und die Sowjetunion blieben selbstverständlich auch während des Zweiten Weltkrieges die Exponenten zweier unterschiedlicher politischer Prinzipien. Die bedingungslose Kapitulation und die Zerschlagung Deutschlands waren für das Selbstverständnis des Bündnisses der »Großen Drei« infolgedessen Ziel und Zweck, zugleich final und fundamental. Absprachen zum Krieg hatten ihren Platz in der Allianz, darüber hinaus war sie zeitlich begrenzt. Manche Klärungen zur internationalen Ordnung im Frieden wurden von Präsident Roosevelt konsequenterweise vermieden und auf die Zeit nach dem Sieg in Europa verschoben. Die Divergenzen in der Allianz blieben dem Zwang, die Achsenmächte niederzuringen, untergeordnet. Doch die deutsche Zukunft war vom »politischen Willen der Siegermächte«[4], ihren unterschiedlichen Machtinteressen und ihren ideologischen und gesellschaftspolitischen Zielvorstellungen abhängig. Das »Jahrhundert der Kriege«[5] stülpte seinen Charakter allem Handeln in der Nachkriegszeit über.

So befreit und belastet, traten die Sieger einander in Potsdam gegenüber. In den wenigen Jahren der Allianz hatte sich aber ihre Stellung verändert. Stalin konnte im Bewußtsein, die mächtigste Landarmee der Welt an den Ufern der Elbe stehen zu haben, seine etablierte Militärmacht auf der Landkarte Europas vorzeigen. Truman demonstrierte mit seinen Truppen am anderen Ufer des Stromes »leadership« im Westen. Ihre Entschlossenheit, Hitler in die Knie zu zwingen, und ihr Wille zur Macht hatte beide aus der geographischen Randlage ins politische Zentrum Europas geführt.

Das Vakuum, das viele Beobachter verspürten, rührte vom Schwinden staatlicher Macht vor allem im Westen und in der Mitte Europas her; hier war das europäische Mächtesystem weitgehend zusammengebrochen. Frankreich konnte, staatlich desolat und inkonsistent wie es war, nach dem Vichy-Regime und dem Befreiungskampf von Charles de Gaulle insgesamt nur geringen Respekt gewinnen; England bewahrte noch den matten

Glanz seines imperialen Commonwealth, dessen Ressourcen im Krieg in Europa und Fernost von Churchill geschickt ins britische Potential eingebracht worden waren. Das Deutsche Reich hatte bedingungslos kapituliert; Italien war besiegt, Österreich besetzt. Der Staatengürtel im mittleren Osteuropa war zuvor nie eigenständig formiert aufgetreten; nun war er sowjetisch kontrolliert. Das europäische Gleichgewicht der Mächte gehörte zur Geschichte.

Stalin und Truman nahmen die stärksten Positionen in Potsdam ein. Die Kriegskooperation wurde zur Nachkriegsrivalität im Zeichen des Mächte-Antagonismus. Truman verknüpfte die Konferenz mit dem »big bang«, dem Atombombentest in der Wüste, der die Frage nach der Dominanz nach dem Kriege zu seinen Gunsten entscheiden sollte. Die diplomatische Politik des »postponement« seines Vorgängers war vorbei, die Chance schien gekommen, »bei Kriegsende die Bedingungen zu diktieren«. Die Phantasien über die Atombombe schlichen sich in die Politik der Nachkriegszeit, lange bevor die Verhältnisse geklärt waren. Die Analyse der Realität war nicht zuletzt von der Destruktivität der Atombombe bestimmt. Am 16. Juli 1945 unterminierte der »S-1«-Test die bisherigen Voraussetzungen politischen Handelns. Der Wettlauf um den ersten Rang in der Weltpolitik war nach dem Sieg im Krieg in ein weiteres Stadium getreten. Nun entpuppte er sich als direkter Test zwischen den USA und der Sowjetunion. Die Atombombe setzte in der Geschichte des persistenten Antagonismus einen neuen Akzent.

Bereits in der ersten Sitzung ergab sich für Truman die Gelegenheit, Stalin Paroli zu bieten, als dieser von der in Jalta verabschiedeten »Erklärung über das befreite Europa« und damit von dem demokratischen Anspruch der Westmächte abrückte. Die Wiederherstellung der souveränen Rechte der Völker, die Freiheit, die Regierungsform selbst zu bestimmen, sowie die Garantie freier Wahlen gerieten in den Strudel der Divergenzen, weil »demokratisch«, »gerecht« oder »friedlich« in Ost und West ganz unterschiedlich definiert wurden. Die »Erklärung« von Jalta konnte diese Barrieren nicht überwinden; denn gerade die Absage an die Grundsätze der Atlantik-Charta[6] bestätigte erneut und offen den Gegensatz der Sowjetunion zum Westen. Die Tradition des Ost-West-Gegensatzes aus der Zeit vor dem Kriege war in der ersten Verhandlungsrunde in Potsdam – das Donnern aus Alamogordo war kaum verklungen – wieder lebendig.

Die politischen Konzepte der Alliierten für die Zukunft Deutschlands, Europas und der Welt waren von ihren jeweiligen Systemen geprägt, und entsprechend unterschiedlich gestaltete sich ihre Politik in den jeweiligen Einflußsphären. Ein gemeinsames Interesse allerdings blieb aus dem Zweckbündnis des Krieges, das sich mit dem Sieg im Mai 1945 nicht erledigt hatte. Für die Zukunft bestand Konsens darin, eine neuerliche deutsche Expansion nicht mehr zuzulassen. Der von Dwight D. Eisenhower angeführte »Kreuzzug gegen Europa« und der von Stalin proklamierte «Große Vaterländische Krieg« hatten mit der Besatzung Deutschlands ihre Ziele noch nicht vollständig erreicht. Die in Casablanca von den Westmächten erhobene und von Stalin vor den Ruinen von Stalingrad akzeptierte »Unconditional-surrender«-Forderung zur Beendigung des Krieges betonte das eigentliche Ziel der Allianz, daß zukünftig von deutschem Boden keine Bedrohung mehr ausgehen dürfe.

Der historische Bezugspunkt der »bedingungslosen Kapitulation« spielte für die Nachkriegszeit eine große Rolle. Einerseits sollte einer neuen Dolchstoßlegende von vornherein der Boden entzogen bleiben. Andererseits verband sich dieses Kalkül mit amerikanischen Erfahrungen aus der Geschichte des Bürgerkrieges, als der innenpolitische »Kampf gegen das Böse« kein Pardon erlaubte. Dies wurde auf den Kampf gegen den Nationalsozialismus übertragen und stilisierte die Armee zu einem »Gotteswerkzeug der Gerechtigkeit«[7]. Die Eliminierung als Kriegsmacht[8] und die Eindämmung Deutschlands waren daher konkrete Ziele, auf die sich die Anti-Hitler-Koalition wie selbstverständlich für die Zeit nach dem Krieg verständigen konnte.

Die Entscheidungen über Deutschland hatten für die Europapolitik der Amerikaner weitreichende Folgen. Das Projekt der Entwaffnung Deutschlands, das Senator Arthur H. Vandenberg in einer vielbeachteten Rede am 10. Januar 1945 vorgestellt hatte, bestimmte den Kurs der USA, von der isolationistischen Haltung abzugehen und sich in Europa zu engagieren. Der Anlaß, die »Wiedergeburt einer deutschen Aggression« zu verhindern, stärkte zudem den amerikanischen Entschluß, in Westeuropa präsent zu sein. Die Forderung des Senators nach Einfluß der Vereinigten Staaten in Übersee empfanden Kriegsminister Stimson, der damalige Direktor des Amtes für Kriegsmobilisierung Byrnes, der Präsident selbst und sein Kabinett als »staatsmännisch«.

Die Initiative Vandenbergs hatte die Wende bewirkt. Die Idee eines atlantischen Systems kollektiver Sicherheit stand im Raum. Zugleich enthielt die Rede Passagen, in denen die Aufmerksamkeit darauf gelenkt wurde, nach dem Krieg zu »testen«, inwiefern das sowjetische Sicherheitsbedürfnis berechtigt sei oder ob dahinter nicht ein eigenes Expansionsstreben stehe. Diese Rede schied die Geister. Sie artikulierte öffentlich Vorbehalte gegenüber dem sowjetischen Alliierten und brachte Zweifel vor, ob dieser überhaupt ein verläßlicher Partner sein könne. Andere Pläne zur Nachkriegsordnung in Europa, die in den diplomatischen Stuben eine Zeitlang vorangetrieben worden waren[9], verloren rasch an Kurswert. Sie hatten aus dem Blickwinkel der Macht nie eine reelle Chance gehabt.

Allmählich bildeten sich die Strukturen der künftigen internationalen Beziehungen heraus. Ordnungspolitische Vorstellungen im Sinne Churchills und rationale Kategorien der Macht im Sinne der Militärs gaben dabei den Ausschlag. Sicherheit, Stabilität und Kalkulierbarkeit gewannen einen hohen Stellenwert. In jahrelangen Dialogen hatten Politiker und Militärs in den alliierten Stäben Länder und Regionen zugeordnet. Moral und Recht, Freiheit und Selbstbestimmung standen der übergeordneten Ratio der Macht gegenüber.

Widersprüche, Zweifel und Tragik sind am polnischen Beispiel besonders deutlich greifbar. Während Polen auf der Moskauer Konferenz im Oktober 1944 und Anfang 1945 in Jalta faktisch dem sowjetischen Bereich zugeschlagen wurde, kämpften polnische Divisionen noch auf westlicher Seite gegen die Deutschen. Doch um den ehemaligen »cordon sanitaire« zu stabilisieren, wurde die gesamte Region von der Ostsee bis zum Mittelmeer der Ordnungsmacht der Sowjetunion zugeordnet. »Potsdam« gab das Signal, die Absprachen über Einfluß-und Interessensphären auch hier als gültig zu bestätigen und das Arrangement des Weltkrieges als Basis für die Beziehungen der kommenden Jahrzehnte zu nehmen.

Vom Nordkap bis zum Kaukasus fand die europäische Scheidung statt. Sogar die türkischen Grenzen, Iran und Afghanistan, die Mandschurei, Korea sowie die Philippinen zählten dazu. Der Nahe Osten, nicht nur die Zusicherungen zur Gründung Israels, das Westjordanland und die Palästina-Frage, die Bestätigung der Grenzen von Jordanien und Saudi-Arabien machten das Bild im einzelnen ein wenig komplizierter. Auch setzte sich der Anspruch der USA als neuer Macht sogar in dem kolonialen Einflußgebiet Englands in Szene.

Die Handelsbedingungen in China, Vietnam oder Hongkong wurden ebenfalls nicht vernachlässigt. Die USA wollten nicht hinter die Privilegien der »Open-door«-Politik zurück, die sie sich 1922 mit der Unterzeichnung des Washingtoner Abkommens im alten Kolonialsystem von allen in Fernost beteiligten Mächten erstritten hatten. Die detaillierte Klärung über die Zuordnung der Regionen in Asien fand erst im Frühjahr 1946 ihren Abschluß. Auch wenn in Potsdam die Sowjetunion sich ihren Einfluß auf den Kurilen sicherte und Truman Japan für die USA zu reservieren bestrebt war, bedurfte es bis zum Weihnachtsabend 1945 noch intensiver Verhandlungen mit Außenminister Wjatscheslaw Molotow, ehe Byrnes auf der Außenministerkonferenz in Moskau von Stalin die Zusicherung erhielt, die USA könnten »einseitig« in Japan dominieren; als Verhandlungs- und Tauschobjekt wurde »der Balkan«, konkret zumindest Rumänien und Bulgarien, dem »einseitigen« sowjetischen Einflußbereich zugewiesen.

Wie wichtig der Ferne Osten für die USA in der Auseinandersetzung mit der Sowjetunion war, wurde ja bereits in Potsdam erkennbar, als Truman seinen neuen Trumpf, die Atombombe, gegen Japan einzusetzen bereit war. Hatte Roosevelt noch im Februar in Jalta zur Entlastung der amerikanischen Truppen in Fernost von Stalin dringend die Eröffnung einer zweiten Front gefordert, so war im Juli 1945 das Szenario vollständig verwandelt. Truman wollte nun am liebsten allein über die japanischen Inseln entscheiden.[10] Er setzte auf die Überzeugungskraft der Fakten, um den Einfluß der USA im Pazifik zu sichern. Daher drängte er auf den umgehenden Abwurf der Atombombe noch zum Ende der Konferenz von Potsdam, schon für den 2. August. Auf diese Weise wollte er dem sowjetischen Kriegseintritt zuvorkommen. Meteorologische und technische Umstände führten dann aber zum 6. August als Termin der Bombardierung Hiroshimas.

Potsdam war mithin die Geburtsstunde der atomaren Polarisierung in der zweiten Hälfte des 20. Jahrhunderts. Zwei neue Staaten wurden zu Zentren des bipolaren Machtsystems – in gegenseitiger Fixierung auf die militärischen Potentiale des anderen. Die Sowjetunion hatte sich das Kleid der russischen Zaren übergestreift; die USA mischten sich, nachdem sie die asiatische Küste des Pazifik längst für sich erschlossen hatten, aktiv und mit eigenen Interessen in die Belange der europäischen Verwandten ein. Aber da beide die globale Szene als »junge Staaten« betraten, blieben sie vorsichtig, um sich nicht selbst zu gefährden. Bei Kriegsende verfügten die USA über das nukleare Monopol, was die Bedeutung ihrer überlegenen Ressourcen noch erhöhte. Die eigentliche politische Revolution[11] war freilich ihr Griff nach Europa. Diese Politik konnte gewagt werden, da die Bombe anfänglich die Risiken auf ein Minimum reduzierte, bis die bipolare Rivalität schließlich in die nukleare Stabilität führte.

Die politische Einbindung der Atomwissenschaft

Programmatisch hatte die Atlantik-Charta den gesellschaftspolitischen Gegensatz der Kriegsallianz markiert. Die Notwendigkeit, mit der Sowjetunion aus bestimmten machtstrategischen Zwecken eine Koalition einzugehen, sollte die eigentlichen Divergenzen zwischen Ost und West nicht verwischen. Dabei setzten die USA auf ihre fortschrittliche Ökonomie, die ihnen im 20. Jahrhundert die meiste Reputation eingebracht hatte. Engste Zusammenarbeit aller Nationen auf wirtschaftlichem Gebiet, damit künftig alle Staaten, große und kleine, Sieger und Unterlegene, gleichermaßen Zugang zum Handel und zu den Rohstoffen der Welt erlangen könnten – so lauteten 1941 die Forderungen für eine Weltordnung nach der Niederwerfung Deutschlands und Japans.

Der Wiederaufbau einer Weltwirtschaft wurde von den Vereinigten Staaten zügig vorbereitet. Die Abkommen über materielle Kriegsunterstützung nach dem frühen »Lend-Lease-Modell« begründeten ab Februar 1942 die Dollarbasis für den internationalen Handel. Die Zukunft der amerikanischen Wirtschaft verband sich mit einer expandierenden Weltwirtschaft und freiem Zugang zu Rohstoffen, mit offenen Türen für den Kapitalexport ohne Handelsbeschränkungen und mit reduzierten Zöllen. Die kapitalistische Führungsmacht zeigte im Sommer 1944 ihre Potenz, als sie ihre politische und militärische Bedeutung fast unangefochten auch wirtschaftlich und finanziell untermauerte.

44 Länder, nahezu alle, die in der damaligen Welt als Staaten anerkannt waren, wurden im Juli von den USA für drei Wochen nach Bretton Woods eingeladen, um über die künftige Struktur der Weltwirtschaft[12] zu beraten. Es ging um strittige Währungs-, Zahlungs- und Handelskompetenzen. Steuernde Funktion wurde wirtschaftspolitisch dem US-Dollar beigemessen, der in Verbindung mit dem Goldstandard eine freie Konvertierbarkeit zu festen Wechselkursen garantierte. Die USA gestalteten in diesen Wochen ganz bewußt ihre Rolle. Weltbank und Internationaler Währungsfonds (IWF), ausgestattet mit jeweils mehr als 7 Milliarden Dollar und damit umfangreicher als der spätere Marshall-Plan, unterlagen amerikanischer Kontrolle. Ohne Zustimmung der Vereinigten Staaten konnten über 70 Prozent aller Währungsreserven der im IWF vereinigten Länder nicht verfügt werden. Amerikanische Banken waren dank dieser Konstruktion mindestens ein Vierteljahrhundert weltweit als Kreditgeber privilegiert.

Noch vor seiner Abreise Anfang Juli nach Potsdam hatte Truman die Ergebnisse der internationalen Wirtschaftsverhandlungen im »Bretton Woods Agreement Act« festgehalten und zugleich eine zentrale nationale Stelle zur Koordinierung des amerikanischen Außenhandels ins Leben gerufen. Obwohl die Sowjetunion anfänglich an diesen Umpolungen der ökonomischen Beziehungen beteiligt war, versteht es sich beinahe von selbst, daß sie dort nicht hineingehörte. In der Praxis wurde sie dann auch von den Verhandlungen in diesen Gremien ferngehalten – eine auf Jahrzehnte wirksame Voraussetzung für ihre wirtschaftliche und finanzielle Isolierung.

Das neue Währungssystem stand natürlich zunächst nur auf dem Papier. Die Kriegsfolgen – Konvertierbarkeit der Währungen, Finanzierung der Rohstoffe (z. B. Öl) auf Dollarbasis, Armut der Staaten, Devisenbewirtschaftung und so fort – machten die Implementierung zu einer höchst komplizierten Angelegenheit; sie gaben den USA zugleich die Chance zur Intervention auf der internationalen Ebene. Durch Kreditauflagen und -empfehlungen zur Umsteuerung der nationalen Ökonomien wurden zum Teil ganz neue Strukturen geschaffen. Das System von Bretton Woods erfüllte seine wesentlichen Funktionen tatsächlich: erstens, die westlich orientierten Länder nach dem wirtschaftlichen Zusammenbruch in einen florierenden Markt zu integrieren; zweitens, im Unterschied zu dem alten europazentrierten, kolonialwirtschaftlichen Handelssystem nun ein globales zu errichten; drittens, die Sowjetunion als Konkurrenten außerhalb dieses Systems zu halten. Zur Zeit der Potsdamer Konferenz legten die USA die Grundlagen der internationalen Struktur, in der sie die zukünftige Politik gestalten wollten.

Ähnlich zielstrebig hatten die USA auf die Globalisierung eines anderen Sektors reagiert. Die Modernisierung der Rüstung auf der Grundlage militärischer, wissenschaftlicher, technologischer, industrieller und administrativer Koordination war exemplarisch im »Manhattan-Projekt« gelöst worden. Die neue Gleichung von »welfare« und »warfare« hatte ihre Bewährungsprobe bestanden. Die Dynamisierung der Wirtschaft durch Wissenschaft war steuerbar geworden, Innovation schien zur Variablen der Investition zu werden. Materialeinsatz und »human capital« sicherten den Erfolg. Die Internationalisierung hatte sich infolge der Emigranten-Ströme aus allen europäischen Staaten sowie durch die formelle Kooperation mit den Einrichtungen der angelsächsischen Welt gewissermaßen zufällig ergeben; eines ihrer Merkmale wurde die Militarisierung der Wissenschaften.[13]

Mit dem herannahenden Ende des Krieges verfestigte sich die Tendenz der wissenschaftlich-wirtschaftlichen Organisation, systematisch Experten aus allen Ländern in die Großforschung einzubinden. Wissenschaft hat seitdem eine politische Rolle wahrgenommen. Sie wurde integraler Teil des staatlichen, gesellschaftlichen und ökonomischen Antagonismus. In diesen Zusammenhang gehört auch, daß die Sieger sich anschickten, in ihren Zonen in Deutschland wichtige Wissenschaftler – vor allem die führenden deutschen Physiker – festzusetzen. Englische und amerikanische Sondereinheiten kamen gleich hinter der vorrükkenden Front, um diese Experten zu suchen. Zehn von ihnen, darunter Otto Hahn, Max von Laue und Carl Friedrich von Weizsäcker, wurden ab 3. Juli 1945 für ein halbes Jahr nach Farm Hall, einem englischen Landhaus in der Nähe von Cambridge, gebracht. Als die Nachricht aus Hiroshima eintraf, hielt keiner der Internierten die Kunde von der erfolgreichen Explosion der Atombombe spontan für zutreffend, knüpften sich doch heikle Fragen[14] daran, ob sie selbst zu dieser Leistung fähig gewesen wären, wie sie mit dem NS-System kooperiert hatten oder wie ihre Uranmaschine zu einer deutschen Atombombe hätte führen können. Ihnen war erspart geblieben, »die Frage nach dem Gehorsam« (Mark Walker) und der eigenen Verantwortung dem Staat oder sich selbst gegenüber zu beantworten, wenn sie anstelle ihrer Kollegen in Los Alamos einen ähnlichen Erfolg in Deutschland gehabt hätten.

In den groß angelegten Operationen »Alsos« und »Epsilon« hatten Engländer und Amerikaner gleich hinter den Fronttruppen ihre Netze ausgeworfen, um das Wissen deutscher Wissenschaftler für die USA nutzbar zu machen und zugleich sicherzustellen, daß sie nicht der Sowjetunion in die Hände fielen. Die UdSSR ging gleichermaßen systematisch vor.[15] Vierzig Physiker in Obristenuniform begleiteten die Einsatzgruppen des Geheimdienstes, um deutscher Atomexperten und Raketentechniker habhaft zu werden. In Falkenhagen östlich von Berlin waren sie stationiert, und auch sie hatten in den Jahren zuvor abgeschottet und isoliert unter Leitung von Generalen gearbeitet. Igor W. Kurtschatow, der wichtigste Nuklearphysiker der Sowjetunion zu Kriegsende, war daran beteiligt, diese Experten in den Osten zu holen.

Die Suche im besetzten Deutschland diente dem phantastischen Ziel, die Sowjetunion – industriell unterentwickelt und an schwersten Kriegszerstörungen leidend – in der modernsten Technologie der Atomtechnik auf den Stand der größten Industriemacht der Welt zu bringen. Einen Beitrag dazu sollte die

Zwangsrekrutierung der Deutschen leisten, deren Leistung während des Krieges auch aus sowjetischer Sicht überschätzt und legendär verklärt wurde.

Der Anteil der Deutschen am Bau der Moskauer Atombombe ist lange Zeit strittig gewesen. Gerüchte im Westen verzeichneten ihre Bedeutung dahingehend, daß auf ihren Beitrag die wesentlichen Fortschritte zurückzuführen seien. Nikolaus Riehl und Manfred von Ardenne beispielsweise haben ihren persönlichen Stellenwert und den der deutschen Kollegen überhaupt herausgestrichen. Ardenne geht so weit zu erklären, im Jahr 1945 direkt vom Chef des Geheimdienstes, Lawrentii P. Berija, den Auftrag zum Bau der Atombombe mit den Worten erhalten zu haben: »Die Regierung der Sowjetunion wünscht, daß in dem Institut, dessen Direktor Sie werden, die Entwicklung unserer Atombombe stattfindet!«[16] Demgegenüber haben sowjetische Wissenschaftler ihre eigene Rolle betont und die deutschen Anteile sogar völlig negiert, obwohl Riehl immerhin Stalinpreisträger geworden war. Diese Bewertung hatte wohl auch mit der Sorge zu tun, Historiker könnten später meinen, wie Kurtschatow wiederholt[17] äußerte, er als Leiter des sowjetischen Uranprojektes hätte die Bombe nicht ohne die Mithilfe der Deutschen bauen können.

Nach ausgiebigen Analysen der Quellen und nach Befragungen[18] kann das Urteil über ihren Beitrag differenzierter ausfallen: »Obschon für die Plutoniumbombe weniger ausschlaggebend, haben die Ausarbeitungen [der Deutschen...] zur Technologie der Gasdiffusion entscheidende Grundlagen für die Produktion von Uran 235 in der Sowjetunion gelegt.« So bleibt es am Ende wohl Spekulation, ob durch die deutsche Beteiligung der Bau der sowjetischen Atombombe tatsächlich um ein oder vielleicht sogar um zwei Jahre beschleunigt wurde.

Aber soweit war es im Sommer 1945 noch nicht. Stalin hatte der Atompolitik Priorität eingeräumt, um ein Gegengewicht gegen die USA aufzubauen. Die Erkenntnis setzte sich auch hier durch, wie sehr die naturwissenschaftlichen Fortschritte Entwicklung und Praxis von Wirtschaft und Rüstung bestimmten. In der Sowjetunion galt es einiges nachzuholen. Denn wie ihre westlichen Kollegen hatten die sowjetischen Forscher den militärischen Nutzen der naturwissenschaftlichen Fortschritte hervorgehoben.

Der Bau der Atombombe hatte in der UdSSR ebenfalls eine lange Vorgeschichte. Igor W. Kurtschatow war von Beginn an dabei gewesen; er kam im Juli 1939 zu dem erstaunlichen Ergebnis, eine 10-Kilo-Uranbombe könne im Falle einer »Explosion über dem Zentrum Moskaus nicht nur die Stadt vollständig bis zur Stadtgrenze«, sondern auch »die ganze Umgebung« zerstören. Sein Kollege I. Semenow setzte sogleich einen Brief an das zuständige Ministerium auf, ohne allerdings eine Antwort zu erhalten. Es war Berija, der gefürchtete Geheimdienstchef, der zur treibenden Figur für die Bündelung der Kräfte wurde, da sich seine Auslandsinformationen verdichteten, daß es mit den Atomprojekten in den USA eine militärische Bewandtnis habe. Stalins abwehrende Einschätzung, dies sei gezielte Desinformation des Westens, konnte erst spät überwunden werden. Dann handelte man sehr schnell. Am 11. Februar 1943, möglicherweise im Zusammenhang mit der Wende des Krieges nach dem Sieg über die Wehrmacht in Stalingrad, übertrug Stalin die Leitung des Uranprojekts seinem Stellvertreter im Ministerrat, Wjatscheslaw Molotow.

Aufgrund der Spionageberichte wurde Kurtschatow von Anfang an über den Stand des »Manhattan-Projekts« in Umrissen vertraut gemacht. Die Dokumente lüfteten die Geheimnisse der Konstruktion des wichtigen Reaktors von Hanford und der Atombombe von Nagasaki. An der Spitze dieses Transfers von Spionage-Informationen standen die Physiker David Greenglas, Harry Gold und Julius Rosenberg[19], die anfänglich mit ihren geheimen Materialien die sowjetische Forschung beeinflußten. Die »atomare Diplomatie« hatte die Beziehungen der Alliierten wie bei einem Spiel mit verdeckten Karten von Anfang an geprägt und Stalin spätestens 1943 zu der Überzeugung geführt, daß die USA ihn mit Atomwaffen erpressen würden. Die nukleare Rüstungsspirale drehte sich bereits, bevor das Aktion-Reaktion-Schema des Kalten Krieges dominant zu werden begann. Die Rivalität um die Macht führte zu den nuklearen Machtprojektionen der Sowjetunion wie der USA.

Eine andere spektakuläre Quelle für Moskau war der Physiker Paul Fuchs, aus dessen englischen Kontakten sich 1943 erkennen ließ, daß die Deutschen in eine Sackgasse geraten, die Amerikaner und Engländer dagegen auf industrielle Forschung übergegangen waren. Im August 1944 war Fuchs von New York nach Los Alamos übergewechselt, wo ihm im Juni 1945 sein wohl größter Coup gelang. Er übermittelte Aufrißzeichnungen der Atombombe aus Alamogordo einschließlich des Zündsystems sowie den Termin des »S-1«-Tests. Diese Informationen trugen gewiß mit dazu bei, daß sich Stalin in Potsdam zurücklehnen konnte, als Truman ihn über die erste Explosion einer Atombombe unterrichtete.

Stalin wußte von dem angesetzten Test in der Wüste. Er trug ein ungerührtes Gesicht zur Schau, aber ihm war, anders als die meisten Teilnehmer ahnen konnten, die machtpolitische Bedeutung dieser Explosion bewußt. Bereits der erste nukleare Test war Teil des bipolaren Antagonismus, und die Debatte in Moskau wenige Wochen später – nach Hiroshima – stand unter der für nicht Eingeweihte irritierenden Maxime: »Das Vernichten der japanischen Städte ist gegen uns gerichtet.«[20]

Zutreffend ist, daß die Demonstration der nuklearen Macht in Potsdam sowie die Bomben auf Hiroshima und Nagasaki nicht ohne Eindruck auf Stalin geblieben sind. Denn bald danach, am 20. August 1945, setzte er mit einem Dekret das Programm zum Bau der Atomwaffe endgültig in Gang. Berija wurde nun offiziell zum Leiter des gesamten Projekts ernannt, das er mit Effizienz und enormem Druck entsprechend der von Stalin ausgegebenen Maxime: »Aufholen und überholen!« leitete.

Es ging darum, das amerikanische Atommonopol so schnell wie möglich zu brechen. Obwohl Stalin nicht glaubte, die USA würden die »atomare Karte« gegen die Sowjetunion ausspielen, beunruhigte ihn doch die Bewertung der Machtverhältnisse, die ein sowjetisches Äquivalent gegen die amerikanische Atombombe verlangten. Das Defizit Moskaus, nicht über nukleare Potentiale verfügen zu können, trug zur Verschlechterung der amerikanisch-sowjetischen Beziehungen bei. Die weitere Aktivierung des Projekts Atombombe erfolgte umgehend. Die industriell an sich unterentwickelte Sowjetunion stürzte sich auf das ehrgeizige Ziel, mit den USA gleichzuziehen.

Künstliche Städte wurden aus der Tundra gestampft, Arzamas-16 hieß ein solches Objekt bei Nischnij Nowgorod, dem ehemaligen Gorki, in dem später 50000 Techniker und Wissenschaftler arbeiteten. Ähnlich wie die Labors von Tscheljabinsk waren das goldene Käfige, in denen man mit Privilegien die Abgeschlossenheit aufzuwiegen versuchte.[21] Andrej Sacharow, der bekannte Atomphysiker der zweiten Generation und Jahrzehnte später ein pazifistischer Vertreter der Bürgerrechtsgeneration, führte die Entscheidung der Sowjetunion, rüstungstechnische Großprojekte nach dem Modell des »Manhattan-Projekts« mit einem riesigen Aufwand in Gang zu setzen, auf die Tätigkeit des Atomspions Fuchs zurück. Stalin ging das Risiko ein, das atomare Rüstungsprogramm zu privilegieren. Das Wagnis der Konzentration der Kräfte sowohl auf den Wiederaufbau des Landes als auch auf die Expansion der nuklear-technischen Rüstungsindustrie strapazierte die sowjetischen Ressourcen aufs äußerste.

Die Grundlagen des militärisch-industriellen Komplexes der Sowjetunion wurden gelegt. Sonderorganisationen für Forschung und Entwicklung erfaßten die Absolventen der technischen Hochschulen ebenso wie sie die Qualitätsnachweise der materiellen Ressourcen nach den Anforderungen für die Atomprojekte ausrichteten. Mit höchster Priorität ging es an den Bau der Atombombe, da sie den Nachweis für den naturwissenschaftlich-technischen Fortschritt erbrachte. Damit wurde jedoch langfristig sowohl die Struktur der Industrie insgesamt zu Lasten der Konsumproduktion als auch die Ausgaben der öffentlichen Haushalte zugunsten dieser Militärtechnologie festgelegt. Das dirigistische Planungssystem und der bürokratische Zentralismus bewirkten ein übriges, die ökonomische Entwicklung der Sowjetunion einseitig während der gesamten Zeit des Kalten Krieges zu belasten. Am Ende lag in diesem Atomprogramm wohl eine Überforderung.

Dementsprechend hinderte niemand den Geheimdienst daran, das stalinistische System der Drohungen und der Kontrolle auch auf die Atomprojekte zu übertragen. Die deutschen Kader wurden zu einer Art »Konkurrenzunternehmen« gegenüber den sowjetischen Spezialisten, so daß wechselseitig Unsicherheit, Druck und Rivalität als Motivation für Leistung erzeugt wurde. Bezeichnend für die Exzesse dieses Systems war, wie es den führenden Atomforschern am 29. August 1949, dem Tag des ersten Tests einer Atomexplosion, erging. Die Physiker waren davon überzeugt, sie müßten mit drakonischen Strafen rechnen, wenn die Konstruktion der Bombe versagen würde. Alle, die in diesem Falle glaubten, erschossen zu werden, erhielten nach dem geglückten Test die höchste sowjetische Auszeichnung (»Held der sozialistischen Arbeit«) sowie Privilegien (Geld und Autos); die zweite Gruppe, die mit Gefängnisstrafen hatte rechnen müssen, wurde mit dem Stalinpreis und weiteren materiellen Gratifikationen ausgezeichnet.[22]

Nach dem Ende des Krieges wurde auch in den Vereinigten Staaten die Forschung reorganisiert. Als erstes mußte das wissenschaftliche Personal mit Verträgen gehalten oder neu rekrutiert werden. Die Reihen der Emigranten lichteten sich, auch unter dem Eindruck des Beispiels von J. Robert Oppenheimer, der Truman sein Entsetzen über die beiden militärischen Einsätze der Bombe nicht mehr verhehlen konnte. Er ging in Opposition zu dem Atomprogramm. Hitler war überdies besiegt, und viele Wissenschaftler ergriffen daher nach der Befreiung Europas die Chance, in ihre Heimat zurückzukehren.

Doch schon tauchte am Horizont ein neues Gespenst auf: die totalitäre Sowjetunion. Mit Edward Teller fand sich der geeignete Antipode zu Oppenheimer und der Nachfolger, der Fachwissen, Persönlichkeit und Überzeugungskraft für die kommende Phase der Produktion der Atomwaffen in ausreichendem Maße mitbrachte. Für ihn stand fest, daß Stalin die Atombombe und dann die Wasserstoffbombe anstrebe. »Wenn die Sowjetunion allein im Besitz der Wasserstoffbombe gewesen wäre, hätte das einen negativen Einfluß auf den Kalten Krieg gehabt,« lautete sein Dogma.

In Moskau war es ganz ähnlich, auch hier hatte die faszinierende Aussicht auf unbegrenzte Forschung große Attraktivität. Was die Deutschen anging, so hatten sie anfangs gar keine Wahl, andere gingen freiwillig in die Ghettos der Forschung. Die Motivation der Forscher begründete sich anders als in den USA. Sie reagierten ja nur auf amerikanische Herausforderungen des Rüstungswettlaufs. Sie unterstützten Stalins Devise von der Notwendigkeit des Gleichgewichts der Macht, um den Sozialismus vor einer amerikanischen Intervention zu schützen. Für manche verlagerte sich der Kampf gegen den Faschismus nach Nordamerika, als Kampf gegen Imperialismus und Kapitalismus. Auch wenn sie mehrheitlich den Abwurf der Bombe über Hiroshima als »zynischen Antihumanismus« verwarfen, legten sie doch – ganz im Einklang mit den amerikanischen Kollegen – die Entscheidung über den Einsatz der Atombombe in die Hände der Politiker und der Militärs.

Die Bedeutung des Exodus von Wissenschaftlern aus Deutschland kann gar nicht überschätzt werden. Nach der Ausdünnung der deutschen wissenschaftlichen Kapazität durch die Emigration in den dreißiger Jahren gab es nach 1945 eine zweite Welle, als deutsche Experten regelrecht eingekauft wurden. Der Umfang dieser Anwerbung war beträchtlich. Ein Beispiel für die Größenordnung liefert Frankreich. Dort liegen detaillierte Untersuchungen vor. Immerhin hatte es im Vergleich zu den groß organisierten Aktivitäten der USA und der Sowjetunion nur geringe Möglichkeiten. In Frankreich waren im Jahr 1947 nicht weniger als 6772 deutsche Konstrukteure oder Spezialisten für Raketen, Flugmotoren und Ballistik engagiert – darunter ein halbes Tausend, das zur obersten Kategorie der internationalen Forschung gerechnet wurde.[23] Die Amerikaner brachten ihre »Beute« nach Washington, wo in Mount Vernon, mit der P.O. Box 1142, eine Villa für Diplomaten, hohe Militärs und Wissenschaftler eingerichtet worden war. Es ging bei diesem Projekt vor allem darum, die Trägersysteme für die Atomwaffen zu modernisieren. Hier schlug die Stunde der Raketenbauer. Wernher von Braun mit seinen Stäben wurde im Westen prominent, Nikolaus Riehl oder Manfred von Ardenne im Osten.

Bereits zwei Wochen nach den Bombenabwürfen über Japan traten die Aktivitäten des Militärs in ein neues Stadium. War die Bombenplanung bisher eine Angelegenheit der Army gewesen, so bereitete sich jetzt eine horizontale Expansion in den gesamten Streitkräften vor. Die »Joint Task Force 1« organisierte einen von Heer, Marine und Luftwaffe gemeinsam gestarteten Test, der nach fast einem Jahr, am 1. Juli 1946, als »Operation Crossroads« der Öffentlichkeit präsentiert wurde. »Test Able« blieb im Gedächtnis der Menschheit als die erste überirdische Explosion auf dem Bikini-Atoll.[24] Sechshundert automatische Kameras sowie ganze Schiffsladungen mit internationalen Delegationen von Wissenschaftlern und Hunderten von Korrespondenten sorgten für Publizität. Erstmals wurden Soldaten auf den Kriegsschiffen als Testpersonen eingesetzt, um die Dekontamination zu üben.[25] Der Aufwand zielte auf die künftigen Verwendungen der Atombombe für die Interessen von Heer, Marine und Luftwaffe.

Die Produktion der Atombombe war nach Kriegsende zwar zunächst verlangsamt worden, wurde aber doch routinemäßig fortgesetzt. Noch steckte alles in den Kinderschuhen, immerhin sieben Atombomben waren einsatzbereit, neun insgesamt fertiggestellt. Während die einen nüchtern Innovation, Diversifizierung, Miniaturisierung forderten, empfanden die anderen nur noch Schrecken bei diesen Worten der neuen Zeit. Die militärischen Planer nahmen sich bei den Tests auf Bikini erstmals der Atombombe gewissermaßen für den Normalfall an, also als eine Waffe, die im Krieg einfach »normal« eingesetzt werden würde: Kriegsmaterial wurde auf Reaktion getestet. Welche taktischen Formationen sind erforderlich? Wie müßten Operationsbasen gebaut werden – im Falle eines Atomkrieges? Dafür wurde eine Anzahl von Schiffen dem Test ausgesetzt; das bedeutete unter anderem das Ende des erbeuteten 10 000-Tonnen-Kreuzers »Prinz Eugen«, einst »der Stolz der deutschen Flotte«. Byrnes und Truman versprachen sich von Bikini eine abschreckende Wirkung auf »die Russen«. Einsam klang der Ruf von Albert Einstein, im Zeitalter der Nuklearwaffen brauche die Menschheit ein substantiell neues Denken, wenn sie überleben wolle.

Unter dem Diktat machtpolitischer Kalkulation hatte sich in Washington und Moskau eine Denkungsart herausgebildet, welche die Zerstörungspotentiale des Krieges, die in Alamogordo, Hiroshima und Nagasaki ihren Höhepunkt erreicht hatten, in die Ordnung der Nachkriegszeit hineinbrachte. Die neuen Weltmächte USA und UdSSR hatten den Friedensschluß des Zweiten Weltkrieges noch nicht besiegelt, als sie bereits die Fundamente für den kommenden Gegensatz legten. Die Hoffnung auf Frieden verband sich mit der Existenz von Kernwaffen. Zu diesem

Zweck wurden Wissenschaft, Technik und Industrie zu einem Bündnis vereint, das das Denken formieren, die Militärstrukturen umgliedern und die Strategie leiten sollte.

Die bipolare Ausrichtung der Macht 1946

Viele der brennenden europäischen Fragen waren auf den Kriegskonferenzen nur im Grundsatz angesprochen worden. Mit der Umsetzung der Beschlüsse war eine Vielzahl neu geschaffener Gremien beauftragt. Die Außenminister errichteten eine regelrechte Reisediplomatie zwischen San Francisco und Moskau. Der gemeinsame Feind, der den Zwang für die Kriegsallianz begründet hatte, war besiegt. In Moskau wie in Washington setzte ein eigenes Gefühl der Freiheit ein. Die lästigen Abhängigkeiten und Rücksichtnahmen, die eine Koalition zwangsläufig mit sich bringt, war man leid. Die wichtigen Klärungen über die Einflußsphären waren gelungen; auch die letzten Unklarheiten über die iranischen und türkischen Grenzen hatten beseitigt werden können.

In der Öffentlichkeit tauchten immer häufiger Indizien für das Mißtrauen der Alliierten untereinander auf. Der faktische Zerfall der Koalition hatte sich bereits bei Unterzeichnung der UN Charta im Juni 1945 gezeigt. Der Ton verschärfte sich danach zusehends. Die weltanschaulichen, gesellschaftlichen und politischen Unterschiede traten in den Vordergrund, noch nicht eindeutig, doch unüberhörbar für die, die hören mochten. Ein Beispiel für das Klima der sich abkühlenden Beziehungen war der Abbruch der Londoner Konferenz des »Rates der Außenminister« im Herbst 1945. Es war zwar in der Tat vor allem das Beharren Frankreichs auf einer internationalen Kontrolle der Ruhrindustrie, das zum Scheitern führte, doch bildete sich in der Öffentlichkeit nach und nach das Erklärungsmuster heraus, man dürfe mit der Sowjetunion eben keine Kompromisse eingehen. Solches galt fortan als »Appeasement«, eine »härtere« Politik sei dringend erforderlich. Es mag Zufall sein, daß es zu diesem Eklat gerade in London gekommen war.

Die Ausgrenzung der Sowjetunion besaß allerdings eine lange Tradition, die noch aus den Zeiten stammte, als England das europäische Gleichgewicht bestimmt hatte. Churchill hatte die Lage in der Zukunft schon analysieren lassen, als die alliierte Landung in der Normandie noch gar nicht erfolgt war. Im Juni 1944 zeichneten sich die Umrisse ab: In der Nachkriegszeit werde die UNO kein ernstzunehmender Faktor sein; für das britische Empire gebe es nur eine bedrohliche Macht, die Sowjetunion. In einer militärischen Studie wurde gefordert, »alle unsere militärischen Pläne für die Nachkriegszeit von einem potentiell feindlichen Rußland« leiten zu lassen. Vorsorge könne alleine eine forcierte Aufrüstung mit neuer Waffentechnologie bieten. Im Außenministerium dachte man ähnlich, verband diese Überlegungen aber mit dem weiterreichenden Konzept, zusammen mit den USA ein politisches und militärisches Bündnis, einen »Western European Bloc«[26], aufzubauen. »Sicherheit im Nordatlantik und in Westeuropa« lautete der Titel der internen Studie. Der politische Realismus ging so weit, Deutschland – oder wichtige Teile davon – an diesem Block zu beteiligen, um ein größtmögliches Machtpotential aufzubauen.

Ein Jahr später, als die Konferenz des »Rates der Außenminister« in London platzte, hatten derartige Konzepte eine Plausibilität, die von führenden Amerikanern geteilt wurde. Der Umschwung in den globalen Beziehungen wird mit einem Dokument verbunden, das vom 22. Februar 1946 datiert. Es stammte von einem jungen Diplomaten, der im Sommer 1945 zur Beratergruppe der amerikanischen Regierung gestoßen war, wo das Gewicht der »Falken«, die sich von Präsident Roosevelts Politik absetzten, ständig zunahm. George F. Kennan wurde zum Analytiker des Kalten Krieges mit einem Bericht, den er als Botschaftsrat aus Moskau nach Washington drahtete. Sein »langes Telegramm« umriß und bewertete die Grundzüge des sowjetischen Verhaltens seit Kriegsende.

Kennan stützte seine Analyse ausschließlich auf publiziertes Material, auf die offizielle Propaganda über das »Wesen des Kapitalismus«, nach der die Außenwelt »böse, feindselig und drohend, aber zugleich von einer schleichenden Krankheit befallen und dazu verurteilt ist, von immer stärker werdenden inneren Krämpfen zerrissen zu werden«, bis schließlich die Macht des Sozialismus siegen würde. Die Einsicht in das krude Politikverständnis in Moskau, das aktuelle Ereignisse mit ideologischen Phrasen überbaute, vermischte Kennan mit seinen Annahmen über die »natürlichen Instinkte« russischer Herrscher. Der Bericht schmückte sich mit Subjektivem, auch Spekulativem, aber er war so prägnant abgefaßt, daß er die Leitmotive der amerikanischen Führung für Jahrzehnte wirkungsvoll vorgab.

Der Tenor des Telegramms sei am Beispiel dreier Kernsätze illustriert, um Kennans Wahrnehmung der sowjetischen Ambitionen zu verdeutlichen: »Wo es angezeigt und erfolgversprechend scheint, wird man versuchen, die äußeren Grenzen der Sowjetmacht zu erweitern.«[27] Untermauert findet sich das Gegenbild zum Ideal der USA in den drastischen Worten: »Alles in allem haben wir es mit einer politischen Kraft zu tun, die sich fanatisch zu dem Glauben bekennt, daß es mit Amerika keinen dauernden Modus vivendi geben kann, daß es wünschenswert und notwendig ist, die innere Harmonie unserer Gesellschaft, unsere traditionellen Lebensgewohnheiten und das internationale Ansehen unseres Staates zu zerstören.« Und die Summe aller Erkenntnisse über die Sowjetunion lautete: »Der Logik der Vernunft unzugänglich ist sie der Logik der Macht in hohem Maße zugänglich.« Die westlichen Werte in ihrer Version des »American way of life« würden in ihrer Entfaltung von der sowjetischen Ideologie bedroht. Die Scheidung der Welten nach Ost und West, die unvereinbar waren, schien unvermeidlich und das Gebot der Stunde. Dafür war Vorsorge zu treffen.

Abwägende Passagen in dem Bericht von Kennan, deren Berücksichtigung doch etwas andere Konsequenzen für das politische Handeln gehabt hätten, fanden kaum Beachtung – etwa Hinweise wie den, die Sowjetunion sei außenpolitisch im Unterschied zu Hitler-Deutschland »nicht auf Abenteuer« aus, sie gehe, ganz konservativ auf Erhaltung bedacht, keine »unnötigen Risiken« ein, sie sei »insgesamt noch bei weitem schwächer« als der Westen. Als Fazit formulierte Kennan, es komme auf die Politik der USA an – es stehe »in unserer Macht« –, das Problem der internationalen Sicherheit zu lösen, »und zwar ohne uns in einen großen militärischen Konflikt zu stürzen«.

Die Eindeutigkeit des Berichtes, die Bedrohung durch den Osten enttarnt zu haben, bescherte ihm seine Durchschlagskraft.

Der Signalcharakter dieser Botschaft fand nicht nur interne Zustimmung, der streng geheime Bericht kursierte auch als sensationelle Offenbarung. Er wurde – anonym – in ›Foreign Affairs‹ veröffentlicht und machte Furore. Wenig später avancierte Kennan zum Leiter des Politischen Planungsstabes des US-Außenministeriums. Die Zeit drängte auf gegenseitige Abgrenzung.

Am 9. Februar 1946 vollzog Stalin die Abgrenzung und konfrontierte die »kapitalistisch-imperialistischen Monopolen« mit seiner Sicht der Dinge; sie seien die eigentliche Ursache für die prekäre Nachkriegsentwicklung und unterminierten jede »friedliche internationale Ordnung«. Das Gerangel hinter den Kulissen und die zunehmend offeneren Auseinandersetzungen nahmen heftige Formen an. Erstaunt hörte die westliche Öffentlichkeit im März 1946 von Stalins Vorhaltungen, in Washington fänden die »Hetzer des Dritten Weltkrieges« Zulauf. Die Moskauer Tiraden provozierten, obwohl sie an sich niemandem neu sein konnten. Die Besinnung auf sich selbst und die Interessen des eigenen Staates war in Gang gekommen, als noch kein halbes Jahr seit dem Kriegsende verflossen war.

Im selben Frühjahr kam Winston S. Churchill zu einem Vortrag nach Missouri in die Heimat von Präsident Truman, mit dem zusammen er zuletzt in Potsdam am Konferenztisch Stalin Paroli geboten hatte. Bei seinem ersten, euphorisch gefeierten USA-Besuch in New York hatte ihn noch Mark Twain als künftigen Premierminister von England vorgestellt; das war im Jahre 1900, nach dem Burenkrieg, gewesen. Nun kam er als ehemaliger Regierungschef, dem der Mythos von »Blut, Schweiß und Tränen« als Preis der Freiheit vorauseilte. Der Architekt der Anti-Hitler-Koalition – der »grand alliance« – ging auf Distanz zu seiner Schöpfung und verwies sie aus der aktuellen Politik in das Reich der Geschichte, da sie ihre Funktion erfüllt hatte.

Churchill plädierte im Westminster College in Fulton für eine Erneuerung der atlantischen Partnerschaft auf der Basis der »special relationship« der Kriegszeit, des »Bruderbundes der englischsprechenden Völker«. Diese zentrale Aussage begründete er mit der Feststellung, alle Hauptstädte der alten Staaten Zentral- und Osteuropas – Warschau, Berlin, Prag, Wien, Budapest, Belgrad, Bukarest und Sofia in einer Linie von Stettin an der Ostsee bis nach Triest an der Adria – lägen inzwischen in der »Sowjetsphäre«. Diese Gebiete seien »nicht nur dem sowjetischen Einfluß ausgesetzt, sondern auch in ständig zunehmendem Maße der Moskauer Kontrolle unterworfen«, kritisierte er an diesem 5. März 1946 weiter. Eine »totalitäre Kontrolle« breite sich hinter einem »Eisernen Vorhang« aus, den Moskau zwischen Ost und West heruntergelassen habe.

Das Schlagwort vom »Eisernen Vorhang« sollte die Geschicke Europas für die nächsten Jahrzehnte begleiten. Churchill hatte in dieser Rede auch an seine Zeit als Premierminister erinnert, als er am 12. Mai 1945 an Truman ein Telegramm mit den Eingangsworten gesandt hatte: »Die Lage in Europa beunruhigt mich zutiefst.«[28] Wie würde sich in ein bis zwei Jahren die Lage in Europa darstellen, wenn die westlichen Armeen abgerüstet seien und der »gesamte Raum östlich der Linie Lübeck-Triest-Korfu« durch »diesen enormen moskowitischen Vormarsch ins Herz Europas« unter sowjetischem Einfluß bliebe? In diesem Telegramm war der Satz gefallen, den Churchill in Fulton wieder aufgriff: »Ein eiserner Vorhang ist vor ihrer Front niedergegangen. Was dahinter vorgeht, wissen wir nicht.« Es war Churchill vielleicht nicht bewußt, daß er mit seinem plastischen Bild von der hermetischen Abriegelung Joseph Goebbels folgte, der im Februar 1945 in der Wochenzeitung »Das Reich« geschrieben hatte: Bei einer deutschen Kapitulation würde sich vor den von der Roten Armee besetzten Territorien »sofort ein eiserner Vorhang heruntersenken«, hinter dem dann »die Massenabschlachtung der Völker« beginne.

Churchills Rede in Fulton hatte einen dritten Teil, in dem bestechend klar die Grundlegung der anglo-amerikanischen Militärallianz des Kalten Krieges steckte. Ohne diplomatisch abgeschwächte Rücksichtnahmen forderte er gegen den sowjetischen Expansions- und Annexionsdrang eine Politik der Stärke des Westens. Denn nichts würden »unsere russischen Freunde« so sehr bewundern »wie Kraft und Macht, und nichts verachten sie so sehr wie militärische Schwäche«. Beinahe wortgleich mit dem Telegramm von Kennan ging er in seinem Zukunftskonzept noch weiter: Überlegenheit, gestützt vor allem auf die Atombombe, der westlichen Exklusivwaffe, könne durch die gemeinsame

Nutzung der Luftwaffen- und Marinestützpunkte des Empire und des Commonwealth garantiert werden; das war die Basis für das Netz des amerikanischen Strategischen Luftkommandos (SAC) der kommenden Jahrzehnte. Diesseits des »Eisernen Vorhangs« war die Rivalität zwischen Ost und West jetzt benannt, ein wahrhaft »eiserner« Premier hatte gesprochen und sein politisches Testament formuliert. Die Räder der Neuorientierung begannen sich mehr und mehr zu drehen und immer besser ineinanderzugreifen.

Eine andere Persönlichkeit mit Zukunft aus der jungen Garde um Präsident Truman, Paul Nitze, legte am 1. Juli 1946 den »strategic bombing survey« vor. Die Lehren, die er aus den Erfahrungen im Krieg gezogen hatte, hieß es in dem Bericht, waren ein hohes Maß an Stärke, Wachsamkeit und Bereitschaft. Um die Voraussetzung zu wirksamer Abschreckung einer Aggression zu schaffen, müsse sich die Verteidigung auf Defensiv- wie auf Offensivwaffen stützen; zu letzteren zählte er die Atombomben. Sie könnten aber konventionelle Waffen nicht ersetzen.

Die antagonistische Ausrichtung der Atompolitik war weitgehend vollzogen, als das amerikanische Außenministerium noch einmal eine Alternative vortrug, um damit kooperative Elemente für die sich abzeichnende Struktur der internationalen Beziehungen zu betonen. Dean Acheson und David E. Lilienthal plädierten für eine internationale Kontrolle der Atomenergie. Auf ihrem Bericht basierte der Plan zur Übergabe des gesamten Atomwaffenpotentials und der dafür wichtigen Informationen an eine internationale Behörde für Atomentwicklung, wie ihn der amerikanische Delegierte der von der UNO umgehend gebildeten »Kommission zum Studium internationaler Kontrolle der Atomenergie«, Bernard M. Baruch, am 14. Juni 1946 vorschlug. Diese Behörde sollte die Vollmacht zur Zerstörung aller Atomwaffen erhalten und zivile Aktivitäten unbeschränkt kontrollieren. Auch die Sowjetunion plädierte für ein Verbot der Atomrüstung. Doch alle diese Pläne mit ihren hehren Zielen waren letztlich auf Sand gebaut, denn keine Macht stand wirklich hinter ihnen. Und so setzte bald das bekannte Spiel von Verhandlungen ein, das auf der diplomatischen Bühne inszeniert wird, um keine Ergebnisse zu erzielen. Verschleiernde und deshalb schädliche

Verhandlungen prägten die folgende Zeit. Sie wurden selbst »ein Teil des Wettrüstens« (Georgi Arbatow).

Die Aktivitäten von Kennan und Churchill oder auch von Stalin dokumentieren, wie die Nachkriegszeit ihre Sprache und ihre Propagandaformeln fand. Im Jahr nach dem Ende des Krieges war die Zeit der Anti-Hitler-Koalition endgültig vorbei. Angesichts des neuen Symbols der Macht, der Drohung mit der Atombombe, war die Aufteilung der Einflußsphären verbrieft worden. Die ideologischen Gegensätze aus der Vorkriegszeit zwischen dem Westen und der Sowjetunion erfuhren eine gravierende Verschärfung, indem sie eine Symbiose mit nationalstaatlicher Machtpolitik eingingen und die Ost-West-Konfrontation konstituierten. Die Existenz der Atombombe war in diese Polarisierung involviert, um dann schließlich selbst ein Element der Struktur der Politik nach 1945 zu werden.

Die Integration Deutschlands in die Nachkriegsordnung

Deutschland schien bereits um 1940 »durch das Wirken seiner Erfolge auf die Vereinigten Staaten zur völligen Niederlage verurteilt«[29]. Die Besetzung des Landes, der Verlust staatlicher Souveränität, auch die Zerstückelung hatten auf den Tagesordnungen der Konferenzen seit 1943 gestanden, um das deutsche Aggressionspotential zu liquidieren und Pflöcke für die politisch-territoriale Neuordnung des Kontinents einzuschlagen. In Potsdam hatte ein geradezu karthagisches Diktum Deutschland als die alte Zentralmacht Europas aus dem europäischen Staatenverbund[30] genommen.

Das Pathos, das Churchill auf dem ersten Treffen der Anti-Hitler-Koalition in Teheran zu dem Ausruf beflügelt hatte, in den Händen der Alliierten läge die Entscheidung »über die Erringung des Sieges und über das zukünftige Schicksal der Menschheit«[31], schien gewaltig, aber die Aussage gewann faktisch erst nach dem Ende des Krieges ihre historische Bedeutung. Die Fesselung des Landes, das nach der Weltmacht gegriffen hatte, blieb durch alle Phasen des Kalten Krieges hindurch oberstes Gebot der Alliierten. Indem die Alliierten gemeinsam Deutschland eindämmten, banden sie ihre Gegensätze an dieses Land.

Die Konferenz von Potsdam wollte einen harten Frieden, so lautete ihr erstes Prinzip. Zugleich hieß es aber, das deutsche Volk könne »im Laufe der Zeit seinen Platz unter den freien und friedlichen Völkern der Welt« einnehmen. Die Alliierten machten deutliche Vorgaben, die auffälligerweise die grundlegende Offerte zur Kooperation mit den Besiegten enthielten. Auch an dem zweiten Prinzip ließen weder Moskau noch Washington einen Zweifel: »Der deutsche Militarismus und der Nazismus werden ausgerottet [...]« – ein Zitat, das die Politik der kommenden Jahrzehnte bestimmen sollte. Doch es ging weiter: »[...] und die Alliierten treffen nach gegenseitiger Vereinbarung jetzt und zukünftig auch andere Maßnahmen, die notwendig sind, damit Deutschland niemals mehr seine Nachbarn oder die Erhaltung des Friedens in der ganzen Welt bedroht.«

Die Übereinkunft verband das Ziel der Kriegskoalition – die Bedrohung durch den Nationalsozialismus zu beseitigen – mit der Politik der Nachkriegszeit, jede deutsche Macht künftig dauerhaft einzudämmen. Die Verklammerung der deutschen Frage mit dem Frieden in Europa wurde im Konsens der Alliierten aus Ost und West in Potsdam verbrieft. Drittens wurde die Struktur der alliierten Herrschaft eindeutig geklärt. »Die höchste Regierungsgewalt in Deutschland« wurde jeweils von den Oberbefehlshabern der drei Alliierten und Frankreichs nach den Weisungen ihrer Regierungen »von jedem in seiner Besatzungszone« ausgeübt. Für Fragen, die »Deutschland als Ganzes« betrafen, sollten diese vier »gemeinsam« die Kompetenz innehaben. Sie wurden um den Sonderfall Berlin ergänzt, das im kleinen die Vier-Zonen-Welt spiegelte.

Mit der Erklärung vom 5. Juni 1945 übernahmen die Alliierten formell die Hoheitsgewalt in Deutschland. Da es keine deutsche staatliche Gewalt mehr gab, »die fähig wäre, die Verantwortung für die Aufrechterhaltung der Ordnung, für die Verwaltung des Landes und für die Ausführung der Forderungen der siegreichen Mächte zu übernehmen«, ging die oberste Gewalt an die Sieger über. Der Kreis der Militärgouverneure vereinigte die erste Garnitur der Generalität des Krieges: Georgi Schukow, Bernard L. Montgomery, Jean de Lattre de Tassigny und Dwight D. Eisenhower. Ihre Militärpräsenz sicherte das originäre Recht der

Alliierten im Sinne einer weiten Interpretation der »occupatio bellica« der Haager Landkriegsordnung. Dieses Dach hatte völkerrechtlich und machtpolitisch von 1945 bis 1990 Bestand. Es überspannte die Geschichte Deutschlands mit der bipolaren Struktur des Kalten Krieges.

Die in Potsdam benannten Besatzungsziele der Entnazifizierung und Demokratisierung, der Abrüstung und Demilitarisierung, der Entflechtung und Dekartellisierung, der Selbstverwaltung und Dezentralisierung, der Selbstversorgung und Demontage wurden nach 1946 allmählich brüchig; sie stärkten dann die Gegensätze[32] im Ost-West-System. Dazu trugen auch die Militärregierungen bei. Sie verzahnten ja die Politik vor Ort mit der ihrer Regierungen, auf die sie schnell großen Einfluß gewannen. General Lucius D. Clay übernahm die Leitung des »Office of Military Government for Germany« (OMGUS). Machtbewußt nutzte er die ihm wohlvertrauten Wege in der Washingtoner hohen Bürokratie, um sich in weiten Bereichen die politische Prärogative und ein höchstes Maß an Handlungsfreiheit zu verschaffen. Konstruktive Arbeit, Aufbau und Wirtschaftsförderung[33] zeichneten seine Handlungsdevise aus.

Erhebliche Reibereien mit den französischen und sowjetischen Partnern brachten Clay zu der Überzeugung, nur der Zusammenschluß der britischen und der amerikanischen Besatzungszone biete einen Ausweg aus der ökonomischen und politischen Misere. Nach einigem Zögern akzeptierte Außenminister Byrnes das Modell und forderte in seiner Stuttgarter Rede im September 1946, die beiden westlichen Zonen in eine wirtschaftliche und später auch politische Einheit umzuwandeln. Im Zuge der zunehmenden Ost-West-Spannungen bröckelte auch der Widerstand Frankreichs, und der Errichtung der Bizone im Januar 1947 folgte noch im selben Jahr der wirtschaftliche Zusammenschluß aller drei Westzonen. Eine selbständige wirtschaftliche Entwicklung der Westzonen nahm den weitgehenden Ausschluß sowjetischer Einflüsse in Kauf. Byrnes, der in dieser Umbruchsituation amerikanischen Denkens weiter den alten diplomatischen Plan einer Neutralisierung und eines Vertrags über die Entmilitarisierung Deutschlands – für 25 Jahre – unter alliierter Kontrolle mit Moskau, London und Paris verfolgte, geriet so allmählich in Distanz zur praktizierten Politik in Deutschland und ihren Vertretern in Washington. Die Konzeption des Pentagon setzte sich durch.

Frankreichs Rolle im besetzten Deutschland spiegelte die internationale Isolierung wider, in der das Land sich befand. Daher griff es 1945 zunächst noch auf das Konzept der Zwischenkriegszeit zurück, indem es eine eigenständige Kontrollpolitik an Rhein und Ruhr suchte. Es blieb ihm wenig anderes übrig, hatten die Engländer im Verein mit den Amerikanern während der Jahre der deutschen Okkupation und dann nach der Befreiung – in der Normandie und in Paris – unzweideutig und verletzend demonstriert, wie schwach der Partner war. Die Aufnahme Frankreichs in den Sicherheitsrat der UNO schien allenfalls zu zeigen, daß es nur als ein Gegengewicht zu China und zur Sowjetunion installiert wurde. So suchte Frankreich in der Sowjetunion östlich von Deutschland einen Partner. Ein solcher Pakt war von Charles de Gaulle nach der Befreiung Frankreichs in Moskau unterzeichnet worden. Die einzigartige Stellung der Vereinigten Staaten und die Sorge vor einer Bedrohung durch Deutschland trieben Paris dann endgültig zu einer Kooperation in den westlichen Besatzungszonen und zu einer Annäherung an London und Washington. Die Konturen des Ost-West-Gegensatzes wurden sichtbar.

England schloß sich dem amerikanischen Trend gleich an. Im übrigen gab es zu den besonderen und erprobten Beziehungen zu den USA keine Alternative. London hatte seine Lektion gelernt und war nun bereit, die Vormachtstellung der USA mehr denn je zu akzeptieren. Das hatte sich gerade in der Atompolitik erwiesen. Die englischen Forscher waren ja nach 1942 fast geschlossen nach New York, Chicago und Los Alamos umgesiedelt und hatten ihre Arbeit ganz in den Dienst des »Manhattan-Projekts« gestellt. Obwohl sie in hervorragendem Maß Anteil an den Fortschritten hatten, zögerte die US-Regierung, diese Resultate mit England zu teilen. Von der Maxime[34], die amerikanische Entscheidungsfreiheit über alle anderen Erwägungen zu stellen, wurde nicht abgewichen. Die strikte Ablehnung, atomare Geheimnisse zu teilen, traf Frankreich und Rußland gleichermaßen. Selbst Churchill hatte mit größtem Nachdruck vorstellig werden müssen, bis Roosevelt im September 1944 endlich bereit war, die

Vereinbarung über »volle Zusammenarbeit über atomare Energie für militärische und kommerzielle Zwecke« förmlich abzuschließen.

Mit dem Ende des Krieges hatte das Ziel, ein für allemal Sicherheit vor Deutschland zu garantieren, nichts von seiner Bedeutung verloren. Es prägte alle Partner der ehemaligen Kriegsallianz, die nun in veränderter Konstellation ihre Plätze einnahmen. Truman und Byrnes erzielten in einem Gespräch im Spätsommer 1945[35] Einigkeit darüber, daß ein Angriffskrieg Deutschlands gegen den Westen angesichts des Atombombenmonopols der USA in absehbarer Zeit nicht zu befürchten sei. So merkwürdig und beinahe unglaubwürdig solche Sorgen angesichts der deutschen Niederlage und der unbestrittenen Hegemonie der USA anmuten, sie belegen nur das tiefsitzende Trauma von 1939 und 1941.[36]

Man kann es das »Proprium« der Gemeinsamkeit der Alliierten für die gesamte Nachkriegszeit nennen, daß Deutschland sich niemals mehr zu einer eigenständigen, bedrohlichen Macht in Europa entwickeln dürfe. Die Belastungen, denen die Beziehungen der einstigen Verbündeten im Kalten Krieg ausgesetzt sein sollten, konnten diesen Konsens über Jahrzehnte nicht zerstören. Antagonistische und kooperative Strukturen waren in Deutschland schon aufspürbar, bevor die bipolare Konfrontation in der Welt eskalierte.

Eine neue Denkungsart

Der Kalte Krieg selbst hatte eigentümlich die Wahrnehmung der politischen Welt mitbestimmt. Der Gegnerschaft von Ost und West entsprachen die unterschiedlichen politischen Systeme des Liberalismus und des Sozialismus beziehungsweise des Kommunismus – ein Antagonismus, der alle Bereiche überlagerte. Die zentrale machtpolitische Konkurrenz zwischen Moskau und Washington förderte das ideologische Gegeneinander. Die Wahrnehmung des jeweils anderen, die Feindbilder und die Bedrohungen wurden während der gesamten Epoche zu einem Teil der politischen Realität; sie wurden konstruiert, eingesetzt, manipuliert. Aber zugleich spiegeln sie die Gefühle der Menschen und ihre Erfahrungen wider. Ein wichtiges Element der Feindbilder ist mit Angst, Krieg und Atombomben verbunden. Subjektive Bedrohungswahrnehmungen wurden Teil der objektiven Sicherheitsfaktoren.

Einige Aspekte, die mit Glaubwürdigkeit und Feindbildern zu tun haben, können mit Hilfe eines historischen Beispiels, das an der Schwelle zur modernen Zeit im Jahre 1493 entstand, anschaulich gemacht werden. »Has incolerunt monstra«, notierte der Nürnberger Hartmann Schedel in seiner ›Weltchronik‹ neben den Zeugnissen des Fortschritts und den zwölf Windrosen für Richtung, Kompaß und Maß. An den Rand zeichnete er sieben »menschliche Ungeheuer«, doch auf der Rückseite des Blattes fügte er gleich vierzehn weitere hinzu. Als die Nachricht von der Entdeckung der Neuen Welt – und daß sie rund wie eine Kugel sei – die Runde machte, bekannte er die Existenz von Monstern: »Hier gibt es Ungeheuer.« Sieben waren bekannt, aber zweimal sieben waren unbekannt, verdeckt. Daher setzte er sie auf die Rückseite. Der Angst vor dem Unbekannten verlieh Schedel mit den Ungeheuern Gestalt. Dann konnte man sie sehen.

Hiroshima ist ein solcher Ort auf der Landkarte der modernen Geschichte, der kartographisch bedeutsam wurde. Mit dem Abwurf der ersten Atombombe auf Hiroshima setzte der Prozeß, mit diesem »Monstrum« umzugehen, ein. Hiroshima wurde die Metapher für Destruktivität und moralische Verwerflichkeit; aber der Ort stand auch für das letzte Mittel der Verteidigung der Freiheit. Die jeweiligen »richtigen« Bilder gehörten dazu, um die Akzeptanz zu erhöhen. Die Fragen nach den tieferen Ursachen, nach Schuld und Rechtfertigung wurden beiseite geschoben und die Unterscheidung von Tätern und Opfern verwischt, was »das Gewissen ganzer Völker pervertierte«[37], wie der Umgang mit der »monströsen« Vernichtung von einem Zeitzeugen umschrieben wurde.

Hannah Arendt machte ähnliche Beobachtungen schon gleich nach Kriegsende über die Menschen, die »geschäftig durch die Ruinen stolpern«. Und sie fragte nach den »Schreckenstaten«, die sie nicht mehr erinnern. »Dann begreift man, daß diese Geschäftigkeit zu ihrer Hauptwaffe bei der Abwehr der Wirklichkeit geworden ist«[38], folgerte sie über das Verschweigen, Wegreden, Vergleichen der Geschichte. In der Geschichtserinnerung erfuhr Hiroshima eine gespaltene Zuordnung.

Die Landkarte des Kalten Krieges verzeichnete allerdings noch weitere wichtige Verortungen der »geistigen Kartographen«. Eine weitere Quelle im Kampf der Weltanschauungen und der Rechtfertigungen stammte aus der Zeit des Krieges. Papst Pius XII. hatte im Jahre 1939 aus der kirchlichen Tradition des »ius ad bellum«, des gerechtfertigten Krieges, die moralische Lehre gegen die modernen Ideologien des Nationalsozialismus und des Kommunismus ins Feld geführt. Die beiden Länder hätten die Werte der Völkergemeinschaft – »Sicherung des Rechts auf Leben und Unabhängigkeit für alle Nationen«[39] – aggressiv verlassen. Der Papst ließ jedoch schon seit Kriegsbeginn keine Zweifel daran aufkommen, daß seine politischen Sympathien dem Kampf gegen den Kommunismus galten.

Nach dem Ende des Weltkrieges hat Papst Pius XII. viel dazu beigetragen, die geographische Karte des Kalten Krieges moralisch zu besetzen. Eindeutig färbte er rot mit »das Böse« in der Welt ein, so daß die Sowjetunion gebrandmarkt war. Der »atheistische Bolschewismus« hatte die christlichen »Bollwerke« Polen und Ungarn besetzt. Dementsprechend erhielt dabei die Bundesrepublik aus der römischen Perspektive die Rolle eines Frontstaates zugewiesen.

Feindbilder leiteten in der gesamten Epoche des Kalten Krieges das Denken und die Argumente. Ganze Generationen reagierten nach einem kollektiven Schema. Die gerechte Welt der Demokratien kämpfte gegen die ungerechte des Kommunismus – und umgekehrt. Die Macht des einen war gut, die des anderen zeugte von Gefahr. Die Rhetorik dieser Systeme lebte aus der Identität der Gegensätze: »Im Munde des Feindes heißt Frieden – Krieg, bedeutet Verteidigung – Angriff.«[40] Ohnmacht und Verharmlosung standen Pate bei der Scheidung der Welt in Feindbilder. Im Zeichen der Atombombe kannte deren Eskalation keine Grenzen. Der Absolutheitsanspruch der guten Seite heftete Toleranz auf die Fahnen, die die eine Wahrheit verkündeten. Zur Sprache gehörte: »Lieber tot, als rot!« Darin wurde die triviale Verkürzung des Feindbildes auf den Punkt gebracht.

Der Feind verkörperte Irrtum und Verderben.[41] Ein Kreislauf der Selbstbestätigung dieses Zirkels ordnete die politischen und persönlichen Orte fest zu. Die amerikanischen Militärs führten, wie Eisenhower in seinen Erinnerungen festhielt, ihren »Kreuzzug gegen Europa« – erst gegen Deutschland, dann gegen »Rußland«. Nach dem Sieg sollte die höchste Steigerung der Macht, die Atombombe, das Böse in der Welt eindämmen. Strategische Interessen gingen dabei eine Symbiose mit einem moralisch begründeten Sendungsbewußtsein ein, das die Politik legitimierte. Schließlich sind klare Weltbilder einleuchtend, bei denen andere das Falsche verkörpern. Die USA und die Sowjetunion hefteten wechselseitig das »Böse« an das Bild des anderen: eindeutig, negativ, bedrohlich.

Weltbilder haben das Atomzeitalter bestimmt. Auffällig ist, welche Sprache für die Bombe selbst gefunden wurde. Bereits die Wissenschaftler gaben dafür ein Beispiel. Die Explosion in der Wüste ließ sie sich als Herren über Leben und Tod empfinden; sie spürten die Macht der Natur in den Händen. Die apokalyptischen, den Bildern und Mythen des Alten Testamentes entlehnten Träume und Phantasien beflügelten eine paranoide Gestaltungsmacht, einen Zauber der Illusionen. Wie der Herr der Schöpfung gab Oppenheimer nach dem Test in der Wüste die Geburt eines »baby« bekannt; bei Teller hatte die hundertfach stärkere Wasserstoffbombe 1952 die Insel Elugelab im Eniwetok-Atoll ausgelöscht, aber die Geburt eines »boy« ermöglicht. Der Bomber »Enola Gay«, vom Piloten auf den Namen seiner Mutter getauft, trug die Atombombe »little boy« nach Hiroshima. Nagasaki wurde von einem »fat man« zerstört.

Churchill fühlte sich sogar an die »Wiederkehr Christi am Tage des Jüngsten Gerichts« erinnert, als er in Potsdam den Bericht von der ersten Explosion in Alamogordo auf der »trinity site« gelesen hatte. Ein Atom-U-Boot trug den Namen »Nautilus«, das an die Friedensutopien von Jules Verne denken läßt; doch ein anderes wurde »Corpus Christi« getauft. Der »Vater« der Atombombe, J. Robert Oppenheimer, allerdings war sich sicher, daß »Blut« an seinen Händen klebte.

Die skeptische Reaktion sprach Albert Einstein aus. Er forderte »eine neue Denkungsart« aus Achtung vor der Würde des

Menschen. Ähnlich dachte Joseph Rotblat, ein Physiker aus Los Alamos. Er schaute über den Rand seines Spezialwissens hinaus. Im März 1944 hatte er bei einem gemütlichen Abendessen mit General Groves erfahren, daß das eigentliche Ziel der Entwicklung der Atombombe die Sowjetunion sei. Ohne sich, wie er überzeugt war, Illusionen über Stalin zu machen, sah er das Zeitalter der Atompolitik und der -rüstung auf die Menschheit zukommen. In Sorge über die Folgen des zu erwartenden nuklearen Wettrüstens zwischen West und Ost suchte er das klärende Gespräch mit Niels Bohr. Dann folgte die Entscheidung, nicht weiter am »Manhattan-Projekt« mitzuarbeiten. Rotblat zog die ethischen Folgerungen für die Naturwissenschaften. Er, der den Friedensnobelpreis erhielt, soll das letzte Wort in diesem Kapitel[42] haben: »Der Elfenbeinturm, in dem Wissenschaftler früher gelebt haben wollen, war schon seit vielen Jahren im Verfall begriffen, und schließlich wurde er durch die Druckwelle und Hitze der Hiroshima-Bombe zerstört. In diesem nuklearen Zeitalter, da der Mißbrauch wissenschaftlicher Erkenntnisse tatsächlich unsere gesamte Zivilisation zerstören könnte, können Wissenschaftler sich ihrer Verantwortung gegenüber der Gesellschaft nicht mehr entziehen. Unsere Arbeit als Wissenschaftler sollte also darauf gerichtet sein, das Los der Menschheit zu verbessern.«

Kapitel 3

Der Aufbau der Konfrontation

Die Formierung der Blöcke des Kalten Krieges

Die Marschrichtung in den Kalten Krieg wies Präsident Truman am 12. März 1947 vor dem amerikanischen Kongreß. Er verkündete als außenpolitische Doktrin, die freien Völker der Welt könnten auf die Unterstützung der USA rechnen. Die unterschiedlichen Systeme – hier freie Wahlen, freie Institutionen, Rede- und Religionsfreiheit; dort Terror und Unterdrückung, Zwang, Zensur, manipulierte Wahlen – schieden die Welt. Der amerikanische Präsident begründete die Zweiteilung der internationalen Beziehungen nach der westlich-demokratischen und der östlich-kommunistischen Ordnung: »Ich glaube, es muß die Politik der Vereinigten Staaten sein, freien Völkern beizustehen, die sich gegen die versuchte Unterjochung durch eine bewaffnete Minderheit oder gegen einen Druck von außen zur Wehr setzen.«[1] Dieser zentrale Satz der neuen Epoche verschlüsselte die Außenpolitik der USA, den Kampf um Macht und Einfluß als Systemkonflikt, als ein Ringen um die Durchsetzung ideeller Ziele. Die weltanschauliche Rivalität wurde zum Muster der bipolaren Welt, ihre Demarkationslinie lief quer durch Deutschland und Europa.

In den deutschen Besatzungszonen waren die Dinge schon vorangetrieben worden. Truman hatte den Richtungsschwenk durch eine Veränderung im Amt des Außenministers vorbereitet. George C. Marshall, der Organisator des Sieges über Deutschland und Japan auf westlicher Seite, sollte anstelle von Byrnes die wirtschaftliche Stabilisierung durch Anhebung der Industrieproduktion in Angriff nehmen. Mit dieser Entscheidung waren die internen amerikanischen Divergenzen um die Ausrichtung der Außen- und Sicherheitspolitik abgeschlossen. Der alte Außenminister hatte in seiner berühmten Stuttgarter Rede vom 6. September 1946 schon die Wende angekündigt, aber nun waren die Würfel gefallen.

Marshall handelte. Am 8. April 1947 wurde mit dem britischen Kollegen Ernest Bevin Konsens über den neuen Kurs erzielt und General Clay postwendend instruiert, die Produktion in der im Januar errichteten Bizone zu erhöhen. Am 28. April erklärte er in einer Rundfunkansprache, die wirtschaftliche Erholung der Bizone sei lebenswichtig für den »europäischen Wiederaufbau«. Der Prozeß der dezidierten Westbindung eines Teiles von Deutschland war in Gang gesetzt worden. Die westlichen Zonen wurden von den Idealen und Zielen der Politik der USA durchdrungen, die ein »penetriertes System«[2] etablierten.

Schlag auf Schlag ging es nun voran. Am 29. April wurde Kennan beauftragt, einen Koordinierungsstab einzurichten, der eine langfristige Strategie der Besatzungspolitik erarbeiten sollte. Der Wiederaufbau Deutschlands solle im Einklang mit der amerikanischen Europapolitik vollzogen werden. Am 8. Mai wurden die Prinzipien des Wiederaufbauprogramms, »The requirements of reconstruction«, erstmals vor Vertretern der Wirtschaft im »Delta Council« vorgestellt. Am 16. Mai plädierte Kennan in einem Memorandum für politische Stabilität durch europäisches Wirtschaftswachstum; am 23. Mai erfolgte das »Kohleprogramm« als Test, auch Frankreich einzubinden, aber akzentuiert mit der Devise, wirtschaftliche Stabilisierung als ein wesentliches Element der Eindämmungspolitik anzusehen. Dementsprechend sollten die Konditionen des »Europäischen Wiederaufbauprogramms« so formuliert werden, daß die Länder des sowjetischen Einflußbereichs nur unter der Bedingung teilnehmen konnten, daß sie jede enge Bindung ihrer Wirtschaft an Moskau aufgaben.[3]

Am 5. Juni 1947 trat Marshall in einem Vortrag an der Harvard Universität mit seinem Plan an die Öffentlichkeit, Europa vor dem wirtschaftlichen, sozialen und politischen Verfall zu retten. Ökonomische Prosperität wurde zum Mittel der politischen Stabilität. Die USA erklärten dem sozialistischen System ihre »ganze Gegnerschaft«. Die antagonistischen Elemente der Politik aus der Vorkriegszeit waren mit dem Marshallplan, der die

Truman-Doktrin ergänzte – »wie zwei Hälften derselben Walnuß« – zum Fundament der neuen Zeit geworden. Dieser Plan zielte mit Hilfe von Subventionen auf die Rekonstruktion der europäischen Arbeitsteilung, die als Verbund – der gemeinsame Großmarkt – in die amerikanische Weltwirtschaft integriert werden sollte.

Die formative Phase des Kalten Krieges[4] war abgeschlossen, als die Konfrontation der Systeme ihr ideologisches Pendant aus dem Kreml erhielt. Der Leningrader Parteisekretär, Andrej Schdanow, trat im September 1947 bei der Gründung der Kominform – der Organisation zur transnationalen Zusammenarbeit der kommunistischen Parteien in Europa – mit seiner »Zwei-Lager«-Analyse hervor. Nach dieser Theorie wurden die bipolaren Einflußsphären als globaler Antagonismus interpretiert, in dem die jeweiligen Staaten zu »Vorposten und Stützpunkten« des weltpolitischen Gegners funktionalisiert wurden.

Die Seite des Fortschritts wies Schdanow selbstverständlich der Sowjetunion und den »Ländern der neuen Demokratie« zu und legte damit das Fundament des sowjetischen globalen Anspruchs: »Das antiimperialistische Lager stützt sich auf die Arbeiterbewegung und auf die demokratische Bewegung in allen Ländern, auf die brüderlichen kommunistischen Parteien in allen Ländern, auf die Kämpfer der nationalen Befreiungsbewegungen in den Kolonial- und in den abhängigen Ländern sowie auf die Hilfe aller fortschrittlichen demokratischen Kräfte, die in jedem Land vorhanden sind.« Die Sowjetunion hatte ihre machtpolitische Position nun auch gesellschaftspolitisch bestimmt. Innenpolitische Werte der Systemorientierung wurden mit globalem Anspruch auf die internationalen Beziehungen übertragen.

Der Umbruch der internationalen Ordnung war erfolgt. Aus einer Politik symmetrischer Kooperation im Krieg trat das Konzept symmetrischer Stabilisierung der Interessensphären hervor, aber zugleich verbunden mit der Tendenz der Abgrenzung bei gleichzeitiger globaler Rivalität. Konfrontative und stabilisierende Elemente lagen also der Struktur des Kalten Krieges zugrunde. Tatsächlich handelte es sich nicht um ein aggressives Konzept; denn es ging nicht darum, eine »kämpferisch-kriegerische Lösung« der Rivalität zu suchen, sondern statt dessen durch

»eine weitgehende Regression die kriegerische Sprengung des internationalen Systems, also den heißen Krieg, zu vermeiden«[5]. Das Grundmuster des Kalten Krieges fand seine Alltagsdefinition als Polarisierung in Ost und West, als Blockbildung.

Die Formulierung der »Lager«-Theorie bestärkte im Westen die eindeutige Abgrenzung vom Osten. Dort waren ja zwei unversöhnliche Welten ausgemacht worden, die »imperialistische und antidemokratische« unter Vorherrschaft der USA und die »antiimperialistische und demokratische« unter Führung der Sowjetunion. Zwei Lager hätten sich herausgeschält, von denen das »reaktionäre« unter dem Einfluß von Winston Churchill sich schon während des Krieges abgezeichnet und die Alliierten auf der Potsdamer Konferenz[6] gespalten habe.

Die Zuordnung Europas nach den Interessensphären Moskaus und Washingtons hatte zwei Jahre nach Kriegsende ihre ordnungspolitische Struktur gewonnen. Freilich waren die Blöcke unterschiedlich geformt. Im Westen bildete sich eine komplizierte Beziehungsfülle von »Herrschaftsverhältnissen« heraus. Angesichts der erschreckenden Zunahme der Gewaltdemonstrationen Stalins im Ostblock nahm im Westen Europas die Zustimmung zur Kooperation mit den USA immer mehr zu. Es entstand ein »empire by invitation«, ein »empire by consent«. Die Unversöhnlichkeit von Sozialismus und Kapitalismus wurde zur verbindlichen Maxime.

Im Osten wurden die Verhältnisse mit Druck arrangiert, wie in der Gebietserweiterung der Sowjetunion besonders deutlich wurde. Dies betraf Estland, Lettland, Litauen, Memelland, auch Gebiete Finnlands, Ostpreußens, Polens, Rumäniens und der Ukraine. Daneben bestand jene Interessensphäre in Mittel- und Südosteuropa, in der der sowjetische Einfluß immer mehr den Charakter einer direkten Herrschaft annahm. Diese als Sowjetisierung gebrandmarkte Politik außerhalb des eigenen territorialen Bereichs begründete auch die Furcht vor der expansionistischen Sowjetunion. Die Weichen für eine regressive Politik waren gestellt.

Beide Großmächte hatten zunächst radikal abgerüstet. Meist besteht das Bild, allein die USA hätten nach Kriegsende ihren Militärumfang reduziert – von etwa 12 auf 2 Millionen Soldaten.

In Wirklichkeit hatte aber auch die Sowjetunion ihr Militär drastisch von über 15 auf gut 3 Millionen verkleinert; ein erheblicher Teil davon war mit infrastrukturellen Baumaßnahmen beschäftigt. Noch organisierte man nach dem alten konventionellen militärischen Schema.

Das Konzept der US-Army sah bei einer militärischen Bedrohung in Europa den umfassenden Rückzug nach England und hinter die Pyrenäen beziehungsweise nach Nordafrika vor. Die strategische Verteidigung wurde der Air Force übertragen. Eine lange Reihe von Dokumenten gewährt Einblicke in den Wandel der Planungen seit Herbst 1945, in denen erstmals nukleare Szenarios den strategischen Umschwung signalisierten, als man umfangreiche Atombombenabwürfe auf militärische, ökonomische und wissenschaftliche Zentren in der Sowjetunion anvisierte. Eine solche Planung trug den bezeichnenden Titel »The Strategic Vulnerability of Russia to a Limited Air Attack«. Berühmt-berüchtigt wurde der Plan »Dropshot«[7] von 1949, dem der systematische Einsatz von dreihundert Atombomben auf hundert urbane Ziele zugrunde lag.

Die Sowjetunion war zunächst militärisch weit davon entfernt, ihre nuklearen Phantasien in Strategien für die Praxis umsetzen zu können. Die Konzepte gingen ganz von einer kontinentalen und konventionellen Sicherheitslage aus. Die Absicherung der Interessensphäre in Mittel- und Osteuropa deutet eher auf latente Instabilität hin. Erst als im Herbst 1949 die Meldung über die erfolgreiche Explosion einer sowjetischen Atombombe um die Erde tickerte, kam es zur machtpolitischen Konfrontation des Nuklearzeitalters – als nukleares Patt[8] gemäß der ideologischen Positionierungen. Der Ausgangspunkt für die »balance of power« war gegeben. Die Struktur der »kollektiven Sicherheit« des Atomzeitalters war zu erkennen. Die Monopolisierung der Atomwaffen in der Hand der bipolaren Staaten unterschied sie von allen anderen und machte sie zu Hegemonen. Aber diese Tatsache bot zugleich die realen Voraussetzungen für globale Sicherheit – und Bedrohung.

Die nukleare Dimension der Politik verlangte enorme Konsequenzen hinsichtlich der Abstimmung von Regierung und Militär. Die Vereinigten Staaten gaben das Beispiel. Die Vorbereitungen nahmen Jahre in Anspruch. Aber es tat sich etwas hinter den Kulissen. Es handelt sich um eine Art Inkubationszeit der nuklearen Sicherheitspolitik. Die umfassende Reform der militärischen Führungsstruktur, die als einheitliche Leitung im Pentagon konzentriert wurde, und die Einrichtung des »Nationalen Sicherheitsrates« zur Abstimmung und Beratung des Präsidenten bildeten den Anfang der Reorganisationen. Denn die Auswertung der »Bikini-Tests« hatte signalisiert, daß mehr als eine administrative Reform der Stäbe auf das amerikanische Militär zukam, wenn die Anforderungen für den Einsatz der »Atomenergie als Kriegsmittel« von den Strategen umgesetzt würden. Und darum ging es.

Das Fazit in einem wichtigen Dokument aus dem Jahre 1947 lautete: »[...] es ist ein revolutionärer Wandel in der militärischen Denkart erforderlich«[9]. Das grundlegende Konzept wurde im Winter desselben Jahres – von General Eisenhower entworfen und im »Finletter-Bericht« dem Parlament vorgelegt – abgestimmt. Der epochale Einschnitt für die sicherheitspolitische Komponente der Politik der Eindämmung erfolgte am 31. Januar 1950 bei der Abklärung zwischen Präsident Truman, Verteidigungsminister Louis A. Johnson, Außenminister Dean Acheson und dem Leiter der Atomenergiekommission, David Lilienthal.

Im Dokument NSC 68 des Nationalen Sicherheitsrates wurden die Konventionen des traditionellen militärischen Denkens über den Haufen geworfen. Die politischen Annahmen der Truman-Doktrin gingen vollständig in die Analyse der Bedrohung ein. Es sei offensichtlich, daß der Kreml »die freie Welt unter seine Herrschaft durch die Methode des Kalten Krieges«[10] zu zwingen beabsichtige. Die »Natur« der Bedrohung verlange die Bereitschaft zum Kampf um »eine neue Ordnung« in der Welt. In diesem Schlüsseldokument der amerikanischen Sicherheitspolitik des Kalten Krieges sind zwei Elemente auf typische Weise kombiniert: Kriegsverhinderung durch militärische Macht und der Einsatz nichtkriegerischer Mittel (»means short of war«). Dementsprechend wurde der dynamisch-aggressive Charakter der internationalen Beziehungen (»the cold war is in fact a real war in which the survival of the free world is at stake«) für das Überleben der freien Welt betont.

Die Konsequenzen konnten kaum weitreichender sein. Erstmals wurde in Friedenszeiten die Demobilisierung der amerikanischen Streitkräfte gestoppt und eine »extensive Wiederbewaffnung« eingeleitet; zweitens sollte die militärische Präsenz der USA durch eine Kette von Stützpunkten für die mit Atomwaffen ausgestatteten strategischen Luftstreitkräfte (SAC) global organisiert werden; drittens sollte die Atomwaffendoktrin der Strategie der Abschreckung auch für die Marine, aber besonders für das Heer eine nuklear ausbalancierte Struktur und Bewaffnung bringen. Auf Dauer – »over the long pull« – war das Programm so angelegt, daß viertens die NATO-Organisation im Einklang mit diesen Zielsetzungen auf- und ausgebaut werden sollte. Speziell für diesen Zweck wurde, fünftens, eine kriegs- und einsatzbereite Armee vollständig neu aufgestellt. Sie wurde als Siebte US-Armee nach Europa unter dem Kommando des reaktivierten Generals Eisenhower verlegt – das Modell eines autonomen Expeditionsheeres in Übersee, weil die »nationale Sicherheit Amerikas an der Peripherie« bedroht werde.

Das Ergebnis des jahrelangen Abwägens und Erörterns war eine »warfare«-Mobilisierung. Die aus dem Krieg gewonnene Lehre führte zu einem Aufrüstungsprogramm, und im Zeichen des Kalten Krieges wurde im Januar 1950 die umfassende Nuklearisierung in Gang gesetzt. In Deutschland wurden die Konsequenzen spürbar, weil das Konzept einer Besatzungsarmee unter Friedensbedingungen aufgegeben und durch eine »wartime mission«, eine teilmobilisierte Einsatzbereitschaft, ersetzt wurde. Das NSC 68 ist das lange Zeit unterschätzte Schlüsseldokument, das das militärische Äquivalent zur Truman-Doktrin und zum Marshallplan bildet. Wenn diese beiden, wie Truman meinte, die beiden Schalen der Walnuß darstellten, dann war NSC 68 deren Kern.

Der Kalte Krieg griff auf alle politischen Aktivitäten über. Noch im Januar 1949 hatte Paul Hoffman, der Leiter des Marshallplans, davor gewarnt, aus der Wirtschaftshilfe Investitionen in die Förderung von Rüstungsprojekten zu lenken. Auch bei der Umsteuerung des Marshallplans wurde der Nationale Sicherheitsrat initiativ, der die Forderung des NSC 68 aufgriff, das »Mutual Defense Assistance Program« und den Marshallplan für den Aufbau einer europäischen Rüstungsindustrie zu verwenden. Paul Nitze zeichnete für diese Ideen der offensiven Politik des Eindämmens verantwortlich. Die Prioritäten müßten zur Militärhilfe wechseln, damit in Europa im Rahmen einer umfassenden Politik jene Machtposition[11] aufgebaut werde, die Außenminister Acheson als »Situation der Stärke« definiert hatte.

Ergebnis war schließlich das Programm einer dezidierten Wiederaufrüstung, wonach die gesamte Auslandshilfe ab Juli 1950 in den Dienst der militärischen Investitionssteuerung gestellt wurde. Der Primat der militärischen Sicherheit erklärt, warum Westdeutschland 1948/49 etwa die Hälfte der gesamten Auslandshilfe (614 Millionen Dollar) erhielt, 1951/52 aber nur noch 116 Millionen Dollar. Die Bonner Republik bekam grundsätzlich noch keine Militärhilfe. Der Kalte Krieg begleitete den Marshallplan von Beginn an, denn er wurde als Instrument genutzt, das amerikanische Handelsembargo gegen die Sowjetunion bei den Empfängerländern durchzusetzen. Seit August 1948 wurden die Kontroll-Listen, die später als COCOM-Listen bekannt wurden, verbindlich gemacht. Diese Anfänge eines Wirtschaftskrieges unterbrachen auch den Interzonenhandel auf Dauer.[12]

Nach der Truman-Doktrin steuerte die Politik zielstrebig auf die Festigung der Westbindungen zu. Der westeuropäische Zusammenhalt wurde erstmals erkennbar, als die Frage nach der Sicherheit vor Deutschland den Anstoß für einen Vertrag kollektiver Verteidigung gab. Im März 1948 schlossen Frankreich, England und die Beneluxstaaten den Brüsseler Pakt gegen das Wiederaufleben einer deutschen Aggression; dieser erste Vertrag zu einer »Westeuropäischen Union« (WEU) signalisierte[13] auch der Sowjetunion, daß sich das westeuropäische Vorfeld jenseits der Demarkationslinie formierte. Die folgende Londoner Konferenz der WEU-Staaten und der USA stimmte der amerikanischen Leitlinie für Europa, einschließlich der Gründung eines westdeutschen Staates, zu.

Die Währungsreform im Juni 1948 separierte die westlichen Besatzungszonen von der sowjetischen und erzeugte die erste massive Konfrontation im Kalten Krieg, die Berlin-Krise, mit ihrer Blockade der Zufahrtswege und des Nachschubs. Die Sowjetunion bezog ihre Position gegen die amerikanische Absicht, jenseits der Elbe einen Staat zu gründen, wie der sowjetische Militärgouverneur seinem amerikanischen Kollegen Clay am 3. Juli in Karlshorst mitteilte. Das verstanden die USA als Fehdehandschuh im globalen Machtpoker, in den von nun an die Westsektoren von Berlin einbezogen wurden. General Clay organisierte die Konzentration der Kräfte für den Aufbau der Berliner Luftbrücke, die den westlichen Schutz vor der östlichen Bedrohung so offensichtlich dokumentierte.

Bis 1949 konnten die Alliierten – wenigstens theoretisch nach dem Kriegsrecht – ein nahezu unbeschränktes Kontrollrecht ausüben. Erst dann erließen sie ein Besatzungsstatut, innerhalb dessen die politischen Gehversuche der Bundesrepublik Deutschland beobachtet wurden. Die deutsche Macht war eingehegt. Die drei Hochkommissare konnten in ihren Zonen und gegenüber der Bundesregierung jederzeit eingreifen. Die Souveränitätsdefizite waren eklatant, einem »Protektorat«[14] nicht unähnlich, wie die Gegengründung in Pankow mit ihrer Ostintegration im Kontrollbereich der sowjetischen Besatzer offensichtlich zeigte.

Mit der Einbindung der antagonistisch orientierten deutschen Staaten in die Interessensphären von Washington und Moskau war das internationale System des Kalten Krieges in Europa etabliert. Diese Ordnung hatte ihre Ratio in der »pax atomica« und garantierte einen Frieden durch Furcht. Kaum drei Jahre hatte Truman benötigt, um nach der Verkündung seiner Doktrin bis Anfang des Jahres 1950 in alle wesentlichen politischen Bereiche das grob gesponnene Muster seines Garnes hineinzuweben. Die USA hatten ihre Plattform der Nachkriegszeit als ein System gezimmert, das die Beziehungen innerhalb ihres internationalen Interessengebietes stabilisieren konnte. Wirtschaftliche Fortschritte versprachen politische Zuverlässigkeit zu garantieren, die wiederum militärisch unterlegt werden sollte.

Die bipolare Welt hatte eine gewisse Unipolarität innerhalb der Blöcke aufgebaut, aber im Unterschied zur Sowjetunion mußten die Vereinigten Staaten den Frieden nie gewaltsam erzwingen und ließen ein kompliziertes, eher heterogenes Beziehungssystem entstehen. Die Eingriffe der Sowjetunion in Osteuropa demonstrierten ihren pazifizierenden Zwangscharakter, aber auch, daß in diesen »Block« von außen nicht interveniert werden durfte. Die klare Abgrenzung der Blöcke stärkte das Prinzip der Nichteinmischung gegenüber dem anderen Block. Dieses System war längst entfaltet, bevor es in Korea zum Konflikt kam.

Die Nuklearisierung der Abschreckung 1950

Die regionale Zuordnung zu den beiden Machtblöcken hatte den Globus nicht vollständig erfaßt. Es gab Grauzonen, in denen die alten Kolonialmächte England und Frankreich ältere Rechte wahrnahmen, zum Beispiel im Nahen Osten oder in Indochina. In Asien zählten Japan und die Philippinen eindeutig zum amerikanisch orientierten Bereich. Korea war ein Sonderfall, im Zweiten Weltkrieg von der amerikanischen und der Roten Armee erobert und wieder preisgegeben, in der direkten Nachbarschaft zu China. Dort war am 1. Oktober 1949 von Mao Zedong die Volksrepublik China proklamiert worden.

Die USA waren unentschlossen. Im Januar 1950 hatte Außenminister Acheson noch erklärt, Taiwan ebenso wie Korea berührten keine vitalen amerikanischen Interessen. Doch als am 25. Juni Truppen aus Nordkorea die Grenze überschritten und nach drei Tagen vor der Hauptstadt des Südens, vor Seoul, standen, war für die USA der Tatbestand einer kommunistischen Bedrohung des internationalen Friedens gegeben. Vom Sicherheitsrat der Vereinten Nationen übernahmen die USA das Oberkommando über die internationale Friedenstruppe, die zunächst erfolgreich bis zur chinesischen Grenze vorstoßen konnte, dann aber fast die ganze Halbinsel an chinesische Truppen verlor. Nach einem Jahr flauten die Kämpfe weitgehend ab; der Waffenstillstand wurde im Juli 1953 unterzeichnet und schrieb in etwa den Status quo ante fest.

Der Ausbruch des Koreakrieges war für den Westen ein Schock. Es galt als ausgemacht, daß die Sowjetunion und China, mit Stalin als Drahtzieher, hinter dem Überfall des Nordens standen. Die Rhetorik der Bedrohung eskalierte und löste einen Schub an ideologischen Aktivitäten aus. Die öffentliche Hysterie verlangte nach globaler Sicherheit, der Krieg brachte eine nachhaltige Militarisierung der Politik und die Verbreitung der Atomwaffen mit sich.

Doch als Resultat mit hoher politischer Relevanz wurde das stillschweigende Einverständnis für die kommenden Jahrzehnte entwickelt, eine multipolar angelegte Region nicht einseitig zu dominieren. Die materiellen und personellen Unterstützungen Nordkoreas durch die Sowjetunion oder China gewannen daher nur eine relative Bedeutung. Stalin selbst zögerte lange, später setzte er sich für einen Friedensschluß ein. Chinas Entscheidung zum Eingreifen mit Freiwilligen erfolgte erst, nachdem amerikanische Truppen am Grenzfluß zu China standen. Zhou Enlai begründete den Entschluß in bilderreicher Sprache: »China und Korea sind für einander wie Lippen und Zähne: Wenn man der Lippen beraubt ist, frieren die Zähne.«[15] Auch China respektierte die Regel, keinen Sieg zum eigenen Vorteil zu erzwingen.

Die amerikanische Führung hatte interne Auseinandersetzungen um den Einsatz von Atomwaffen zu bestehen. Am Ende setzte sich die Entscheidung durch, diese Eskalation nicht zu riskieren. Nach den Abwürfen in Japan wäre das der zweite Einsatz gewesen. Ein Teil der Generalität hatte den Einsatz der Atomwaffen jedoch ebenso nachdrücklich befürwortet wie den Einmarsch in das chinesische Industriegebiet in der Mandschurei. Besonders spektakulär war in dieser Auseinandersetzung die prompte Abberufung des Oberkommandierenden der US-Streitkräfte in Korea, General Douglas MacArthur, weil er die Parolen des Kalten Krieges in nukleare Kriegsstrategien umsetzen wollte. Präsident Truman selbst forderte hier Zurückhaltung.

Der Koreakrieg, ein kritischer Höhepunkt des Kalten Krieges, wurde bewältigt, indem folgende Lehren gezogen wurden: Erstens vermieden die beiden Nuklearmächte jede direkte Konfrontation; zweitens schürte die Sowjetunion den Konflikt nicht mit einem Einsatz eigener Truppen, und drittens machten die Vereinigten Staaten keinen territorialen Gewinn. Am Status quo wurde nicht gerührt. Bedeutsam ist schließlich viertens, daß der Versuchung, Atombomben abzuwerfen, widerstanden wurde.

Nach dem Ende der Feindseligkeiten in Korea kam jedoch im Nationalen Sicherheitsrat eine monatelange Diskussion über den

Gebrauch von Atombomben für den Fall auf, daß China Korea erneut unterstützen sollte. »Substantielle« Einsätze wurden erwogen, aber aus Sorge vor einem Eingreifen der Sowjetunion wieder verworfen. Der neue Präsident General Dwight D. Eisenhower und sein Außenminister John F. Dulles brachten in dieser Debatte ihr ganzes Prestige zur Geltung. Sie setzten auf die Formulierung, das Tabu, das den Gebrauch von Atomwaffen umgebe, müsse zerstört werden. Das abschließende Memorandum der Vereinigten Stabschefs und des Außenministeriums vom 7. Januar 1954 hielt als Konsens fest, im Falle einer Aggression sollte der Einsatz von Atombomben gegen militärische Ziele in Korea, der Mandschurei und China »in Betracht gezogen werden«.

In Europa, jenseits des Eisernen Vorhanges, hatte Truman die Durchsetzung des stalinistischen Systems mit Argusaugen beobachtet. Die Frage war, ob damit das Arrangement von Jalta gefährdet würde oder nicht. Solange dabei die Grenzen respektiert wurden, konnten diese Vorgänge die sowjetische Form der Demokratie nur demaskieren; denn es war dies eine Form politischer Pazifizierung, die den westlichen Werten widersprach. Das Territorium der »pax sovietica« befand sich jedenfalls außerhalb der unmittelbaren Einflußnahme durch die USA. Willkür, Deportation, Sowjetisierung, Kollektivierung waren innenpolitische Vorgänge.[16]

Das westliche Bündnis wurde gegen solche Tendenzen aufgebaut. Als im Jahr 1947 die WEU vorbereitet wurde, fand die Entschlossenheit zur Errichtung eines europäischen Sicherheitssystems breite Zustimmung in den USA, die für solche Anstrengungen militärische Beistandsgarantien signalisierten. Das System des »transatlantic bargain«, des wechselseitigen Bestärkens für eine sicherheitspolitische Kooperation, begann erstmals zu wirken. Auch weckte die britische Analyse der weltpolitischen Dimension des Ost-West-Gegensatzes die Interessen der USA. Daher hatte Ernest Bevin im Dezember 1947 ein atlantisches Sicherheitssystem der WEU-Staaten in Verbindung mit den USA und Kanada vorgeschlagen. Wenige Tage nach Unterzeichnung des Vertrages in Brüssel begannen die Verhandlungen zur Gründung[17] einer transatlantischen Verteidigungsgemeinschaft (NATO).

Die NATO, deren Gründungsstatut am 4. April 1949 unterzeichnet wurde, entsprach ganz dem Aufbruch, den Präsident Truman mit seiner Doktrin zur Formierung und Stabilisierung des Westens in Europa initiiert hatte. Es handelte sich um das wirksamste außen- und sicherheitspolitische Instrument der USA, die damit ihre Interessen mit denen ihrer Partner in Einklang brachten. In diesen Jahren bestand Übereinstimmung darin, eine doppelte Eindämmung zu organisieren, nämlich Schutz vor Deutschland und Sicherheit vor der Sowjetunion. Der Eckpunkt des Bündnisses bestand in der kollektiven Verteidigung.

Viel Aufmerksamkeit nahm die Formulierung von Artikel 5 in Anspruch, der Maßnahmen »unverzüglich« vorsah, »um die Sicherheit des nordatlantischen Gebiets wiederherzustellen und aufrechtzuerhalten«. Doch die Feststellung – jede Vertragspartei würde »diejenigen Maßnahmen« ergreifen, »die sie für notwendig hält – einschließlich der Anwendung von Waffengewalt« – hatte Brisanz. Denn Washington vermied es, eine militärische Unterstützung »automatisch« zuzusichern, und pochte auf seine Entscheidungsfreiheit, eigenständig Krieg zu erklären. Zu Protokoll wurde auch gegeben, die USA wollten nicht »wegen Kopenhagen oder Paris« gegen ihren Willen in einen Krieg in Übersee hineingezogen werden. Das vertraglich gesehen offenere Bündnis der atlantischen Gemeinschaft sollte ein fest integriertes kontinentales Westeuropa einschließen.

Die militärische Umsetzung des Atomzeitalters zeigte sich nun in der systematischen Nuklearisierung der Sicherheitspolitik. Zu Beginn des Jahres 1950 erfuhr das Verteidigungskonzept der USA für die Zeit des Kalten Krieges seine Grundlegung. Das NSC 68 hatte den Weg zur Modernisierung der Militärstruktur und zur Integration der NATO in die amerikanische Führungsorganisation gewiesen. Das bedeutete mehr als Dominanz, hier zeigte sich Herrschaft.

Die Aufgabe der Verteidigung übernahm global das Strategische Kommando der US-Luftwaffe (SAC) mit Fernbombern; man ging von Szenarios mit umfassenden Nukleareinsätzen gegen sowjetische Massenvernichtungswaffen, Kontrollzentren, Rüstungsindustrien aus. Darüber hinaus erhielten das Heer und die Marine ihre »wartime mission« im NATO-Verbund, wobei an den Einsatz von Atomsprengsätzen sogar bei lokalen Konflikten gedacht war. General Omar Bradley, ein berühmter General des Weltkrieges, trat dafür ein, taktische Atomwaffen zu klassischen Mitteln der Feldschlacht zu machen und damit einen Beitrag zu einem stabilen Gleichgewicht zu leisten.[18] Ein komplettes Arsenal an nuklearen Einsatzmitteln sollte entwickelt werden, damit gerade die Atomwaffen Schlagkraft und Effektivität eines Vergeltungsschlages begründeten. Er vertrat die Doktrin, nur die amerikanische atomare Überlegenheit könne die Sowjetunion vom Einsatz ihrer Atombomben abschrecken. Paul Nitze ergänzte in einer Analyse, in etwa vier Jahren würde eine kritische Situation entstehen, da Moskau dann mit nuklearen Kapazitäten vitale Zentren in den USA zerstören könnte.

General Eisenhower hatte gleich, nachdem das NSC 68 angenommen war, aktiv den Aufbau der NATO gemäß der Intention betrieben, die Deutschen klein (»down«) und die Russen draußen (»out«) zu halten. Dies wurde zu einem geflügelten Wort. Im Sommer 1952 setzten er und sein Nachfolger, Matthew Ridgeway, die Verhandlungen über die nukleare Doktrin der NATO (MC 14/1) zwischen den englischen und amerikanischen Stabsleitungen in Gang. Ihr Verteidigungsmodell ging von einer Verfügbarkeit von siebenhundertfünfzig Atombomben aus, die an den beiden ersten Kampftagen – »D-day« und D+1 – eingesetzt werden sollten, weitere hundertfünfzig Atomwaffen innerhalb eines Monats sowie hundertfünfzig in Reserve für unvorhergesehene Zielobjekte. Flugplätze und Kommunikationszentren waren die Hauptziele, nur 76 Bomben waren für sowjetische Truppenansammlungen eingeplant. Umgekehrt rechnete man damit, daß die Gegenseite fünfhundert bis achthundert Atombomben abwerfen würde. Dieser fragmentarische Einblick[19] in die Planung zu Beginn der fünfziger Jahre illustriert, wie scheinbar selbstverständlich inzwischen die nuklearen Potentiale am grünen Tisch der Strategen ihren Platz hatten.

Eisenhower blieb diesem Thema treu. Kaum war er Präsident geworden, fand ein Treffen mit dem englischen Feldmarschall Montgomery und NATO-General Alfred Gruenther statt. In Anlehnung an den Wahlkampfslogan vom »roll back« wurde die noch immer stockende NATO-Modernisierung nach den

Grundlagen des NSC 68 von 1950 vorangetrieben. Die Sicherheits- und Verteidigungspolitik erhielt ihren »New Look«: Im Falle von Feindseligkeiten sollten Atomwaffen ganz wie konventionelle Munition (»available for use as other munitions«) verwendet werden. Dieses Konzept bestimmte die Geschichte der Abschreckung nachhaltig als Doktrin der »massive retaliation«, der uneingeschränkten nuklearen Vergeltung.

Am 12. Januar 1954 proklamierte Außenminister John Foster Dulles in einer Rede vor dem »Council on Foreign Relations« in New York das Zeitalter der »Abschreckung« durch massive Vergeltung mit Atomwaffen. Die USA behielten sich damit ausdrücklich vor, einen konventionell vorgetragenen Angriff mit den Waffen ihrer Wahl zu beantworten. Es sollte die Politik der NATO werden, in jedem kontinentalen oder lokalen Konflikt sowohl taktisch als auch operativ Atombomben »als konventionelle Waffe gegen militärische Kräfte des Gegners einzusetzen, wann und wo immer es militärisch vorteilhaft sein würde«. Diese Leitlinie wurde 1954 von der NATO mit dem Siegel MC 48 verabschiedet und damit das Zeitalter der latenten, aber permanenten (Teil-)Mobilmachung im Stadium der professionellen Atomkriegsplanung eröffnet.

Die Strategie der »massiven Vergeltung« war geboren, bei der die konventionellen Streitkräfte lediglich die Funktion eines »Stolperdrahtes« für den nuklearen Gegenschlag haben sollten. Daher wurde ein umfassendes nukleares Potential, differenziert nach den Funktionen für die strategische, operative und taktische Ebene, aufgebaut. Die Einführung der Atomwaffen verlangte eine radikale Veränderung der gesamten Militärstruktur, deren volle Bedeutung in der öffentlichen Diskussion kaum vermittelt wurde. Atombomben wurden nun bereits bei den Divisionen eingegliedert, damit sie im Einsatz an die Bataillone gegeben werden konnten.

Es dauerte allerdings bis März 1957, bis die NATO offiziell die »Strategie der massiven Vergeltung« (MC 14/2) übernommen hatte. Diese Bündnisstrategie ging noch von der konventionellen Überlegenheit der Sowjetunion aus. Im Falle eines Angriffs sollten deren Truppen östlich des Rheins gestoppt und mit einer nuklearen Gegenoffensive zurückgeworfen werden. In den fünfziger Jahren waren die USA in der Lage, ihre strategische Sicherheit durch den weltweit angelegten Ring von über dreihundert Bomberstützpunkten des SAC zu garantieren. Denn ihre nukleare Dominanz blieb auch ungeschmälert, als im August 1953 die erste sowjetische Wasserstoffbombe gezündet wurde.

Erst ab 1954 begann die Ausrüstung der sowjetischen Luftwaffe mit Atombomben. Der militärische Struktur- und Strategiewandel jedoch stand der Roten Armee noch bevor, und er gestaltete sich außerordentlich schwierig, da es ja um den Umbau der im Zweiten Weltkrieg von Stalin durch die Landkriegführung bestimmten Organisation ging. Außerdem war sie mittlerweile doktrinär erstarrt. Die nachholende Anpassung an das nukleare Waffenzeitalter begann schließlich unter dem aus der Verbannung zurückgeholten Marschall Georgij Schukow. Er setzte das Konzept der »harmonischen Entwicklung« der Streitkräfte durch. Der Kern seiner Ideen war erstens die Integration der nuklearen Waffen und zweitens die Gleichwertigkeit der einzelnen Teilstreitkräfte. Diese Reformen rührten an die festen Traditionen der Roten Armee.

Das Konzept von Schukow bewirkte eine erhebliche Modernisierung und sah die additive Verwendung der Atomwaffen vor, doch hinkte es materiell und militärtheoretisch weit – etwa ein Jahrzehnt – hinter dem der USA her. Diese hingegen hatten unangefochten ihren Status innerhalb des Westens ausgebaut und die politisch-demokratischen und wirtschaftlichen Bindungen durch handfeste militärpolitische Strukturen ergänzt, was insgesamt die Vielfalt der pax americana unterstrich.

Die Deutschen im westlichen Sicherheitssystem

Im besetzten Deutschland hatten die Generale Eisenhower und Clay keinen Zweifel an der führenden Rolle der USA aufkommen lassen und dies auch als ihr bleibendes Vermächtnis hinterlassen. Ihre Entscheidung, Westberlin als Gebiet von vitalem amerikanischen Interesse zu definieren und das auch mit der Luftbrücke zu demonstrieren, hatte ihnen viel Sympathie eingebracht. Gleichwohl behielten sie die Politik der kalkulierten und gesicherten Kontrolle bei. Noch unter dem Militärregime erhielt die Bundesrepublik Deutschland am 23. Mai 1949 den demokratischen Segen. Und erst am 21. September gewährte das Besatzungsstatut einige verbindliche Handlungsregeln, die, einmal revidiert, bis zum Mai 1955 Gültigkeit hatten.

Das Bündnis mit Amerika wurde im Selbstverständnis der deutschen politischen Klasse geradezu zum zweiten Grundgesetz der Bonner Republik. Es war beachtlich stabil, wiewohl die Dyade USA–Bundesrepublik schon bald nicht wenige bedeutsame Wandlungsprozesse durchlief. Im Einklang mit der Führungsmacht des westlichen Bündnisses beschritt Deutschland den Weg hin zur staatlichen Souveränität.[20] Die Bindung an die USA war historisch geradezu schicksalhaft gegeben, die Bonner Republik – in die Bewegung des Ost-West-Konflikts gezwungen – nolens volens ein Kind ihrer Zeit. Sicherheit wurde nur mit den USA und nach ihrer Vorgabe buchstabiert.

Alles Militärische war in diesen Jahren äußerst heikel. Die verschlungenen Pfade zur Wiederbewaffnung wurden früh betreten.[21] Es war naheliegend, daß die USA bereits bei der Unterzeichnung des NATO-Vertrages an einen deutschen militärischen Beitrag zu denken begannen. Die deutsche Militärtradition bot günstige Anknüpfungspunkte, je mehr die bipolare Zuordnung die Welt erfaßte. Die Deutschen hatten als einzige Erfahrungen mit der Roten Armee sammeln können, sie waren erprobte Rußlandkämpfer. Unbestritten war bei den ehemaligen deutschen Militärs[22] , daß eigene nationale Streitkräfte nicht zur Diskussion stünden. Sie erwarteten eine multinationale »Wiederbewaffnung« und stimmten darin mit dem Kanzler überein. Auf alliierter Seite spitzte sich die Aufrüstungsplanung auf die Forderung zu, deutsche Truppen in angemessener Weise politisch und organisatorisch zu kontrollieren. Die Angelegenheit war entscheidungsreif, als General Eisenhower das NSC 68-Programm realisierte.

Bundeskanzler Adenauer verknüpfte die Aufstellung deutscher militärischer Kontingente mit der Übertragung der Souveränität auf die noch junge Bundesrepublik. Westintegration und Wiederbewaffnung, komplementär einander zugeordnet, waren das Ziel. Die amerikanische Militärspitze sprach sich für deutsche Streitkräfte aus. Diese Marschroute wurde von den westlichen Außenministern akzeptiert, und sie erklärten am 15. September 1950 einvernehmlich und öffentlich, eine deutsche Beteiligung[23] an einer integrierten Streitmacht zur Verteidigung der Freiheit Europas zu prüfen.

Darauf war man gut vorbereitet. In Abstimmung mit den Amerikanern war im Oktober 1950 für das Kanzleramt »ein operatives Konzept einer westeuropäischen Gesamtverteidigung von den Dardanellen bis nach Skandinavien« niedergeschrieben worden, in dem deutsche Verbände ihren Platz fanden. In dem Eifelkloster von Himmerod, nach der die Denkschrift ihren Namen erhielt, wurde somit das Gründungsdokument bundesdeutscher Streitkräfte entworfen.[24]

Einen Zwischenschritt vor dem NATO-Beitritt bedeuteten die Verhandlungen zur Europäischen Verteidigungsgemeinschaft (EVG) in Paris. Parallel dazu erfolgten schon ab Januar 1951 auf dem Petersberg bei Bonn die Besprechungen mit den Hohen Kommissaren über die Modalitäten eines deutschen Beitritts zur NATO. Der Widerstand Frankreichs gegen die von den USA vertretene Bündnispolitik ließ diesen Gesprächsort jedoch schnell veröden. Erst als die nationale Katastrophe Frankreichs in Indochina am 7. Mai 1954 allen vor Augen stand und auf dem Kommandobunker in Dien-Bien-Phu die Rote Fahne aufgezogen wurde, öffnete sich den Deutschen die Tür zum atlantischen Bündnis. Das Debakel in Vietnam hätte das offenkundige Ende des französischen Kolonialreiches kaum drastischer illustrieren können: Indochina verloren, die Kapitulation der Elitetruppen – und das Eingeständnis, daß die USA diesen Krieg Frankreichs fast vollständig finanziert hatten. Wie konnte unter diesen Umständen den amerikanischen Wünschen zum Ausbau der NATO Widerstand entgegengesetzt werden? Jedenfalls erschreckte am 30. August das Abstimmungsergebnis die Öffentlichkeit, daß die Nationalversammlung in Paris die Behandlung des Vertrages über die EVG ablehnte.

Damit war der Weg zur NATO offen. Die Lähmung, die seit Jahren die abschließende Regelung der internationalen Nachkriegsordnung behinderte, schien mit einem Male wie weggeblasen. Alles, was seit Herbst 1950 angestanden, auch in Vertragsentwürfen vorgelegen hatte, konnte nun vorangebracht werden.

Intensive Verhandlungen im September und Oktober 1954 in London ergänzten und vervollständigten das Vertragssystem der Bonner Republik, das ihren Status und ihre Entwicklung für Jahrzehnte prägen sollte. Am 5. Mai 1955 trat der Deutschlandvertrag, der wichtigste der Pariser und Bonner Verträge, in Kraft. Symbolträchtig erinnerte der Monat an die Kapitulation zehn Jahre zuvor und die nachfolgenden Potsdamer Beschlüsse. Dem Vertragswerk gelang das Meisterstück, Eindämmung und Souveränität miteinander zu verknüpfen. Die weitsichtige, hoch komplexe Sicherheitsarchitektur der Verträge spiegelte sowohl die Interessen der Alliierten und ihre Respektierung der Beschlüsse von 1945 als auch die Integration der weitgehend souveränen Bundesrepublik in multinationale Bündnisse.

Die kooperative Partnerschaft sollte die Zähmung der deutschen Macht von außen nicht gefährden. Besondere Sorgfalt wurde deshalb der Regelung für die ausländischen Truppen auf deutschem Boden gewidmet. Damit keine Mißverständnisse aufkommen konnten, wurde ausdrücklich bestätigt, »Streitkräfte in Deutschland« zu stationieren. Das war die besatzungsrechtliche Dimension, neben die zusätzlich noch die positiv formulierte Zustimmung der Deutschen zur Stationierung »in der Bundesrepublik« gestellt wurde. Abgesichert durch den zeitgleich abgeschlossenen Truppenvertrag ließen sich die Siegermächte ihre militärischen Besatzungsrechte, nationale Kontingente neben solchen unter NATO-Kommando in der Bundesrepublik zu stationieren, völkerrechtlich bekräftigen. So bestand seit 1955 eine doppelte Struktur der Militärpräsenz der westlichen Truppen, die auf unterschiedlichen Rechtsquellen basierte.[25]

Die Sowjetunion hatte ab 1954 eine spiegelgleiche Politik gegenüber der DDR verfolgt. Ihr wurde im März 1955 ebenfalls eine Art Souveränität übertragen; die einschränkenden Vorbehalte entsprachen im allgemeinen den westdeutschen; die Vereinbarungen über die sowjetische Truppenstationierung gestalteten sich komplizierter. Mit diesen Verträgen hatte die Sowjetunion eine Politik aufgegeben, die im Westen als Störfeuer gegen die Westintegration verteufelt worden war. Seit dem 3. November 1950, kaum daß durch den Pleven-Plan die westlichen Aufrüstungsabsichten amtlich waren, hatte Stalin Initiativen für Vier-

Mächte-Verhandlungen zum Zwecke einer deutschen Einheit vorgebracht; sie waren von einer langen Kette von Briefen mit unterschiedlichen Modellen zur deutschen Einheit, auch vom Ministerpräsidenten der DDR, Otto Grotewohl, an Konrad Adenauer, erstmals am 30. November 1950, begleitet. Alle diese Modelle hatten angesichts der uneingeschränkten, dezidierten Westpolitik der Bundesregierung unter Kanzler Adenauer[26] keine Chance. Gleiches traf für die berühmten Stalin-Noten vom März 1952 zu, deren Einordnung und Ernsthaftigkeit bis heute in der Geschichtswissenschaft umstritten ist, die aber in Washington und London ein echtes Politikum[27] waren; oder für den Vorstoß von Churchill von 1953, der beinahe wie eine Weiterentwicklung der Stalin-Noten zu Bonner Bedingungen wirkte. Alle diese Vorstöße scheiterten. Im übrigen dienten sie dazu, den guten Willen der eigenen und den bösen der anderen Seite zu dokumentieren. Zwischen Washington und Bonn hielt man an einem gediegenen Einverständnis fest.

Aus dem Beitritt der Bundesrepublik zur NATO und zur WEU zog die Sowjetunion weitreichende Konsequenzen. Am 7. Mai 1955 kündigte Moskau die auf zwanzig Jahre geschlossenen Bündnisverträge mit Großbritannien und Frankreich aus der Zeit der Anti-Hitler-Koalition von 1942 und 1944. In der folgenden Woche, am 14. Mai, erfolgte in Warschau die Gründung des östlichen kollektiven Verteidigungspaktes, der Warschauer Vertragsorganisation (WVO), durch die Mitglieder Sowjetunion, Polen, Bulgarien, Ungarn, Rumänien, Tschechoslowakei und Albanien. Die DDR wurde im Januar 1956 Vollmitglied, nachdem sie die Voraussetzungen für die Aufstellung eigener Streitkräfte geschaffen hatte. So sahen die Jahre 1954/55 den Abschluß der Blockbildungen, deren Gravitationszentrum auf dem alten Kontinent lag, an der Nahtstelle zwischen den beiden deutschen Staaten.

Die Sowjetunion vertraute wegen ihres – sicherlich noch geringen – strategischen nuklearen Potentials weiter auf konventionelle Überlegenheit in Europa, um den Westen vor einer Aggression abzuschrecken. Während die Vereinigten Staaten seit der Gründung der NATO 1949 ihren »Atomschirm« auf die westeuropäische Region erweiterten und mit der massiven Nuklearisierung vorangingen, bestand das Moskauer Konzept in der Verdoppelung der Zahl der Streitkräfte von 1948 bis 1955. In der Mitte des Jahrzehnts erreichte sie ihren quantitativen Höhepunkt. Es ist unbestritten, daß in dieser Zeit des Überganges – im Wandel der Strategien erkennbar – auf beiden Seiten Furcht vor einem Angriff herrschte. Erst das Bewußtsein, über Atomwaffen zu verfügen, bescherte neues Vertrauen, wie sich im Krisenjahr 1956 bestätigen sollte.

Die USA hatten bis zum Ende dieses Jahrzehnts ein substantielles Übergewicht an Atomwaffen von 10 zu 1, wie das Stockholmer Internationale Institut für Friedensforschung (SIPRI) das Verhältnis einschätzte und dieses Verhältnis als ein »gegebenes Gleichgewicht« bezeichnete. Beide Seiten reagierten mit ihren Mitteln jeweils glaubwürdig und rational, nachvollziehbar, zweckmäßig. Das strategische System des amerikanischen Strategischen Kommandos der Luftwaffe mit seinen global stationierten Fernbombern gewährte lange das Monopol der globalen Bedrohung; denn erst 1956 war Moskau in der Lage, den ersten Typ eines äquivalenten Atombombers einzuführen. Mit der zunehmenden atomaren Aufrüstung bis zum Ende des Jahrzehnts ging eine zahlenmäßige Halbierung der konventionellen Truppen einher.

Im Jahr 1955 hatte das bipolare System in Europa seine stabile Form gefunden. Eine ausbalancierende dritte Macht, die das gefundene Gleichgewicht hätte flexibel gestalten können, war nicht in Sicht. Moskau und Washington hatten ihre Positionen etabliert. Zugleich bröckelten Ruhm und Macht der Kolonialreiche England und Frankreich, zusehends schwand ihr Prestige. Neue periphere Zonen der Unsicherheit brachen auf, die rasch in den Bann der hegemonialen Zuordnung gerieten. Im Hintergrund drohten in West und Ost die Atomwaffen.

Das Krisenjahr 1956

Die internationalen Krisen des Jahres 1956 spielten für die Atompolitik eine wichtige, aber weithin unbeachtete Rolle: Sie gaben einerseits einen wesentlichen politischen Impuls, daß Großbritannien und Frankreich den Bau eigener Atomwaffen forcierten, und führten die beiden Atommächte zusammen. Die USA und die Sowjetunion setzten ihr Interesse, die internationale Ordnung gemeinsam zu stabilisieren, durch.

Zunächst begann das Jahr hoffnungsfroh. Als Nikita S. Chruschtschow seine geheime Rede auf dem XX. Parteitag der KPdSU in Moskau hielt, schien die Morgendämmerung der Entspannung schwach aufzuleuchten. Seine Abrechnung mit dem stalinistischen Terrorapparat, der totalitären Unterdrückung und der dirigistischen Meinungsknebelung an diesem 25. Februar 1956 ging wie ein befreiender Luftzug durch die Enge des sozialistischen Lagers. »Tauwetter« in der Kulturpolitik entfachte Aufbruchsstimmung. Liberale Tendenzen in Moskau bestärkten freiheitliche Kräfte im gesamten Ostblock, die mit einer »sozialistischen Demokratie« ernst machen wollten.

Polen war der erste Schauplatz. Im Juni kam es in Posen zu einer Rebellion, bei der das Partei- und Polizeigebäude besetzt wurde; sie konnte nur in einer mehrtägigen Aktion vom Militär niedergeschlagen werden. Der Drang nach allgemeiner Liberalisierung verband sich mit systemkritischen, antikommunistischen Tönen. Reformerische Gruppen der Polnischen Arbeiterpartei scharten sich hinter Władysław Gomułka, der, gerade rehabilitiert und aus dem Gefängnis gekommen, am 19. Oktober zum Generalsekretär gewählt wurde. Die Krise erreichte ihren Höhepunkt, als die sowjetische Führung mit Generalsekretär Chruschtschow, seinem Stellvertreter Anastas Mikojan und Außenminister Molotow in Warschau zu Verhandlungen anreiste.

Der polnische Weg zum Sozialismus wurde akzeptiert. Die sowjetischen Panzer fuhren aus den Alarmstellungen in die Kasernen zurück; im Dezember wurden sie sogar dem polnischen Oberbefehl unterstellt. Die Sowjetunion nahm die nationale Eigenständigkeit Polens hin, da die internationale Zugehörigkeit des Landes zur östlichen Interessensphäre nicht in Zweifel gezogen wurde.

Darin lag der bezeichnende Unterschied zu Ungarn, wo am 23. Oktober 1956 der Volksaufstand ausbrach. Aus Studentenunruhen entwickelte sich im Nu eine Krise von Partei und Staat, und schon anderntags übernahm die reformsozialistische Regierung von Imre Nagy die Führung. Einen weiteren Tag später verlangte Nagy bereits Verhandlungen mit Moskau über den Abzug der in Ungarn stationierten Streitkräfte, da sie nach der Vertragslage aus dem Jahre 1947 ohne Berechtigung in Ungarn stünden. Demonstrationen Hunderttausender bestimmten die Straßen. Das Militär zeigte Verständnis, war aber gespalten, hin- und hergerissen zwischen Loyalität und Aufbruch.

János Kádár, ein alter Reformer und Opfer der stalinistischen Säuberungen, trat schließlich am 26. Oktober an die Spitze der Partei. Der Umschwung schien gelungen, als zwei Tage später die sowjetischen Truppen demonstrativ aus Budapest abzogen. Am 31. Oktober wurde das gemäßigte Reformprogramm von Anastas Mikojan, der sich in der ungarischen Hauptstadt eingefunden hatte, begrüßt sowie Verhandlungen über freie Wahlen und den endgültigen Abzug der sowjetischen Truppen zugesagt. Die Ereignisse spitzten sich zu, als am 1. November 1956 Nagy die ungarische Neutralität und den Austritt aus dem Warschauer Vertrag proklamierte. Das war die Wende. Die Grenze der Toleranz war für die Sowjetunion überschritten. Es kam zu gewaltigen Eskalationen, als in den folgenden Tagen sowjetische Panzereinheiten den Aufstand blutig niederwalzten. Die dramatischen Hilferufe aus Ungarn klangen dem Westen lange in den Ohren, weil die Ermunterungen zum Aufstand über Radio so eindringlich waren wie die Unterstützung schwächlich.

Diese Eruptionen im sowjetischen Hegemoniegebiet, die für Polen und Ungarn zu einem dauerhaften Trauma wurden, illustrierten eindringlich, daß die Struktur der internationalen Nachkriegsordnung im Kalten Krieg weder von innen noch von außen mit Gewalt aufgebrochen werden konnte. Namentlich in Ungarn wurde die »pax sovietica« mit Macht ins Licht gerückt. Auch der Reformer Chruschtschow blieb Realpolitiker und stellte den Herrschaftsanspruch über Liberalität. Die zweite Erkenntnis gewann man aus der nuklearen »balance of terror«[28], die die USA dazu gebracht hatte, entgegen allen rhetorischen Kraftakten und der moralischen Unterstützung der Hoffnungen auf Freiheit, das Arrangement der Interessensphären einzuhalten. Ausgerechnet der Präsident, der das »roll back« zum Zeichen seiner Präsidentschaft gemacht hatte, hielt die Absprachen über die wechselseitige Sicherheit beider Großmächte ein.

Der Kalte Krieg zeigte sich von seiner realpolitischen Seite und bewies ordnungspolitische Stabilität. Das Szenario einer aktiven Befreiung der kommunistischen Welt mochte die Botschaft sein, die »Radio Free Europe« verkündete, die aber Eisenhower schon am 23. Oktober dementierte: Die amerikanische Mission bestehe darin, »den freiheitsliebenden Völkern, die unsere Hilfe brauchen, wollen und nutzen können, dabei zu helfen, ihre Fähigkeit zur Selbsthilfe zu stärken und damit dem Frieden der freien Welt neue Kraft hinzuzufügen«[29]. Außenminister Dulles stellte am 18. Dezember abschließend auf einer Pressekonferenz in Washington fest, es sei nicht die Absicht der USA, »die Sowjetunion mit einem Gürtel aus feindlichen Staaten zu umgeben«.

Das Drama der internationalen Politik im Herbst 1956 hatte zur selben Zeit einen weiteren Höhepunkt im Nahen Osten. Am 29. Oktober begann mit einem Angriff israelischer Truppen gegen die ägyptische Sinai-Halbinsel der zweite Nahost-Krieg. Wohlwollend begleitete der Westen die Eroberungszüge der Panzerverbände, weil der ägyptische Präsident Gamal Abd el-Nasser seit einigen Jahren den Kurs der Blockfreiheit eingeschlagen hatte. Dadurch fühlten sich die Engländer düpiert, die Ägypten im Grunde noch immer als ihr Protektorat ansahen. Außenpolitische Neutralität stand damals, da sie nicht in das einfache Ost-West-Schema paßte, schnell unter dem Verdacht, prosowjetisch zu sein. Dieses Urteil schien sich zu bestätigen, als die von den USA und England dominierte Weltbank die Zusagen zur Finanzierung des Nilstaudamms bei Assuan zurückgenommen hatte und daraufhin prompt die Zusage Moskaus erfolgt war, Ägypten beim Bau zu unterstützen.

Die weltpolitische Rivalität schlug jetzt auch nach Nordafrika durch. Frankreich fürchtete die panarabische Attraktivität Nassers, der in Algerien und Tunesien Freiheitsgelüste wecken könnte; England betrachtete die Verstaatlichung des Suez-Kanals, die Nasser am 26. Juli zur Finanzierung des Nildammes verkündet hatte, als direkten Affront; öffentlich wurde Nasser mit Adolf Hitler und mit Benito Mussolini verglichen.

In einem solchen Klima versammelten sich in Sèvres bei Paris die militärischen Experten David Ben Gurion, Moshe Dajan, Shimon Peres aus Israel mit englischen und französischen Politikern und schmiedeten einen Kriegsplan, der von Premierminister Anthony Eden, Guy Mollet und ihren Außenministern Selwyn Lloyd und Christian Pineau gebilligt wurde. Am 24. Oktober hielten sie mit Blick auf die Unruhen im östlichen Europa den günstigen Augenblick für gekommen. Die abgekartete englisch-französische Invasion Ägyptens dauerte eine Woche und entwickelte sich zu einem militärischen Desaster unkoordinierter Aktionen, Bombardements und peinlicher Fehlschläge. Der Suez-Kanal wurde nicht eingenommen.

Am 5. November aber trat ein Ereignis ein, das die Welt aufhorchen ließ. Die Sowjetunion drohte Großbritannien und Frankreich, ihren Rückzug aus Ägypten mit militärischen Mitteln – dem Einsatz von Atombomben – zu erzwingen. Flankierend erfolgte ein Appell an die USA, gemeinsam »entscheidende Mittel zur Beendigung der Aggression« zu ergreifen. Die Beilegung dieser Krise war vor allem ein Verdienst der UNO und des kanadischen Vermittlers Lester B. Pearson; bereits am 7. November wurde die Entsendung einer Friedenstruppe beschlossen.

Das Suez-Fiasko besaß große Bedeutung für die atomare Koexistenz. Erstmals traten die USA und die Sowjetunion Seite an Seite auf. Symbolisch gingen die kolonialen Großmachtträume der alten Macht Europa in Suez baden. Der Konflikt brachte die Interessen der Supermächte zusammen und verwies auch auf den relativen Wert des westlichen Bündnisses. Es hatte nicht per se Bedeutung. Auch wäre es übertrieben, von einer Spaltung des Westens, gar von einem »renversement des alliances« zu sprechen. Für die Bündnispartner der Vereinigten Staaten aber war es sicher eine Lehre, daß gravierende politische und erst recht militärische Unternehmungen nicht ohne Absprache mit den USA erfolgen konnten. Frankreich stand wegen Indochina in der Schuld; Großbritannien vermochte nuklear kein Paroli zu bieten. Der Premier kapitulierte vor dem Präsidenten.

Die diskrete Kooperation der USA und der Sowjetunion überraschte allgemein. Nach dem ersten Schrecken verlegten die USA nuklear ausgerüstete Marineverbände in das östliche Mittelmeer, die Sowjetunion reagierte umgehend, indem sie ihre Truppen aus dem Nahen Osten abzog. Ihre nuklearen Militärpotentiale wurden nur in Europa bewußt herausgestellt. Beide

Atommächte suchten jedes Risiko, insbesondere jede direkte Konfrontation, zu vermeiden. In diesem Herbst 1956 hatten die Supermächte zwei wesentliche Erfahrungen gemacht: Zum einen hatten sie Aufbegehren und Unruhen niedergeschlagen, wodurch ihre Interessensphären stabilisiert (auch wenn der Panzereinsatz in Ungarn dem Ansehen der Sowjetunion gewaltig geschadet hat) und die internationale Ordnung garantiert wurde. Zum andern hatten sie sich – in ihren direkten Beziehungen zueinander – als verläßliche Hegemone erwiesen.

Die nukleare Verteidigung im Westen

Die Aufrüstung der Bundesrepublik hatte mit dem Beitritt zur NATO am 9. Mai 1955 die internationale Billigung des Westens erfahren. Weitreichende Restriktionen hatten die militärische Westintegration und die Souveränität eng miteinander verwoben. Die internationale Transparenz der klassischen Rüstungsschmiede Ruhr war im westeuropäischen Verbund der Montanbehörde gelungen; doch auch die Atomenergie als Schlüsselindustrie der Moderne stand von Beginn an in der öffentlichen Aufmerksamkeit.

Gezielt hatte Frankreich bereits Ende 1951 in den Entwurf des Vertrages über die Europäische Verteidigungsgemeinschaft einen Passus über die modernen Waffen eingesetzt: Die Produktion von ABC-Waffen solle in dem »strategisch exponierten Gebiet« Deutschland verboten sein. Dem waren intensive Verhandlungen mit der Alliierten Hohen Kommission vorausgegangen. Immerhin hatten die Westmächte schon vor Bestehen der Bundesrepublik eine Politik verfolgt, die die Erforschung, Gewinnung und Nutzung der Kernenergie[30] beschränkte.

Akribisch hatte das Militärische Sicherheitsamt bis 1955 diese Kontrollfunktion ausgeübt, die dann dem Amt für Rüstungskontrolle der WEU übertragen wurde. Das alte Verbot wurde in eine Verpflichtung Bonns umgewandelt und völkerrechtlich bindend. Der deutsche Verzicht auf die Herstellung von Massenvernichtungswaffen war ein Angelpunkt, um die Macht der Bonner Republik einzuhegen. Die Autorität der Drei Mächte setzte die Eckdaten des Spielraums bei der Aufrüstung. Auch die Einzelheiten des nuklearen Status' wurden im Kreis der westlichen Siegermächte »ausgehandelt und der Bundesrepublik auferlegt«[31].

Aber die Zeit war nicht stehengeblieben. Hatte der Kanzler zuvor die Devise verfochten, Macht und Militär konstituierten einen Staat – »Ein Staat, der keine Wehrmacht besitzt, ist bestenfalls ein Protektorat, aber kein Staat«[32] –, so war 1955 nach der Aufstellung der Bundeswehr die Frage der nuklearen Teilhabe das heißeste Thema des Kanzlers. Das Besitz- und Produktionsverbot von Atomwaffen war nicht zu verhindern gewesen, doch im Unterschied zu seinen öffentlichen Erklärungen war Adenauer zu keinem Zeitpunkt bereit, den nichtnuklearen Status der Bundesrepublik als Dauerzustand hinzunehmen.

Der Kanzler und einige andere Politiker, von Wilhelm Grewe bis zu Franz Josef Strauß, empfanden die Tatsache, keine Verfügungsgewalt über Atomwaffen zu haben, gerade dann als besonders diskriminierend, als England Ende 1956 mit dem ersten Test in die Reihe der Atommächte aufrückte. Daß die beiden Hegemonialmächte das nukleare Monopol in Händen hielten, hatte Adenauer schon lang »unerträglich« bedrückt, und vertraulich orakelte er: »Wie wir da herauskommen, müssen wir sehen [...]«[33]. Die Atombewaffnung war für den Kanzler von größtem Interesse, da sie den Status einer Nation bestimmte und eine Aufwertung bedeutete. Seit England über die Atombombe verfügte, war der Kanzler in besonderem Ausmaß vom Rivalitätsdenken erfaßt.

Gab es einen Weg von der atomaren »Allmacht zur Großmacht«[34]? Dies ist durchaus Teil der Geschichte der Bundesrepublik, ein Aspekt in der Entwicklung zunehmender Souveränität durch Militärpolitik – allerdings nur international, westintegriert und im Einverständnis mit den USA. Es erweist sich deshalb als Legende, die bundesdeutsche Geschichte sei von Machtvergessenheit geprägt gewesen. Zähmung und Einhegung kennzeichneten zwar das Vorgehen der Alliierten, doch dem setzte Adenauer versiert und nachhaltig eine Strategie der Grenzerweiterung der Macht entgegen. Die nationalstaatlichen Komponenten vernachlässigte er nie, sie untermauerten vielmehr seinen Aufstieg in Deutschland und Europa als »Mann der Amerikaner« (Hans-Peter Schwarz).

Gerade in der Außen- und Sicherheitspolitik, für die Adenauer bis 1955 praktisch allein zuständig war, erzwang er autokratisch die Anpassung an seine Linie der Westbindung. Er verfolgte diese Linie so strikt, da sein Mißtrauen auch die Westmächte einschloß. Sie sollten, insbesondere die USA, so fest wie möglich an die Bonner Republik gebunden werden. Adenauers Bezug blieb die Anti-Hitler-Koalition; sie war sein »Alptraum. Er heißt Potsdam.« Auch öffentlich sprach er darüber und benannte die »Gefahr einer gemeinsamen Politik« der Alliierten zu Lasten Deutschlands. »Die Außenpolitik der Bundesregierung«, so begründete der Kanzler sein striktes Vorgehen, »war von jeher darauf gerichtet, aus dieser Gefahrenzone herauszukommen«. »Potsdam« hing ihm wie ein Mühlstein um den Hals.

Alternativen oder differenzierende Ansätze zu seiner Politik zog er strikt aus dem politischen Verkehr. Beispielsweise wurde die Denkschrift des Diplomaten Richard Meyer von Achenbach[35] sofort unter Kuratel gestellt; denn wie Herbert Blankenhorn mitteilte, stünde sie im schroffen Gegensatz zur Auffassung der Regierung, da sie die aus dem Osten drohende Gefahr verkenne. Ebenso ablehnend waren von Adenauer »gesamtdeutsche« Pläne und ihre Vertreter auch in der CDU beschieden worden. Exemplarisch ist auch ein Fall aus dem Militärbereich. Der Chefplaner aus der Vorgängerinstitution des Verteidigungsministeriums, dem Amt Blank, Bogislaw von Bonin, legte 1954 Alternativen einer Verteidigungspolitik und der von ihr abhängigen Rüstungs- und Militärstruktur vor. Wie Graf Schwerin wollte er eine Verteidigung, aber keine nukleare Zerstörung im Zuge dieser Verteidigung. Er verfocht die defensive Strategie eines unüblichen, milizbezogenen Konzepts[36] der konventionellen Abschreckung. Adenauer persönlich veranlaßte wegen der »politischen Gegebenheiten« im März 1955 seine Entlassung.

Die Stunde der Atombewaffnung schlug für Adenauer, nachdem im Herbst 1956 Frankreich und England ihr militärisches Desaster am Suez erlebt hatten. Sogar der amerikanische Juniorpartner Großbritannien hatte sich als unsicherer Kantonist erwiesen. Adenauer allein garantierte Stabilität. Dies konnte keiner besser beurteilen als der amerikanische Präsident, der Adenauer seit 1945 in mehreren Ämtern schätzen gelernt hatte. Eisenhower, der seit seinem letzten großen Kommando in Europa seit 1950 den Aufbau der NATO vorbereitet hatte, ergriff daher die Chance, Bewegung in das erstarrte Bündnis zu bringen.

Die allgemeine Situation war günstig dafür: Im Dezember 1956 wurde das Konzept der nuklearen Verteidigung modernisiert, als die NATO die »Politische Direktive« als Grundlegung der »massiven Vergeltung« vereinbarte. Danach sollte jede bewaffnete Aggression im Rahmen der Konzeption der »vorgeschobenen Verteidigung« auch unter Einschluß des Einsatzes von Atomwaffen gleich zu Beginn eines Konfliktes abgewehrt werden. Für die Bundeswehr, die mit ihren Truppen einen wichtigen Teil des sogenannten »Schutzschildes« stellte, hatte dies zur Folge: »Die Streitkräfte des Schutzschildes müssen so gestaltet sein, daß sie schnell mit Atomwaffen auf einen Angriff – gleich welcher Art – antworten können, falls die Lage dies erfordert.« Bundeskanzler Adenauer und Präsident Eisenhower einigten sich im Januar 1957 auf das Procedere, die Bundeswehr an Atomwaffen zu beteiligen, ohne daß diese in direkten Besitz der Bundeswehr gelangen konnten.

Das System der nuklearen Teilhabe der Deutschen baute auf zwei nationalen »Schlüsseln« auf, deren Komponenten keine deutsche Alleinverfügung zuließen. Da die USA ihre nukleare Einsatzdoktrin im Herbst 1954 auf die NATO übertragen hatten, war die Bundeswehr in ein Nuklearbündnis unter amerikanischem Befehl integriert worden. Die für die Ausrüstung der Bundeswehr vorgesehenen Atomwaffen wurden bei amerikanischen, »nationalen« Truppenkontingenten gelagert, die ihre Befehle auf dem US-Befehlsweg erhielten. Dies sicherte die politische Anbindung an Washington. Die Bundeswehr selbst sollte die Trägersysteme für die Atombomben erwerben und mit ihnen trainieren: Raketen verschiedener Reichweite, Artillerie und Flugzeuge; in der Erstausstattung der Luftwaffe stellten Starfighter die Bomberflotte. Die Verteidigung sollte mit Atomwaffen erfolgen, die – vollständig in die NATO integriert – die »massive Vergeltung« real untermauerten. Das bedeutete die Strategie der »finiten Abschreckung«[37].

Wie das Bündnis die Atomwaffen integrierte und was sie für die Verteidigung wirklich bedeuteten, wird am Beispiel der Bundeswehr illustriert. Denn die Nuklearisierung kam ab 1957 auf alle westeuropäischen Länder zu. Dabei war wichtig, wie die jeweiligen Führungs- und Generalstäbe die Atombewaffnung im einzelnen mit den mit der NATO abgesprochenen nationalen Aufgaben ausgestalteten. Auf jeden Fall hatte das System der konventionellen und nuklearen Komponenten der Verteidigung erhebliche Auswirkungen auf Organisation, Struktur, Rüstung sowie Ausbildung, Taktik und Kommunikation.

Die Deutschen hatten gut vorgesorgt. Eine von Adenauer und Strauß im September 1956 in Auftrag gegebene Denkschrift des Führungsstabes der Bundeswehr hatte die »Umrüstung«[38] der Bundeswehr vorbereitet. Grundlage dafür waren die Berichte der amerikanischen Atomenergiekommission sowie die Teilnahme von Offizieren an nuklear angelegten Manövern und an amerikanischen Lehrgängen schon seit 1954. Kontinuierlich wurden bereits seit dem Frühjahr 1954 Studien und Berichte im Amt Blank über den taktischen Einsatz von Atomwaffen angefertigt. Das duale Konzept verband »hochmoderne« konventionelle Heere und nukleare Waffen im taktischen Einsatz. »Atomkrieg und Organisation der Streitkräfte«[39] wurde Teil des »normalen« militärischen Auftrags im Planungskonzept der Bundeswehr, ehe es sie überhaupt gab. Die Anlehnung an amerikanische Erfahrungen erleichterte die Umstellung auf das nukleare Gefechtsbild.

Die Expertise der Deutschen tat sich auch auf der operativen Ebene der Atomkriegführung hervor. Die militärische Führung hatte ihre operativen Konzepte nuklear weiterentwickelt. Ende 1957 wurden die Grundsätze für den Einsatz der Atomwaffen im Kampf formuliert, die von der NATO ein halbes Jahr später – »alle deutschen Vorschläge gebilligt!« – übernommen wurden: Verzögerung des feindlichen Angriffes, seine Stoßkraft abnutzen, so weit ostwärts verteidigen, wie es die Lage erlaubt; unter Ausnutzung der eigenen nuklearen Überlegenheit zum Gegenangriff übergehen. Das Dokument der NATO – MC 70 – vom Frühjahr 1958 bestätigte die strategisch-operativen Doktrinen.

Die Rüstungsplaner griffen zu, vierzig Raketenbataillone für das Heer, 28 NIKE- Bataillone für die Luftwaffe. Die Führungsstäbe waren von der Idee einer Bundeswehr als stärkster Raketenmacht auf dem europäischen Kontinent fasziniert. Gegenüber einer solchen Atomwaffeneuphorie überkam ganze Gruppen von Offizieren Skrupel, eine solche Militärstruktur aufzubauen. Doch gerade die Geheimhaltung erschwerte eine offene Auseinandersetzung in der Bundeswehr. Es ist bekannt, wie sehr die Ratio der Abschreckung – man übe mit diesen Waffen, damit sie nicht eingesetzt werden müßten – die Hoffnungen bestimmte.

Für Laien ist es immer schwer vorstellbar, was die »Integration« der Atomwaffen in die Verteidigung überhaupt bedeutete. Um einen Blick in die militärische Welt der sechziger Jahre tun zu können, wird ein Planungsmodell der Bundeswehr vorgestellt. Die Dienstvorschrift des Heeres von 1961 (HDv 100/2) regelte den Einsatz der Atomwaffen. Die Atomwaffe sei »das wichtigste Kampfmittel in der Hand des militärischen Führers«, hieß es beispielsweise. Die Einsatzmöglichkeiten »sind jedoch nicht unbegrenzt«, da »auch der Feind über Atomwaffen verfügt«. Daher müsse man mit »schweren Verlusten und hohen Ausfällen« rechnen. Unabhängig davon, daß die Panzertruppe den eigentlichen Angriff trage, gelte: »Die atomare Feuerkraft ist der wichtigste Teil der Kampfkraft, das sicherste Mittel, dem Angriff zum Erfolg zu verhelfen. Daher müssen die Atomwaffen im Mittelpunkt aller Überlegungen stehen.«

Bezüglich der radioaktiven Strahlung sollte man berücksichtigen, daß »bei jedem Einsatz eines Atomsprengkörpers [...] die mögliche spätere Behinderung der eigenen Truppe zu bedenken« sei. Aber solche »Feuerfelder liegen in den voraussichtlichen Angriffsrichtungen des Feindes [...]. Insbesondere werden sie dorthin zu legen sein, wo der Feind durch Kampf, Geländegestaltung oder Hindernisse aufgehalten werden kann.« Die Wirkung beim Feind sei groß: »Atomares Feuer hat auf den erschütterten Feind besonders starke moralische Wirkung. Daher kann es zweckmäßig sein, frühzeitig Atomsprengkörper einzusetzen. Eine Atomdetonation an der entscheidenden Stelle [...] kann schlagartig den Zusammenbruch bewirken.« Zu Angriffen auf die eigene Truppe hieß es: »Werden angreifende Truppen von einem Atomsprengkörper getroffen, so setzen die noch kampffähigen Teile den Angriff fort. Führer aller Grade und beherzte Soldaten müssen mit allen Mitteln eine Panik verhindern.«

Diese militärische Einsatzdoktrin der Bundeswehr ist typisch für den damaligen Umgang mit Atomwaffen in Ost und West. Sie vermittelte die trügerische Sicherheit, Atomwaffen seien steuerbar, ihr Einsatz kalkulierbar und die Strahlungen berechenbar. Tabellenkalkulationen und Rechenschieber verstärkten die Suggestion der Handhabbarkeit. Die von Politikern und Militärs beabsichtigte Normalisierung der »modernen« Waffen, die man auch sprachlich miniaturisierte, als seien sie nur eine weiterentwickelte Artillerie, hatte sich in der Welt der militärischen Planung de facto längst verselbständigt.

Ulrich de Maizière, seit Beginn der Atompolitik vertraut mit den Einzelheiten der zitierten Vorschrift und später als Generalinspekteur einer der obersten Soldaten der Bundeswehr, nimmt in seinen Erinnerungen zur Atomeinsatz-Vorschrift Stellung: »Richtig war es, die Beweglichkeit und das Denken in Räumen statt in Linien zu fordern [...] . Doch kritisierte ich den geplanten großzügigen, fast unbekümmerten Einsatz atomarer Gefechtsfeldwaffen im jeweiligen Verteidigungsraum und forderte, daß Atomwaffen nur eingesetzt werden dürfen, wenn andere Mittel zum Erreichen des taktischen Zieles nicht ausreichen.«[40] Die Kritik an der Atombewaffnung der Bundeswehr war relativ und bedingt; man akzeptierte die Verwendung von Atombomben, wenn es nur vernünftig gemacht würde und die Effizienz es erforderte.

Dies zeigten die neuen Vorschriften von 1962, als die Atombewaffnung noch mehr in den militärischen Verteidigungsalltag übertragen wurde. Der Kanzler bestätigte den Vorschlag der Militärs, nunmehr in einem Konflikt »total-atomare Voraussetzungen« anzunehmen. Auch Strauß trat massiv dafür ein, die Verkoppelung von konventionellen Anstrengungen und von strategischen Überlegungen vorzunehmen, die sich aus der »völligen Veränderung des Kriegsbildes durch die Atomwaffen« ergaben. Das zu organisieren, verstand er als seinen Auftrag als Minister. Er verlangte von der militärischen Führung, »mit allen Konsequenzen« dem durch die Atomwaffen »erzwungenen Wandel jedes Kriegsgedankens«[41] Rechnung zu tragen. Die Vorschrift hatte bis 1973 Gültigkeit.

Für die amerikanischen Truppen war die Situation noch brisanter. Seit 1957 hatten sie von Präsident Eisenhower die Einsatzkompetenz über Atomwaffen übertragen erhalten. Im Verteidigungsfall konnten örtliche Kommandeure taktische Atomwaffen gegen sowjetische Truppen einsetzen, auch wenn diese nur konventionell angriffen. Falls die Situation – Zeitknappheit – es erforderte, konnten diese Atomwaffen ohne die sonst für strategische Atomwaffen erforderliche Zustimmung des US-Präsidenten abgefeuert werden. In einem europäischen Konflikt hätte ein Atomkrieg auf dem Gefechtsfeld, dem »theater of war«, stattfinden können, ohne daß eine gesonderte politische Freigabe aus Washington erfolgt wäre. Dies war die Realität. Sie unterschied sich von der öffentlich vorgetragenen Politik, nach der behauptet wurde, Atomwaffen seien »politische« Waffen, die nur gesondert, im ausdrücklichen Eskalationsfall, verwendet würden. Präsident Johnson hat diese dezentrale Einsatzdoktrin auf Vorschlag seines Beraters McGeorge Bundy 1964 bestätigt.

Eine konstruierte, in hohem Maße abstrahierte Auffassung, derzufolge nukleare Verteidigung eine rationale Verteidigung sei, prägt das Konzept der Abschreckung. Manöver mit flächendekkendem Atomeinsatz, die bekannt wurden, schreckten nicht; als an der Führungsakademie der Bundeswehr Generalstabsoffiziere gegen solche Einsatzmaximen protestierten, wurden die Landkarten ausgetauscht und durch unspezifisch-neutrale ersetzt; die Vorstellung, mit Hunderten von Atomwaffen die norddeutsche Tiefebene gegen Panzerverbände zu verteidigen, und die damit verbundenen Konsequenzen für die Bevölkerung wollte sich wohl niemand so richtig ausmalen.

Ein Blick auf die verfügbaren Waffen hätte eigentlich umgehend auf den Boden der Realität zurückführen können. Schon seit 1953 hatten die Amerikaner Kanonen in Deutschland stationiert, die für Atommunition tauglich waren. Tausende solcher Atomgranaten für Haubitzen wurden dann später auch für die Bundeswehr vorgesehen. Die Doktrin der extensiven Vernichtungsvorstellungen jedenfalls führte zu einer immensen Verbreitung von Atomwaffen. Gab es 1948 ein halbes Hundert Atombomben auf amerikanischer Seite, so erhöhte sich der Bestand bis 1959 auf 18000. Dafür liefen in den USA seit Jahren die Produktionsprogramme auf höchsten Touren.

Vom Zweifel zum Protest der Friedensbewegung

Die gesellschaftlichen Auseinandersetzungen im ersten Jahrzehnt der Atompolitik sind durch das Bemühen um Stabilisierung um jeden Preis gekennzeichnet. Man war zufrieden mit der florierenden Wirtschaft und akzeptierte weitgehend die Ideologie des Kalten Krieges und die Abgrenzung in Ost und West. Dazu kam in den Vereinigten Staaten die repressive Politik der McCarthy-Ära, als politisch Aktive und Intellektuelle schnell unter dem Verdacht standen, mit Kommunisten zu sympathisieren. In Deutschland, der heißen Nahtstelle zwischen den Systemen, traf dieses Phänomen um so deutlicher hervor, als die Entwicklungen in der anderen Hälfte des Landes jeweils als Bestätigung für die angenommene Bedrohung begriffen wurden. Innenpolitisch bürgerte sich das Actio-reactio-Schema ein: Weil die Gegenseite diese Fakten schuf, mußten jene Gegenmaßnahmen eingeleitet werden. Diese Umstände begünstigten nicht die Entstehung einer öffentlichen Opposition oder gar einer Friedensbewegung gegen die nukleare Rüstung.

In den USA, wo die Organisationen der Pazifisten und der Quäker schon Tradition hatten, gab es keine Protestwellen, sondern eher einzelne Protestaktionen.[42] Größere Bedeutung gewannen sie erst in der zweiten Hälfte der fünfziger Jahre mit dem Protest gegen Atomwaffentests. Die »ban-the-bomb«-Bewegung erregte mit Einzelaktionen des zivilen Ungehorsams Aufmerksamkeit, beispielsweise als am 6. August 1957 elf Pazifisten in ein Sicherheitsgebiet für Atomtests in Nevada eindrangen, als sich am 2. Mai 1958 die Besatzung des Segelschiffs »Golden Rule« in einer nuklearen Sperrzone im Südpazifik festnehmen ließ oder als 1960 die Docks der mit Polarisraketen ausgestatteten Atom-U-Boote in New London in Connecticut »besichtigt« wurden. Solche spektakulären Aktionen machten weltweit die Problematik der nuklearen Rüstungsspirale bewußt. Die heftigen öffentlichen Proteste führten dann zu dem legendären Projekt eines 6000-Meilen-Fußmarsches von einigen Pazifisten, die am 1. Dezember 1966 von San Francisco nach Moskau starteten. Dort demonstrierten sie auf dem Roten Platz für Frieden und Abrüstung – ein einmaliges Ereignis.

In Deutschland gab es kaum eine Friedensbewegung, jedoch[43] war die Opposition gegen eine Remilitarisierung viel größer als es für möglich gehalten wurde.[44] Die deutsche Bevölkerung hatte ihre Lehren aus dem Krieg gezogen: »Nie wieder Krieg!« war keine leere Parole, sondern wurde zum Selbstverständnis eines »Nie wieder Militär!« Vertrauliche Untersuchungen belegten Adenauer, welche Bedenken seine Politik der Aufrüstung auch bei seinen Wählern hervorrief. In der Öffentlichkeitspolitik verknüpfte man deswegen die »Wiederaufrüstung« und die europäische Integration mit der bolschewistischen Gefahr; Befragungen sollten gegenüber dem Ausland Zustimmung zur Regierung signalisieren. Doch die Besorgnis blieb groß, daß die Deutschen kein Militär akzeptieren wollten.

Fünfzehn Jahre nach der Kapitulation fühlte sich nur etwa die Hälfte der Bevölkerung von »Rußland« bedroht; die Wehrpflicht wurde von bis zu zwei Dritteln der Bevölkerung abgelehnt. Erst 1963 konnte die 50-Prozent-Grenze der Zustimmung erreicht werden; allein im Bereich der Fragen nach den »Pflichten für Europa« lag die Akzeptanz seit Beginn der fünfziger Jahre hoch. Die Ablehnung des Militärs konnte als Faktum notiert werden, wie der Kanzler 1961 konsterniert feststellte: »Der Widerstand gegen die Bundeswehr beruht darauf, daß ›Militär‹ gleich ›Krieg‹ gesetzt wird [...]. Krieg gehört für die meisten zum Furchtbarsten, was sie sich vorstellen können, sowohl für ihr eigenes Leben als auch für Deutschland.«[45]

Die vereinfachende Antwort wurde von Anfang an im Geist des Kalten Krieges gegeben. Nicht Aufklärung stand an, sondern die Betonung des Feindbildes. Dies zielte auf unterschwellige Bedrohungen und Ängste. Verantwortlich stachen »die Linken« in den Redaktionsstuben ins Auge: »Das sind die intellektuellen Drahtzieher, von deren Hetze sich die Leute auf der Straße hinreißen lassen [...], die durch ihre Propaganda gegen das Militär das Handwerk Moskaus ausüben und damit die eigentlich Schuldigen dieser Kampagne geworden sind.«[46] Dieses schematische Muster der Schuldzuweisungen, wie es bei der innenpolitischen Ausgrenzung in Deutschland seit Jahrzehnten üblich war, erlebte seine Renaissance.

Bei dem sensiblen Thema Aufrüstung – erst recht der Atombewaffnung – war der Öffentlichkeit und dem Parlament gar nicht klar, worum es eigentlich ging. Geheimhaltung begleitete den Prozeß der Aufrüstung, wie der dramatische Rücktritt des Innenministers Gustav Heinemann zeigte, weil der Bundeskanzler im August 1950 sein Kabinett nicht über sein Modell der »Souveränität durch Wiederbewaffnung« informiert hatte. Die Proteste des Kabinetts gingen natürlich ins Leere. Die Atomrüstung konnte ebenfalls verschleiert werden, trotz großer parlamentarischer Debatten.

Eine erste große Krise hatte es im Juni 1955 gegeben. Das NATO-Manöver »Carte Blanche« war im ›Spiegel‹ bekannt geworden und bot in der Tat einen realistischen Einblick in die nuklearen Rüstungs- und Planungsrealitäten der Verteidigung. In dem Manöver der Alliierten Taktischen Luftflotte, die in Mönchengladbach und Ramstein startete, wurde ein konzentrierter Einsatz gegen einen Luftwaffen-Großangriff des Warschauer Paktes geübt; in dem Szenario wurden mehr als dreihundert Atombomben auf Ziele entlang einer Linie von Hamburg bis München plaziert. Die geschätzten 1,7 Millionen Toten und 3,5 Millionen Verletzten prangten als Schlagzeilen in den Zeitungen. Die Regierung wiegelte ab. Es handele sich um eine Übung, um die Verteidigungsfähigkeit zu testen. Gerade deswegen benötige man eine Bundeswehr mit starken konventionellen Verbänden. Ihre Aufstellung, lautete die Argumentationshilfe des Verteidigungsministeriums für das Kanzleramt, werde genau diesen Mangel beheben und damit die Kriegsgefahr entscheidend verringern helfen.

Eine andere Entwicklung bescherte trotz der Politik des Abwiegelns Turbulenzen. Zuerst gab es Proteste gegen die oberirdischen Atomtests auf Bikini, dann schwappte die Anti-Atom-Bewegung aus England nach Deutschland, schließlich formierten sich die Atomphysiker der ersten Stunde als Gegner der Atomrüstung. Im Juli 1955 wurde in London das ›Russell-Einstein-Manifest‹ von Lord Russell vorgelegt, das Einstein noch kurz vor seinem Tod unterzeichnet hatte. Es war eine eindringliche Mahnung zur politischen und gesellschaftlichen Verantwortung der Wissenschaft. Nicht nur die Welt gelte es zu verändern, sie müsse für kommende Generationen gestaltet werden. Wissenschaft sei eine regulierende und stabilisierende Kraft, sie sollte eine Wohltaterin der Menschheit sein. Niederdrückend sei, daß sie »degradiert worden ist, nichts zu sein als das Mittel zu Zerstörung und Tod«[47]. Getragen von diesem Manifest organisierten Lord Russell und Joseph Rotblat im Juli 1957 ein erstes Treffen von Wissenschaftlern in Pugwash, einem kleinen kanadischen Fischerort, um die Kommunikation zwischen Wissenschaft und Politik zu fördern und öffentliche Aufklärung zu betreiben. Die internationalen Aktivitäten gegen die Atombewaffnung gewannen damit eine neue Dimension.

Ein wichtiger Impuls ging von Albert Schweitzer aus, der im November 1954 den Friedensnobelpreis in Oslo erhalten hatte. Seine Appelle, die Regierenden mögen zum Vollstrecker der Friedensliebe der Völker werden, blieben nicht ungehört. Eine »Gesinnung des Friedens« stellte er gegen die »Machthaber«, die zu Unmenschen zu werden drohten; die Zerstörungsgewalt der Atombombe reiche ins Unberechenbare, »daß bereits ins Große gehende Versuche mit ihr zu Katastrophen führen können, die die Existenz der Menschheit in Frage stellen«[48]. Die Worte von Schweitzer wurden von den evangelischen Kirchen aufgegriffen, die nun eindringlich vor der Einführung der Atomwaffe warnten: »Möglichkeiten so fürchterlicher Art steigen auf, daß jedes menschliche Herz davor zurückschreckt.«[49] Daß sich mit einem Male eine christlich-pazifistische Opposition gegen die Aufrüstung zusammenfand, schreckte den Kanzler.

Es begann eine Phase der Verunsicherung. Die technologische Leistungsfähigkeit wurde in Frage gestellt, der Glaube an Fortschritt, Technik und Wachstum durch Atomenergie, den Eisenhower mit der Devise »Atome für den Frieden« beflügeln wollte, wurde in breiten Kreisen angefochten. Das technokulturelle Weltbild des New-frontier-Denkens, mit dem Vannevar Bush[50] das »Manhattan-Projekt« als Modell des »big science« von »Forschung und Entwicklung« des industriellen Fortschritts vorangetrieben hatte, brachte seine eigene Gefährdungen hervor.

1956 lösten militärische Unfälle Beunruhigung aus. Am 10. März war ein US-Bomber mit zwei Wasserstoffbomben über dem Mittelmeer abgestürzt, am 27. Juli schlug ein B-47-Bomber in der Nähe von Cambridge auf einen Munitionsbunker, in dem drei Atombomben lagerten. Damit wurden Erinnerungen an frühere »Störungen« geweckt. Gerüchte über Strahlenfolgen breiteten sich aus: daß 1955 im Test-Gelände von Nevada 8000 Soldaten vierzehn Explosionen der »Operation Teapot« aushalten mußten; daß zwei Jahre zuvor 21 000 Angehörige aller Waffengattungen elf Detonationen als Versuchsobjekte mitgemacht hatten. Schon als am 12. August 1953 die erste sowjetische Wasserstoffbombe bei Semipalatinsk explodiert war, hatte nicht nur die Rüstungsspirale eine schwungvolle Beschleunigung erfahren. Auch die Erkenntnis, daß nicht nur die Experimente der Gegner schädliche Folgen hatten, sondern auch die der eigenen Seite bedenklich waren, stieß auf immer breitere Akzeptanz. Welchen Sinn machte es denn, wenn die USA am 1. November 1952 mit einer einzigen Bombe eine ganze Insel verdampften – mit der sechshundertfachen Zerstörungskraft der Bombe von Hiroshima? Seit 1955 konnte diese Fracht mit der legendären Boeing B-52 Stratofortress an jeden Punkt der Erde transportiert werden. Eindeutigkeit wurde zu Ambivalenz. Die allgemeine Unruhe kam in der Bundesrepublik im Frühjahr 1957 »in erschrekkender Weise« als Bündnis von Kirche und Wissenschaft zum Ausdruck. Die »Agitation« und Panikmache, die Adenauer ausmachte, bereitete ihm große Sorge.

In großer Sorge warnten aber auch die anderen vor der Illusion, von den Massenvernichtungsmitteln die Erhaltung von Frieden und Freiheit zu erwarten. Da einige prominente Persönlichkeiten, die sich in der Atomforschung auskannten, zu engagierten Warnern[51] geworden waren oder (wie der Atomphysiker Oppenheimer seit 1946) öffentlich eine internationale Kontrolle der zivilen wie der militärischen Forschung forderten, war der Nutzen der Atombomben ins Gerede gekommen. Ob Bertrand Russell oder Joseph Rotblat von der Pugwash-Bewegung, ob Albert Einstein oder Albert Schweitzer, ob Helmut Thielicke oder Helmut Gollwitzer, ob Alfred Weber, Gustav Heinemann, Martin Niemöller – die Anzahl der Mahnenden wuchs und wuchs.

Bezeichnend waren Ereignisse wie die »Erklärung der Göttinger Achtzehn« vom 12. April 1957, deren Unterzeichner als bekannte deutsche Physiker während des Krieges alle an Atomprojekten gearbeitet hatten wie etwa Max Born, Otto Hahn, Werner Heisenberg, Max von Laue und Carl Friedrich von Weizsäcker. Ihr Appell zielte auf die Friedensbewahrung und die Vermeidung eines mit Atomwaffen geführten Krieges. Ihr Protest hatte durchaus auch einen aktuellen Anlaß. Sie hatten im Herbst 1956 während einer Beratung im Atomministerium von Minister Strauß – bevor dieser auf die Hardthöhe wechselte – nebenbei erfahren, daß die friedliche Atomforschung eigentlich dem Ziel diene, in Deutschland die Grundlagen für eine militärische Nutzung der Kernenergie zu schaffen. Erschrocken gingen die Wissenschaftler – in ihrer politischen Orientierung von national-konservativ bis links-pazifistisch – zunächst nicht an die Öffentlichkeit, obwohl ihnen von Strauß lautstark der Vorwurf gemacht wurde, nur die Sache des Kommunismus zu vertreten. Erst Adenauers forsche Formulierung, Atomwaffen seien nichts anderes als die Fortentwicklung der Artillerie, gab den Anstoß zu der Erklärung der Gruppe, die Folgen eines Krieges mit Atomwaffen nicht verniedlichen zu dürfen. Sie würden deswegen an keiner kriegs- und militärnutzbaren Atomforschung mitarbeiten. Dies war der Schritt von der individuellen Ablehnung zum Gruppenprotest, von der Verweigerung der Mitarbeit einzelner an der Entwicklung von Massenvernichtungswaffen zu einer öffentlichen politischen Einwirkung zugunsten von Rüstungskontrolle und Abrüstung.

Die Erklärung begann mit lapidaren Aussagen: »Wir bekennen uns zur Freiheit, wie sie heute die westliche Welt gegen den Kommunismus vertritt. Wir leugnen nicht, daß die gegenseitige Angst vor den Wasserstoffbomben heute einen wesentlichen Beitrag zur Erhaltung des Friedens in der ganzen Welt und der Freiheit in einem Teil der Welt bietet [...]. Taktische Atomwaffen haben die zerstörende Wirkung normaler Atombomben. Jede einzelne taktische Atombombe oder -granate hat eine ähnliche Wirkung wie die erste Atombombe, die Hiroshima zerstört hat. Heute kann eine taktische Atombombe eine kleinere Stadt zerstören, eine Wasserstoffbombe aber einen Landstrich.« Die Schlußfolgerung aus dieser Erkenntnis war politisch: Diese Art, Frieden und Freiheit zu sichern, sei auf Dauer unzuverlässig und im Falle ihres Versagens tödlich.

Das zweite große Dokument der Friedensbewegung datiert nur wenige Tage später, vom 23. April 1957, als Albert Schweitzer seine Osloer Rede hielt und über Rundfunk seinen »Appell an die Menschheit« richtete. Er erhob seine Stimme aus Ehrfurcht vor dem Leben, das wegen der radioaktiven Folgen von Atombombenexplosionen bedroht werde. Der Charakter der Rede war stark naturwissenschaftlich und klärte faktisch über nukleare Strahlen auf; sie kulminierte jedoch in dem ethischen Aufruf, durch die Einstellung aller Kernwaffenversuche ein »Unglück für die Menschheit« zu verhindern. Beide Initiativen, die von der Bevölkerung wie »ein Evangelium« aufgenommen wurden, führten zu heftigen politischen Reaktionen. Theodor Heuss, ein langjähriger Freund Schweitzers, den er bei der Verleihung des Friedenspreises 1951 in Frankfurt noch hoch gewürdigt hatte, distanzierte sich nun von dessen »metapolitischer Haltung« und deklassierte ihn als Caféhauspazifisten. Albert Schweitzer parierte: »Ich bin betagt, aber nicht umnachtet.« Mit Einstein hatte er die Formel der Gemeinsamkeit gefunden: »Wir ängstigen uns um die Zukunft der Menschheit.«

Adenauer mobilisierte nun alle Kräfte. Wissenschaftler wurden aktiviert, um eine Kritik an der Kritik der Atomenergie vorzutragen, und Kirchenmänner bewogen, die ethischen Zweifel der Amtskirchen einzudämmen. Erfolgreich warb der Bundeskanzler für eine »moderne Bewaffnung« der Bundeswehr, ohne den Hinweis zu vergessen, die atomare Frage stelle sich gar nicht. Sie blieb dann auch tatsächlich das Thema von aufgeklärten Minderheiten. Rechtfertigungen und Grundlegungen der wissenschaftlichen Ethik[52] fanden weite Verbreitung, die Kampagne »Kampf dem Atomtod« mobilisierte Massen von Menschen, doch der Slogan »Keine Experimente!« brachte dem Bundeskanzler im Herbst 1957 den Wahlsieg.

Die deutlichen Erklärungen der Synoden der evangelischen Kirchen datieren aus dem Jahr 1958. Darin wurden mit Massenvernichtungswaffen geführte totale Kriege als unvereinbar mit dem christlichen Gewissen bezeichnet. Das Dilemma der Kirchen bestand aber darin, daß es einen anderen Meinungsstrang gab, der die Auffassung vertrat, es müsse ein Recht zur Verteidigung mit »gleichwertigen Waffen« geben. Schließlich fand man einen pragmatischen Kompromiß, der die Risse kitten sollte. Die ›Heidelberger Thesen‹ von 1959, ein inoffizielles und kein kirchenamtliches protestantisches Dokument der Verständigung, lassen die Spannung ahnen, die die deutsche Gesellschaft der fünfziger Jahre durchzog. Waffenverzicht und Waffendienst wurden durch den aus der Physik entlehnten Begriff der »Komplementarität« verschränkt. Unter der Annahme, Politik diene dem Frieden und der Vermeidung jedes Atomkrieges, wurde der Atomwaffeneinsatz als die Ultima ratio der militärischen Verteidigung als moralisch unerträglich bezeichnet, aber damit zugleich in die Wirklichkeit geholt. Und so lautet die zentrale achte These: »Die Kirche muß die Beteiligung an dem Versuch, durch das Dasein von Atomwaffen einen Frieden in Freiheit zu sichern, als eine heute noch mögliche christliche Handlungsweise anerkennen.« Das entscheidende Wörtchen »noch« gewährte die Akzeptanz, weil es radikale nuklearpazifistische und gradualistische Ansätze miteinander verband: Die Atomwaffen waren real, aber heute noch war der Auftrag an die Politiker zu stellen, sie abzurüsten.

Die ›Heidelberger Thesen‹ enthalten aber auch den Umkehrschluß, daß die Garantie für den Frieden durch atomare Abschreckung vorläufig als noch verantwortbar[53] eingestuft wurde. In der Bundeswehr wurde dieses »noch« in den folgenden Jahrzehnten zur Legitimierung der Atombewaffnung eingesetzt; denn die Bedrohung erzwinge noch die nukleare Rüstung. Die Grundaussage der Thesen, eine Rechtfertigung des Atomwaffeneinsatzes sei gemäß der traditionellen Kriegsethik nicht möglich, fand dagegen kaum mehr Beachtung. Im Alltag gewannen die ›Heidelberger Thesen‹ aber ihren aktuellen Stellenwert, da der andere ethische Konfliktfall, die Kriegsdienstverweigerung, positiv beantwortet wurde: Friedensdienst sei mit und ohne Waffen möglich. Einige Tausende verweigerten jährlich den Wehrdienst, der von der Mehrheit der Bevölkerung damals als selbstverständliche Pflichterfüllung eines ordentlichen Bürgers verstanden wurde. Die öffentliche Diskriminierung der Kriegdienstverweigerung[54] reichte bis zu ihrer Kriminalisierung, obwohl die obersten Gerichte das Grundgesetz von Anfang an eindeutig ausgelegt hatten. Auf Dauer trugen die Thesen aus Heidelberg zum inneren Frieden in der Gesellschaft bei, da der Zivildienst nach und nach Anerkennung fand.

Die Atombewaffnung warf am Ende der fünfziger Jahre ihre Schatten in Deutschland voraus. Die Zweifel wuchsen weiter.

Kapitel 4

Das grobe Gleichgewicht

Das Unbehagen an der massiven Abschreckung

Die Welt hielt den Atem an. Es war am 4. Oktober 1957, als ein einfaches Piep-Piep-Piep, dessen wundersamen Klang bald jeder auf der Erde im Ohr hatte, die Existenz eines künstlich geschaffenen Reisegefährten der Erde bezeugte: »Sputnik« lautete sein russischer Name. Für die USA war das ein Schock, mit dem das selbstgewisse Weltbild ins Wanken geriet. Die Vereinigten Staaten fühlten sich in einem aufsehenerregenden wissenschaftlichen Wettbewerb geschlagen: »Die Russen konnten nicht länger als rückständig angesehen werden [...]. Die wissenschaftliche Leistung der Sowjets war in der Tat eindrucksvoll.«[1] Präsident Eisenhowers direkte Schlußfolgerung gipfelte in dem Auftrag an das Pentagon, maximale Fortschritte bei der Entwicklung der amerikanischen Raketen zu erzielen. Der Verlust ihrer geostrategischen Einzigartigkeit – der Unverwundbarkeit des amerikanischen Kontinents – zwang die USA, die eigene Rolle gegenüber der Sowjetunion neu zu definieren. Denn wer in der Lage war, einen künstlichen Satelliten in eine Umlaufbahn um die Erde zu schießen, besaß auch die Fähigkeit, mit Atomwaffen bestückte Raketen von einem Kontinent zum anderen zu steuern.

Das »Fenster der Verwundbarkeit« hatte sich für die USA geöffnet, und diese tiefgreifende Erfahrung bedeutete einen Schock. Es gab ein böses Erwachen aus dem Traum von der glänzenden Leistungsfähigkeit der Technologie der westlichen Welt, zumal Fortschritt und Vorsprung in den Naturwissenschaften geradezu symbolische Bedeutung in der Ost-West-Auseinandersetzung besaßen. Die aufgewühlte Öffentlichkeit fand ihre Selbstsicherheit gehörig erschüttert.

Die politische Klasse dagegen war realitätsgerechter informiert. Der Nationale Sicherheitsrat hatte schon Anfang 1956 diese Entwicklung in seinen Analysen prognostiziert gehabt und den Wandel, die »Gleichartigkeit« der Potentiale der USA und der Sowjetunion, etwa für das Jahr 1958 vorausgesagt. Denn die Sowjetunion werde »fast mit Sicherheit die Fähigkeit erwerben und behalten, einen lähmenden Schlag gegen die Vereinigten Staaten zu führen«, so daß ein »totaler Krieg mit Einsatz der vorhandenen Atomwaffen« weitreichende Zerstörungen herbeiführen könne. Der Fortbestand der westlichen Zivilisation und des sowjetischen Systems werde gleichermaßen bedroht. Der sich abzeichnende Zustand der »gegenseitigen Abschreckung« würde jedoch beiden Seiten »größte Hemmungen« auferlegen, einen solchen großen Krieg tatsächlich zu führen.

Die Prognose von Februar 1956 enthielt daneben ebenso die Aussage, die USA seien gegenwärtig noch in der Lage, mit einem »entscheidenden« nuklearen Schlag das »gesamte wirtschaftliche, politische und kulturelle Leben in der Sowjetunion«[2] in ein Chaos zu stürzen. In diesen Kategorien nuklearer Kampfkraft dachte auch Dwight D. Eisenhower, der alte Führer der Allianz aus dem Zweiten Weltkrieg. Am Ende seiner Präsidentschaft, der ausgehenden Ära der Konfrontation der direkten Nachkriegszeit, hielt er um so starrer an dem Erprobten fest.

Der Sputnik-Schock hat die Fixierung auf die massive Vergeltung nachhaltig relativiert und den Kompaß auf das Ziel ausgerichtet, einen Modus vivendi mit Moskau anzustreben. Krisen fordern Korrekturen. Kritik übte der Chef des Generalstabes der Armee, Maxwell D.Taylor, der die alte »massive Strategie« als verkrustet, unglaubwürdig und unsicher wie einen kraftlosen Trompetenstoß (»uncertain trumpet«) bezeichnete. Die »winds of change«, eine Welle der Veränderung, forderte auch John F. Kennedy, der junge Senator aus Massachusetts. Seine »Strategie des Friedens« richtete das Interesse auf das Hauptziel der Rüstung, auf den Frieden und nicht auf den Krieg. Die Waffen dienten als Instrument der Abschreckung; Verteidigung und Diplomatie dürften einander nicht ausschließen, sie seien komplementär zu verstehen. Das »sanctuarium« der Politik der Vereinigten Staaten könne nur die USA selbst sein, dies sei das Herz der strategischen Sicherung, auf die hin die Interessenspharen und andere globale Zonen zuzuordnen seien.

Auf einer Konferenz in Princeton kamen 1959 die führenden Experten der Forschung und des atlantischen Sicherheitssystems zusammen, um den Entwurf einer differenzierten politischen Strategie von Macht und Militär für das kommende Jahrzehnt vorzulegen.[3] Bestärkt sahen sie sich durch den Schwung aus England, den die Gründung des Instituts für Strategische Studien und die Publikation von Liddell Hart über ›Deterrent or Defence‹ verursacht hatten. Sie alle einte das Postulat: weg vom »worst case«-Denken, hin zu einer abgestuften Abschreckung.

Von dieser Diskussion war die Sowjetunion noch weit entfernt. Sie stand ganz im Zeichen der nachzuholenden Atomrüstung. Nikita Chruschtschow konnte die Erfolge der ballistischen Mittel- und Langstreckenraketen für sich verbuchen. Der »Sputnik« demonstrierte die veränderte Lage. Die nukleare »Einkreisung« der Sowjetunion durch die amerikanische Bomberflotte des SAC konnte durchbrochen werden; diese Stützpunkte selbst gerieten ins Visier sowjetischer Bedrohung. Das bislang ebenfalls unerreichbare Territorium Nordamerikas mit seinen nuklearen Fernwaffen konnte erstmals von Moskau aus in die Zieloptionen aufgenommen werden. Die globale Überlegenheit der Vereinigten Staaten hatte ihr Ende gefunden und einer grundsätzlichen Gleichartigkeit der nuklearen Vernichtungsmöglichkeit Platz gemacht.

Gleichzeitig begann Chruschtschow den Plan umzusetzen, die Atomwaffen bei den Land-, Luft- und Seestreitkräften auch für operative und taktische Aufgaben einzuführen. Ihre Einsatzdoktrin verlangte eine massive Nuklearisierung der Kriegführung. Man kann sogar von einer Dominanz der Atomwaffen sprechen. Die 1960 verkündete neue Strategie ging diesen Weg konsequent weiter, indem immerhin der alte Typ von konventionellen Landstreitkräften abgeschafft werden sollte. Damit hatte die Sowjetunion mit den USA gleichgezogen. Die wechselseitige nukleare Bedrohung war nun Realität, so daß sich die Frage der Sicherheit unter veränderten Bedingungen stellte.

John F. Kennedy brachte Bewegung in die amerikanische Administration. Umgeben von einem Kranz von wissenschaftlichen Experten stellte er die Symbole der Moderne voran: Wissenschaft und Fortschritt, Dynamik und Zukunft. Die junge Generation gestaltete Politik, maßstabsetzend und drängend – »Denn wem Großes anvertraut ist, von dem wird Großes gefordert«. Zugleich schöpfte er aus der Tradition der revolutionär-freiheitlichen Identität des Landes. Im Wahlkampf 1960 hatte Kennedy das Buch von General Taylor ›The Uncertain Trumpet‹ als wegweisend erkannt, er hatte bei Henry A. Kissinger die Beziehungen zwischen Atomwaffen und auswärtiger Politik studiert und mit Robert McNamara, dem Präsidenten von Ford, einen differenzierenden und zupackenden Organisator für das Verteidigungsministerium gewonnen. Mit Dean Rusk und Walt W. Rostow im Außenministerium und dessen reorganisiertem Planungsstab hatte er ein Personal zur Verfügung, das einer gewandelten Sicht der Welt zum Durchbruch verhelfen konnte.

Für die Sicherheitspolitik schälten sich jetzt gravierende Veränderungen heraus: nicht mehr Vergeltung, sondern Abschrekkung; Glaubwürdigkeit der Verteidigung durch Zweitschlagskapazität; differenzierte Raketenstationierung anstelle massierter Bomberflotten; Anheben der nuklearen Schwelle, um einen Krieg aus Versehen oder durch Fehleinschätzung (»war through accident«) zu verhindern; Verstärkung der Kontrolle anstelle der Proliferation von Atomwaffen; Erhöhung der militärischen und diplomatischen Optionen. Die »völlige Klarheit« über die »gegenseitige garantierte Zerstörungskapazität« bot den Anstoß, den »Weg zu global wirksamen Vernunftlösungen«[4] einzuschlagen. Jede pauschale Einseitigkeit nach dem Muster einer aggressiven Ost-West-Zuweisung sollte wegen der verhältnismäßig unverwundbaren Atomwaffen überwunden werden. Frieden war, in den Worten des Präsidenten am 28. März 1961 vor dem Kongreß, »zwangsläufig ein vernünftiges Ziel vernünftiger Menschen«.

Um Konrad Adenauer war es mittlerweile einsam geworden. Die Generation der Veteranen des Krieges trat von der politischen Bühne ab; sein Freund Dulles war inzwischen verstorben. Die drohenden Veränderungen im Westen verunsicherten ihn. Sein Vertrauter Heinrich Krone traf diese Stimmung: »Koexistenz ist die Parole. Die große Verführung! Armes Deutschland.«[5] Die amerikanische Politik offenbarte Widersprüchliches: Die Rolle der Atomwaffen im Ensemble der Kriegsmittel begann sich zu verschieben. Waren sie noch in den fünfziger Jahren mit dem Argument der »billigen« Waffen von Eisenhower befürwortet worden, so extrapolierte Kennedy – »missile gap« – die Atomwaffen und die Trägertechnologie zum Leitsektor der Modernisierung und zu einem Element im internationalen Machtgefüge. Die Mondlandung wurde zum Motor der Mobilisierung.

Westeuropa verlor an Bedeutung. Atomtechnologie als Hegemonialstatus, Teststop und Abrüstung, Spannungsreduzierung in Europa verlangten Veränderungen im atlantischen System. Die Interessen der Hegemonialmacht führten zu der Konsequenz, daß der Stellenwert der Bundesrepublik im Westen zurückging, wie der Kanzler zu Recht erkannte.

Die nukleare Option in der Berlin-Krise

Die Berlin-Krise wurde zum Lehrstück. Begonnen hatte sie mit der Forderung Chruschtschows am 10. November 1958 im Moskauer Sportpalast, die Überreste des Besatzungsregimes in Berlin aufzugeben. Die Situation wurde ultimativ verschärft, als Moskau vorschlug, Berlin solle eine »freie« Stadt, ein Friedensvertrag demnächst abgeschlossen werden. Die Eskalation ging weiter, als er am 5. März 1959 in Leipzig mit einem Separatfrieden mit der DDR drohte. Plötzlich war die Verantwortung für Deutschland als Ganzes angesprochen.

Das diplomatische Tauziehen wurde vom 11. Mai bis 5. August 1959 auf die Außenministerkonferenz der vier Mächte nach Genf verlagert. Nichts war mehr wie früher, Adenauer mußte vor aller Welt die Existenz eines Vertreters der »Zone«, wie die DDR noch immer bezeichnet wurde, auf der Vier-plus-zwei-Konferenz zur Kenntnis nehmen. Vertreter beider deutscher Staaten saßen am Rande der Konferenz an Beobachtertischen. Christian Herter, der Nachfolger von Außenminister Dulles, legte einen Plan zur Wiedervereinigung vor, der freie Wahlen in Ost- und Westberlin als erste Stufe einer politischen Einheit vorsah. Andrej Gromyko, seinem Gegenspieler, entging nicht die Feinheit des Herter-Angebots, Berlin, Deutschland und die europäische Sicherheit getrennt zu betrachten und zu verhandeln. Die deutsche Frage und die Frage nach der europäischen Sicherheit kamen in der hohen Zeit des Kalten Krieges jedoch noch zu früh, um zu einem Testfall der Verständigung zwischen Ost und West zu werden. Ohne konkrete Ergebnisse verließ man Genf, Berlin blieb als Problem.

Dennoch war die Ruhe trügerisch. Eine Affäre aus der Welt der Geheimdienste und der Spionage machte Geschichte. Die Amerikaner hatten Maschinen vom Typ U-2, hochfliegende Fernaufklärer, entwickelt, die sowjetisches Territorium ausspähen konnten. Der Abschuß einer solchen Maschine und die Vorführung ihres Piloten in Moskau boten das Material, einen Skandal zu inszenieren. Das Gipfeltreffen der Vier, das für den Mai 1960 zwischen Harold Macmillan, de Gaulle, Eisenhower und Chruschtschow in Paris geplant war, wurde torpediert.

Nach der Wahl Kennedys stand ein solches Treffen erneut an. Gemäß dem gewandelten Verständnis von der Dominanz der nuklearen Führungsmächte wurde eine Zweier-Konferenz daraus. Sie führte am 3. und 4. Juni 1961 die Kontrahenten in Wien zusammen. Hauptgegenstand der Erörterung war die ungelöste Berlinfrage. Es ging also darum, wie der dortige Konflikt um das Besatzungsregime und um die Forderungen der UdSSR im Einklang mit dem Rechtsverständnis der drei anderen Mächte zu lösen sei.

Kennedy trat mit einem Deutschland-Konzept an, das in seiner Weitsichtigkeit und realistischen Angemessenheit unterbewertet wurde oder von der Bundesregierung ausdrücklich mißverstanden werden sollte. »Skeptische Nervosität«[6] hat der Bonner Botschafter in Washington, Wilhelm Grewe, bei der ersten Begegnung Adenauers mit dem eben gewählten US-Präsidenten Anfang April 1961 empfunden. Grewe hatte den wichtigsten deutschen diplomatischen Posten erhalten, da er seit zehn Jahren der intimste Kenner der Bonner Außenpolitik war. Nun hatte er die »essentials« und Feinheiten der neuen US-Politik zu bewerten. Das war nicht einfach.

Kennedy betonte, es gäbe in Deutschland keine Probleme, solange die amerikanischen Rechte nicht tangiert würden. Der Status quo als Basis der Verhandlungen hatte zur Folge, daß die amerikanischen Rechte in »West-Berlin« bekräftigt wurden und Adenauer das Versprechen erhielt, »die Freiheit der Bevölkerung von West-Berlin zu erhalten«, wie es im Kommuniqué vom 13. April hieß. Die NATO zögerte kurz darauf in Oslo nicht, sich diese Position zu eigen zu machen. Die Absprachen von Potsdam wurden ganz im Sinne der Zuständigkeit für Deutschland als Ganzes und der uneingeschränkten Handlungsrechte in der eigenen Besatzungszone bestätigt und als weiterhin gültig anerkannt.

Daneben tauchten Veränderungen im politischen Konzept Kennedys auf. Deutschland oder Europa bildeten nicht mehr den Kern- und Angelpunkt, um den sich alles drehen sollte. In seiner »State of the Union Message« hatte der Präsident am 30. Januar 1961 den amerikanischen Horizont auf dem Globus ausgeweitet. Seine »Allianz für den Fortschritt« schenkte den Entwicklungsländern zunehmende Aufmerksamkeit. Waren sie zuvor als integraler Teil der europäischen Kolonialreiche betrachtet worden, so hatte sie die Dekolonisation als souveräne Staaten auf die internationale Bühne entlassen. Nicht Blockfreiheit oder Neutralität sollte ihre Zukunft sein, vielmehr griff Kennedy diese »Herausforderung« offensiv auf, um die »new frontiers« in Lateinamerika, Afrika und Asien nach westlichen Vorstellungen von Freiheit und Fortschritt zu prägen. Mit dieser Vision traf er in Wien auf Chruschtschow, gehandicapt allerdings durch das paramilitärische Desaster eines Eroberungsversuches in Kuba, der seinem Geheimdienst im April kläglich mißlungen war.

Was Berlin anging, so legte Kennedy im Sommer den Rahmen durch seine »three essentials« fest: die Anwesenheit der US-Truppen in West-Berlin, das Recht auf Zugang durch Ostdeutschland sowie das Recht der Bevölkerung auf freie Wahl der Lebensform. Damit war das Fundament gebaut, auf dem Washington und Moskau eine Lösung für Berlin finden wollten; denn der Westen teilte die begründete Besorgnis des Ostens vor Instabilitäten.

Der Mauerbau vom 13. August 1961 änderte nichts an der amerikanischen Position und richtete sich, wie Außenminister

Rusk zugespitzt feststellte, gegen die Freiheit zum Exodus der Bewohner Ostberlins und Ostdeutschlands. Diese Bemerkung war nicht zynisch gemeint; sie entsprach dem Rechtsverständnis und dem politischen Konzept der USA. Bewahrung und Sicherung des Status quo waren daher das karge Brot der Botschaft, die Lyndon B. Johnson und der frühere Militärgouverneur und Organisator der Luftbrücke Clay, der angesichts der »Sperrwand eines Konzentrationslagers« mit nach Berlin entsandt worden war, einige Tage später dem Regierenden Bürgermeister Willy Brandt übermittelten. Man darf wohl vermuten, daß die amerikanischen und sowjetischen Panzer am Check-Point Charlie nicht nur symbolisch die Konfrontation markierten.

In Washington jedoch zeichnete sich noch eine andere Ebene der Konfliktbewältigung ab. Es ging um die politische Lösung des Konflikts durch Deeskalation. Dieses Modell wurde einer ernsthaften Probe unterzogen. Vor der Öffentlichkeit verdeckt, stand dort die Frage an, ob aus dem Kalten Krieg in Europa im August 1961 ein heißer Krieg werden würde oder nicht. Begonnen hatte alles mit der ultimativen Note von Chruschtschow vom 27. November 1958, in der er das Vier-Mächte-Statut kündigte und eine entmilitarisierte »Freie Stadt Westberlin« forderte. Als Oberkommandierender der US-Streitkräfte in Europa hatte daraufhin General Lauris Norstad, gedeckt durch Präsident Eisenhower, im April 1959 in der Nähe seines Hauptquartiers Paris, im Camp de Loges bei St. Germain, eine Drei-Mächte-Gruppe für eine Notfallplanung in Sachen Berlin eingesetzt. Von Zeit zu Zeit wurden deutsche Generale grob darüber instruiert. Daneben gab es im Westen weitere Ebenen[7] für Kontakte, deutlich nach den Zuständigkeiten der Vorbehaltsrechte der ehemaligen Besatzungsmächte unterschieden: in Washington, Bonn, Berlin und diese militärische Gruppe bei Paris mit dem Decknamen »Live Oak«. In Übereinstimmung mit der Strategie der »massiven Vergeltung« wurde von Norstad ein Planungsansatz gewählt, der die schnelle Eskalation eines lokalen Konflikts auf die nukleare Ebene vorsah. Da ausschließlich nationale amerikanische Besatzungstruppen, also keine der NATO unterstellten Verbände, involviert waren, war die Bundeswehr nicht für einen Einsatz vorgesehen.

Praktisch ging es bei diese Plänen für den Notfall um Berlin um diverse, sogenannte variable Testfahrten auf der Autobahn beziehungsweise in den Luftkorridoren. Um die Glaubwürdigkeit der Eskalation zu unterstreichen, sollte eine Einheit der amerikanischen »Atomic Task Force« demonstrativ zur britischen Rheinarmee verlegt werden. Solche deklaratorische Härte zeigte Eisenhower auch öffentlich. 1961 wurde die militärische mit der politischen Verhandlungsstrategie verknüpft und die militärische Deeskalation durch »Pausen« vor jeder Verschärfung vorbereitet.

Die Berlinkrise erfuhr auf der Ebene der internen westlichen Verhandlungen in Washington ihre Zuspitzung. Bereits im Juli 1961 – vor dem Mauerbau – sah Minister Strauß, gestärkt durch die Unterrichtung durch seinen Staatssekretär Volkmar Hopf, einer »gewaltigen Machtprobe« in Berlin durch eine lange Periode der Spannungen und Verhandlungen bis hart an den Rand des Krieges entgegen. Sein Szenario wirkte bedrohlich. Scharf attakkierte er seinen Kollegen McNamara, die »Diskrepanzen zwischen Phrasen und Taten« aufzugeben und einen realistischen Aktionsplan zu entwerfen, um den Gegner an seiner verwundbarsten Stelle zu treffen.

Auf Botschafterebene wurde daraufhin in Washington eine militärische Untergruppe eingerichtet, um gemäß dem deutschen Wunsch eine Verquickung der alliierten Planung mit dem NATO-Bündnisfall zu erörtern. Die Bundesregierung verschärfte ihre harte Linie noch. In einem Memorandum forderte sie nach dem Mauerbau von der amerikanischen Regierung bei Auseinandersetzungen auf der Autobahn nach Berlin umgehend den vollen militärischen Einsatz von Atomwaffen. Daraufhin wurde diese militärische Untergruppe von Paul Nitze über die differenzierte Einsatzplanung von Atomwaffen instruiert, wie sie – auch unter den Bedingungen der »massiven Vergeltung« – gedacht war. Dabei wurde die Verhältnismäßigkeit von Ziel und Mittel betont, die gerade für einen »lokalen« Konflikt zu beachten sei. Auch unter den Bedingungen der »massiven Vergeltung« bestünde kein Automatismus für einen massierten Atomschlag.

Doch die Bundesregierung ließ nicht locker. Der deutsche militärische Vertreter, General Johannes Steinhoff, wurde umgehend beauftragt, auf einen selektiven Einsatz nuklearer Waffen zu drängen. Das schien für den Führungsstab auf der Hardthöhe das Minimum gewesen zu sein, und man verhehlte nicht die Enttäuschung darüber, die Berlinkrise als »relativ geringfügigen Anlaß«[8] für eine massive Vergeltung eingestuft zu sehen.

Ab September, einen Monat nach dem Mauerbau, wurde eine andere Variante für den Notfall erörtert. Im Falle der Abschnürung Berlins solle mit Panzerverbänden durch den »Thüringer Bogen« vorgestoßen werden. Entgegen deutscher Bedenken, daß ein derart limitierter Einsatz, »ohne den Nukleareinsatz überhaupt in Erwägung zu ziehen«, sinnlos sei, blieben die Amerikaner bei derartigen militärischen Demonstrationen. Vom militärischen Stab der Deutschen wurde daraufhin das Modell des demonstrativen Einsatzes taktischer Nuklearwaffen »against no target« als mildeste Form der nuklearen Eskalation eingebracht; Oberst Friedrich Beermann teilte sich den Anspruch auf diese Idee mit seinem Minister. Beiden wurde der nukleare Warnschuß allerdings abgeschlagen.

Die Kennedy-Administration hatte im Fall der »Contingency«-Planung um Berlin zweierlei demonstriert: erstens eine nüchterne Analyse, die Fakten von ideologischer Perzeption trennte; zweitens die Entwicklung eines konkreten Verfahrens, flexibel mit einer Krise umzugehen. Die deutsche politische und militärische Führung dagegen reagierte emotional. Ganz einem totalen Einsatzdenken verhaftet, intervenierte sie über Monate hinweg in Washington, um die Voraussetzungen für einen Atombombeneinsatz zu schaffen. Kennedy und seine Berater haben das Risiko abgewehrt.

Dieses Lehrstück erzeugte in Bonn Irritationen. Gleichwohl blieb man bemüht, die NATO an die »massive Reaktion« zu binden. Hartnäckig focht Strauß noch im November bei Kennedy, McNamara und Nitze für diese Linie; zeitgleich wurde jedoch von den Amerikanern in einer militärischen Planübung – zum Abschluß dieser Ebene der Verhandlungen über Berlin – ein Szenario unter konventionellen Bedingungen durchgespielt. Doch es führte erneut zum Protest der Deutschen, »daß das völlige Außerachtlassen nuklearer Abschreckung im Falle Berlins einem Bruch der geltenden NATO-Strategie gleichkomme«[9].

Der amerikanische Präsident wollte den militärischen Konflikt nicht, in den die Deutschen hineinzustolpern bereit schienen. Er war irritiert, »was geschehen war«, wie er an Willy Brandt schrieb. Damit war »der Vorhang«[10] vor der Bühne weggezogen, wenn es um Friedenspolitik ging. Es ist beeindruckend, wie die Vertreter des Auswärtigen Amtes ihre Position zugunsten des Einsatzes von Atomwaffen damit rechtfertigten, die Deutschen hätten damals in Washington »nicht den Verdacht bestärken dürfen, daß sie risikoscheu« seien, sie hätten die Zweifel »an der Möglichkeit einer Begrenzung nuklearer Einsätze« vorbringen müssen und schließlich hätten sie der in der Bonner Regierung »vorherrschenden Ansicht Ausdruck geben« müssen, daß »ein großer Atomschlag [...] zu einem frühen Zeitpunkt notwendig sei«[11]. Glücklicherweise ist Deutschland im Sommer 1961 vor einer nuklearen Katastrophe bewahrt geblieben.

Die nukleare Eskalation in der Kuba-Krise 1962

Einer nuklearen Eskalation gingen die USA in Kuba entgegen. Im Februar 1959 hatte Fidel Castro Ruz das Amt des Ministerpräsidenten übernommen, nachdem das quasi-koloniale Regime des Diktators Fulgencio Batista revolutionär gestürzt worden war. Die Enteignung der Großagrarier mochten die USA hinnehmen, jedoch nicht die von dreißig amerikanischen Unternehmen. Im Sommer 1960 erfolgte die Reaktion mit einem Zucker-, dann mit einem Handelsembargo. Präsident Eisenhower brach am 3. Januar 1961 die diplomatischen Beziehungen ab und trieb damit Kuba, ähnlich wie einige Jahre zuvor Ägypten, geradewegs in die Arme Moskaus. Unversehens war Chruschtschow zu einem Verbündeten gekommen.

Die dramatische Entwicklung der Tage zwischen dem 16. und 28. Oktober 1962 brachte die beiden bipolaren Mächte an den Rand eines Weltkrieges.[12] Über die Gründe der Sowjetunion für die massive Aufrüstung Kubas ist lange spekuliert worden. Aber die Gelegenheit hatte sich ergeben, sie war zu verführerisch. Inzwischen schälen sich zwei Motive heraus: Erstens bestand in Moskau die Überzeugung, Castro solle durch eine amerikanische Invasion der Insel im Sommer 1962 gestürzt werden, zweitens ging es dem Kreml um ein Gegengewicht gegen die amerikanischen Mittelstreckenraketen vom Typ Thor und Jupiter, die in Schottland, auf Sizilien – und im Sommer 1962 in der Türkei stationiert werden sollten.

Chruschtschow beschreibt diese Position in seinen Memoiren mit den Worten: »Außer Kuba zu schützen, hätten unsere Raketen das Gleichgewicht der Kräfte [...] ausgeglichen. Die Amerikaner hatten unser Land mit Militärbasen umgeben und bedrohten uns mit nuklearen Waffen. Nun sollten sie lernen, wie es ist, wenn feindliche Raketen auf einen gerichtet sind.«[13]

Am 14. Oktober erfuhr Präsident Kennedy durch Aufnahmen eines U-2-Aufklärers von den geheimen sowjetischen Bomber- und Raketenverlegungen nach Kuba. Ein Sondergremium des Nationalen Sicherheitsrates tüftelte ein differenziertes Krisenmanagement aus: verschiedene Elemente der Verhandlungsdiplomatie, öffentliche Kampagnen, militärische Überwachung der Aufrüstung auf Kuba und Vorbereitung der amerikanischen (Teil-) Mobilisierung sowie direkte Kontakte des US-Präsidenten mit dem Generalsekretär in Moskau.

Auf amerikanischer Seite kam es noch zu Reibungen innerhalb der Administration, als die Marineleitung ihren Primat der Entscheidung bei der Seeblockade beanspruchte. Dabei drohte sie wegen eigenständiger, nicht abgestimmter Initiativen die zentrale Koordination des Weißen Hauses zu unterlaufen. Mit großen Mühen gelang es McNamara, derartige Aktivitäten vor der Küste Floridas zu verhindern.

Ein Hauptproblem der Krise lag darin, daß die Entscheidungsgrundlagen zum Teil von Annahmen und Fehlkalkulationen bestimmt waren. Die militärischen Vorbereitungen der USA sahen für den Fall, daß die verhängte Seeblockade von den sowjetischen Schiffen nicht eingehalten würde, zunächst für den 24. Oktober 1080 Luftangriffe auf Kuba sowie eine anschließende Invasion mit 180 000 Mann vor, die in den Südoststaaten der USA mobilisiert worden waren. Nach CIA-Recherchen standen auf Kuba 10 000 sowjetische Soldaten, tatsächlich waren es 43 000. Der Präsident wurde informiert, auf Kuba befänden sich keine sowjetischen Atomwaffen, tatsächlich waren dort aber 162 atomare Sprengköpfe für Mittelstreckenraketen, Bomber sowie Artillerie verfügbar. Auf dem Höhepunkt der Krise, als die amerikanische Invasion erwartet wurde, nahmen die sowjetischen Truppen ihre Alarmstellungen ein. Am 27. Oktober erbat der sowjetische General Ptijew auf Kuba von Verteidigungsminister Marschall Rodion J. Malinowskij die Freigabe der Atomwaffen für den Fall eines amerikanischen Angriffs. Chruschtschow setzte seinen handschriftlichen Vermerk »genehmigt« auf das Telegramm.

Im Rahmen der Glasnost-Politik von Michail Gorbatschow wurde Robert McNamara, in jenen Tagen der enge Vertraute Kennedys, über den tatsächlichen Ablauf der Geschehnisse in Havanna und in Moskau informiert; drei Jahrzehnte nach den Ereignissen gelangte er abschließend zu der Folgerung, alle »Aufmerksamkeit und Energie«[14] der Politik müsse auf Krisenverhütung gerichtet werden. Als Resultat der Analyse der Krise im Oktober 1962 kann festgestellt werden: »1. angesichts von Kernwaffen ist Krisenmanagement von Natur aus gefährlich, schwierig und unsicher; und 2. aufgrund von Fehleinschätzungen, Fehlinformationen und Fehlkalkulationen [...] ist es unmöglich, die Konsequenzen militärischer Aktionen zwischen Großmächten, die derartige Waffen besitzen, zuverlässig vorherzusagen.« Bemerkenswert ist, daß das faktisch gegebene krasse Ungleichgewicht in der atomaren Bewaffnung zugunsten der USA damals nichts zur Bewältigung der Krise beitrug. Die USA verfügten über viermal so viele strategische Raketen wie die Sowjetunion; siebenhundert Fernbomber des Typs B-52, verteilt auf zahlreichen Stützpunkten rund um den Globus; sogar 112 ballistische Raketen vom Typ Polaris waren bereits auf U-Booten stationiert; und es gab eine siebzehnfache Überlegenheit an Sprengköpfen.

Allerdings ist in dieser Krise eine indirekte Disziplinierung der Macht durch Atomwaffen zu beobachten. Die größte Gefahr bestand in den Fehlwahrnehmungen der wirklichen Lage. Auch die nukleare Dominanz der USA hätte die katastrophalen Folgen nach dem ersten Schuß nicht abwenden können. Bedeutung und Fiktion der Stabilität durch Gleichgewicht war offenkundig geworden. Beide hatten ihre strategischen Arsenale in Verteidigungsbereitschaft versetzt, die eine in »Defense Condition 2«, die andere in den »Zustand voller Kampfbereitschaft«.

Die Eskalation hatte ihren Höhepunkt erreicht. Nach Gesprächen mit Kennedy ließ Chruschtschow am 28. Oktober die Schiffe vor Kuba abdrehen und die Anweisung zur Demontage der Raketen geben; Kennedy erklärte, die USA würden auf eine Invasion der Insel verzichten. Am 29. Oktober 1962 erging der Befehl zum Abbau aller Thor- und Jupiter-Raketen in Europa. Kaum ein halbes Jahr später waren sie beseitigt, wie ein Spuk verschwunden. Beide Parteien hatten ihr Gesicht wahren können; beide Politiker wurden von ihrer Seite als Sieger gefeiert. Sie hatten die Bürde der Verantwortung angenommen und einen Einsatz von Atomwaffen, wie es die Kriegskonzepte lehrten, verhindert; sie haben persönlich ihren Beitrag zur Erhaltung des Friedens geleistet. In den dramatischen Ereignissen von Berlin und Kuba, dem Höhepunkt der Konfrontation des Kalten Krieges, haben sie kalkuliert in eine neue Epoche des Ost-West-Konflikts hinübergeleitet, in der der Gegner immerhin mit einer Geste des Respekts zur Kenntnis genommen werden konnte. Die nukleare Aufrüstung ging zwar weiter, doch wurde sie in Verhandlungen kooperativ »entschärft«. Ost und West fanden damit zu einer Perspektive, die die unterschiedlichen Gesellschaftsordnungen und die politischen Systeme als unvereinbar, doch als gegeben hinnahm; ohne daß ein gleich hohes Niveau der Atomrüstung erreicht war, hatte die aktuelle Erfahrung der drohenden wechselseitigen Zerstörung die Dinge geändert. Das war das Patt.

Die Politik der Stärke sollte mit bestimmten Formen der Koexistenz zwischen den beiden Supermächten einhergehen. Sie hatten aus den Krisen von Berlin und Kuba gelernt, im Atomzeitalter nicht leichtfertig mit Gewalt zu drohen, und waren demzufolge bereit, Spannungsherde im beiderseitigen Interesse auszuräumen. Die Détente, die amerikanische Entspannungspolitik, entsprang so der Interessenpolitik. In seiner »Friedensrede« vom 10. Juni 1963 konnte John F. Kennedy daher von dem gemeinsamen Interesse der Sowjetunion und der USA »an einem gerechten und wirklichen Frieden und einer Einstellung des Wettrüstens« sprechen. Härte und Standfestigkeit sollten pragmatisch mit einem Konzept politischer Kooperation unterlegt werden – ein langfristiges Programm der Anpassung an die Realitäten des Atomzeitalters. Das Bild der Panzerkonfrontation in

Berlin hatte ausgedient. Dafür gewann die Überzeugung an Kraft, wenn schon der »Friede unmöglich« sei, müsse nunmehr der »Krieg unwahrscheinlich« (Raymond Aron) werden.

Allmählich erlangten die Kontakte und Konferenzen, die jahrelang in Genf oder New York gepflegt oder zelebriert worden waren, eine größere Ernsthaftigkeit. Das zeigte sich etwa bei den Verhandlungen zur Eindämmung von Atomwaffentests mit ihrer bunten Abfolge von Moratorien, Einzelverpflichtungen, Erklärungen und so fort. Sicherheit konnte nicht mehr unilateral durch Waffenpotentiale definiert werden.[15] Am 5. August 1963 wurde in Moskau der Vertrag über ein Verbot der Kernwaffenversuche in der Atmosphäre, im Weltraum und unter Wasser paraphiert – ein Dokument von historischer Bedeutung. Er markiert den »machtpolitischen Scheitelpunkt« hin zu ernsthafter Kooperation und enthält die Botschaft des Zeitalters, daß Sicherheit nicht mehr gegeneinander, sondern nur miteinander zu erreichen sei.

Nach dem empirischen Härtetest der Krisen gewann die Stabilisierung des nuklearen Gleichgewichts ihre Bedeutung. Jetzt konnte Kennedy die Ideen von Walt Rostow aufgreifen, wonach es für das Über- und Zusammenleben der beiden Mächte möglich und notwendig war, auf Feldern gemeinsamen Interesses, vor allem bei der Rüstungskontrolle, zu kooperieren.[16] Die »arms control« wurde installiert. Die Engländer hatten diesen Impuls praktischer Politikbewältigung aufgenommen, weil ihr Pragmatismus darauf angelegt war, den Bestand durch Veränderung zu bewahren. Die rüstungsgespickte Spannung auf dem Kontinent mochte man dort für unausweichlich halten, von der Insel aus sah man in erster Linie die Gefahr, die eigene Existenz im Falle eines Einsatzes von Atomwaffen aufs Spiel zu setzen. Sir Philip Noel Baker hatte, seiner Zeit voraus, mit dem Buch ›The Arms Race‹ in den fünfziger Jahren große Resonanz gefunden und sogar den Friedensnobelpreis erhalten.

Die aktuelle Sicht, Rüstungskontrolle als eine Form der Sicherheitspolitik im Atomzeitalter zu betrachten, beschrieb als erster Hedley Bull[17]. Sein bahnbrechender Beitrag wurde von Premierminister Harold Macmillan in der Debatte mit Kennedy auf die Ebene praktischer Politikberatung gehoben. Die Konservativen konnten zwar den Schritt, wie die Amerikaner ein eigenes Abrüstungsamt aufzubauen, noch nicht wagen, aber die folgenden Wahlen brachten mit dem Sieg von Harold Wilson von der Labour Party die Wende. Er ernannte Bull zum Leiter der 1965 eingerichteten Gruppe des Foreign Office zur Rüstungskontrolle und Abrüstung.

Das Konzept der »arms control« stieß bei der Bundesregierung in Bonn auf harsche Ablehnung. Sie versäumte damit die Gelegenheit, die Tendenzen in Washington aktiv mitzugestalten. Unbewegt und unbeweglich kapselte sie sich vom Strom der Entwicklung ab. In dem Teststopp-Abkommen erkannte Adenauer eine Übereinkunft zu Lasten Deutschlands. Dieses Urteil ist allerdings nur aus seiner Sorge verständlich, die langfristige nukleare Option werde damit verwässert. Ein großes »Versailles« habe sich mit der Paraphierung des Vertrages in Moskau ereignet, da die »Politik der Koexistenz« der Supermächte die nukleare Teilhabe der Deutschen einschränke und »ein weiteres Hindernis [...] für eine etwaige Verfügung über Atomwaffen durch uns«[18] aufrichte.

Als im Oktober 1963 die Opposition, namentlich Fritz Erler und Helmut Schmidt, die Einseitigkeit überwinden und mit einem Antrag im Bundestag, ein Abrüstungsamt einzurichten, Anschluß an die westliche Politik gewinnen wollte, wurde die Initiative noch beiseite geschoben. Erst im Sommer 1965 beugte sich der »Atlantiker« Ludwig Erhard den Notwendigkeiten, das Amt eines Abrüstungsbeauftragten der Bundesregierung einzurichten. Das im Verteidigungsministerium ungeliebte Kind landete, auf daß es ineffektiv bleibe, im Auswärtigen Amt – glücklicherweise, da es sich dort später im Zusammenhang der europäischen Entspannungs- und Friedenspolitik eigenständig entfalten konnte.

Der nukleare Ehrgeiz der westeuropäischen Staaten

Adenauers Atompolitik war zutiefst dem Konzept nationaler Autonomie und einem europäischen Großmachtanspruch verpflichtet. Zeitgenössisch wurde es »nukleare Teilhabe« genannt. Kaum hatte er im Januar 1957 mit Präsident Eisenhower jene besondere Art der Atombewaffnung der Bundeswehr mit der Trennung von Trägersystemen und Sprengköpfen vereinbart, trieb ihn die Zündung der britischen Wasserstoffbombe am 15. Mai 1957 in die Rivalität mit England und prompt zur nuklearen Kooperation mit Frankreich. Sie hatte das Ziel, innerhalb von fünf Jahren eigene Atomwaffen zu produzieren. Der Vertrag vom 28. November 1957 wurde von Franz Josef Strauß, Jacques Chaban-Delmas sowie Paolo E. Taviani in Paris unterzeichnet, um mit gemeinsamen Großforschungsanlagen die technische Umsetzung im industriellen Maßstabe für den Waffenbau betreiben zu können. Die Atombomben, die im Nachbarland gebaut würden, würden nicht unter den ABC-Verzicht fallen, legte sich das Kanzleramt seine Interpretation zurecht.

Der Autokrat im Elyséepalast, ausgerechnet Charles de Gaulle sollte es sein, der nach seiner Wahl zum Präsidenten im Herbst 1958 diese Planungen ins Reich der Träume schickte. Von ihm wird das Wort überliefert: »La capacité atomique [...] ne se partage pas.«[19] Er wähnte sich in der exklusiven westlichen Gesellschaft der Drei, zu der er Frankreich, aber nicht die Bundesrepublik zählte; wie sein Ministerpräsident, Michel Debré, wenige Monate nach der Zündung der französischen Atombombe vor dem Parlament im Sommer 1960 bemerkte, seien Staaten ohne Atombomben Satellitenstaaten. Das gefiel Adenauer nicht, aber er dachte genauso.

Von 1959 bis 1966 blieb die Forderung der Bundesregierung nach nuklearem Mitbesitz gleichermaßen Ziel wie Mittel außen- und innenpolitischer Initiativen. Ohne ernsthaft eine Alternative zu erwägen, knüpfte Adenauer seine politische Zukunft an den Plan einer Multilateralen Atomstreitmacht (MLF), der seine Ursprünge in der NATO-Version des nuklearen Aufbruchs der fünfziger Jahre hatte. Trotz technischer Modifikationen war es von Anfang an ein überholtes Konzept, weil es auf der Strategie der »massiven Vergeltung« basierte. Im Kern war es zunächst das Konzept des Heeres (in der NATO) gewesen, und das mochte die Übereinstimmung mit deutschen Offizieren des Heeres (in Bonn) ausmachen. Die Attraktivität der Initiative lag für die Deutschen in der Bestimmung, »gleichberechtigt« an der Verfügungsgewalt über ein aus Mittelstreckenraketen bestehendes und in Europa stationiertes Nuklearpotential teilzuhaben. Die MLF hat in unterschiedlichen Konfigurationen Bedeutung gefunden. Norstad suchte zu den Bomberflotten der Luftstreitkräfte eine Alternative in Raketen mit einer Reichweite von 2800 Kilometern. Im Vorschlag von 1959 waren vierhundertfünfzig Atomwaffen vorgesehen, die die westlichen Drei und die Deutschen gemeinsam kontrollieren würden. Diese Gleichberechtigung kam für Bonn einer Aufwertung und Anhebung auf den Status von England und Frankreich gleich; die nukleare Integration führte zu Mitbestimmung und Mitbesitz. Unter diesen Umständen favorisierte Adenauer das Modell einer NATO als »vierter Nuklearmacht«.

Militärisch hatte die MLF eine rasante Nuklearisierung zur Folge, die die »massive Vergeltung« auf eine operativ-strategische Ebene in Europa ausweitete und dazu den Deutschen den Zugriff bot. Diese Ebene war bislang jedem deutschen Einfluß aufgrund der NATO-Struktur verschlossen. Das Modell der MLF in der NATO hätte für das deutsche Militär die Entmilitarisierung von Potsdam (wie die Auflösung des Generalstabes) in wesentlichen Punkten aufgehoben. Das Monitum von Generalinspekteur Heusinger[20] – »Deutsche Beteiligung muß unter allen Umständen sichergestellt werden« – ist typisch für die militärische Einschätzung.

Politik und Diplomatie in London und Washington gingen auf Distanz, von der französischen Skepsis ganz zu schweigen. Doch Paul Henri Spaak, der Generalsekretär des Bündnisses in Paris, ließ sich vom greisen Kanzler im Sommer 1960 am Comer See noch einmal davon überzeugen, das MLF-Projekt neuerlich in Angriff zu nehmen. Die endgültige Revision des Modells der MLF stammte von Robert Bowie aus Harvard, der im August 1960 einen Bericht vorlegte, den Außenminister Christian Herter im Dezember der NATO vortrug. Der politische Kardinalpunkt war, daß die Befugnis zum Einsatz der Atomwaffen bei den USA blieb. Die eine militärische Komponente, fünf amerikanische U-Boote mit je acht Polaris-Raketen, sollte der NATO nur assigniert werden und keinesfalls der NATO-Kontrolle unterliegen, wohingegen die andere Komponente, multinational bemannte Schiffe mit Mittelstreckenraketen, durch ein Zweischlüsselsystem ähnlich wie bei der Bundeswehr kontrolliert werden sollte.

Die Verwässerung der »Gleichberechtigung« traf in Bonn auf wenig Begeisterung. Der amerikanische Standpunkt der ungeteilten Kompetenz signalisierte unüberbrückbare Gegensätzlichkeit. Hinzu kam, daß die neue Regierung keine Ausweitung der nuklearen Verfügung zuließ. Ganz entschieden hatte Präsident Kennedy bei seiner Amtsübernahme auf einem erweiterten Spektrum verfügbarer militärischer Optionen anstelle starrer Automatismen bestanden. Klarheit verschaffte bald darauf ein Bericht von Dean Acheson[21] , der die wesentlichen Denkmuster einer Abkehr von einer massiven hin zu einer flexiblen Strategie entwarf; er betonte ausdrücklich die amerikanische Eigenständigkeit und Zuständigkeit für die nukleare NATO-Politik. Damit wurde jede Spekulation über totale Vernichtungsdoktrinen abrupt beendet und für die Atomwaffen ein amerikanischer Kontrollzentralismus eingefordert.

Die Washingtoner Gespräche um den Einsatz von Atombomben während der Berlin-Krise legte für alle Beteiligten den Dissens zwischen Bonn und Washington offen. Hatte sich damals nicht herausgestellt, daß es weniger um Maßnahmen zur politischen Beilegung während der Eskalation der Krise ging, sondern daß die Deutschen, Politiker wie Militärs, immer wieder den Zugriff auf die nukleare Einsatzkompetenz gesucht hatten? Die USA sahen sich hierdurch gewarnt und wollten die Kontrolle und die Verantwortung der Entscheidung unter keinen Umständen aus der Hand geben. Demgegenüber lautete die Lektion für Bundesregierung und Hardthöhe, nun um so nachhaltiger für die Teilhabe an der nuklearen Macht zu streiten.

Wie stark der deutsche Wunsch nach gleichberechtigter Teilhabe war, zeigt eine Stellungnahme zu einem Entwurf des Sperrvertrages (NPT) vom 4. November 1961. Der Führungsstab der Bundeswehr folgte ganz dem Konzept der MLF-Version von General Norstad, bei der eine geradezu vollständige, souveräne nationale Einsatzentscheidung auf Truppenebene intendiert wurde: »Nach deutscher Auffassung ist es notwendig, daß die Verfügungsgewalt über die Sprengköpfe im Kriegsfall dem taktischen Führer, ohne Rücksicht auf dessen Nationalität, übertragen wird.«[22] Man ging davon aus, die Sprengkraft dieser Atombomben für Raketen mittlerer Reichweite werde auf »maximal 200 KT beschränkt« – beschränkt auf die fünfzehnfache Sprengkraft der Bombe von Hiroshima! Darüber sollten »taktische Führer« der Truppe – also auch deutsche Offiziere mittlerer Ränge – selbständig verfügen können. Nukleare Teilhabe auf niedrigster Ebene, deutsche Stabsoffiziere inmitten einer militärischen Krise mit dem Verfügungsrecht über Atomwaffen, das war nun sicherlich kein Modell, mit dem sich die Kennedy-Administration anfreunden mochte.

Doch die Bundesregierung setzt alles Prestige für dieses Ziel ein. Jahrelang wurde dafür hartnäckig gestritten. Am 5. November 1961 setzte sich Adenauer in der ›New York Times‹ beispielsweise massiv für eine einheitliche Kontrolle der NATO über sämtliche in Europa stationierte Atomwaffen ein. Damit wurde ein Besuch von Verteidigungsminister Strauß Ende des Monats vorbereitet, der die Priorität der nuklearen Teilhabe in der Bündnispolitik unterstrich. Im Juni 1962 fiel die Formel »Keine Diskriminierung!« in einem Gespräch mit Dean Rusk, um die Forderung nach der Bildung einer integrierten Nuklearstreitmacht der NATO zu unterstreichen. Über die deutschen Ziele konnten keine Zweifel aufkommen, wenn der Bundeskanzler wiederholt betonte, er werde über den ABC-Verzicht von 1954/55 nicht »hinausgehen«. Außenminister Gerhard Schröder präzisierte, Deutschland werde nicht bereit sein, Regelungen zu akzeptieren, die innerhalb der MLF allein die Bundeswehr beträfen.

Ein Jahr später, im Mai 1963, vertrat Verteidigungsminister Kai-Uwe von Hassel das Teilhabe-Modell vor der NATO in Ottawa. Nicht nur, daß er den Vorschlag für nuklear angetriebene U-Boote einbrachte, noch viel mehr Brisanz lag in seinem Einsatz- und Entscheidungsmodell. Es sollte jedes Vetorecht ausgeschaltet werden. Die Effektivität der Abschreckung sowie die Wirkung auf den potentiellen Aggressor verlangten Schnelligkeit der Entscheidung zum Einsatz der Atomwaffen, lautete das Argument. Einstimmigkeit der Bündnispartner für den Atomeinsatz sei hinderlich, da die Abstimmungen in der NATO zu langwierig seien; es müsse ein für die Praxis geeigneter Modus für die »Mitbestimmung der Partner« – die nukleare Teilhabe – gefunden werden.

Während seiner umjubelten Deutschlandreise im Juni 1963 bezeichnete Kennedy diese Politik als »atomaren Ehrgeiz«[23] der Deutschen. Jahr für Jahr wiederholten sich die Vorgänge in ähnlicher Weise. Die Deutschen sprachen von Diskriminierung, Internationalisierung, Effektivität, Glaubwürdigkeit und suchten über die Verfahren der MLF Zugang zur Verfügung über Atomwaffen zu erlangen. Ihr Vergleichsmaßstab blieb im Kern die autonome Atommacht USA. Die Sondersituation von England und Frankreich mit ihren Leistungen im und für das westliche System entzog sich einer angemessenen Bewertung. Die Atompolitik wurde über ein Jahrzehnt hinweg, bis zur Bildung der Großen Koalition aus CDU/CSU und Sozialdemokraten im Jahr 1966, verfolgt.

Auch in dem deutsch-französischen Vertrag vom 16. Mai 1963 schlug sich die Teilhabepolitik nieder – in seiner amerikabezogenen Präambel. Auch wenn dieses Vertragswerk für die Beziehungen auf dem Kontinent bahnbrechende Wirkungen haben sollte, zunächst und aktuell versprachen sich die Taktiker in Bonn, als sie den Vertrag durch den nachträglichen Zusatz in den »Gesamtzusammenhang der Verpflichtungen [...] gegenüber den westlichen Partnern«[24] stellten, nukleare Vorteile von den USA.

Die Wende war dort jedoch schon erfolgt. Kennedy hatte nämlich sogleich einem Stab unter Leitung von Paul Nitze den Auftrag erteilt, Alternativen zur MLF dahingehend zu erarbeiten, daß keine »vierte Atommacht« aufgebaut würde und keine konkrete »physische« Rüstungskomponente mit neuen Verfahren entstehen solle. Zugleich aber sollte für die Deutschen eine planerisch-politische Mitwirkung im bestehenden NATO-System gefunden und organisiert werden. Diese Idee gab den Anstoß zum Aufbau der Nuklearen Planungsgruppe (NPG) der NATO, an der nach 1967 Vertreter der Bundesrepublik, aber auch die Vertreter anderer Staaten institutionell beteiligt wurden.

Die Deutschen hielten lange an ihren alten Absichten fest, obwohl in Brüssel mehrere gegenteilige Gutachten zur Sache vorlagen und kein Bündnispartner mehr Bereitschaft zeigte, dieses Projekt zu fördern. Die englische Distanz, die amerikanische de-facto-Ablehnung durch Verschleppungen, französischer »Widerstand« und die sowjetischen »Einwendungen« führten zu einer Isolierung Bonns, bestärkten dort aber die Position, man werde sich »von der Verfolgung dieses Ziels nicht abhalten lassen«[25]. Bis zum Herbst 1966 beharrte die Bundesregierung auf diesem Konzept. Das Ende nahte, als Karl Carstens, Staatssekretär im Auswärtigen Amt, vom amerikanischen Botschafter in Bonn auf ausdrückliche Instruktion von Präsident Lyndon B. Johnson unterrichtet wurde, die Bonner Regierung solle das Projekt einer »Gemeinsamen nuklearen Streitmacht« aufgeben; Johnson habe bereits beim letzten Besuch versucht, »dem Bundeskanzler das Projekt auszureden«.

Trotz der amerikanischen Intervention brachte Erhard am 25. September 1966 die MLF-Option beim Präsidenten in Washington aufs Tapet. Unverdrossen hielt er daran fest, »daß die Bildung einer gemeinsamen Nuklearstreitmacht ein wesentliches Ziel der deutschen Politik bleibt, auch wenn sie im Augenblick nicht realisierbar sein mag«. Und: »Eine lediglich konsultative Lösung der nuklearen Frage wird uns auf Dauer nicht genügend Einfluß geben und daher nicht befriedigen.« Der US-Präsident setzte sich darüber hinweg und schüttelte die deutschen Wünsche einfach ab, denn Priorität sollte jetzt der Sperrvertrag (NPT) gewinnen, nachdem auch die Sowjetunion das Prinzip der Nonproliferation, der Nichtweitergabe von Atomwaffen, akzeptiert hatte. Unmißverständlich hielt das Kommuniqué fest, nukleare Abmachungen im Bündnis wollten nicht zur Verbreitung nuklearer Waffen, sondern vielmehr zu dem Ziel beitragen, »die Verbreitung nuklearer Waffen zu verhindern«. Die Entscheidung war eindeutig. Die Politik der Bundesregierung hat die Fesseln in der Atompolitik nicht abstreifen können. Der ABC-Verzicht von 1955 blieb uneingeschränkt in Kraft.

Präsident Kennedy hatte vor der UNO bereits am 25. September 1961 einen Sperrvertrag vorgeschlagen, um die Weitergabe von Informationen und Material zur Herstellung von Nuklearwaffen zu unterbinden. Diese 1961 einsetzende Politik bedeutete die Kehrtwende in der Nuklearpolitik der Hegemonialmächte. Unter der Devise der friedlichen Nutzung waren bis dahin nukleare Technik und Know-how für wirtschafts- oder energiepolitische Zwecke massiv verbreitet worden, um mit verlokkenden Angeboten die jeweils befreundeten oder sympathisierenden Länder fester an das eigene Lager zu binden. England, Frankreich und China gelten als Beispiele dafür, ein im Kern militärisch begründetes »dual-use«-Programm der Kernenergie in Forschung und Energie[26] als »friedliche Nutzung« zu deklarieren. Gerade auch in Deutschland hat die Politik, getragen vom Atomministerium, den Bau von Reaktoren durchgesetzt, die mit Plutonium als Spaltmaterial arbeiten. Damit war ein Schritt in Richtung Atomwaffen getan.

Das Jahrzehnt zwischen 1955 und 1965 hatte die beiden nuklearen Hegemonialmächte näher zusammenrücken lassen, um die weltweite Verbreitung von Nuklearmaterial einzuschränken. Die technologischen Kapazitäten weiteten sich zunehmend aus, der Status einer Atommacht besaß große Attraktivität und wurde für mehr Länder erreichbar. Das Land, das als erstes aus dem Dunst der nuklearen »have nots« heraustrat, war Großbritannien. Für die alte Weltmacht, deren Forscher eine bedeutende Rolle beim Erfolg des »Manhattan-Projekts« gespielt hatten, schien es nach dem Krieg eine ganz normale Sache, Atommacht zu werden. Noch spannte sich das koloniale Reich um den Globus, aber die Anzeichen des Wandels mehrten sich, und die Formierung der sowjetischen Macht wurde zunehmend als Bedrohung empfunden.

Premier Attlee traf die Entscheidung zum Bau der Atombombe gleich nach Kriegsende, so daß schon im Herbst 1956 die erste Explosion stattfinden konnte. Die »Royal Air Force« übernahm zunächst die Aufgabe, den strategischen Schutz des Landes mit weitreichenden Bombern zu organisieren, bevor später in den sechziger Jahren eine geregelte Kooperation beim Raketen- und U-Boot-Bau mit der amerikanischen Rüstungsindustrie zustande kam.

Die britische Atompolitik zeichnete sich dadurch aus, daß das Prinzip der nationalen Autonomie bei der Entscheidung zum Einsatz gewahrt blieb. Das kommt in den Worten von Sir John Slessor, Marschall der Luftwaffe (Royal Air Force), zum Ausdruck, der die atomare Mission als »The Great Deterrent« bezeichnete. Gleichwohl wurden die britischen Atomwaffen der NATO für Einsatz und Planung zugesagt, doch blieben sie unter der Kontrolle der britischen Regierung. Das Vertrauen in die Atlantische Allianz mit der Forderung nach einer nationalen Abschreckung in Einklang zu bringen, war nicht immer einfach. Hinter der Stärkung der NATO mit britischen Atomwaffen verbarg sich die virulente Furcht, die Vereinigten Staaten würden, falls tatsächlich zentrale Interessen Großbritanniens auf dem Spiel stehen sollten, vor einem Einsatz ihrer Atomwaffen zurückschrecken.

Diese Besorgnis wurde von Frankreich geteilt – nicht erst seit dem Scheitern in Suez. General de Gaulle war bereits 1944 von französischen Physikern über die Tragweite des »Manhattan-Projekts« informiert worden. Am 18. Oktober 1945 war das Commissariat à l'Energie Atomique (CEA) gegründet worden, um die zivile und militärische Forschung zu koordinieren. Anfang 1952 wurde dann der »Ausschuß für Sonderwaffen« General C. Aillerat anvertraut, der später unter der Präsidentschaft von de Gaulle die französischen Streitkräfte ins Nuklearzeitalter[27] führte.

Internationale Ereignisse hatten direkt auf die französische Atompolitik eingewirkt. Bereits zwei Tage nach den Londoner Verhandlungen im Herbst 1954 über die Aufstellung der Bundeswehr und ihre Integration in die NATO, am 26. Oktober, schuf Pierre Mendès-France einen geheimen Ausschuß für die militärische Anwendung der Kernenergie; ab Mai 1955 – dem NATO-Beitritt Deutschlands – erhielt die CEA eine Finanzierung aus dem Budget des Verteidigungsministeriums. Am Suezkanal schließlich hatte Frankreich vor dem Ultimatum der USA und der Drohung der Sowjetunion kapitulieren müssen. Direkt danach, am 30. November 1956, wurde der CEA der Auftrag zur Fertigung der ersten Testbomben erteilt.

Als General de Gaulle Ende 1958 an die Macht zurückkehrte und zum Präsidenten der neuen Republik gewählt wurde, betonte er den nationalen Charakter der Atomkompetenz. Folglich beendete er sogleich die entsprechenden Kooperationen mit den Deutschen und den Italienern. Bei der Verteidigung ging es ihm primär um die Glaubwürdigkeit. Jede Nation sei allein dafür verantwortlich. Daher sollte die »Force de Dissuasion« durch eine eigenständige Zielplanung und Einsatzmodalität – außerhalb der NATO – die vitalen Interessen Frankreichs[28] garantieren. Der erste Atomtest gelang im Februar 1960 in der Sahara. Ab Herbst 1963 konnten als Trägerwaffen die Mirage IV, die Fernbomber, eingeführt werden. Neben dieser strategischen Option wurde die taktische Ausrüstung mit Atomwaffen vorangetrieben. Die Theoretiker[29] der »Force de Frappe« begründeten damit die Glaubwürdigkeit der »Proportionalität der Abschreckung«, die sich für die kleineren Atommächte notwendigerweise anders als für die Hegemonialmächte ergebe. Die »minimale« Abschrekkung bedeute »Ungewißheit« für jeden Angreifer, dem Frankreich neben der Bereitschaft zur Verteidigung eine größere Zerstörung im eigenen Land androhen könne. Frankreich gewann damit einen prestigereichen Atomstatus der nationalen Unabhängigkeit. Zur NATO ging es auf Distanz. Etappenweise wurden alle Truppen dem Bündnis entzogen, bis 1966 die vollständige Beendigung der militärischen Integration verkündet wurde. Die Mitgliedschaft im Bündnis wurde allerdings nie aufgegeben.

Betrachtet man die politische Realität der militärischen Atommächte in Westeuropa, hatte Frankreich den höchsten Grad an nationaler Souveränität durchgesetzt. Großbritannien wählte den gradualistischen Weg der kooperativ mit den Vereinigten Staaten verbundenen Unabhängigkeit, wie sie zuletzt im Abkommen von Nassau zwischen Kennedy und Macmillan dokumentiert worden war. Die Bundesrepublik schließlich mußte das Modell einer differenzierten Teilhabe unter amerikanischer Suprematie akzeptieren. Bis zuletzt hatte sie daher die Kontrollen des Atomwaffensperrvertrags wegen der intendierten militärischen Restriktionen abgelehnt. Dieser Verzicht auf die nationale Verfügbarkeit über Atomwaffen erschien als eine Minderung des Status ohne Kompensation.

Die Rüstungskontrollpolitik der USA und der Sowjetunion konnte ihren ersten großen Erfolg nur mit großem Druck auf die Unterzeichnerstaaten erringen. Am 1. Juli 1968 wurde der »Treaty for the Non-Proliferation of Nuclear Weapons« (NPT) von den USA, der Sowjetunion und England unterzeichnet. Er trat am 5. März 1970 nach der gleichzeitigen Hinterlegung der Ratifikationsurkunden bei der UNO mit einer Gültigkeit von 25 Jahren in Kraft. In der Folgezeit unterzeichneten ihn fast alle Staaten der Erde, China und Frankreich zunächst nicht. Die

Kernwaffenländer verpflichteten sich, weder Kernwaffen noch die Verfügungsgewalt über solche mittelbar oder unmittelbar weiterzugeben. Die daraufhin eingerichtete »Internationale Atomenergie-Organisation« erhielt einen Überwachungsauftrag, damit nicht waffenfähiges Kernenergiematerial, also angereichertes Uran und Plutonium, von der friedlichen Nutzung für die Kernwaffenproduktion abgezweigt wurde.

Die Bundesregierung blieb auf Oppositionskurs zum Sperrvertrag, getragen von einer hoch emotionalisierten Ablehnung der Spitzenpolitiker der CDU/CSU. Sie wehrten sich erbittert und fanden schließlich kein Maß mehr. Altbundeskanzler Adenauer sprach von einem »Zweiten Jalta«, er schürte die Alpträume der Besatzungszeit und malte einen drohenden »Morgenthauplan im Quadrat« an die Wand. Strauß steigerte den Vergleich zu einem »Versailles von kosmischen Ausmaßen«; Kurt-Georg Kiesinger, der amtierende Bundeskanzler, entdeckte die »atomare Komplizenschaft« der Supermächte.

Die Militärpolitik der Regierungen Adenauer und Erhard strebte nach dem machtpolitisch Äußersten, der nuklearen Teilhabe, gegen vielfache Widerstände im Innern, aber auch aller Verbündeten. Die Politik der beiden ersten Jahrzehnte der Bonner Republik gründete auf zwei Pfeilern: auf wirtschaftlichem Wohlstand und auf militärischer Macht mit nuklearen Ambitionen. Machtvergessenheit war nicht ihr Zeichen.

Die politischen Bedingungen der NATO-Reform 1968

Die »psychologische Zerreißprobe«[30] , die Willy Brandt in der politischen Klasse der jungen Republik der sechziger Jahre ausmachte, traf den Nerv einer Gesellschaft, die unvorbereitet mit den Realitäten konfrontiert wurde. Der 13. August 1961 war ein Datum dafür. In Berlin war mit Händen zu greifen gewesen, daß die deutsche Geschichte nicht im Jahr 1949 mit einer »Stunde Null« begonnen hatte, sondern einen unbestreitbaren Bezug zum Jahr 1945 hatte. Die Geschichte holte die Realität der Deutschen nach dem Mauerbau ein – zunächst als Irritation. Der Mauerbau wurde zum Korrektiv der damaligen Wunschvorstellungen. Was die Bonner Politik zunächst für rechtswidrig erklärte, entpuppte sich als überhaupt nicht so eindeutig. Auch der Regierende Bürgermeister Brandt machte die Erfahrung, sich in einem komplizierten System von Zuständigkeiten zu bewegen. Aber: Wie konnte das Verhalten der westlichen Verbündeten derart enttäuschen, Illusionen entlarven und eine Vertrauenskrise hervorrufen? Hatte nicht Präsident Kennedy lediglich die Auffassung vertreten, eine Politik des Status quo zu betreiben und kein Jota der alliierten Rechte preiszugeben?

In Berlin fand Willy Brandt in Egon Bahr, dem Leiter des Presse- und Informationsamtes, jenen Partner, mit dem er die völkerrechtlichen Verästelungen der deutschen Lage und der alliierten Vorbehalte erkunden konnte. West-Berlin war nicht ohne Grund kein reguläres Bundesland, hatte aber besondere Beziehungen zur Bundesrepublik entwickeln können. Diese bis dahin verdeckte und manchmal auch kaschierte Völkerrechtslage wurde als Realität anerkannt.

Brandt und Bahr bezogen sich auf die »Strategie des Friedens«, in der Kennedy die Prinzipien der Détente formuliert hatte. Sie wollten Bewegung hinter dem Schild militärischer Sicherung freisetzen. Keine Politik der Stärke mehr, um »die Zone zum Zweck einer Verstärkung des westlichen Potentials« der Sowjetunion zu entreißen; keine weitere Politik des Alles oder Nichts; keine Politik des Drucks und des Gegendrucks – all das sei »hoffnungslos antiquiert und sinnlos«. Man wollte heraus aus der Welt der Erstarrung. In Anlehnung an die Programmatik und die Diktion Kennedys von der Détente wurde die deutsche Version der Entspannung formuliert: »Die Änderung des Ost-West-Verhältnisses, die die USA versuchen wollen, dient der Überwindung des Status quo, indem der Status quo zunächst nicht verändert werden soll. Das klingt paradox, aber es eröffnet Aussichten [...]. Die Zone muß mit Zustimmung der Sowjets transformiert werden. Wenn wir soweit wären, hätten wir einen großen Schritt zur Wiedervereinigung getan.«[31] Die erste Stunde der Entspannungspolitik schlug am 15. Juli 1963, als Egon Bahr den zitierten Text in der Evangelischen Akademie in Tutzing vortrug. Bahr und Brandt warben für ihre Strategie des »Wandels durch Annäherung«.

Der Kontrast zur Bundesregierung hätte nicht schärfer sein

können; deren Politik forderte noch immer Abbruch der diplomatischen Beziehungen, Handelsboykotte, Kontrollen, Rückzug, auch für Sportler, und bemühte sich weiterhin, die »Zone« – das Phänomen der »DDR« – mit den brüchigen Resten der Hallstein-Doktrin eines internationalen Kontaktsperresystems zu überziehen. Das krampfhafte Festhalten an der Politik des »Keine Experimente!« wurden als Unbeweglichkeit spürbar. Auch wenn Adenauer am Ende seiner Kanzlerschaft noch ganz unkonventionell aus dem festen, selbstgefertigten Ring auszubrechen suchte, empfanden die sowjetischen Gesprächspartner diese Kontakte als zu sporadisch, zu unkoordiniert und unkalkulierbar. Der Kanzler konnte sein Verhältnis zur Sowjetunion nicht mehr in eine akzeptable Ordnung bringen.[32]

Die Formel vom »Wandel durch Annäherung« enthielt beinahe so etwas wie das Gegenkonzept zur Ideologie des Kalten Krieges. Anerkennung des Status quo schloß die Anerkennung der Interessen des anderen mit ein. Im Begriff »anerkennen« begann der Zweifel, lag das Mißverständnis. »Anerkennen« zielte nicht auf hinnehmen, für richtig halten, akzeptieren. Nüchtern und klar wollten die Realpolitiker die eigenen Interessen von denen der anderen unterscheiden, um, unter benennbaren Bedingungen, handeln zu können. Der »Wandel durch Anerkennung« brachte zuerst menschliche Erleichterungen für die Berliner.

Die Probe für die Entspannung kam unversehens, als Ende 1966 die Regierung Kiesinger mit Vizekanzler Willy Brandt als Außenminister gebildet wurde. Nach Osten hatte sein Vorgänger Schröder bereits pragmatisch Kontakte angebahnt, nun war er Verteidigungsminister. Die Große Koalition war auch deswegen zustande gekommen, weil es wegen Erhards Politik der nuklearen Teilhabe zu offenen Differenzen mit den USA gekommen war, bei der er zwangsläufig den kürzeren ziehen mußte. Nun waren die Scherben zu kitten und die Klimaverbesserung zu der wichtigsten westlichen Bündnismacht einzuleiten.

Willy Brandt ging es um das den militärischen Entscheidungen zugrundeliegende politische Konzept, das war seine Sache als Außenminister. Die Reizwörter im westlichen Bündnis, »flexible Reaktion« oder »Deeskalation« eines Konfliktes sollten gestrichen werden. Seit dem Winter 1961 und der Ministerratstagung der NATO in Athen hatten diese Leitgedanken der Détente unverbunden neben dem (reorganisierten) Ansatz der »massiven Vergeltung« gestanden. Rusk und McNamara hatten sie am 5. Mai 1962 als die Athener »Guidelines« durchzusetzen versucht. Trotz der Betonung der Untrennbarkeit der Verteidigung Amerikas und Europas widersetzten sich an erster Stelle die Deutschen, die die »neuen Gegebenheiten der Weltlage« keinesfalls akzeptieren wollten. Sie beharrten auf der sogenannten lükkenlosen Abschreckung – das Kodewort der massiven Nuklearisierung – und lehnten den begrenzten Einsatz von Truppen bei lokalen Konflikten ab. Seitdem knirschte es; die deutsche Blokkade stand; die Beziehungen waren eingefroren.

Im Dezember 1966 wurde in Brüssel der belgische Außenminister beauftragt, die Friktionen in der westlichen Sicherheitspolitik zu überwinden. Für die Außenminister bestand Konsens, mit dem Osten auf der Basis militärischer Stärke zu kooperieren. Pierre Harmel gab dem Text sein Profil. Am 14. Dezember 1967 wurde der »Harmel-Bericht« auf der Konferenz der Außenminister der NATO verabschiedet. Er überwand den Kalten Krieg der bloßen Konfrontation, weil Sicherheitspolitik als Verbindung von Verteidigung und Entspannung[33] definiert wurde.

Der »Harmel-Bericht« war das erste große Dokument der Entspannungspolitik, ein Meilenstein der Orientierung und der Initiativen. »Die Atlantische Allianz hat zwei Hauptfunktionen. Die erste besteht darin, eine ausreichende militärische Stärke und politische Solidarität aufrechtzuerhalten, um gegenüber Aggression und anderen Formen von Druckanwendung abschreckend zu wirken [...] und dadurch ein Klima der Stabilität, der Sicherheit und des Vertrauens [zu] schaffen. In diesem Klima kann die Allianz ihre zweite Funktion erfüllen: die weitere Suche nach Fortschritten in Richtung auf dauerhafte Beziehungen, mit deren Hilfe die grundlegenden politischen Fragen gelöst werden können.«

Der »Harmel-Bericht« beendete den Trubel der Jahre der Auseinandersetzung um die nukleare Hochrüstung, des Gerangels um die gescheiterte militärische Integration Frankreichs und des Abschlusses des Atomwaffensperrvertrages. Seine Grundaussage »Über die zukünftigen Aufgaben der Allianz« stach als

Abkehr von der rigiden Form des Kalten Krieges in Europa hervor: »Militärische Sicherheit und eine Politik der Entspannung stellen keine Widersprüche, sondern eine gegenseitige Ergänzung dar.« Der deutsche Verteidigungsminister tat sich schwer mit dieser Deklaration der sicherheitspolitischen Wende, mit der die Strategie der »flexiblen Reaktion« für das Militär vorbereitet wurde. Auf der Hardthöhe ging man vorsichtshalber in Deckung.

Innenpolitisch gab es in Deutschland mit der Debatte um die Notstandsgesetzgebung ein Ereignis von hohem außen- und sicherheitspolitischem Stellenwert; diese Debatte wird allzu leicht nur auf die Unruhen der studentischen und außerparlamentarischen Opposition bezogen und fälschlicherweise auf sie begrenzt. Im Ergebnis bewirkten die entsprechenden Grundgesetzänderungen[34] 1968/69 und ihre Ausführungsgesetze die grundsätzliche Ablösung der innenpolitischen Vorbehaltsrechte der drei Alliierten in ihren ehemaligen Besatzungszonen.

Nach 1949 und 1955 hatte die Bundesrepublik nun zum dritten Mal einen Zuwachs an Souveränität erfahren. Es ist nicht ohne Bedeutung, daß zuvor eine weitere Etappe der Integration in die Bündnispolitik – die Annahme der im »Harmel-Bericht« niedergelegten Prinzipien – abgeschlossen wurde. Diese Klärung der politischen Prinzipien im Westen sicherte die Reform des Bündnisses und eröffnete in der Außenpolitik eine Chance für die Entspannung.

Die kooperative Rüstungssteuerung und die Entspannung

Anfang 1969 wurde Richard Nixon Präsident der Vereinigten Staaten. Er hatte seine Hauptaufgabe, halbwegs aufrecht aus dem Vietnam-Krieg herauszukommen, zu meistern. In Bonn übernahm im Herbst des Jahres Willy Brandt die Kanzlerschaft. Beide wurden zur treibenden Kraft des Wandels, der eine brauchte die Détente, um Rückendeckung in Vietnam zu haben, der andere wollte die Entspannung, um Deutschlands Platz in Europa auf friedlichem Weg neu zu bestimmen und um es noch ein wenig mehr aus der Konfrontation der Nachkriegszeit herauszuführen. Die neue Ostpolitik erfuhr einen ungeheuren

Schub, da es bei den amerikanischen, deutschen und europäischen Interessen Parallelen gab, so daß inhaltlich aufeinander bezogene, miteinander verwobene Aktivitäten entfaltet wurden.

Schon bei seiner Amtsübernahme im Januar 1969 erreichte den neuen Präsidenten eine Initiative Leonid I. Breschnews, die Verhandlungen zur Rüstungskontrolle umgehend aufzunehmen. Die Zeit drängte. Die UdSSR bezog sich auf das Angebot Kennedys über Rüstungskontrolle und Abrüstung aus dem Jahre 1963, auf das zunächst in alter Manier geantwortet worden war. Die Verhandlungen waren verschleppt worden. Beide Seiten hatten statt dessen gewaltige Summen in die Rüstung investiert. Die USA hatten die Zahl ihrer ballistischen Fernraketen von 424 (1963) auf 1054 (1969), die ihrer U-Boot-Waffen von 224 auf 656 erhöht; die Sowjetunion immerhin von hundert auf 1050 sowie von hundert auf hundertsechzig. Die Überlegenheit der einsetzbaren Sprengköpfe lag bei den USA; Treffgenauigkeit, Einsatzsicherheit, Zielauswahl und dergleichen gaben allen Kalkulationen einen Schein von Plausibilität. Über alle diese Annahmen ließ sich freilich trefflich streiten.

Erstmals gab es auf beiden Seiten strategische Waffenbestände, die etwa gleichwertig waren. Ein absurder Zahlenfetischismus des Gleichgewichts besetzte über Jahre das Denken in der Sicherheitspolitik, und Aberhunderte von Denkschriften und Publikationen versuchten Relationen herzustellen, um gesicherte Realitäten zu fixieren. Die Suggestion von Wissenschaft und Statistik wurde nachgerade fantastisch auf die Spitze getrieben. Um einige dieser Zahlen[35] aufzugreifen: Entsetzt erkannte Kennedy Ende 1960 den Umfang der nuklearen Vernichtungskapazität auf der Welt, die etwa 10 Tonnen TNT pro Mensch ausmachte, bei etwa 20 000 Atomsprengköpfen in den amerikanischen Arsenalen – 30 000 Megatonnen insgesamt. Die Dimension des »overkill« übersteigt jegliches Vorstellungsvermögen, wenn für 1968 etwa 320 000 Megatonnen an nuklearen Sprengkapazitäten angenommen werden; vorstellbar sind solche Größenordnungen jedenfalls nicht mehr. Ob 130 Tonnen TNT oder nur 85 Tonnen TNT pro Person der Bevölkerung in den Ländern der NATO und des Warschauer Paktes verfügbar waren oder hätten verfügbar sein können, wie sollte daraus auf Sicherheit geschlossen werden? Charakteristischerweise kennzeichnete man diese Art von Rüstung und Strategie mit dem Fachterminus »Mutual Assured Destruction«, beidseitige, gesicherte Vernichtung, abgekürzt MAD – »mad«, verrückt. Die beiden Supermächte hatten in den sechziger Jahren des 20. Jahrhunderts enorme Anstrengungen in der Atomrüstung unternommen. Sie zogen aus dieser gesicherten Parität die Konsequenz, endlich bei der Rüstungskontrolle Fortschritte zu erzielen. Die Ära der Verhandlungen war keine Phase des einfachen amerikanisch-sowjetischen Bilaterismus. Seine weitergehende Verzahnung mit den außenpolitischen Interessen verlangte dem Koordinator des amerikanischen Präsidenten, Henry Kissinger, alles ab. Der zwingende Wunsch nach Koexistenz verband sich mit dem Ziel, jede militärische Konfrontation, vor allem im Umfeld von Vietnam, zu verhindern, zugleich den Rüstungswettlauf einzudämmen, Krisen im Nahen Osten zu entschärfen, die Fäden der europäischen Entspannung nicht aus der Hand zu geben und nicht von der alten »Containment«-Strategie abzuweichen. Kissinger bezeichnete diese Form amerikanischer Interessenpolitik als Détente-Politik.

Die Begrenzung des Rüstungswettlaufes lag im amerikanischen Interesse. Washington wußte, daß seine Rüstungsarsenale auch im Falle eines nuklearen Überraschungsangriffes einen strategischen Zweitschlag garantieren würden. Im November 1969 waren die Verhandlungen über die Begrenzung der strategischen Rüstung (SALT), vorsichtig noch als Gespräche (»Talks«) bezeichnet, intensiv begonnen worden. In der ersten Phase führten sie zu zwei Abkommen, unterzeichnet am 26. Mai 1972, dem ABM-Vertrag und dem Interims-Abkommen. Der ABM-Vertrag, der den Bau von Stellungen für Abwehrraketen gegen ballistische Angriffsraketen begrenzte, hatte seinen Sinn darin, die Rüstung nicht ins Unendliche zu steigern beziehungsweise der anderen Seite zu garantieren, daß seine Zweitschlagskapazität gesichert blieb. Außerdem wurde das bestehende System des strategischen Gleichgewichts festgeschrieben. Das Interims-Abkommen mit fünf Jahren Laufzeit beschränkte die Obergrenze der strategischen Trägersysteme zu Lande und zu Wasser, wobei ein bestimmter »Mix« festgelegt wurde (z. B. USA 710 Raketen auf 44 U-Booten; Sowjetunion 950 Raketen auf 62 U-Booten). Die Vereinbarung galt als Durchbruch. Sie beseitigte das eingefleischte Mißtrauen und setzte auf Vertrauen, Zuverlässigkeit und Kontrollierbarkeit.

Die numerische Begrenzung eröffnete freilich eine Phase qualitativer Um- und Aufrüstung. Die USA setzten gezielt auf ihren Technologievorsprung, mit einer einzigen Rakete mehrere atomare Sprengköpfe auf verschiedene Ziele steuern zu können. So wurde im folgenden Jahrzehnt bei gleicher Raketenzahl die Menge der für diese Raketen vorgesehenen Atombomben vervierfacht. Das Wettrüsten wurde auf hohem Niveau vorangetrieben, brachte allenfalls kurzfristige Vorteile, veränderte aber das Gleichgewicht nicht, wie Kissinger[36] später über diese Fehlkalkulation der Rüstungssteuerung einräumte.

Bei einem Besuch von Präsident Nixon in Moskau wurde die gemeinsame Verantwortung der USA und der Sowjetunion sowie ihre einzigartige Rolle in der Welt nach 1945 symbolträchtig herausgestellt. Beide Supermächte bestätigten sich ihre Gleichberechtigung, was nicht ohne Prestigeeinbußen für den einen oder anderen Verbündeten blieb. Die Kooperation der beginnenden siebziger Jahre war durch die Erfahrung der Unvereinbarkeit der Positionen geprägt; ihre Bedeutung lag jedoch darin, daß sie militärische Stärke auf der Basis dieser Erfahrung kalkulierbarer machte.

Die »Grundsatzerklärung über die amerikanisch-sowjetischen Beziehungen«, die Präsident Nixon und Generalsekretär Leonid Breschnew nach dem SALT-Abkommen im Mai 1972 unterzeichneten, hob die beiderseitigen Vorteile enger Beziehungen auf allen Gebieten hervor. Darin hieß es unter anderem, im Nuklearzeitalter gebe es keine andere Alternative, als die gegenseitigen Beziehungen auf der Grundlage friedlicher Koexistenz zu gestalten. Äußerste Anstrengungen müßten unternommen werden, jede militärische Konfrontation »zu vermeiden und den Ausbruch eines Nuklearkrieges zu verhindern«. Die Gegensätze der Systeme dürften »keine Hindernisse für die bilaterale Entwicklung normaler Beziehungen« sein.

Im Jahr danach, beim Gegenbesuch Breschnews in Washington, erlebte die seit beinahe drei Jahrzehnten bipolar aufgeteilte

Welt, wie die Hegemone einen Schlußstrich unter »die Feindseligkeiten des Kalten Krieges« zogen. Richard Nixon erklärte in einer Botschaft an den Kongreß am 3. Mai 1973 den Abschluß der Konfrontations- und Nachkriegsperiode.

In diesem Jahr wurde der Höhepunkt der Politik der Détente erreicht. Die Dialoge um die Androhung und Anwendung von Gewalt unter den Bedingungen des Atomzeitalters führten zu einer Deklaration friedensorientierten Handelns. Das »Abkommen zur Verhinderung eines Atomkrieges« vom 22. Juli enthielt Regelungen zum Umgang im Konflikt- und Krisenfall, vor allem aber zeugte es von einem gewandelten Selbstverständnis der beiden Supermächte. Der Vertrag benannte die übergreifende Verantwortung der USA und der Sowjetunion für den Weltfrieden und enthielt sogar den Anspruch, dafür Festlegungen über Dritte zu treffen: Wenn »andere Länder« das »Risiko eines Atomkrieges [...] heraufzubeschwören scheinen«, hieß es, so würden die beiden »in dringende Konsultationen miteinander eintreten und alles unternehmen, um ein solches Risiko abzuwenden«. Tatsächlich handelte es sich um eine Übereinkunft über den »Weltfrieden und die internationale Sicherheit« aus der Verantwortung eines überzeugten Machtgefühls.

Moskau und Washington stellten sich der aus der jahrzehntelang ungebremst betriebenen Atomrüstung resultierenden Verpflichtung, mit ihrer Atompolitik jetzt global zur Friedenssicherung beizutragen. Es war das gemeinsame Interesse, nicht in einen Krieg zu geraten, dessen Unkontrollierbarkeit und Ausmaße zur Gefährdung der ganzen Menschheit führen konnten. Der Vertrag brachte Vernunft in den nuklearen Machtpoker anstelle des überreizten Mißtrauens. Doch sollte damit keinerlei Versuch verbunden sein, weitergehende Probleme der Verteidigung mit Atomwaffen zu lösen. Der Vertrag unterstrich die Ziele, die die Hegemonialmächte aus ihren Erfahrungen abgeleitet hatten: die Zuständigkeit für die Kontrolle erhalten, die Konzentration der nuklearen Einsatzkompetenz stärken und die Absicht unterstreichen, von der Nonproliferation nicht abzuweichen.

Die Analytiker stellten den Vertrag zu Recht in das Dreiecksgefüge der Beziehungen der USA und der Sowjetunion mit China, das durch die geheimnisumwitterte Ping-Pong-Diplomatie von Henry Kissinger wieder in die Welt zurückgeholt worden war; dabei spielte sicher der Gedanke mit, ein Gegengewicht zum russisch-chinesischen Grenzkonflikt in Sibirien am Ussuri herzustellen, aber mehr noch, den turbulenten Truppenabzug in Vietnam zu flankieren. Die Reaktion der NATO-Partner war entsprechend. Ihre Kritik hinter vorgehaltener Hand konnte das jähe Entsetzen über die realen Machtverhältnisse in diesem hegemonialen Frieden kaum vertuschen.

Eng mit diesen globalen Bemühungen der amerikanischen Détente verbunden, konnte in Mitteleuropa die deutsche Entspannungs- und Ostpolitik ihre Initiativen entfalten. Schon im Februar 1969 hatte Präsident Nixon in West-Berlin zur Beendigung der Spannungen aufgerufen. Im April regte Außenminister Brandt Gespräche mit seinen drei westlichen Kollegen zur Vorbereitung eines Meinungsaustausches mit der Sowjetunion an. Im Juli gab Außenminister Gromyko vor dem Obersten Sowjet seine Bereitschaft zu erkennen, die Probleme in Berlin und Deutschland zu regeln, soweit sie die Kompetenz der Alliierten von Potsdam betrafen.

Am 26. März 1970 trafen sich die drei in Bonn akkreditierten Botschafter der Westmächte und der sowjetische Botschafter in Ost-Berlin als die Garanten, die über die Respektierung der alliierten besatzungsrechtlichen Vorbehalte hinsichtlich Berlins und Deutschlands als Ganzem wachten. Das vierseitige Abkommen, »Quadripartite Agreement«, das sie am 3. September 1971 im früheren Gebäude des Alliierten Kontrollrats in Berlin unterzeichneten, hatte für den Zusammenhalt des gesamten Systems der Ostverträge zentrale Bedeutung. Brandt, nun Kanzler, hatte in Egon Bahr einen Verhandlungsführer, der die Verzahnung der zuständigen Ebenen offiziell und über »back channels« mit Valentin Falin und Kenneth Rush, den damaligen Botschaftern in Bonn, vornahm, wobei die Kontakte zum Konstrukteur des US-Systems der Verhandlungen, zu Henry Kissinger, heikel[37] und von besonderer Bedeutung waren.

Was waren die ersten Resultate? Die Vier Mächte gingen strikt von der »Souveränität« der Bonner Republik von 1955 aus. Eine isolierte Regelung der nationalen Frage hatte keinerlei Chancen.[38] Der Beitritt der Bundesrepublik zum Vertrag über die

Nichtverbreitung von Atomwaffen erfolgte sofort nach der Regierungsbildung 1969 durch Willy Brandt und Walter Scheel. Das war keine Vorleistung, denn es ging um ein Zeichen des Vertrauens an die Adresse der Alliierten in Washington und Moskau. Die Bundesregierung benötigte deren Unterstützung für alle Verträge, die Grenzfragen in der mittel- und osteuropäischen Nachbarschaft berührten. Es war kein Wunder, daß das Kanzleramt, in dem all diese Fäden zusammenliefen, viele diplomatische Experten konzentriert hatte; es bestand »von A bis Z [...] aus Leuten des Auswärtigen Amtes: Kanzler, Staatssekretär, alle Mitarbeiter, persönliche Referenten – rasserein Auswärtiges Amt«[39].

Die Ostverträge mit Warschau, Prag und Moskau leisteten einen Beitrag zur Stabilisierung der europäischen Friedensordnung der Nachkriegszeit. Erstmals nach 1945 wurde der internationale Status quo im Osten von Bonn anerkannt; die Bundesrepublik war gewissermaßen saturiert. Ein neues Stadium der Nachkriegsordnung war im friedlichen Wandel der deutschen Frage zu Beginn der siebziger Jahre erreicht. Nun konnte es um die entsprechende Ausgestaltung der Friedensordnung in Europa gehen.

Die Friedenskonferenz sollte eine Sicherheitskonferenz sein.[40] Damit stach sie deutlich von der amerikanischen Détente ab, die in Europa lediglich die Auflösung von latenten oder potentiellen Krisenherden an den Rändern des Bündnisses im Auge hatte. Veränderungen, Wandel oder gar Umwälzungen im internationalen Gefüge sollten kaum erfolgen. Die multinationale Entspannungspolitik in Europa jedoch entsprang einem anderen Sicherheitskonzept als dem der Abgrenzung von bipolaren Interessensphären.

Die Idee vom Frieden in Europa und der kollektiven Sicherheit hatte eine lange historische Tradition, doch in der durch die offene deutsche Frage fragmentierten Nachkriegszeit waren solche Initiativen vergebens gewesen wie schon 1954 auf der Berliner Außenministerkonferenz oder bei den Plänen von den entmilitarisierten Zonen Mitteleuropas. Doch erst der »Budapester Appell« der Staaten des Warschauer Vertrages vom 17. März 1969 traf auf eine gewandelte Akzeptanz, da nicht mehr der Verdacht bestand, die Bündnisse spalten und einzelne Staaten isolieren zu wollen. Denn dieses Angebot griff die Offerte von Präsident Johnson vom 7. Oktober 1966 auf, die von der NATO auf der Ministerratstagung am 25. Juni 1968 in Reykjavik mit einem Vorschlag für beiderseitige Truppenreduzierungen konkretisiert worden war. Das »Signal von Reykjavik« hatte Erfolg.

Alle diese Vorschläge verbanden sich mit Ideen der Verständigung, der Entspannung und der Kooperation zu einem Bündel ganz eigener Dynamik. Denn es schien nur vernünftig, gutnachbarliche Beziehungen, die Zusammenarbeit in Kultur und Kunst, in Wissenschaft und Wirtschaft, die Reduktion von Rüstung und Truppen sowie die Unantastbarkeit der Grenzen gemeinsam zu bestätigen. Der Stolperstein – die deutsche Frage –, an dem bis dahin jede europäische Verständigung gescheitert war, hatte Ende der sechziger Jahre versetzt werden können. Außerdem hatte die bipolare Verständigung (SALT, NPT und die Vietnam-Lösung) bedingte Kooperation gebracht. In Europa entstand eine Bewegung eigener Sogwirkung.

Obwohl die USA lange Bedenken äußerten, eine weitere europäische Institution entstehen zu lassen, die den Zusammenhalt in der NATO gefährden könne, wurden auch sie durch ihr Interesse an der Bereinigung von Konfliktherden in das diplomatische Netzwerk gezogen; durch eine Vielzahl zeitgleicher Kontakte waren die meisten alten Barrieren einfach übersprungen worden. Ob das ein »spill-over«-Effekt[41] der kombinierten Verhandlungsebenen war oder eher dem Interesse der westeuropäischen Länder entsprang[42] oder ob dies mehr der hintergründigen Arbeit der neutralen Staaten zu verdanken war, kann nicht einfach entschieden werden. Ohne das Engagement von Persönlichkeiten wie Bruno Kreisky und Olof Palme wäre jedenfalls vieles im Sande verlaufen.

Der Vorschlag für eine »Konferenz für Sicherheit und Zusammenarbeit in Europa« (KSZE) war durch ein Memorandum der finnischen Regierung vom 5. Mai 1969 an alle europäischen Staaten sowie die USA und Kanada gegangen und damit in das Stadium der Abstimmung und der Konsensfindung getreten. Die Verhandlungen bis zur Unterzeichnung der Schlußakte vom 1. August 1975 in Helsinki durch die Staats- und Ministerpräsidenten der 35 Teilnehmerstaaten waren ein diplomatisches Meisterstück der Verwirrung und Entwirrung, ehe diese wichtige Grundlegung eines europäischen Friedensprozesses beschlußreif wurde.

Die Ergebnisse der jahrelangen Verhandlungen schienen wegen der institutionellen Schwäche der KSZE nur von minimaler Bedeutung. Es verlangte schon viel Optimismus, dem uralten Prinzip der mittelalterlichen Politik des Reiches, einer von Ort zu Ort wandernden, von Zeit zu Zeit stattfindenden Konferenzdiplomatie zu vertrauen. Schwach eingerichtet, mußte sie notgedrungen besonders stark von ihren Idealen getragen sein. Gerade ihrer Wertbezogenheit verdankte die KSZE ihre Wirksamkeit und gerade nicht einem System realistischer, praxisbezogener und praxisregelnder Übereinkünfte, die sonst Verträge nach einiger Zeit obsolet werden lassen. Da die Blockzuordnung teilweise ihre Dominanz verlor, entstanden nicht nur innerhalb der westlichen oder östlichen Länder, sondern auch von den reichen zu den armen Ländern hin gänzlich neue Legitimationen. Die KSZE entwickelte sich zu einem multilateralen Instrumentarium von innovativer Bedeutung für Europa; in der institutionellen Unauffälligkeit mag gerade ihre Chance der Innovation gelegen haben.

Die scheinbare Unverbindlichkeit der Empfehlungen gestattete es den Realisten der Machtpolitik, die Forderungskataloge zu akzeptieren. Es waren Absichtserklärungen, die in drei »Körbe« verpackt wurden. Viel Hohn und Spott mußte daher von Anbeginn an[43] die KSZE ertragen, da sie im machtpolitischen Ost-West-Systemdenken – wie der Papst – keine Divisionen einbringen konnte. Doch in zweierlei Richtung entfaltete sie ihre immense Wirkung. Zum einen bei dem Korb mit den Menschen- und Bürgerrechten, unter denen sie – revolutionär modern – auch kollektive Rechte wie Vereins- und Verbandsgründungen propagierte; die Bürgerrechtler im Osten bekamen Vereinbarungen an die Hand, auf die sie sich gegenüber ihren Regierungen berufen konnten; autoritäre Einparteiensysteme des Ostblocks wurden herausgefordert, weil die KSZE-Rechte »das Bewußtsein für Grundwerte und Maßstäbe wach hielten, die über aller Ideologie und Staatsräson standen«[44].

Zum andern lag die Wirkung der KSZE im Bereich der Sicherheitspolitik. Auch dieser Korb erschien zunächst auffällig minimalistisch konzipiert. Das Signal von Reykjavik, das 1968 von der NATO ausgegangen war und beiderseitige konventionelle Truppenreduzierungen bei den MBFR-Verhandlungen angestrebt hatte, war auch am Dissens zwischen den NATO-Staaten gescheitert; die weitergehenden Abrüstungsforderungen des Warschauer Vertrages hatten überhaupt keine ausreichende Resonanz gefunden. So blieben in diesem Korb nur knappe Ausführungen über die diplomatische Ankündigung von Manövern bestimmter Größe, über den Austausch von Informationen zu umfangreicheren militärischen Bewegungen und, als Nachweis des guten Willens, auch die Einladung von Manöverbeobachtern anderer Staaten zu eigenen militärischen Übungen. »Vertrauensbildende Maßnahmen« war die Bezeichnung der Geister, die die Staaten nicht wieder loswerden sollten.

Diese Übereinkünfte hatten kaum mehr als symbolische Politik sein sollen, um zunächst dem Sicherheitsbedürfnis der bündnisfreien und neutralen Staaten entgegenzukommen. Es war ihrem Druck zu verdanken, daß die »Vertrauensbildenden Maßnahmen« in die Schlußakte aufgenommen werden konnten, wie der Berater[45] von Bundeskanzler Helmut Schmidt in Abrüstungsfragen, Wolf Graf von Baudissin, bemerkte. Diese Maßnahmen relativer Verbindlichkeit gewannen erst durch ihre Verselbständigung ihre Bedeutung, denn sie bauten die Polarisierung ab, stellten Kontakte unter den Kontrahenten her, schufen Transparenz gegenüber Rüstung und Strategien.

Die »Vertrauensbildenden Maßnahmen« veränderten das Denken der Militärs. Sie reduzierten gerade nicht die »hard ware« der Waffen oder folgten den damaligen Prinzipien der Rüstungskontrolle und der Abrüstung. Die »Vertrauensbildenden Maßnahmen« der KSZE leiteten in einem Kernbereich der antagonistischen Konfrontation, auf dem militärischen Sektor, Depolarisierungstendenzen ein. Der Wert dieser Verabredungen lag in der ganz diskreten, aber tiefgründigen Veränderung in der wechselseitigen Wahrnehmung. Der Kalte Krieg, der ohne seine Perzeptionsschemata von Gut und Böse nicht existieren konnte, unterminierte sich selber.

Die allianzpolitische Bipolarisierung hatte sich nach einer ersten Phase der eisernen Konfrontation allmählich in eine Stabilisierung durch Entspannung wandeln können. Die KSZE baute auf diesem vorausgegangenen Prozeß der Erosion des Antagonismus in Europa auf und stellte dann selber die Mittel bereit, um von der Entspannung aus die Lage auf dem Kontinent weiter zu wandeln. Die (vorläufige) Klärung der deutschen Frage ist als unabdingbare Voraussetzung für die Entfaltung der Beziehungen zwischen den Systemen in Ost und West – die Dividende der Entspannung – anzusehen.

»Helsinki« dokumentiert auch, daß der Platz der USA als Friedens- und Ordnungsmacht in Europa anerkannt wurde. Auch das hatte eine Voraussetzung, nämlich die Respektierung der nuklearen Gleichberechtigung. Die Konsolidierung der internationalen Ordnung fand durch entspannte Beziehungen, die sich unter dem fortbestehenden Dach der bipolar definierten Interessensphären ereignet hatte, ihren Höhepunkt. Das »goldene Zeitalter« (Eric Hobsbawm) der Nachkriegsordnung erstrahlte in Frieden.

Ein Kampf der Minderheiten für den Frieden

Die Aufbruchstimmung in den Vereinigten Staaten hatte zu Beginn der sechziger Jahre alle ergriffen. Der junge Präsident verkörperte eine andere Generation als Eisenhower, der bejahrte General des Weltkrieges. John F. Kennedy umgab seine Administration mit mehreren Beraterkreisen. Die Sicherheitsberater McGeorge Bundy und Walt Rostow, Paul Doty vom Wissenschafts-Kommitee oder Jerome Wiesner als Wissenschaftsberater waren alles angesehene Experten von bekannten Universitäten. Sie standen für einen gewandelten Stil der Politikberatung und mehr noch für einen Ansatz, der Verantwortung der Wissenschaft durch praktische Kooperation und durch aktives Einwirken auf politische Prozesse gerecht zu werden versuchte.

Diese Wissenschaftler gehörten zu einem Kommunikations-Netzwerk, das sich durch die von Lord Bertrand Russell und Joseph Rotblat inspirierten Pugwash-Konferenzen über Atomwaffen und hochtechnologische Rüstung entwickelt hatte. Ein junger Zweig am Baum der Geschichte der Wissenschaften, die

Friedensforschung, trieb erste Knospen. Nicht die persönliche, Mitschuld bekennende Betroffenheit wie bei den Physikern Szilard oder Einstein bewegte diese Aktivisten, sondern die Ethik eines technokulturellen Weltbildes von Physikern, die Hiroshima als Mahnung empfanden. Sie wollten ihren Beitrag leisten, um das explosive Gemisch der Konfrontation zwischen West und Ost mit seiner nuklearen Rüstungsdynamik zu befrieden.

Die Suche nach gemeinsamen Interessen, einer gleichen Bewertung des Atomproblems und die Definition von beidseitig akzeptierten Regeln für die Bewertung der technischen Details der Waffensysteme hatte im Jahr 1960 in Moskau zu einer ersten Pugwash-Konferenz[46] geführt. Dort war auch die Idee zur Gründung einer amerikanisch-sowjetischen Studiengruppe entstanden, die die kooperative Rüstungssteuerung vorbereitete. Diese Kommunikationsformen naturwissenschaftlicher Experten bildeten den eigentlichen Hintergrund für den politischen Doppelerfolg von SALT und ABM. Die konzeptionelle und intellektuelle Infrastruktur der kooperativen Rüstungssteuerung zwischen den USA und der Sowjetunion – mit ihrer politisch rückgekoppelten Verzahnung – wurde von Pugwash und den gemeinsamen Studiengruppen gelegt.

Ein nur annähernd vergleichbarer Erfolg war der Friedensforschung in der Bonner Republik nicht vergönnt. Das akademische Leben an den Universitäten vor den Reformen der späten sechziger Jahre war nicht danach. Nicht zuletzt auch der Impuls von Bundespräsident Gustav Heinemann war es, der die Forschungen zum Thema Frieden nach 1969 allmählich zu legitimieren begann. Das Atomzeitalter mit den Möglichkeiten der Vernichtung in ungeheuren Dimensionen, so daß »keine Verblendung mehr über die Irrationalität von Krieg«[47] hinwegtäuschen konnte, hatte eine themenbezogene wissenschaftliche Forschung in Deutschland lange nicht aufkommen lassen.

Exemplarisch war beispielsweise eine Studie des Starnberger Max-Planck-Instituts zur Erforschung der Lebensbedingungen der wissenschaftlich-technischen Welt von 1971. Sie nahm die NATO mit ihrer Rüstung und Strategie ernst, rechnete die Verteidigungsszenarien durch und fragte: Wie viele Atombomben verträgt die Bundesrepublik, wenn sie als Industriegesellschaft überleben will? Das Resultat der Analyse zu den Kriegsfolgen[48] ließ keine Zweifel aufkommen. Bereits weit unterhalb der von den Militärs für den Einsatz geplanten nuklearen Potentiale würde die komplex organisierte Gesellschaft in Mitteleuropa schon keine Überlebenschancen mehr haben.

Die sicherheitspolitischen Folgen waren überaus deutlich: Wenn die Bundesrepublik mit konventionellen Waffen nicht verteidigt werden könnte und die nuklearen Waffen zur gesicherten Selbstvernichtung führten, mußte nach Alternativen[49] gesucht werden. Die Forderung nach einer anderen Verteidigung auf konventioneller, defensiver Basis verlangte, die ganze Breite der Sicherheitspolitik, der Glaubwürdigkeit, des Gleichgewichts, der Abschreckung und des militärisch-industriellen Komplexes zu analysieren. Friedensforscher wurden zu Spezialisten des Kriegshandwerks. Die Kriegsverhütung bildete den Schwerpunkt der Nachfolgestudien, denen sich ihr Leiter, Carl Friedrich von Weizsäcker, über Jahre hinweg mit dem Ziel widmete, Wege aus der Gefahr zu weisen.

Eindeutige Standpunkte wurden zu dieser Zeit auch in ethischen Fragen bezogen. Mit Enzykliken, die er an »alle Menschen guten Willens« richtete, wandte sich etwa Papst Johannes XXIII. an die ganze Welt. Er ging von der Annahme aus, ein menschenwürdiges Dasein unter Beachtung der Menschenrechte könne die Bereitschaft zum Frieden begünstigen. In seinem Appell heißt es: »In unserem Zeitalter, das sich rühmt, Atomzeitalter zu sein, widerstrebt es der Vernunft, den Krieg noch als das geeignete Mittel zur Wiederherstellung verletzter Rechte zu betrachten.« Dieses Diktum konnte nicht so leicht überhört werden: Der gerechte Krieg verlor seine Voraussetzungen. Drei Punkte – Ächtung des Krieges, Verurteilung des Rüstungswettlaufs und Mißtrauen gegenüber der Abschreckung – bildeten die neue Linie kirchlicher Verkündigung aus Rom, um für einen Frieden auf Erden – pacem in terris – zu werben. Vernunft und Sinn für Menschenwürde forderten, »daß der allgemeine Rüstungswettlauf aufhört, daß [...] Waffen gleichzeitig vermindert werden, daß Atomwaffen untersagt werden«[50]. So wies der Papst seinem Konzil die Richtung. Freude und Hoffnung – gaudium et spes – verkündete das Zweite Vatikanische Konzil im Jahr 1965. Förderung des Friedens und die Vermeidung des Krieges waren die beiden Flanken, die das alte kirchliche Prinzip, das Recht auf sittlich erlaubte Verteidigung, in das Atomzeitalter retteten. Weit entfernt davon, eine Kasuistik des Krieges zu liefern, wurde deutlich auf die Problematik der nuklearen Abschreckung verwiesen. Hatte Pius XII. noch wenige Jahre zuvor die nukleare Abschreckung gelehrt, so ging das Vaticanum diskret auf Distanz, als es seine Überzeugung ausdrückte, »daß der Rüstungswettlauf [...] kein sicherer Weg ist, den Frieden zu sichern, und daß das daraus sich ergebende Gleichgewicht kein sicherer und wirklicher Friede ist«.

Das brachte die Wende, Nuklearrüstung und Gleichgewicht als »Ursachen des Krieges« zu benennen. Es dauerte noch ein Jahrzehnt, ehe Papst Paul VI., ein Mitautor der zitierten Sätze, über das Gleichgewicht des Schreckens sagen konnte, es sei ihm stets als zu weit von jenem sittlichen Fundament entfernt erschienen, auf dem allein der Friede gedeihen könne.

In Deutschland hörte man die Stimme aus Rom mit Skepsis. Der Katholizismus pflegte die engen Bindungen zum Staat, wie sie bei der Gründung der Republik von Konrad Adenauer und Joseph Kardinal Frings begründet worden waren. Unauffällig und tastend bewegten sich in den sechziger Jahren die Kirchen zwischen den Positionen der Abschreckung und der Friedensförderung, die militärischen Realitäten ganz pragmatisch »noch« akzeptierend. Zu tief saß bei der Mehrheit die Identifikation mit der traditionellen Polarisierung und der Frontziehung gegenüber dem Hauptfeind Kommunismus. Aber die Jüngeren drängten voran; ihr Wort, das »deutlichere Wort«, galt dem Frieden.

Eng damit verbunden war das Thema der Kriegsdienstverweigerung; es bereitete manchem Bürger beträchtliches Unbehagen. Als die Zahlen stiegen, zeigte sich die öffentliche Ablehnung; ihre Einschätzung als »Drückebergerei« und »Pflichtvergessenheit« war nicht zu übersehen. Christlich argumentierende junge Männer machten zu Beginn der sechziger Jahre noch etwa die Hälfte der Verweigerer aus. Das ging bis 1968 auf gut 20 Prozent zurück, während in der selben Zeitspanne die politisch-pazifistische Argumentation auf über 50 Prozent stieg.

Die Infragestellung der Wehrpflicht war mit einer Kritik am Krieg in Vietnam und an der Atomrüstung der Bundeswehr rasant in die Höhe geschnellt. Drei Stränge gingen ineinander über, die die Jahrzehnte seitdem mitprägten: Anti-Militär, Anti-Krieg, Anti-Atom. 1968 bekannten sich erstmals mehr als 10 000 Männer, zur Zeit der Helsinki-Konferenz etwa 35 000 zur Kriegsdienstverweigerung. Der gesellschaftliche Wertewandel zeigte erste Konturen.

Gerade auch in den USA gewannen die Proteste gegen den Militärdienst an Relevanz. Die Ablehnung des Vietnamkrieges fand in den Anti-Kriegsaktionen sowie »teach ins« und »sit ins« ihren Ausdruck des Protestes gegen die Bombardierungen. Bürgerrechts- und Anti-Atom-Bewegungen schlossen sich mit den pazifistischen Gruppen zusammen und organisierten erstmals am 17. April 1965 einen nationalen Marsch auf Washington. Die Phase der Massendemonstrationen setzte ein, die erst mit den Erfolgen der Détente an der Wende zu den siebziger Jahren zu Ende ging.

Auch in den öffentlichen Protesten gegen die Atomwaffen in Europa war dieser Neuansatz[51] zu erkennen. Die »Ostermarsch«-Bewegung, die ihre Ursprünge in Protestmärschen gegen die Atompolitik der englischen Regierung während der Ostertage nach London hatte, fand Anhänger in vielen Ländern, so auch in der Bundesrepublik. Ganz aktuell richtete sich die internationale Kampagne seit 1960 gegen die »Gefahren der Atomrüstung«, gegen »den Krieg«, »die Bombe«. Sie bestand vor allem in dem abstrakten und moralischen Appell, auf Atomrüstung zu verzichten.

Die »Ostermärsche der Atomwaffengegner« bereiteten einen Massenlernprozeß vor. Immerhin nahmen allein in der Bundesrepublik jährlich bis zu 150 000 Menschen an diesen Demonstrationen teil, die von der Außerparlamentarischen Opposition (APO) und der Studentenbewegung fortgeführt wurden. In noch ganz anderer Breite wurde die junge Generation von der internationalen Ächtung des Krieges in Vietnam und der Atomrüstung der Blöcke erfaßt. Auch die innenpolitische Kampfansage der APO und ihr »Widerstand« gegen die Notstandsgesetze enthielten pazifistische Elemente, zumal sie mit dem Eintreten für Koexistenz, Menschenrechte und Entspannung viele Berührungspunkte mit der Friedensbewegung hatte.

Rüstungsbegrenzung als ein Ausdruck der kooperativen Rüstungssteuerung wurde als unzureichend verworfen, physische, echte Abrüstung wurde gefordert; symbolträchtig richtete man »atomwaffenfreie Zonen« ein. Bei vielen begann sich die Gewißheit zu verbreiten, Rüstung, Atomwaffen und die traditionelle militärische Machtpolitik seien überholt. Ein Aufbruch, mehr Frieden zu wagen, verband diese Menschen.

Kapitel 5

Der Griff nach mehr Macht – Von Vietnam zum Krieg der Sterne

Die Neuformierung einer multipolaren Welt

Kaum hatte die Entspannung in Europa zur Stabilisierung der internationalen Beziehungen beigetragen und den Friedensbeitrag der Ostpolitik im Zeichen einer deutschen Politik eingebunden, traten die westlichen Interessen, die über einige Jahre hin die Identität des Bündnisses signalisiert hatten, wieder auseinander. Die Anerkennung der Realitäten führte zu einer weitergehenden Verständigung zwischen den europäischen Staaten in Ost und West. Divergenzen zwischen der deutschen Ostpolitik, die nach Walter Scheel von Hans-Dietrich Genscher kontinuierlich verfolgt wurde, und der amerikanischen Détente, über deren Vollzug Henry Kissinger wachte, traten schon bald nach 1970 in Erscheinung. Die Détente sollte nach amerikanischen Vorstellungen politisch relevante Konfliktherde ausräumen, aber nicht darüber hinaus militärische Verhältnisse umstülpen, wie sie im Interesse einer langfristigen Stabilisierung der Position der USA in Europa lagen. Eine Bestandsaufnahme Kissingers an der Wende zu den siebziger Jahren zeigte klar, daß den USA das Heft in Europa entglitten war.

Als erstes mußte das alles überschattende Hindernis Vietnam aus dem Weg geschafft werden. Es war inzwischen zum Kainsmal der Macht geworden. Dabei waren die USA in Südostasien im Bewußtsein der Stärke angetreten, um diese Entwicklungsländer nach der Dekolonisation für die westliche Einflußsphäre gegen den Kommunismus zu sichern. Kennedy hatte den Boden bereitet, Johnson die Intervention organisiert; sie wurde ein Fehlschlag. Richard Nixon hatte einen »ehrenvollen Frieden« versprochen, um das militärische Debakel der Niederlage zu umgehen und die immer heftiger hinterfragte moralische Substanz dieses Krieges wenigstens halbwegs zu retten. Aber Vietnam war ein einziges Trauma: Napalm, Guerillakrieg, chemische Waffen zur Entlaubung ganzer Regionen, Kriegsverbrechen, Küstenverminung, Flächenbombardements auf zivile Ziele, das Massaker von My Lai.

Nach langjährigen Geheimverhandlungen in Paris konnte Kissinger schließlich im Januar 1973 den Waffenstillstand unterzeichnen; ein schmutziger Krieg, der kein Ende fand. Die Bilder von der Flucht mit Hubschraubern vom Dach der US-Botschaft in Saigon am 29. April 1975 brachten überdeutlich den Kontrast gegenüber dem Anspruch zum Ausdruck, mit dem die USA ein Jahrzehnt zuvor für die Durchsetzung von Freiheit und Demokratie aufgebrochen waren.

Die Antwort für die Erneuerung der Vereinigten Staaten suchte Henry Kissinger in einem Konzept der Stärke, eng angelehnt an das Programm, das ein Jahrzehnt zuvor von Präsident Kennedy als Botschaft an die Nation vorgestellt worden war. Präsident Nixon verband seinen Namen entschieden mit der Tradition der amerikanischen »leadership« im Westen. Den ersten Vorstoß des Präsidenten vom Sommer 1969 in Guam hatten die Europäer im Kontext der Loslösung der Vereinigten Staaten von Vietnam gesehen und dabei die grundlegende Bedeutung des Vorganges verkannt. Ähnlich reagierten sie, als am 25. Februar 1971 in einer Botschaft an den Kongreß das Manifest von Guam, die »Nixon-Doktrin«, aktualisiert und neu vorgestellt wurde. Schon einmal war eine amerikanische Doktrin zum Leitmotiv der amerikanischen Politik und dann einer ganzen Epoche geworden. Damals betrieb Truman die Eindämmung. Nixon lenkte den Blick auf das amerikanische Kernland und seine Beziehungen innerhalb der amerikanischen Interessensphären.

Diese Doktrin begrub die alte These der ersten Phase des Kalten Krieges, wonach der kommunistische Block monolithisch sei. Die Risse in der östlichen Welt, die Entfremdung zwischen China und der Sowjetunion, traten nun überdeutlich hervor. Diese Umbruchsituation sollte bei der Umstrukturierung der internationalen Beziehungen im letzten Viertel des 20. Jahrhunderts eine Schlüsselrolle spielen.

Nixon übernahm das Konzept eines koordinierten Verhältnisses zwischen fünf größeren Machtzentren der Welt, neben den nuklear-bipolaren Mächten waren dies Westeuropa, China und Japan. Diese pentagonale Struktur des internationalen Systems war von Kissinger in Anlehnung[1] an die Theorie des klassischen Machtgleichgewichts in Europa im frühen 19. Jahrhundert entworfen worden. Dieses multipolare System überwand die krude Fixierung des Gleichgewichts auf einen einzigen Gegner ebenso wie es die im Kalten Krieg erstarrten Beziehungen der Verbündeten untereinander und zu anderen Ländern auflockerte. Der »logische Ausdruck« dieses Ansatzes der USA bestand darin, hauptsächlich den eigenen Interessen zu folgen. Raymond Aron[2] erkannte den kritischen Punkt dieses Ansatzes: Eine solche Macht habe keine Verbündeten, sondern lediglich Interessen. Die Umorientierung der amerikanischen Politik schloß Europa ein, so daß die Verbündeten mit der Ambivalenz dieses Ansatzes und auch mit dem Verlust der gewohnten Muster im Umgang miteinander konfrontiert wurden.

Die Nixon-Doktrin steckte den Rahmen zukünftiger Politik ab. Sie ließ das Schema des Kalten Krieges und der Koexistenz hinter sich, damit die USA Handlungsspielraum gewinnen konnten. Dem Bündnis drohten gravierende Veränderungen. »Bindende Versprechen«[3] sollten als »dynamischer Prozeß« zur Gestaltung der Zukunft begriffen werden; die USA erwarteten »von anderen Ländern, daß sie stärkeren Anteil an den Formulierungen der Politik nehmen und einen größeren Anteil an den Kosten der Programme tragen«. Die NATO rückte für Washington nun wieder in den Mittelpunkt der Politik gegenüber Europa, denn sie galt als ein intaktes Instrument bewährter Diplomatie.

»Wir müssen die Beziehungen zu Verbündeten und Freunden stärken und in ihnen das Bewußtsein der Verpflichtung gegenüber ihrer eigenen Zukunft und dem internationalen System wecken«, lautete eine Hauptaussage. »Form und Gestalt« des europäischen Teils des Bündnisses sollten in die Verantwortung der Beteiligten gegeben werden. Deshalb wurden sie aufgerufen, an Plänen und Programmen »mitzuwirken«, das »Wesen ihrer eigenen Sicherheit selbst« zu definieren und den »Weg für ihren eigenen Fortschritt selbst« zu bestimmen.

Die erweiterte Partizipation im Bündnis verstand sich als erweiterte Teilhabe an der Partnerschaft. Die Dominanz der USA blieb Ziel und Zweck dieses Gleichgewichtsmodells. Dafür suchten sie eine »neue und subtilere Form der Führung zu entwikkeln« und strebten eine Reduktion der »Präsenz in Übersee« ohne Verzicht auf »US-Führerschaft« an. Abwägend, beinahe bedächtig wurde die Umverteilung der Gewichte im Bündnis als ein Angebot zur Kooperation vorgetragen.

Die Europäer blieben zurückhaltend und versuchten diese Passagen der Doktrin mehr als Forderung nach materieller Teilhabe, als einen bloß finanziellen Lastenausgleich zu verstehen. Sie setzten auf Zeit. Es verwundert nicht, daß es dabei zu Unstimmigkeiten und Friktionen im Bündnis kam. Kissinger hatte diese Doktrin in seiner Funktion als Außenminister 1973 als »Osterbotschaft« erneut vorgebracht, als er an die transatlantische, verbindende Klammer und die Machtverhältnisse innerhalb der westlichen Welt erinnerte.

Nixon stieß am 3. Mai nach, drängte auf ein »vereintes Westeuropa«, einen gemeinsamen Markt und Präferenzen für die USA und rief das »Europa-Jahr« aus. Weitgehend lehnte er sich an das Vorbild der vierziger Jahre an. Entsprechend kam der Vorschlag für die Abfassung einer Atlantik-Charta, ähnlich wie sie für Churchill und Roosevelt im Jahr 1941 die Grundlage ihrer Kooperation gewesen war. Danach sollte die Neuordnung der Beziehungen im Bündnis erfolgen: eine transatlantische Partnerschaft unter amerikanischer Regie. Die Europäer ihrerseits entdeckten darin aber eher einen untauglichen Versuch, die Politik der Entspannung, den Fortgang der MBFR-Verhandlungen und die Vorbereitungen der KSZE-Konferenz in Helsinki zu stören. Sie reagierten frostig auf die »Washingtoner Zumutungen«[4], wie Willy Brandt es nannte.

Die USA erzielten mit diesen Plänen in Europa kaum Erfolge. Zu lange zog sich die Loslösung aus dem Vietnamkrieg hin, als zu kompliziert erwies sich der Aufbau des neuen Weltwirtschaftssystems mit der Ablösung des Goldstandards und der Ordnung von Bretton Woods, und zu dramatisch erschütterte der Ölschock die ökonomische Prosperität. Doch die USA kamen dem ersten ökonomischen Ziel der Doktrin rasch näher, indem sie sich ihr Ölkartell sicherten und den Dollar als Leitwährung durchsetzten. Die Verzögerungen bei der Umsetzung der außen- und bündnispolitischen Ziele der Doktrin gingen auf das Konto des Präsidenten selbst – Richard Nixon hatte zu hoch gepokert und ging im Strudel des Watergate-Skandals unter.

Die größte Bedeutung der Nixon-Doktrin zur Erneuerung der USA lag in der sicherheitspolitischen Komponente. Sie hatte enorme Konsequenzen für die Ankurbelung der Wirtschaft und für die Bündnisbeziehungen – mit langfristigen Auswirkungen. Der Schlüsselsatz lautete: »Nukleare Macht ist das Element der Sicherheit« der USA; andere Länder jedoch wurden weiterhin »ermutigt«, auf eigene nukleare Bewaffnung zu verzichten. Eine rationale Kalkulation[5] und vollständige Evaluation leitete die kritische Bestandsaufnahme sämtlicher Rüstungs- und Waffensysteme sowie der Prinzipien der Strategie der flexiblen Reaktion insgesamt ein.

Verteidigungsminister James R. Schlesinger verfolgte bei dieser Revision das Ziel, jede unkontrollierte Eskalation eines Konfliktes mit der Gefahr der nuklearen Zerstörung für die USA auszuräumen. Als Leitsatz galt die Einschränkung des nuklearen Engagements, denn »es ist nicht klar, unter welchen Bedingungen die USA und ihre Verbündeten aus einem Schlagabtausch mit taktischen Nuklearwaffen militärische Vorteile ziehen könnten«. Dem lag die Annahme zugrunde, jeder Einsatz von Atomwaffen bedeute eine qualitative Veränderung der Kriegführung. Reduzierung und nicht Massierung der Atomwaffen sei das Ziel. Jetzt trat die politische Seite der Strategie zur Deeskalation von Konflikten wieder deutlich hervor.

Die Definition der Rolle der USA in der NATO und der amerikanischen Beziehungen zu Teilen der Welt, die als »vital interests« charakterisiert wurden – Westeuropa, die arabische Halbinsel und Südostasien –, war eine politisch- und militärisch-strategische Maßnahme ersten Ranges. Dabei wurden drei Ziele verfolgt: die Zusicherung des strategischen Schutzes durch die USA; der Aufbau eines umfassenden konventionellen Militärpotentials in den Regionen mit der Kapazität zur glaubwürdigen Abwehr eines Angriffs; die Umrüstung der taktischen Atomwaffen und ihre funktionelle Qualifizierung als regional-strategische

Abschreckung. Hinter diesem Konzept stand das Interesse der USA, die Schwelle des Einsatzes taktischer Atomwaffen anzuheben und den Automatismus der nuklearen Eskalation, der sie in jeden »regionalen« Konflikt hineinziehen konnte, durch die Verzahnung der Waffensysteme abzubauen.

»Die direkteste Anwendung« der Doktrin kam in dem ungeheuren Programm zur Modernisierung der Rüstung zum Ausdruck. Hier begann die Administration sogleich umfassend zu agieren. Es wurde nichts auf der Skala der konventionellen und nuklearen Rüstung ausgelassen, was auf der Wunschliste der hochtechnologischen Rüstungsforschung und -entwicklung zu finden war. Weit über hundert Großprojekte wurden zu Beginn der siebziger Jahre aufgelegt. Sie revolutionierten das Militär und die Rüstung bis zum Ende des Jahrhunderts von Grund auf.

Die Umsetzung der Erfahrung der Mondlandung führte zu dem System der drei C's – Command, Control, Communication – mit dem Resultat, die Verwendung der konventionellen Waffen unter den Bedingungen der Computerisierung ganz neu zu gestalten. Zahllose Projekte setzten das um: Bomber, Hubschrauber, Unter- und Überwasserschiffe, Panzer, gelenkte beziehungsweise intelligente, sich selbst steuernde Sprengköpfe, Strahlenwaffen, Satelliten, Munition, Raketen, Marschflugkörper und dergleichen mehr.

Die amerikanische Führung in der Welt war das Ziel dieser Doktrin, die Revision der Beziehungen im Bündnis eine funktionale Voraussetzung dazu, die Modernisierung der Rüstung ihre Bedingung: Seit 1969 hatten Nixon, Schlesinger und Kissinger die Richtung der amerikanischen Politik stetig, aber behutsam geändert, um zu einer Renaissance der hegemonialen Stellung der USA zu gelangen. In die Starrheit der Ost-West-Konfrontation war beträchtliche Flexibilität gekommen, weil nun neben Washington und Moskau, also neben die bipolaren Strukturen der internationalen Beziehungen weitere Zentren ins Spiel der Macht gebracht worden waren und mit der Macht der USA – im Design der Politik der Stärke des Präsidenten Kennedy – verknüpft wurden.

Die Veränderungen in der Politik der USA sorgten in Westeuropa für Verwirrung und lösten besorgte Reaktionen aus. Die aus der ersten Phase des Kalten Krieges gewohnte Interessenidentität hatte sich überlebt. Europa mußte erkennen, daß es selbst Objekt amerikanischer Interessen war. Dadurch entzündete sich das Mißtrauen an der Entspannungspolitik, die den Rahmen der Détente überschritten hatte. Taktisch geschickt boten die USA bei den MBFR-Verhandlungen in Wien den Abzug von tausend Atomwaffen an, wenn die Sowjetunion im Gegenzug dazu konventionell bewaffnete Divisionen auflösen würde. Nach dem neuen Sicherheitskonzept waren von dem Bestand von 7000 Atomwaffen in Europa nicht nur diese eintausend überflüssig. Die USA dokumentierten ihren Abrüstungswillen, die Sowjetunion blockte ab. So gelang es Kissinger unschwer, die »illusionäre Entspannungseuphorie« zu entlarven. Das Ziel war erreicht.

Weitere Aktionen rüttelten an der Entspannung. In den Verhandlungen zur Schlußakte von Helsinki hatten die Menschenrechte seit 1973 eine große Rolle gespielt. Sie wurden nun mit Wirtschaftsinteressen verknüpft; dabei nahm der Kurs der Entspannung Schaden. Im Zusammenhang mit der Meistbegünstigungsklausel hatten Henry Kissinger und Andrej A. Gromyko nämlich vertraulich verabredet, die Emigration von jüdischen Ausreisewilligen aus der Sowjetunion weiter (1968 waren es vierhundert, 1973 betrug ihre Zahl 35 000) zu erleichtern. Senator Henry Jackson brach die Verschwiegenheit und brüskierte am 3. Januar 1975 Moskau öffentlich auf diesem sensiblen Terrain; er verhinderte nicht nur die Ausreise weiterer Juden, sondern ruinierte den gerade abgeschlossenen Handelsvertrag nachhaltig.[6]

Offensiv wurde die Nixon-Doktrin auch von Senator Samuel Nunn[7] gegen die Verständigung in Europa eingesetzt. In seinen Augen rührte die Schwächung des Bündnisses hauptsächlich von dem Rückgang der Bedrohung her. Daher müsse die Allianz gegen die Hochrüstung der Sowjetunion durch den Ausbau der konventionellen Kapazitäten reaktiviert werden. Nunn stärkte die von Schlesinger betriebene Politik, den veränderten Stellenwert der Atomwaffen durch die Forderung nach weiterer Denuklearisierung der NATO-Strategie zu verdeutlichen. Es ging ihm darum, den zu geringen Mangel an Flexibilität und an Optionen der bisherigen Strategie zu beklagen. Auch hier zeigte sich, daß die USA mehr nukleare Handlungsfähigkeit gewinnen wollten und eine Strategie suchten, die sie nicht – infolge ihrer Bindung durch die Atomrüstung einerseits und die Bündnisstruktur andererseits – in regionale Konflikte hineinzwingen würde.

Der konzeptionelle Umschwung mit der Nixon-Doktrin sollte die Zukunft prägen. Er durchdrang vor allem zwei Bereiche intensiv: erstens die amerikanische Politik der Rüstung und Sicherheit, die hohe Akzeptanz auf der parlamentarischen und administrativen Ebene gewann; zweitens die Außen- und Wirtschaftspolitik, die instrumentell mit der Menschenrechtspolitik verknüpft wurde. Bereits Kissinger hatte mittels dieser spezifischen wertebezogenen Distanzierung zur Sowjetunion die Rolle der USA im Bündnis zu stärken versucht. Die neue Ausrichtung signalisierte auch keine Pause im bipolaren Dialog; der Dialog mit der Sowjetunion wurde nur unter anderen Bedingungen fortgeführt. Was folgte, war eine Ära der Abkühlung der bipolaren Kooperation, eine Regression der Beziehungen; die USA fanden damit – nach den stabilisierenden Erfolgen der Diplomatie der Détente durch Kissinger – die notwendige Zeit für die Reaktivierung der Kräfte.

Die Abkühlung des Klimas eröffnete eine zweite Phase des Kalten Krieges. Der Beginn dieser zweiten und das Ende der ersten Phase überlappten sich. Diese neue Phase hatte ihre Prägung durch die Nixon-Doktrin erfahren, schon bevor die Entspannung durch Détente und deutsche Ostpolitik den Höhepunkt erreichte. Immerhin, kein »roll back« stellte territoriale Positionen mehr in Frage. In Europa war die Entschärfung der Lage mit Helsinki besiegelt, in Asien hatten die chinesischen Positionen stillschweigend Anerkennung gefunden.

Darüber hinaus wurde im amerikanischen Wahlkampf von 1976 die Instrumentalisierung der Menschenrechte zur Benennung der Gegensätze der Systeme bereits kräftig vorangetrieben. Zwar konnte sich Ronald Reagan gegen Jimmy Carter noch nicht durchsetzen, aber eine Koalition von Kräften aus Politik und Publizistik im »Committee on the Present Danger« benutzte die Frage der Menschenrechte in ideologischer Absicht. Aus einer »Koalition für Frieden durch Stärke« zog diese nationale, konservative Sammlungsbewegung – für Moral und Militär – ihre enorme Kraft. Hier organisierte sich in der Mitte der siebziger

Jahre eine politische Gruppe, die sich eine propagandistisch wertebestimmte Legitimation für eine machtbestimmte Außenpolitik auf die Fahnen geschrieben hatte.

»Frieden durch Stärke«, dieses Motto der konfrontativ vorgetragenen Unvereinbarkeit zwischen Ost und West, unterstellte der Sowjetunion den Westen irrezuführen, um ihn auseinanderzudividieren und damit zu schwächen. Demgegenüber gewann wieder militärische Stärke – es gibt »keine Alternative zu Wachsamkeit und glaubwürdiger Abschreckung«[8] – an Bedeutung. Reagan lieferte schon 1976 das Pathos, mit dem er Werte deklamierte, aber den Kampf gegen die kommunistische Welt propagierte. Der Mann des »Committee« prägte dessen Botschaft in der öffentlichen Diskussion, zugleich kritisierte er den Präsidenten als zu lasch.

Jimmy Carter befand sich mit seinem idealistischen Programm in partieller Übereinstimmung mit der aus der Nixon-Doktrin abgeleiteten Politik der Machterneuerung, wenn er Menschenrechte einforderte, eine Abrüstung und die zentrale politische Kontrolle der Nuklearwaffen anstrebte. Insofern berührten sich die gänzlich anderen Ansätze der nationalen Machtpolitik. Sein Verständnis der bürgerlichen Freiheiten als Bestandteil der Menschenrechte leitete sich aus dem alten amerikanischen Sendungsbewußtsein her. Carters Sicherheitsberater Brzezinski verkörperte diese Politik, wenn er die Menschenrechte – der Ausdruck des »politischen Erwachens der Menschheit« – und die militärische Stärke zur Eindämmung der Sowjetunion zum Maß der Politik erhob.

Für den sich anbahnenden Klimasturz in der Weltpolitik gab es eine Reihe von Gründen. Da war die Skepsis einer wachsenden Zahl amerikanischer Politiker gegenüber der europäischen Politik der Entspannung insgesamt, »eine Skepsis, die keineswegs nur eine Reaktion auf das sowjetische Vorgehen darstellte, sondern grundsätzlicher Natur war«[9]. Da war die Erneuerung des amerikanischen Selbstverständnisses, nachdem die Fessel Vietnam abgestreift worden war. Da waren schließlich die Konflikte mit der Sowjetuntion in der Dritten Welt – und dann am Ende des Jahrzehnts Afghanistan.

Das Ende der Entspannung war aber noch nicht gekommen. Jimmy Carter mochte schwach und wankelmütig genannt werden, aber der Präsident erfüllte durchaus die Ansprüche des machtvollen Amtes, das er innehatte. Nach einigem Zögern und Besinnen stellte er sich in die Tradition der Realisten in der Sicherheitspolitik. Herausragende Bedeutung hatte die »Presidential Directive« (PD) 59 vom 27. Juli 1980. Sie erwies sich als Neuauflage der klassischen nuklearen Strategie der Amerikaner und hatte einen ähnlich bedeutsamen Stellenwert wie die Einführung der »flexiblen Reaktion« zwei Jahrzehnte zuvor durch John F. Kennedy. Die PD 59 bildete den vorläufigen Schlußpunkt im Wandel des militärischen Denkens und der Rüstungspolitik. Ihre geistigen Urheber waren Carters Sicherheitsberater Zbigniew Brzezinski und das Mitglied des Nationalen Sicherheitsrates Samuel Huntington.

Brzezinski und Huntington griffen auf die Doppelstrategie der Realisten Nixon und Kissinger zurück. Sie entschärften die bipolare nukleare Konstellation durch gezielte Konfliktbereinigung und setzten vor allem neue militärische Ziele. Zur Orientierung im Jahr 1980 diente ein »Military Posture«, das nur einen Tag nach der Inauguration von Richard Nixon am 21. Januar 1969 in Auftrag gegeben worden war. Dieses Memorandum[10] legte den Grundstein für die Ausrichtung der nuklearen Optionen. Das Dilemma der Strategien, die wechselseitige Vernichtung, sollte in einem gewandelten Mischungsverhältnis von Einsatzdrohung und Nichteinsatz der Atomwaffen gelöst werden. Nixon hatte ein neues Grundmuster in der Vielzahl von flexiblen und selektiven Optionen gesucht. Dafür stand seine Formel: keine »Massenvernichtung der zivilen Bevölkerung« in Rußland, damit kein »Gemetzel an Amerikanern« erfolge.

Kissinger hatte damals die umfangreiche Revision der Strategie – die militärischen Reaktionen, den Umbau der Kommando- und Kontrolleinrichtungen sowie das gesamte Entwicklungsprogramm der physischen Rüstung – koordiniert. Diese hochkomplexe Abstimmung konnte aber nur graduell – im Maße der Lösung aus Vietnam und der Verfügbarkeit der geforderten Waffen – realisiert werden. Die seitdem, seit 1969 betriebene Reformulierung der amerikanischen Strategie gewann Priorität, als die Waffenschmieden nun ihre Produkte anboten. So konnte die Doktrin 1980 modifiziert werden und spät doch noch ihre Wirkung entfalten.

Typisch für diesen Wandel war die »Counterforce«-Doktrin; bei ihr handelte es sich darum, mit nuklearen Schlägen gegen militärische Objekte die selektive Ausschaltung des sowjetischen Kriegführungspotentials, insbesondere der strategischen Einrichtungen und Kommunikationszentren, zu erzielen. Dies war ein Teil der strategischen Umsteuerung durch Neufestlegung der nuklearen Ziele. Das alte zentrale Prinzip – MAD, die wechselseitig gesicherte Zerstörung mit der Androhung massiver Vergeltung – wurde variiert; mehr noch, bei näherer Analyse entpuppte sich die »Counterforce«-Doktrin als schrittweise Revolutionierung der Strategie der USA; unterhalb jener Vernichtungsschwelle, wie sie bei MAD gegeben war, wurden selektive, regional beschränkte nukleare Optionen eingebaut.

Mit anderen Worten: Alle denkbaren Fälle eines Konflikts mit der Sowjetunion standen unter den Bedingungen, daß es möglich sei, proportional angemessen, rational glaubwürdig und begrenzt nuklear Krieg zu führen. Die Ratio dieses Ansatzes (formuliert in einem zusammenfassenden Memorandum des Nationalen Sicherheitsrates vom 17. Januar 1974) ist erstens die endgültige Abkehr von den letzten noch vorhandenen Elementen der Strategie der massiven Vergeltung und zweitens die Vorbereitung von Optionen der selektiven Atomkriegführung im Sinne einer »regionalen«, also kontinentweiten Verteidigung, etwa in Europa.

Diese Doktrin der begrenzten nuklearen Optionen wurde als politisches Instrumentarium gefordert. Bei der Einordnung der Entwicklung der Militär- und Sicherheitspolitik dieser Jahre muß die Aufmerksamkeit aber noch auf einen ganz anderen Zusammenhang gelenkt werden. Das Parlament hatte mit einer Resolution beider Häuser im »War Powers Act«, dem Gesetz über die Kriegsvollmachten, Klarstellungen über die Kompetenzen des Präsidenten, des Senats und des Repräsentantenhauses herbeigeführt.[11] Im Vordergrund der öffentlichen Erörterungen stand dabei die Frage, unter welchen Umständen der Präsident

Truppen ins Ausland entsenden könne. Von weitreichender Bedeutung waren insbesondere jene Passagen, die die Verpflichtungen in den Bündnissen betrafen; hinter den Kulissen also spielte das Verhältnis zur NATO eine große Rolle.

Für die europäischen Staaten sollte sich eine alte Differenzierung wieder einmal als bedeutsam erweisen, die nicht zufällig eingeführt worden war und dem Militär allgemein bekannt war. Danach gab es zum einen die entscheidenden nuklearen Waffen zum Schutz des Territoriums der USA und zum anderen jene zum Gebrauch auf dem »theater of war«, auf dem Kriegsschauplatz oder dem Gefechtsfeld. Die Deutschen bezeichneten die erste Kategorie gewöhnlich als strategische, die zweite als taktische Atomwaffen, ohne daß damit die Zuordnung korrekt getroffen war. Das Repräsentantenhaus[12] bestätigte die Unterscheidung jener beiden Kategorien – strategisch oder taktisch – im Hinblick auf den Text des NATO-Vertrages. Schon 1949 hatte die politische Vorgabe gegolten, nicht wegen »Kopenhagen oder Paris« die Sicherheit der USA zu gefährden. Die funktionale Zuordnung von Atomwaffen gewann jetzt ihre verfassungsrechtliche Klarstellung nach der Formel: die strategischen Waffen zum Schutz des amerikanischen Territoriums, die taktischen für regionale Konflikte. War Europa aus der Washingtoner Perspektive eine »Region« mit vitalen amerikanischen Interessen, so entstand auf dem Alten Kontinent der Eindruck, Europa werde von der strategischen Sicherheit der USA abgekoppelt.

Diese Klärung hatte Schlesinger bereits in einem Bericht über die Aufstellung taktischer Nuklearwaffen in Europa (»The Theater Nuclear Force Posture in Europe«) im April 1975 vorbereitet. Dabei unterstrich er die Gültigkeit der flexiblen Reaktion, bei der die Abwehr eines konventionellen Angriffs weiterhin unter die nukleare Garantie falle.[13] Er deutete diese Festlegung mit dem Begriff »realistische Option« der Atomkriegführung an. Außerdem signalisierten Ausführungen über die »Hebung der Atomschwelle« die Abkehr von dem von den Deutschen geforderten Prinzip des gesicherten Verbundes der taktischen und strategischen Atomwaffen.

Die Schlußphase der Formulierung der PD 59 wurde noch einmal unterbrochen, da Präsident Carter zur Klärung eine zusätzliche Neubewertung der Atompolitik mit dem »Presidential Review Memorandum« Nr. 10 veranlaßt hatte. Zwei Denkschulen standen nämlich in der Administration einander kontrovers gegenüber. Jene unter dem Einfluß von Robert McNamara plädierte für die Fortsetzung der Détente. Sie hatte die Flexibilität in die Strategie eingeführt, um die nukleare Kriegführung zu verhindern. Die Abschreckung sollte demnach vor dem Krieg schützen oder wurde über den Krieg gestellt, wie ihre Bezeichnung »prewar deterrence« besagte. Mit dem MAD-Konzept der Abschreckung wurden sowjetische Großobjekte, Städte und Industrieviertel, also deren Überlebensfähigkeit bedroht (»countervalue«). Die andere Denkschule der Abschreckung folgte der Nixon-Doktrin der Machterneuerung. Sie begründete ihre Kritik am MAD-Konzept mit dem Zuwachs der strategischen Rüstung der Sowjetunion, gegen die ein Gegengewicht geschaffen werden müsse. Verteidigungsminister Harold Brown bezeichnete dies als »countervailing strategy«, die die tatsächliche Führbarkeit eines Krieges als Kriterium der Glaubwürdigkeit der Abschreckung – »war-fighting deterrence« – einführen müsse. Dafür schienen die neuen treffsicheren und miniaturisierten Waffensysteme geeignet, die die sowjetischen strategischen Waffen in ihren Stellungen vernichten sollten.

Präsident Carter folgte mit der PD 59 diesem Ansatz der Modernisierung der Waffen. Der Zeitpunkt für eine Revision der strategischen Militär- und Sicherheitspolitik war 1980 gekommen, da eine Fülle der seinerzeit von Nixon in Auftrag gegebenen Waffen- und Trägersysteme zur praktischen Erprobung oder Fertigstellung anstanden. Der Transfer der Mondlandetechnologie in die Rüstung war ebenfalls vollzogen.[14] Nachdem das Einsatzkonzept stand, konnte die US-Administration nun die Entscheidungen zur Produktion fällen. In diesem Rahmen lassen sich Carters Absagen an die Produktion des B1-Bombers und die Verzögerung eines Beschlusses über die mobilen, auf Zügen zu stationierenden interkontinentalen MX-Raketen erklären; der Präsident favorisierte den Ausbau der seegestützten Systeme aus Gründen der Unverwundbarkeit.

Die PD 59 setzte bei der Zielplanung auf Objekte der politischen und militärischen Führungseinrichtungen, auf Objekte der

Infrastruktur und Rüstungsindustrie. Schlesingers Vorstellungen über die größtmögliche Flexibilität und Selektivität bei Nukleareinsätzen wurden weiter differenziert. Ein langer und komplizierter politisch-militärischer Entscheidungsprozeß war nach einem Jahrzehnt mit Beginn der achtziger Jahre zum Abschluß gekommen.

Das komplexe Interaktionsmuster zwischen den Supermächten und die Regeln ihrer nuklearen Rüstungskonkurrenz sind nicht leicht zu entwirren. Monokausale Erklärungen taugen kaum mehr als daß sie einzelne Aspekte hervorheben. Immer wieder gewannen die spiegelbildlichen Erklärungen – Bedrohungen aufgrund der »Vor«-Rüstungen der Gegenseite – einen hohen Stellenwert für die Rüstungsdynamik. Eine der Hauptursachen dafür lag sicherlich darin, die Politik des jeweiligen Rivalen als Überlegenheitsstreben wahrzunehmen. Doch kann die Bedeutung, die sich aus der totalitären Ideologie und Herrschaftsstruktur der Sowjetunion ergab, kaum unterschätzt werden. Aus Sicht der westlichen Seite suchte Moskau mit einer auf Überlegenheit zielenden Militärmacht die globale Ausbreitung des Kommunismus zu sichern. Aus sowjetischer Sicht konnten jedoch nur politische Vorsicht und militärische Hochrüstung den Westen zu einer »friedlichen« Haltung veranlassen.

In einer solchen Spannung der Interpretationen steht die Politik von Leonid Breschnew. Einerseits brachte er die Entspannungs- und Abrüstungspolitik mit der NATO in Europa und mit den USA voran, andererseits aber bestärkte er mit seiner neuen Definition der Koexistenz den Verdacht, die Fortsetzung des sowjetischen Expansionismus mit allen Mitteln – ausgenommen die direkte militärische Konfrontation – zu betreiben. Wörtlich hatte er auf der Tagung der Warschauer-Pakt-Staaten im Frühjahr 1974 erklärt: »Wir Kommunisten müssen eine Zeitlang mit den Kapitalisten zusammenarbeiten. Wir brauchen deren Landwirtschaft und Technologie«, lautete die Begründung, an die er die machtpolitische Perspektive anfügte, »aber wir werden unsere Rüstungsprogramme fortsetzen und Mitte der achtziger Jahre in der Lage sein, zu einer wesentlich aggressiveren Außenpolitik zurückzukehren, um in unseren Beziehungen zum Westen die Oberhand zu gewinnen.«[15]

Die Breschnew-Doktrin erklärte die Bereitschaft zur Kooperation mit dem Westen als taktisch und der Funktion untergeordnet, mittelfristig die Suprematie anzustreben. Die sowjetischen Rüstungsprogramme erschienen daher eminent ideologisch motiviert. In Übereinstimmung mit seinen programmatischen Festlegungen setzte Breschnew eine gewaltige nukleare Aufrüstung in Gang. Zwar erklärte er, die Sowjetunion werde »keine militärische Überlegenheit über die andere Seite anstreben«, aber sie würde auch »nicht gestatten, daß die andere Seite Übergewicht über uns erreicht«.

Diese Worte enthielten den Anspruch auf Gleichstellung mit der amerikanischen Weltmacht. Die strategischen Implikationen wurden bereits nach wenigen Jahren sichtbar. Erstens: Aufrechterhalten der globalen Parität und Einführen einer partiellen Zweitschlagskapazität; zweitens: Etablieren der Kontinentalmacht Sowjetunion als (nach den USA) wichtigste nuklear gerüstete Seemacht; drittens: Festigen des eurostrategischen Gleichgewichts und nukleare Modernisierung.

Es bestand also genügend Anlaß zu prüfen, wie sich die machtpolitischen Ambitionen auch rüstungspolitisch niederschlagen würden. Die rasante Ausweitung der Arsenale an Atomwaffen kann gar nicht angemessen dargestellt werden. Die Relation zwischen den USA und der UdSSR von 1960 mag als Ausgangspunkt hilfreich sein, als etwa 18 000 amerikanischen kaum mehr als 4000 sowjetische Atombomben gegenüberstanden. Den größten Schub bewirkte die Auf- und Umrüstung Breschnews. Das Resultat des Jahres 1986 erbrachte den Höchststand von 45 000 Atomsprengköpfen. Die Detonationsstärke erreichte ihre Obergrenze wohl im Jahr 1974; bis Anfang der achtziger Jahre ging sie dann um ein Viertel auf 12 000 Megatonnen zurück. Die nukleare Aufrüstung seit der Mitte der siebziger Jahre hatte allein unter quantitativen Gesichtspunkten gigantische Ausmaße, die qualitativ erst durch Miniaturisierung, Zielpräzision oder die MIRV-Systeme (mehrere, unabhängig steuerbare Sprengköpfe auf einer Rakete) näher zu bestimmen ist. Aus dem ehemaligen numerischen Gleichgewicht der Atombewaffnung der Supermächte war hierdurch in den achtziger Jahren ein »Gleichgewicht der Ungleichgewichte« entstanden.

Auch die Vereinigten Staaten hatten eine aktive Umrüstung betrieben und ihren Anteil am nuklearen Wettlauf gehabt. Die PD 59 hatte ein umfassendes nukleares Rüstungsprogramm realisiert. Nach den in die Planung aufgenommenen und zugänglichen Daten[16] gab es 1980 wohl 26 000 Atomwaffen (1967 etwa 32 500 – der historische Höchststand) in amerikanischen Arsenalen, deren Explosivkraft im Minimum von 10 Tonnen TNT bis zu den extremen 9 Megatonnen TNT-Äquivalent reichte und deren Größe eine tragbaren Landmine mit 70 Kilo oder einen Sprengkopf von etwa 3,6 Tonnen Gewicht für die B-52-Bomber beziehungsweise die Titan-II-Rakete umfaßte. Die gesamte Explosionskraft hatte etwa 14000 Megatonnen (1967) betragen und ging bis Ende der achtziger Jahre auf ungefähr 4000 Megatonnen zurück.

Um 1980 war je die Hälfte der Atomwaffen für taktische und strategische Zwecke vorgesehen, von denen der größte Teil ausgetauscht und umgerüstet – modernisiert – werden sollte. Die Auftragsplanung ging von einem Produktionsrahmen neuer Typen von 23 000 Sprengköpfen aus, die bis zum Ende der achtziger Jahre den Gesamtbestand der Atomwaffen bei den amerikanischen Streitkräfte auf 32 000 erhöhen sollte. Für Mitte der neunziger Jahre wurden 37 000 verfügbare Atombomben als Ziel gesetzt.

Die angestrebte höhere Flexibilität wird in den Zielplanungen deutlich; die gültige nukleare Einsatzpolitik (NUWEP 1) von April 1974 wurde verfeinert. Im Vergleich wird die drastische Steigerung deutlich. Im Jahr 1949 gab es siebzig festgelegte Ziele, die amerikanische Kriegszielplanung von 1966 erfaßte für den Falle eines Nuklearkrieges 10 000 potentielle Objekte. Statt 24 000 Ziele (1974) fanden mit der PD 59 nun mehr als 40 000 militärisch relevante Ziele Berücksichtigung, für die 11 000 strategische Atomsprengköpfe programmiert wurden. Gemäß der weiteren Flexibilisierung und Differenzierung der nuklearen Strategie wurde dieser Trend im Juli 1982 von Verteidigungsminister Caspar W. Weinberger (NUWEP 82) mit einem Planungsrahmen von 50 000 Zielen auf das historische Höchstniveau getrieben. In den Szenarios für Atomwaffen-Einsätze konnten so ganz unterschiedliche Schwerpunkte gesetzt werden.

Die Diversifizierung der Atomwaffen und ihrer -strategien hatte zu Beginn der achtziger Jahre einen Stand erreicht, der als nukleare Kriegführungsfähigkeit klassifiziert wurde. Eine Wende im nuklearen Denken war eingetreten, der Ersteinsatz, auch von taktischen Waffen, schien beschlossen. In den Doktrinen ging es um Effektivität gegen militärische Ziele, selektiven Einsatz und absolute Kontrolle als Voraussetzung für das politische Ziel, die Gefahren einer Eskalation des taktischen nuklearen Einsatzes gerade in Europa zu reduzieren. Diese Widersprüche schreckten ab.

Die nukleare Umrüstung – die Neutronenbombe

Die NATO, und damit auch die Bundesrepublik, hatte der modernisierenden Umrüstung der Atomwaffen ihre Zustimmung gegeben. Die Einbindung der NATO in das amerikanische Kalkül verlief kontinuierlich, wie die Abstimmungen[17] über verschiedene militärische Szenarien und die diversen Rüstungsprojekte in der Nuklearen Planungsgruppe des Bündnisses zeigen. Auf NATO-Ratstagungen wurden regelmäßig die Minister und Kanzler instruiert, aber trotzdem entstand in den westeuropäischen Ländern, und gerade in Deutschland, das kaum glaubhafte Phänomen einer uninformierten politischen Öffentlichkeit. Dazu kam die selektive Wahrnehmung der verantwortlichen Politiker.

Ein Beispiel für den verblüffenden politischen Dissens, der trotz langjähriger NATO-intern abgestimmter Kooperation entstand, ist die Einführung der Neutronenbombe. Unter Betonung ihrer besseren Treffgenauigkeit bei geringerer Sprengkraft, wurde sie seit Beginn der siebziger Jahre auf den unterschiedlichsten Ebenen innerhalb der NATO vorgestellt und akzeptiert. Da sie weniger unbeabsichtigten Schaden anrichten würde, galt sie als »saubere« Atomwaffe für eine »diskretere« Zielplanung. Dieses Waffendesign entsprach ganz der Logik der Planer und war das typische Produkt der Evolution der amerikanischen Nuklearstrategie seit 1969. Sie entsprach allen Anforderungen nach Selektivität, Flexibilität und Kalkulierbarkeit der Wirkung. Von deutscher militärischer Seite wurde diese Waffe bereits seit 1970 gefordert; die politische Führung in Bonn war von Anfang an voll involviert und informiert.

Helmut Schmidt zählte zu jenen Protagonisten einer realistischen Machtpolitik, deren Grundregel das numerische Gleichgewicht der Atomwaffen auf allen Ebenen der Rüstung war. Die bipolare Parität der strategischen Waffen wie auch die amerikanischen Planungen einer Reduktion der Atomwaffen wurde von ihm als relative Schwächung der Position der Bündnispartner interpretiert. Die (dann so bezeichnete) »geringere Integration der Atomwaffen« bestärkte die deutschen Befürchtungen, es bestehe eine Tendenz der Abkoppelung der USA von Europa. Dieses Bild war von der klassischen Doktrin des Gleichgewichts bestimmt.

Wenn also die Sowjetunion Mittelstreckenraketen gegen Westeuropa richtete, dann benötigte Westeuropa zum Ausgleich ebenfalls Mittelstreckenraketen, lautete die Formel von Schmidt. Die Stationierung von amerikanischen Atom-U-Booten im Mittelmeer oder im Indischen Ozean und deren Ausstattung mit Raketen, die auf die sowjetischen Startplätze programmiert waren, fand in diesem Argumentationsmuster keine Berücksichtigung. Daher drängte der deutsche Kanzler bei Präsident Gerald Ford schon 1975 auf die Aufnahme jener sowjetischen Mittelstreckenraketen (damals SS 4 und SS 5) in die Verhandlungen über die SALT-Abkommen; aus diesem Grund zählte Schmidt zu den Befürwortern der Modernisierung der taktischen Nuklearwaffen und ihrer Raketen. Diese Modernisierung kam bald.

Im Juli 1977 bestand zwischen Regierung und Opposition in Bonn Übereinstimmung in der Einschätzung, daß die Neutronenbombe zur Abwehr sowjetischer Panzerverbände notwendig sei. Angesichts dieser konventionellen Bedrohung hielten Kanzler Schmidt und der Sprecher der Opposition in den Fragen der Sicherheitspolitik, Manfred Wörner, die neue taktische Waffe im Zuge der üblichen Modernisierung für ein geeignetes Instrument. Doch damit geriet die amtliche Sicherheitspolitik in größte Kontroversen.

Der Gegensatz zu anderen Gruppen in den Parteien und in der Öffentlichkeit kam auf, weil diese in den »Enhanced Radiation Weapons« den Vorteil erhöhter Strahlenwirksamkeit nicht zu erkennen vermochten. Egon Bahr äußerte seine Kritik in dem bekannten Wort, die Neutronenbombe sei das »Symbol der Perversion des Denkens«. Ihr möglicher Vorteil zur Verstärkung der Abschreckung erschien gegenüber der »Mutation menschlichen Denkens«[18] sekundär. In der Schonung des Materials bei gleichzeitiger Vernichtung des Lebens sahen die Kritiker einen qualitativen Sprung zum Negativen; die Neutronenbombe tötete die Besatzungen, die Panzer aber ließ sie unzerstört.

Die Regierung versuchte dennoch mit allen Kräften, aller Überzeugungskraft und mit beträchtlichem Einsatz, auch die öffentliche Zustimmung für die Stationierung dieser neuen Atomwaffen zu bekommen. Die hochgehenden Wogen der öffentlichen Debatte um die Aufstellung der Neutronenwaffe zeigte schlagartig die Grenzen der Legitimität und öffentlichen Akzeptanz der nuklearen Sicherheitspolitik Ende der siebziger Jahre in Deutschland. Die Hinweise des Generalsekretärs der NATO, Joseph Luns, auf die langen und intensiven Konsultationen im Bündnis und auf die taktische Notwendigkeit dieser Waffen konnten die Skeptiker nicht überzeugen.

Die innenpolitische Polarisierung wurde unüberbrückbar, als die SPD im November 1977 die eigene Regierung zu Abrüstungsinitiativen aufforderte, um die Lagerung von Neutronenwaffen überflüssig zu machen, und als die Fraktion der CDU/CSU im Bundestag eine Resolution zur Unterstützung der Stationierung verabschiedete. Ihr einleitender Satz – »Unsere moralische und politische Pflicht ist es, den Frieden zu sichern!« – hätte genausogut von den Gegnern der Stationierung stammen können.

Kurzfristig aufgenommene Verhandlungen zwischen den USA und der Sowjetunion über ein Verbot von Strahlenwaffen scheiterten. Leonid Breschnew warnte vor einer weiteren Runde des Wettrüstens; kurz vor Weihnachten 1977 griff er medienwirksam zum diplomatischen Mittel eines persönlichen Briefes an die westlichen Staats- und Regierungschefs. Sein Angebot, auf Strahlenwaffen zu verzichten und sie zu ächten, verband er mit der Drohung, andernfalls mit Aufrüstung reagieren zu müssen. Das Argument, »reagieren zu müssen«, wurde von Verteidigungsminister Harold Brown, Berater Brzezinski und Außenminister Cyrus R. Vance mit Blick auf die sowjetischen Panzerverbände und die neu entwickelten SS-20-Raketen freilich ebenfalls eingebracht. Bundeskanzler Schmidt blieb seiner bereits vorgetragenen Bewertung der »Realisten« auf westlicher Seite auch 1978 treu; seine Regierungserklärungen und Beiträge im Bundestag kennzeichneten die Neutronenbombe »als unverzichtbares Mittel« zum Ausgleich des »zahlenmäßig überlegenen Potentials« im Osten.

Doch die im Bündnis etablierte Verteidigungsfront für die Einführung der Neutronenwaffe war nicht mehr geschlossen, sie zeigte erste Risse. Anfang März gab der niederländische Verteidigungsminister unter dem Beifall des Parlaments aus Protest gegen die Aufstellungsplanungen der NATO seinen Rücktritt bekannt. Die Aufheizung des Klimas nahm dramatisch zu, nachdem die Sowjetunion im Abrüstungsausschuß der Vereinten Nationen in Genf eine »Konvention über das Verbot von Neutronenbomben« vorgelegt hatte. Verhandlungen über diesen Entwurf wurden vom Westen mit dem Hinweis auf die »östliche Propaganda« abgelehnt.

Franz Josef Strauß sprach ganz in der gewohnten Rhetorik des Kalten Krieges von der »jämmerlichen Haltung« der Aufstellungsgegner, da sie »klar die Position Moskaus« bezogen. Den gleichen Stil pflegte der für die Verteidigung zuständige Minister Georg Leber, der sich bemühte, seine Gegner als »linke Pazifisten«, »Wirrköpfe« und »Querköpfe« zu diffamieren. Auch Beschimpfungen wie »Soldaten des Ostens« fielen; in Zeitungen hieß es zugespitzt: »Agenten des Ostblocks schüren die Angst vor der Bombe.« Die Bundesregierung wich trotz des innerparteilichen Drucks der SPD nicht von ihrer seit Jahren mit der NATO abgestimmten Position ab. Auffällig betonte sie ab Februar 1978 den formalen Standpunkt, die Entscheidung über die Produktion der Neutronenbombe falle in die Zuständigkeit der USA. Doch der Bau der goldenen Brücke zwischen Akzeptanz und Ablehnung gelang nicht. Die Eskalation verschärfte sich sogar noch. Präsident Carter wertete die Haltung von Kanzler Schmidt, die Verantwortung der USA öffentlich herauszustellen, als Brüskierung. Er warnte: »Dieser amerikanische Präsident wird nicht bis zum äußersten Ende eines Astes kriechen und dann die Deutschen entscheiden lassen, ob sie ihn da absägen sollen oder nicht.«

Am 20. März 1978 sagte Carter die Ministerratstagung der NATO ab, am 7. April erfolgte die Erklärung, der Präsident habe die Entscheidung über die Produktion »von Waffen mit verstärkter Strahlenwirkung« aufgeschoben. Das erneuerte Angebot Breschnews, nach gemeinsamer Absprache auf die Produktion der Neutronenbombe zu verzichten, wurde von Carter am 25. April mit dem Hinweis auf die »massiven und überwältigenden Panzerstreitkräfte« in Europa abgelehnt.

Die Auseinandersetzungen um die Aufstellung der Neutronenbombe werfen ein bezeichnendes Licht auf die Bedingungen sicherheitspolitischen Handelns in der ersten und zweiten Phase des Kalten Krieges. Dabei war der macht- und staatspolitische Realismus der politischen Akteure alles in allem beinahe identisch geblieben; Konrad Adenauer unterschied sich von Helmut Schmidt kaum in Begründung und Bewertung der Notwendigkeit, »moderne« Waffen aufzustellen. Die Teilhabe an der nuklearen Macht erschien beiden selbstverständlich.

Helmut Schmidt war ein Vertreter der Glaubwürdigkeitsmaxime. Seit den sechziger Jahren stand sein Name für die Forderung nach einem Gegengewicht zu den sowjetischen SS-4- und SS-5-Mittelstreckenraketen.[19] Er war nicht damit einverstanden gewesen, im Zuge der Lösung des Kuba-Konfliktes die US-Raketen in Schottland und der Türkei abzuziehen; und er blieb trotz Proteste von Öffentlichkeit und Friedensbewegung ein Befürworter der Stationierung der Neutronenbombe. Enttäuschung und Empörung kennzeichneten dann auch die Reaktion des deutschen Kanzlers, als er Anfang April vom amerikanischen Stellvertretenden Außenminister, Warren Christopher, vorab über Jimmy Carters Entscheidung informiert wurde, von der Neutronenwaffe abzurücken. Damit habe ihm der Präsident, so der Kanzler wörtlich, den Teppich unter den Füßen weggezogen.

Der Unterschied der beiden Phasen der Sicherheitspolitik liegt auch in der ganz unterschiedlichen Wirkung von Protest und Kritik an der Atomrüstung. Zugleich gibt die Diskussion einen interessanten Einblick in die verschiedenartigen Ausprägungen des politischen Realismus', dem auch die Haltung des anderen sozialdemokratischen Kanzlers, Willy Brandt, durchaus zuzurechnen ist. Sein Realismus führte ihn zu der Forderung nach einer »hinlänglichen Verteidigung« mit reduzierten Potentialen an Atomwaffen. Sein Sicherheitsbegriff betonte stärker die Gemeinsamkeit der Sicherheit über die Ost-West-Grenzen hinweg als die Vorstellung einer Stabilität durch Aufrüstung. Die debattierte Modernisierung der taktischen Atomwaffen erschien aus seiner Position heraus »überflüssig«; die Neutronenbombe war für ihn schlicht »Teufelszeug«.

Der Druck der Öffentlichkeit in vielen Staaten Europas hatte zur Revision einer intern lange vorbereiteten sicherheitspolitischen Entscheidung der NATO geführt. Der Streit um die Neutronenbombe ist ein schlagendes Beispiel für den Bedeutungs- und Legitimitätswandel, den die nukleare Sicherheitspolitik innerhalb eines Jahrzehnts durchgemacht hatte. Die Politik erlebte ein Fiasko. Nicht nur Bundeskanzler Schmidt, auch Präsident Carter hatte eine Schlappe erlitten.

Die Aufgabe der Produktion dieses Typs einer Atomwaffe gewann freilich noch eine ganz andere Dimension. Jetzt fühlte sich das gesamte sicherheitspolitische Establishment der USA diskreditiert, schließlich hatte man doch mehr als ein Jahrzehnt lang die militärische Feinabstimmung in der NATO in völligem Konsens vollzogen und außerdem auch die sicherheitspolitische Akzeptanz für die Modernisierung hergestellt. Was aber noch schwerer wog und eine Serie von Krisensitzungen provozierte, war die Tatsache, daß diese Strahlenwaffen eigentlich Teil der Revision der amerikanischen Rüstungs- und Bündnispolitik in der Folge der Nixon-Doktrin sein sollte.

Politisch kennzeichnend für die Neutronenbombe war, daß sie eben nicht eine simple Modernisierung irgendeines x-beliebigen Typs von Atombombe war, sondern daß mit der Einführung dieser Waffe der Wandel der NATO vollzogen werden sollte. Dieses Ziel war nicht erreicht worden, so daß im Establishment auf allen Seiten der Eindruck vorherrschte, eine Niederlage erlitten zu haben. Die Stellung der USA im Bündnis hatte nach dem Verständnis der Washingtoner Regierung Schaden genommen. Das durfte sich nicht wiederholen. Die Episode um die Neutronenwaffe wurde daher in den folgenden Jahren zum Präzedenzfall der Beziehungen im Bündnis.

Die Rüstung zur Abrüstung – der NATO-Doppelbeschluß 1979

1977 war Bundeskanzler Helmut Schmidt nach London eingeladen worden, um einen Vortrag zum Gedenken an den ersten Direktor des Internationalen Instituts für Strategische Studien, Alastair Buchan, zu halten. Er nutzte die Gelegenheit am 28. Oktober zu einer vielbeachteten Rede, deren sicherheitspolitische Botschaft sich auf einen einfachen Nenner bringen läßt: Gleichgewicht auf allen Ebenen der Verteidigung. Diese Rede begründete den Ruf des Kanzlers, die Grauzonenwaffen – die Mittelstreckenraketen der Sowjetunion mit dem Kürzel SS-20 – entdeckt zu haben; als Konsequenz der Bedrohung durch diese Raketen erfolgte 1979 der Beschluß der NATO zur Nachrüstung.

Es war der im September 1977 erzielte Teilerfolg einer Übereinkunft über die strategische Rüstungsbegrenzung bei SALT II zwischen dem sowjetischen Außenminister Gromyko und Präsident Carter, der Helmut Schmidt aus der Reserve gelockt hatte. Gleichgewicht auf der strategischen Ebene fördere in Europa nicht die Sicherheit: »Damit wächst in Europa die Bedeutung der Disparitäten auf nuklear-taktischem und konventionellem Gebiet zwischen Ost und West.« Die Folgerung aus dieser Aussage spitzte er in der Forderung nach »Ausgewogenheit aller Komponenten der Abschreckungsstrategie« zu.

Schmidt leitete zu seiner zentralen Aussage über. Sie klang – ganz wie eine Passage aus dem Handbuch für die NATO – harmlos: »Die Allianz muß bereit sein, für die gültige Strategie ausreichende und richtige Mittel bereitzustellen.« Und es lag auch keine Dramatik in seinen Äußerungen, die Fortschritte bei den strategischen und den MBFR-Verhandlungen ebenso einforderten wie konkrete Rüstungsanstrengungen, damit keine Zonen ungleicher Sicherheit im Bündnis entstünden. Es war eine ganz normale Rede eines Experten für Sicherheitspolitik gewesen, der in den Zeiten des RAF-Terrorismus gerade noch Zeit gefunden hatte, mit seinen Beratern die thematischen Akzente des Londoner Vortrags vorzubereiten. Ihre Brisanz verdankte sie hingegen den Umständen, in die sie hineintraf.

Von sicherheitspolitisch größter Bedeutung war natürlich die langfristige Rüstungsplanung der NATO, die seit einem halben Jahr mit Hochdruck auf amerikanische Initiative hin erstellt wurde. Der Schwerpunkt der neuen Prinzipien, die für die amerikanische Seite in der PD 59 gefaßt wurden, lag zunächst in der Betonung der Bedeutung der konventionellen Kapazitäten für die Verteidigung in Europa. Daher war von den Amerikanern eine nukleare Arbeitsgruppe eingerichtet worden, damit die reduzierte Atomplanung von den Verbündeten nicht als ein Abrücken von der nuklearen Abschreckung mißverstanden würde.[20] Anfang Oktober war dieses Gremium mit der Nuklearen Planungsgruppe der NATO verbunden worden. Als »High Level Group« hatte sie die Aufgabe, die Rolle der taktischen Atomwaffen, die Implikationen der sowjetischen Rüstungen, die Notwendigkeit der Modernisierung und alternative Stationierungen zu untersuchen.

Die Verzahnung mit der Politik des Pentagon übernahm David McGiffert, der Stellvertreter von Verteidigungsminister Harold Brown. Er konnte an die Revision und Modernisierung der Nuklearwaffen in Europa anknüpfen, wie sie ausweislich der Kommuniqués der Nuklearen Planungsgruppe der NATO seit 1974 stattgefunden hatten. In diese internen, politisch hochbrisanten Runden platzte die Rede von Schmidt. Für die Vertreter der Bundeswehr und des Verteidigungsministeriums in der NATO kam die Rede gerade zur rechten Zeit; sie wurde als deutsche Forderung nach einem euro-strategischen Gleichgewicht instrumentalisiert, also als Forderung nach einer Stationierung von Mittelstreckenraketen. Dafür konnten sie intensiv und erfolgreich in den westlichen Hauptstädten werben.[21]

Die Verhandlungen über die Aufstellung solcher Mittelstrekkenraketen kamen schnell voran. Bereits im Dezember 1977 stand das Ergebnis in Brüssel fest, eine »evolutionäre Anpassung« der weitreichenden Atomwaffensysteme (LRNTF) in Europa vorzunehmen; im Februar 1978 kam die bündnispolitische Festlegung auf der Tagung in Los Alamos, eine intensive Rüstung (»upward adjustment«) der Mittelstreckenraketen durchzuführen, aber keine »umfassende« Kapazität aufzubauen. Im April 1978 konnte der Bericht im dänischen Fredrikshaven den politischen Repräsentanten der NATO-Länder zur Beschlußfassung übergeben werden.

Das Bündel der Motive für die Stationierung wies große Divergenzen auf. McGiffert erkannte in diesen Waffen als wesentlichen Vorzug für die USA, daß dadurch die zentrale Kontrolle über die Atomwaffen erhöht und die bestehenden umfangreichen Dislozierungen in der NATO reduziert würden, da zeitgleich eine Vielzahl der Kurzstreckenwaffen mit einer Einsatzreichweite von 15 bis 30 Kilometern abgezogen würden. Darüber hinaus dienten die Mittelstreckenraketen der Verteidigung aus der Region, aus Europa, wo die Potentiale für die »regionale«, das heißt kontinentale Fähigkeit zur Kriegführung stationiert sein sollten. Für die USA erfüllten sich alle wesentlichen Forderungen der neuen Strategie.

Verteidigungsminister Brown erkannte in der Stationierung der Mittelstreckenraketen einen Vorzug für die amerikanische Eskalationskontrolle, da »auch nach einem begrenzten nuklearen Angriff« und der Vernichtung aller konventionellen Truppen in Europa noch »Dutzende bis Hunderte Gefechtsfeldwaffen« einsetzbar sein würden, um aus der Region flexibel zurückschlagen zu können. Die Stationierung der Mittelstreckenraketen sollte daher das nukleare Risiko für die Sowjetunion erhöhen, ohne die USA in strategische Zwänge zu bringen.

Für die deutschen Militärs besaß das Drängen[22] nach derartigen Atomwaffen eine jahrzehntelange Tradition. Sie setzten auch in diesem Stadium der Verhandlungen auf nukleare Teilhabe. Erstmals – in einer realistischen Perspektive nach dem Scheitern der MLF-Projekte im Jahr 1966 – sollten von der Bundesrepublik aus weitreichende ballistische Atomsysteme das sowjetische Territorium direkt bedrohen können und damit die Abschrekkung radikal erhöhen. Die obersten Generale der Bundeswehr, Jürgen Brandt und Wolfgang Altenburg, unterstrichen dieses Eskalationsspektrum nachdrücklich. Auch für den Kanzler spielte der Aspekt, mit diesen Raketen eine mögliche Abkoppelung der USA im Bündnis zu verhindern, eine große Rolle.

Geradezu konträr standen sich die jeweilige Interpretation in

Bonn und in Washington gegenüber. Was die Deutschen bei der Nachrüstung als Garantie des Eskalations-Verbundes – das Kontinuum der nuklearen Abschreckung – bezeichneten, war für die Amerikaner die Garantie, den Automatismus der nuklearen Abschreckung unterbrochen zu haben. Es wäre der Sache nicht angemessen, die unterschiedlichen Motive auf Mißverständnisse im Vorfeld des Nachrüstungsbeschlusses zurückzuführen. Die vermeintlichen Mißverständnisse resultierten aus handfesten unterschiedlichen Interessen.

Auch war in Bonn ein Mangel an Koordination und Abstimmung erkennbar. Zum Zeitpunkt der Londoner Rede hatte der Kanzler offenbar keine Kenntnis von der deutschen Zustimmung in der Nuklearen Planungsgruppe der NATO zur Umstellung von Rüstung und Strategie. Sogar der diplomatische Dienst leistete sich einen Mangel an Aufmerksamkeit; schließlich hatten Präsident Nixon und Verteidigungsminister Schlesinger die Umwandlung der flexiblen Reaktion detailliert und über Jahre hin im Repräsentantenhaus vorgestellt.

Beim Dinner in London hätte im Herbst 1977 Christoph Bertram als Tischnachbar dem Bundeskanzler die notwendige Aufklärung über die neueste Entwicklung in der Strategiedebatte geben können. Als Leiter des Instituts hatte er nämlich die Probleme des sich abzeichnenden Strategiewandels schon seit längerem benannt: »Aber eins zeigt sich immer deutlicher bei aller Ungewißheit im Detail und aller Simplifizierung: Merkmal der vorhergegangenen Waffengeneration war Abschreckung vor Krieg und nicht Einsatz von Waffen. Das Merkmal der neuen Waffen dagegen ist die Begünstigung des Einsatzes.«[23]

Durch ein Gespräch mit Helmut Sonnenfeldt, dem alten Vertrauten von Sicherheitsberater Kissinger, trug dann der Kanzler zur politischen Brisanz seiner Londoner Rede bei. Sonnenfeldt zeigte großes Interesse an dem vom Kanzler recht allgemein geforderten euro-strategischen Gleichgewicht. Er suchte sogleich und sehr direkt die Forderung des Kanzlers auf konkrete Waffensysteme zu beziehen. Erst Sonnenfeldts Bericht nach Washington über dieses Gespräch und dessen Hinweise auf das Bonner Desiderat an Rüstung im Bereich der Grauzone lösten in Washington den Impuls aus, die Position Bonns politisch und diplomatisch aktiv in die amerikanische Revision der Rüstung einzubinden.

Auch auf einer anderen Ebene spielte die LRNTF-Rüstung eine Rolle. Die Verhandlungen um SALT II kamen seit November 1972 nur langsam voran. Sie folgten dem alten Konzept der Rüstungsbegrenzung, nämlich für bestimmte Waffensysteme Obergrenzen festzulegen, ohne jeweils weitere technologische Entwicklungen zu blockieren. Zwei wichtige rüstungspolitische Neuerungen behinderten nun eine Übereinkunft: die Marschflugkörper, unbemannte Flugobjekte mit autonomer Zielsteuerung und der Fähigkeit, durch niedrige Flughöhe das gegnerische Radar zu unterfliegen, und die Ausrüstung von Raketen mit mehreren Sprengköpfen, die unabhängig voneinander verschiedene Ziele ansteuern können (MIRV).

Fortschritte bei der Festlegung der komplizierten Mixtur aus landgestützten Interkontinentalraketen, Bombern, Raketen von Unterseebooten und Marschflugkörpern in Verbindung mit der Zahl der nuklearen Sprengköpfe, die jede Seite für sich nach unterschiedlichen Erwägungen bestimmte, kamen nach einigen Jahren Verhandlung zwischen Jimmy Carter und Leonid Breschnew zustande. Am 18. Juni 1979 wurde das Abkommen in Wien unterzeichnet. Gerade das bipolare Interesse an den von Kontinent zu Kontinent fliegenden strategischen Waffen hatte die Übereinkunft begünstigt.

Bei SALT II wurden die europarelevanten Systeme außer acht gelassen. Die Sowjetunion hatte allerdings jahrelang die Absicht verfolgt, die westeuropäischen Mittelstreckenraketen und taktischen Bomber, die Fragen ihrer strategischen Sicherheit berührten, bei diesen Gesprächen zu berücksichtigen. Im amerikanischen bipolaren Verständnis, aber vor allem auf Drängen der Europäer hatte dann Verteidigungsminister Schlesinger erhebliche Anstrengungen darauf verwenden müssen, diese Atomwaffen aus dem anfänglichen Verhandlungspaket von SALT wieder herauszubringen.

Die Amerikaner reagierten daher indigniert auf die Kritik an Präsident Carter, derzufolge er in Schmidts Londoner Rede einen von den Europäern über sechs Jahre lang wiederholt vorgetragenen Rat in der SALT-Politik nicht befolgt habe. Für sie wirkte die Haltung von Helmut Schmidt 1977/78 eher wie das Räsonieren eines Mahners als die eines Mannes, der stringente Lösungsansätze für die Grauzonenwaffen bereithält.

Der NATO-Doppelbeschluß ist nur in dem komplexen Geflecht der Entscheidung über die Neutronenwaffe und der SALT-Verhandlungen, der Abklärungen innerhalb der NATO zur Umrüstung, des Einsetzens der neuen amerikanischen Strategie und der Rivalität im Bündnis zu verstehen. Die Rede des Kanzlers in London wurde zum politischen Impuls, diese verschiedenen Stränge miteinander zu verbinden. Die Amerikaner reagierten schnell. Das militärische Programm der Aufrüstung mit Mittelstreckenraketen war im April 1978 perfekt, gerade ein halbes Jahr, nachdem das deutlich geworden war. In dieser Konstellation gelangte eine Analyse der Minister Brown und Vance und ihres Beraters Brzezinski über die Friktionen innerhalb der NATO zu dem Ergebnis, die Kohäsion im Bündnis sei durch mangelnde amerikanische Führung gefährdet. Ganz instrumentell solle diese Führung mit der Aufstellung der Raketen wiederhergestellt werden.

Ab Mai 1978 verbanden sich deutsche Interessen nach Einführung der LRNTF mit der amerikanischen Bündnispolitik. Aus einem Rüstungsproblem war ein prestigereiches Führungsproblem der NATO geworden. Die Stationierung der sowjetischen Raketen vom Typ SS 20, auf die sich die öffentliche Diskussion in der Vorbereitung des Doppelbeschlusses konzentrierte, war nicht der Auslöser, wohl aber ein Verstärker und Kristallisationsfaktor der Politik. In der Folgezeit spielte die politische Rechtfertigung der LRNTF-Rüstung, die als »Nachrüstung« bezeichnet wurde, eine wichtige Rolle.

Die sowjetische SS 20 sollte überalterte Raketen ersetzen. Tatsächlich war die Ausmusterung der SS 4 und SS 5 überfällig, denn als Raketen mit Flüssigkeitsbetankung entsprachen sie dem technischen Standard von Thor und Jupiter, die die Amerikaner bereits mehr als ein Jahrzehnt zuvor verschrottet hatten. Ohne die Aufstellung der SS 20 wäre der Beschluß zur Nachrüstung allerdings nicht durchsetzbar gewesen. Die Bewertung dieser Rüstung ist so ambivalent wie die politische Funktionalisierung.

Tatsache jedenfalls war, daß die seit 1959 beziehungsweise

1961 fest in Silos stationierten SS 4 und SS 5 überaltert waren. Sie hatten eine Reichweite von 2000 und 4000 Kilometern; wobei die Reichweite der SS 5 je nach Informationsquelle mit 3500, 3900 oder 4100 Kilometern[24] angegeben wird. Doch es gab bei der Modernisierung weitere Unterschiede. Die alten Raketen trugen eine Atombombe von etwa einer Megatonne TNT, während die Umrüstung auf die SS 20 zu je drei Sprengköpfen mit 100 (oder 150?) Kilotonnen führte.

Aber auch auf westlicher Seite gab es keine eindeutigen Zahlen. Die Angaben über die Zahl der amerikanischen schweren Bomber F-111 schwankten von hundertfünfzig bis 222 mit entweder 304 oder 733 Sprengköpfen; ebenso blieb der Bestand an amerikanischen Atom-U-Booten unklar. Während amtlich kein einziges[25] angegeben wurde, galt es als sicher, daß im Mittelmeer drei U-Boote mit 48 Polaris-A3-Raketen und insgesamt vierhundertachtzig Sprengköpfen zu je 200 Kilotonnen existierten. Im Nordmeer soll es noch weitere drei U-Boote mit der gleichen Ausrüstung (oder mit der alten Bewaffnung der Poseidon-C4-Raketen?) gegeben haben. Das Verwirrspiel um die realistische Einschätzung der statistischen Daten nahm damals extreme Formen an; es beschäftigte die Politik und die Öffentlichkeit über Jahre. Manches, was als gesicherte Realität galt, erwies sich nur zu häufig als Fiktion – und umgekehrt. Manchen geriet diese Auseinandersetzung zu einer Art Glaubenskrieg um die richtigen, die »wahren« Zahlen.

Politisch suchte die amerikanische Administration im Fall der Aufstellung der Mittelstreckenraketen eine besonders intensive Abstimmung, um ein Debakel wie bei der Neutronenbombe (und vorher bei der MLF-Atompolitik) zu verhindern. Dazu fand am 5. Januar 1979 eigens ein Gipfeltreffen zwischen Jimmy Carter, Helmut Schmidt, Präsident Giscard d'Estaing und Premierminister James Callaghan auf der französischen Insel Guadeloupe statt. Die Konferenz bestätigte das doppelte Grundmuster: die Aufstellung der neuen Waffen in Verbindung mit dem Angebot der Abrüstung. Damit wurde der Vorschlag von Callaghan für sofortige Verhandlungen modifiziert, für die die Engländer die Zustimmung von Breschnew bereits eingeholt hatten.

Der Konsens über das doppelgleisige Vorgehen konnte nicht

darüber hinwegtäuschen, daß alle europäischen Staaten deutliche Vorbehalte gegenüber der geplanten Stationierung hatten und nicht bereit waren, eine pauschale Zustimmung zu geben. Bundeskanzler Schmidt knüpfte seine Zustimmung zusätzlich an die Bedingung, daß die Stationierung nicht auf die Bundesrepublik beschränkt sein dürfe. Allerdings besaßen die Deutschen keine eigene militär- oder rüstungspolitische Strategie. Es ist bezeichnend, daß der Kanzler die amerikanische Vorlage des Entwurfs zum Doppelbeschluß mit den Worten kommentierte, Präsident Carter habe zu seiner völligen Überraschung die Nachrüstung »wie ein Kaninchen aus dem Hut« gezaubert.

Die USA waren auch für die Abrüstung bestens präpariert. So nahmen sie auch in der Vorbereitung des zweiten Teils des Doppelbeschlusses das Heft in die Hand. Ihr Konzept band die für sie kalkulierbare und gesicherte bipolare Diplomatie und die Rüstung im Bündnis zusammen. Die Mittelstreckenraketen blieben, stationiert auf dem NATO-Gebiet in Europa, vollständig unter US-Kontrolle. Daher kam den USA das Privileg der Verhandlungen über die Abrüstung mit der Sowjetunion zu. Organisatorisch geschickt hatten sie ihre Sondergruppe des Außenamtes mit den Militärs der Europäer in der Untergruppe der Nuklearen Planungsgruppe der NATO verzahnt.

Die fertigen Richtlinien aus Washington für die Verhandlungen mit der Sowjetunion vom Sommer 1979 wurden in der Nuklearen Planungsgruppe der NATO sogleich angenommen. Sie gingen von der »Klarstellung« aus, keine Abrüstung, sondern Rüstungskontrolle anzustreben. Die Verhandlungen galten als komplementär, nicht aber als Ersatz für die Modernisierung der Mittelstreckenraketen. Stationierung und Dislozierung hätten Priorität, zeitweilige politische Moratorien oder ein Aufschub der Modernisierung lägen nicht im Interesse der Allianz. Kleinere Staaten der NATO, nicht die Bundesrepublik, scheiterten mit ihrem Protest gegen derartig präjudizierende Richtlinien an der amerikanischen Auffassung, man dürfe die eigenen sicherheitspolitischen Entscheidungen über die Mittelstreckenraketen nicht vom Verhandlungswillen der Sowjetunion abhängig machen.

Die zweite amerikanische Festlegung betraf die Ziele für die fest vorgesehene Aufstellung der Mittelstreckenraketen. Auch für den Fall, daß die Verhandlungen mit der Sowjetunion zu Resultaten über eine Rüstungskontrolle gelangten, sollte zunächst auf keinen Fall eine Reduktion vorgenommen werden. Nur später sei bei der geplanten Stationierung eine Korrektur nach unten möglich. Drittens sollte nur über Sprengköpfe landgestützter Raketen oder Marschflugkörper mit großer Reichweite verhandelt werden. Damit wurde die Masse der westlichen Atomwaffen in Europa von vornherein ausgeklammert – nicht nur die englischen und französischen land- und seegestützten Raketen- und Bomberverbände, sondern auch alle übrigen NATO-assignierten Bomber- und Raketentruppen, also einschließlich jener nach dem Zwei-Schlüssel-System bei der Bundeswehr. Schließlich fielen aus den Verhandlungen die großen amerikanischen Atom-U-Boote heraus, die im Nordmeer und im Mittelmeer patrouillierten. Ihre Vernichtungskraft mit ballistischen Raketen allein war umfangreicher als die beabsichtigte Rüstung.

Die differenzierte Planung der LRNTF-Aufstellung lautete schließlich folgendermaßen: 108 Pershing II und 96 Marschflugkörper in der Bundesrepublik; von den übrigen Marschflugkörpern einhundertsechzig in England, 112 in Italien, je 48 in Belgien und den Niederlanden. Tausend taktische Atomsprengköpfe sollten aus Westeuropa abgezogen werden. Die neuen Waffenarsenale erhielten eine euro-strategische Qualität beigemessen und sollten in SALT III verhandelt werden. Breschnew sah in diesem Rüstungsbeschluß eine »Störung des Kräftegleichgewichts« in Europa, stimmte der Aufnahme von Verhandlungen aber unter dem Prinzip der »gleichen Sicherheit für alle Seiten« zu. Sein Signal bestand in dem Abzug einer Division und von tausend Panzern aus der DDR.

Eine große Rolle spielten im Zusammenhang mit der Nachrüstung im Pentagon die internen Auseinandersetzungen über die Funktion der Mittelstreckenraketen. Im europäischen Teil der Sowjetunion hatten die amerikanischen Zielplanungen damals etwa 6000 Ziele (davon tausend mit hoher Priorität) für die strategischen Waffen erfaßt. Diese strategischen Ziele aufgrund der neuen Waffen aufzugeben, lag nicht im amerikanischen Interesse; daher erfolgte die Begrenzung der Zahl der Mittelstreckenraketen auf unter sechshundert. Damit wurde zugleich die deutsche Forderung negativ beschieden, mit diesen Raketen sowohl die eskalatorische Verzahnung zur strategischen Ebene vorzunehmen als auch über ein separates Abschreckungspotential im taktischen Bereich[26] zu verfügen. Jenes »Kontinuum« an Atomwaffen, das Absichern der Glaubwürdigkeit der Verteidigungsstrategie durch gesicherte Eskalation, ließ sich nicht realisieren.

Für die amerikanischen Militärs machte es Sinn, die neuen Waffen gegen militärische Einrichtungen und nachrückende Truppen in Osteuropa, also in den westlichen Militärbezirken der Sowjetunion, zu richten. Das stand in Einklang mit den in der PD 59 vorgesehenen Revisionen. Außerdem sollte die Sowjetunion die Aufstellung der Mittelstreckenraketen nicht als Versuch verstehen, ihre nuklearen Waffen für die Abschreckung jetzt durch präzise Schläge auszuschalten.[27] Sie hatte den begrenzten Einsatz von Atomwaffen zur Kriegführung seit Beginn der siebziger Jahre ausgeschlossen.[28]

Der Doppelbeschluß der NATO wurde auf der Tagung vom 12. bis 14. Dezember 1979 gefaßt. Seine Vorgeschichte gibt vorzügliche Einblicke in die von den USA betriebene intensive politische Konsensbildung im Bündnis. Für die amerikanische Sicherheits- und Außenpolitik kann der Beschluß nur als eine große Erfolgsstory gewertet werden. Amerika hatte seine Führerschaft im Bündnis wiedergewonnen und dabei die langfristigen Perspektiven der Revision der Rüstungs- und Sicherheitsdoktrin verwirklicht.

Wie in der ersten Phase des Kalten Krieges zu Beginn der fünfziger Jahre wurde in der zweiten Hälfte der siebziger Jahre die Bündnispolitik – via NATO – das diplomatische Mittel, die Beziehungen zu den »Partnern« des Westens zu organisieren. Die Geschichte des Doppelbeschlusses ist zugleich die Geschichte einer gelungenen Konsolidierung als Hegemonialmacht. Vordergründig wurde der Doppelbeschluß zum Symbol einer Politik der Verteidigungsfähigkeit, der Machtdemonstration und der Verhandlungsbereitschaft der NATO; hinter den Kulissen führte er auf das weite Feld der komplexen und komplizierten internationalen Beziehungen über den Atlantik hinweg.

Im Brennpunkt dieser Rüstungspolitik stand die Bundesrepublik. Hatte sie in der ersten Hälfte der siebziger Jahre mit ihrer Politik der Entspannung den »Frieden sicherer« gemacht, so ist für die zweite Hälfte eher ein Mangel an solchen Aktivitäten zu verzeichnen.[29] Es erscheint beinahe als Ironie der Geschichte, daß die Bundesrepublik sowohl hinsichtlich der Modernisierung der Rüstung in der Sowjetunion als auch hinsichtlich der Revision der Strategie der flexiblen Reaktion denkbar schlecht vorbereitet war, obwohl ihr Regierungschef zuvor als Verteidigungsminister fungiert hatte. Ein rüstungskontrollpolitisches Instrumentarium zur Reduzierung der nuklearen Hochrüstung im Sinne einer Fortentwicklung des Konzepts der Entspannung wurde von der deutschen Regierung nicht eingebracht. Aber auch unabhängig von der Person des Kanzlers kann festgestellt werden, daß es ein analytisches Defizit auf deutscher Seite gab.

Das Sicherheitsdilemma der Bundesrepublik konnte mit dieser Rüstung nicht gelöst werden. Die Zuordnung der Mittelstreckenraketen in die euro-strategische Grauzone reduzierte keineswegs das Risiko der Deutschen, da mit der Stationierung – auch bei einer Klassifizierung als substrategisch – eine zusätzliche Ebene landgestützter Waffen gegen den Osten eingezogen wurde. Jeder Atomwaffen-Einsatz würde der gesicherten Vernichtung der Existenz des Landes gleichkommen. In Mitteleuropa konnte man kein atomares »Kriegstheater« inszenieren, ohne »Bühne« und »Zuschauerraum« zugleich zu vernichten. Das Dilemma der atomaren Abschreckung trat nach dem Doppelbeschluß deutlicher denn je zutage.

Die Fiktion der nuklearen Sicherheit nach 1981

Wie oft in der Geschichte, begann das Pendel zurückzuschwingen; die achtziger Jahre setzten mit einem politischen Revisionismus in den USA ein. War schon die Politik der Eindämmung von Präsident Truman von einer zunehmend antagonistischen Wahrnehmung der beiden konkurrierenden Systeme begleitet gewesen, so wiederholte sich dies nach der Wahl von Ronald Reagan zum Präsidenten der Vereinigten Staaten. Die zweite Phase des Kalten Krieges erfuhr eine neo-konservative ideologische Verschärfung[30], die Ost-West-Beziehungen nahmen erneut den Charakter eines Ost-West-Konfliktes an. Hatte Präsident Carter den Doppelbeschluß realpolitisch dazu benützt, die Führungsrolle der USA im westlichen Bündnis zu untermauern, so setzte Präsident Reagan konfrontativ auf eine antikommunistische Eindämmungspolitik. Die normative Ausrichtung der Außenpolitik unter Berücksichtigung menschenrechtlicher Ideale erfuhr in den achtziger Jahren noch eine Steigerung. Das Aufsplitten der Welt in Gut und Böse brachte neue Unberechenbarkeit in die Außen- und Sicherheitspolitik.

Die Fundamente hatte – ähnlich wie drei Jahrzehnte zuvor – das »Committee on the Present Danger« gelegt; ihre Mitglieder, Paul Nitze oder Eugene Rostow, blieben nicht ohne Einfluß auf die Formulierung der Außenpolitik. Eine Politik der Stärke und der Rückbesinnung auf »amerikanische Ehre« einte ihre Träger[31], für die bezeichnenderweise ein renommierter General der Nixon-Administration, Alexander M. Haig, ins Außenministerium berufen wurde. Die Politik des Antagonismus wurde auch auf die Innenpolitik ausgedehnt; Reagan knüpfte damit an das Muster der fünfziger Jahre an, das er schon von damals kannte. Bipolar ging es nun um einen ethisch-moralischen Kampf zwischen Freiheit und Totalitarismus.

Der Schnitt gegenüber der Phase der bipolaren Kooperation zeigte sich bereits in einer Rede zu Beginn der Amtszeit des Präsidenten. Die Durchsetzung von Macht- und Interessen wurde danach durch Militärpotentiale bestimmt. Die Front gegen die »böse Macht« errichtete er mit dem Wort: si vis pacem para bellum. »Auf den Krieg vorbereitet zu sein, ist eines der wirksamsten Mittel zur Erhaltung des Friedens.« Vor der Militärakademie in West Point breitete Reagan am 27. Mai 1981 das Programm aus, Material und Menschen für Glorie und Größe, den »Geist der Männer und Frauen, [...] die den Sieg erringen«, zu gewinnen. Solche Worte blieben nicht Rhetorik; denn jetzt erhielt die Aufrüstung Priorität – förderlich für Wirtschaftsaufschwung und militärische Stärke zugleich. Von 1981 bis 1985 wurde der Militärhaushalt – bei konstanten Preisen – um 35 Prozent erhöht; fast einhundert B-52-Bomber für je zwölf Marschflugkörper wurden zusätzlich in Dienst gestellt; weitere sieben Atom-U-

Boote mit je 24 Trident-Raketen erweiterten das strategische Potential erheblich.

Charakteristisch für diese nationale Erneuerung war deren starke innenpolitische Ausrichtung. Es ging um »unsere eigene militärische Stärke und die Vitalität unserer Wirtschaft«. Erst danach kam die außenpolitische Zielsetzung, »die Sicherheit von Freunden zu stärken«, weltweit die Freiheitskämpfer in Afghanistan, im südlichen Afrika, in Südostasien und in Zentralamerika zu unterstützen, die »gegen die kommunistische Tyrannei kämpfen«. Fünf Jahre später, am 14. März 1986, wiederholte er diese Botschaft noch einmal vor dem Kongreß.[32]

Die internationale Ordnung geriet in eine Krise. Der Weg, den die USA mit ihrem Wunsch nach Veränderung der bipolaren Sicherheit und des atlantischen Bündnisses beschritten, schien – zumindest ließ sich der Verdacht nicht ausräumen – imperiale Ziele zu verfolgen und diesen Machtanspruch durch eine einseitige Korrektur des Gleichgewichts zwischen Ost und West durchzusetzen. Hatte Präsident Carter die USA als Führungsmacht im Bündnis reaktiviert, stand unter der Reagan-Administration die Führungsmacht in der Welt im Vordergrund der Militarisierung. Diese Art der Machtpolitik war Ziel und Zweck. Dies erschwerte den Verbündeten wie dem Gegner in Moskau eine stabile Orientierung. Der Eindruck verfestigte sich, die Administration unter Reagan hätte die Politik, die im »Harmel-Bericht« die Ausgewogenheit von Rüstung und Entspannung dokumentierte, aufgegeben.

Die ersten drei bis vier Jahre der Reagan-Zeit werden häufig als ausschließliche Konzentration auf die Innen- und Wirtschaftspolitik bewertet. Dabei wird aber die tatsächliche Bedeutung der Militärpolitik vergessen. Denn hier wurde nichts weniger als eine Revolutionierung der Regeln der Kriegführung im Atomzeitalter vorgenommen. Ronald Reagan stellte seine Politik darauf ab, der aus seiner Sicht weltweiten Bedrohung durch die Sowjetunion offensiv entgegenzutreten. Die Konsequenzen, die daraus gezogen wurden, können als Verknüpfung von Elementen der Strategie der massiven Vergeltung mit radikal gesteigerten Elementen der nuklearen Flexibilität begriffen werden. Diese Entwicklung der US-Strategie kann man sicherlich in eine

Traditionslinie[33] mit der Nixon-Doktrin der nationalen Erneuerung seit dem Ende des Vietnamkrieges stellen.

Verteidigungsminister Caspar W. Weinberger ließ sich sogar von der Erfahrung aus dem Zweiten Weltkrieg leiten, jederzeit – und nicht erst nach einer Phase der Mobilisierung – auf einen Ernstfall militärisch reagieren zu können. Konsequenterweise wurden von ihm – dem »Manager der Macht« – die Einsatzdoktrinen des Militärs neu bestimmt. Den offensiven Charakter seines Denkens offenbaren bereits die »Verteidigungspolitischen Richtlinien« vom Juni 1981. Ihre Ausgangslage ist die »globale militärische Situation«, die die regionale Trennung von Konflikten zugunsten einer global einheitlichen, einer »One War«-Theorie der Weltkriegführung aufgab. Zentral dabei war die Vorstellung der »horizontalen Eskalation«, also die Verlagerung eines Angriffs von einer Region in eine andere, zum Beispiel aus der Golfregion nach Europa. Man sprach von der Fähigkeit, global agieren und Macht »projizieren«, also Truppen jederzeit an jeden Ort der Erde verlegen zu können.

Der Schutz der Sicherheit der USA wurde zum herausragenden Prinzip des militärstrategischen Denkens, das gegenüber der Bündnissicherheit den Vorrang genoß. Das galt nunmehr für die gesamte Instrumentierung der Kriegsmittel unter der Zielvorgabe, global mit vielfältigen Optionen handeln zu können, ohne daß die Sicherheit des Territoriums der USA selbst gefährdet würde.

Diese Doktrin schlug bis auf die Handlungsebene durch und findet sich so im Handbuch für die amerikanische Armee, im ›Field-Manual 100–5‹, vom 20. August 1982. Das Operationskonzept der Armee trug den bezeichnenden Namen »AirLand Battle«-Doktrin für eine hoch mobile, mit nuklearen und chemischen Waffen gefochtene Kriegführung als »weltweite Herausforderung«. Nicht die Sprache – »Schlachten gewinnen« – bereitete den Gegnern Sorgen, sondern die unverhohlene Forderung nach genereller Offensive »für den totalen Sieg«[34]. Ein Aspekt dieser Doktrin, das FOFA-Konzept (»Follow-on-Forces-Attack«), machte in Europa besonders Furore, da mit dieser Taktik der weitreichenden nuklearen Schläge ins gegnerische Hinterland der Anspruch, mit Atomwaffen in Europa die Kriegführungsfähigkeit zu demonstrieren, verbunden wurde.

Die empörte öffentliche Reaktion, Europa solle auf dem nationalen Altar amerikanischer Interessen geopfert werden, konnte der – amerikanische – Oberkommandierende der NATO, General Bernard W. Rogers nur beschwichtigen. Er bestätigte, diese Doktrin enthalte »Komponenten, die für die Abschreckungs- und Verteidigungsaufgabe der NATO in Europa nicht anwendbar« seien, aber in amerikanischen Manövern doch eingeübt werden müßten.

Die nuklearen Optionen wurden weiter differenziert und erreichten ungeheure Dimensionen: noch mehr Flexibilität und Selektivität für nahezu unbegrenzte Einsätze. Minister Weinberger, bei der Konzipierung maßgeblich von dem als »Ingenieur der Macht« charakterisierten Richard N. Perle unterstützt, benannte für den Atomwaffen-Einsatz der USA das Ziel, nukleare Waffen auch in einem länger andauernden Konflikt einsetzen zu können. Im Juli 1982 wurde dafür die Bandbreite der Ziele erweitert, später dann auf direkt krieg- und rüstungunterstützende Industrien begrenzt. 1987 schließlich erhielten die Oberkommandierenden der Streitkräfte mit dem »prompt counter options«-Ansatz den Auftrag, die Zielauswahl sehr global nach Objekten von zentraler Bedeutung für die gegnerische Kriegführung zu richten, etwa gegen Kommunikationseinrichtungen, Truppen, Städte, Industrien, im Klartext: gegen militärische, zivile oder politische Ziele.

Die Reagan-Administration gab den alten Ansatz der Sicherheitspolitik auf, Verteidigung im Atomzeitalter als defensiv organisierte Abschreckung zu verstehen. Die erkennbaren Auswirkungen auf die internationale Stabilität und Sicherheit bereiteten den Verbündeten genauso Kopfzerbrechen wie dem möglichen Gegner, da die gewohnten Regeln aufgegeben wurden. Die Kalkulierbarkeit verlor an Bedeutung. Militärpolitisch verunsicherte, daß das Prinzip der wechselseitigen gesicherten Zerstörung, MAD, aufgegeben wurde. Nun stand das Postulat der nuklearen Überlegenheit versus Parität, die Ausschaltung strategischer Waffen gegen Akzeptanz der Abschreckung, das Postulat der Feinabstimmung nuklearer Einsatzoptionen versus Stabilität durch wechselseitige Bedrohung. Im Licht dieses Ansatzes erschien die alte Strategie als »passiv«. Technologische Dominanz und Unkalkulierbarkeit sollten die Basis für die neue Form der nuklearen Sicherheit durch »aktive« Abschreckung bilden.

Das Konzept der »Festung Amerika« fand seine sicherheitstechnische Steigerung in der Vision Ronald Reagans von der Strategischen Verteidigungsinitiative (SDI) oder dem Krieg der Sterne (»Star Wars«), die er am 23. März 1983 bekanntgab. Im Mittelpunkt des Programms standen koordinierte hochtechnologische Innovationen für das militärische Projekt, anfliegende ballistische Raketen rechtzeitig zu orten, um sie vor dem Erreichen des Ziels zu vernichten.

SDI ist das Paradebeispiel für technologisch extrem hoch gespannte Rüstungsperspektiven – manchmal auch als Größenwahn der Machbarkeit bezeichnet – mit einer zehn- bis zwanzigjährigen Forschungs- und Entwicklungsphase für Mikroelektronik, Computerkonstruktion, Sensortechnologie und Satellitenkapazitäten. Daher vermuteten manche Kritiker in SDI nur eine versteckte Form bundesstaatlicher Forschungsförderung. Doch war SDI als Eckstein der Sicherheitspolitik gedacht, um durch die Defensive, durch die Möglichkeit zur Vernichtung von Angriffswaffen, aus der Ausweglosigkeit der nuklearen Strategien der Bedrohung – »Selbstmord oder Kapitulation« – herauszukommen.

SDI wurde als Alternative zur offensiven Bedrohung durch Atomwaffen bezeichnet, um eine »High Frontier« zu errichten. General Daniel Graham erkannte darin das System der strategischen Defensive. SDI brach endgültig mit der in Jahrzehnten entwickelten sicherheitspolitischen Ratio der gesicherten Zweitschlagskapazität als Bedingung der Abschreckung. SDI hätte für den Fall seiner Realisierung also all das unterminiert, was im Westen zuvor »Philosophie der Sicherheit« im Atomzeitalter genannt wurde. Es wäre nun aber verfehlt, in SDI nur die Ausgeburt eines überspannten Antikommunismus, ausufernder Vernichtungsphantasien oder überwältigender Technikgläubigkeit zu sehen. Das Dilemma der Sicherheit im Atomzeitalter hatten renommierte amerikanische Sicherheitsexperten schon längst erkannt, von der alten Strategie Abschied genommen und einen Schwenk vollzogen. Henry Kissinger zählte zu den frühen Kritikern der alten Sicherheitspolitik. Zum 30. Jubiläum der NATO am 1. September 1979 hatte er in Brüssel – in ätzender Schärfe, wie europäische Experten kommentierten – das Prinzip der MAD, das durch die Androhung der strategischen Vernichtung jeden Nukleareinsatz verhindern sollte, mit eindringlichen Worten charkterisiert: »Wir leben in einer paradoxen Welt, daß es gerade die liberalste, humanste und progressivste Gesellschaft ist, die die blutrünstigste Strategie hat, indem sie darauf besteht, daß so lange kein Anlaß zur Sorge bestehe, solange die Fähigkeit vorhanden sei, hundert Millionen Menschen umzubringen.« Solche Sätze beeindruckten. Es konnte ihnen nichts entgegengehalten werden.

Rüstungskontrolle hatte bei diesem Programm der fundamentalen Modernisierung der Atomwaffen und der Neufestlegung des militärischen Auftrages kaum noch eine Chance in der Tagespolitik. Reagan hegte ihr gegenüber, wie er betonte, einen »tiefsitzenden Abscheu«. Zwei Jahre waren nach dem Doppelbeschluß der NATO von 1979 ins Land gegangen, ohne daß die eine Seite des Beschlusses, die Rüstungskontrolle, Bedeutung erlangt hätte. Diese wurde in der Administration vielmehr im Sinne der vereinbarten restriktiven internen Richtlinien eingeordnet. Dazu stellte man profilierte Experten ein: Richard R. Burt etwa, der bekannte Kritiker der SALT-Verträge, wurde als Stellvertreter von Minister Haig für die europäischen Angelegenheiten zuständig. Auch für Paul Nitze fand man Verwendung; seine Verdienste bei der Erarbeitung des Atomkonzepts von 1950 im NSC-68 sowie des Rüstungsprogramms für die Kennedy-Administration waren unbestritten. Beide vertraten einen gehörigen Skeptizismus gegenüber dem Nutzen der Rüstungskontrolle. Doch bestand bei ihnen Übereinstimmung darüber, daß etwas geschehen müsse, um die verkrampften Beziehungen im Bündnis zu verbessern.

Unterdessen hatte der Druck der Öffentlichkeit in Europa gegen die »Nachrüstung« ständig zugenommen. In dieser Situation packte Präsident Reagan gewissermaßen den Stier bei den Hörnern. Kurz vor dem Beginn der amerikanisch-sowjetischen Verhandlungen über den Doppelbeschluß in Genf am 30. November 1981 übernahm er die Forderung nach vollständiger Abrüstung, setzte sich an die Spitze der idealistischen Pazifisten und schlug die sogenannte Null-Lösung vor – keine Stationierung im Westen, Abbau der SS 4, 5 und 20. Dabei konnte er sich der sowjetischen Ablehnung sicher sein.

Die Verhandlungen begannen, nachdem die weitreichenden nuklearen Mittelstreckenwaffen (LRNTF), um nicht in die strategische Kategorie der ballistischen Langstreckenwaffen zu fallen, als Nuklearwaffen mittlerer Reichweite (»Intermediate-Range Nuclear Forces«, INF) gekennzeichnet worden waren. So durch aktuelle Vorgaben und durch die internen Festlegungen der NATO von 1979 eingeengt, erkannten der US-Chefunterhändler Nitze und sein sowjetischer Partner, Julij A. Kwizinskij, bald, daß das frostige Klima nur am Rande des offiziellen Verhandlungsrituals überwunden werden könne. Ihre Bemühungen mündeten am 16. Juli 1982 in die Formel des »Waldspaziergangs« (womit der Ort der unkonventionellen Besprechungen umschrieben wurde), je 75 Startgeräte für Marschflugkörper und SS-20-Raketen zu stationieren. Konnte das der Durchbruch für ein Treffen von Präsident Reagan und Generalsekretär Breschnew werden?

Beide Staatschefs lehnten ab. Delegationsleiter Nitze hatte mehrere Kardinalfehler begangen. Der Präsident fühlte sich brüskiert: Die Position der Stärke ließ keine Abrüstung zu, weil erst nach beharrlichen Verhandlungen und erst nach der Aufstellung dieser Waffensysteme eine Begrenzung möglich sein durfte; die Rücksichtnahme auf die offensichtlichen Wünsche der Bündnispartner nach Abrüstung, nur um eines schnellen Ergebnisses willen, verletzte Reagans Selbstverständnis der USA als hegemoniale Führungsmacht. Die Administration blockierte, denn die Richtlinien zur Rüstungskontrolle – keine Abrüstung – waren mißachtet worden. Außerdem enthielt das Genfer Resultat noch Grenzwerte zur Stationierung für Bomber, die jenseits des Mandats lagen. Welche Rückendeckung die Verhandlungsführer auch haben mochten, mit diesem Ergebnis für konkrete Abrüstungen scheiterte ein erster Durchbruchsversuch zur Rüstungskontrolle.

Dementsprechend kamen auch die Verhandlungen über die strategischen Waffen nicht voran. Der von Carter und Breschnew unterzeichnete SALT-II-Vertrag war im offiziellen Ratifikationsverfahren im amerikanischen Senat – ohne Chance auf eine Mehrheit, aber ohne eine Ablehnung – hängengeblieben. Carters Nachfolger Reagan hatte nie Zweifel an seinem ablehnenden Urteil aufkommen lassen. SALT II blieb für ihn demnach »fatal fehlerhaft«. Generalstab und Außenministerium jedoch erkannten im Vertrag Vorteile, solange er die geplanten Aufrüstungen sowie die Modernisierungen nicht behinderte. Daher sollte man ihn de facto respektieren. Das stillschweigende Agreement über die Einhaltung der Höchstgrenzen konnte die Gegensätze in der Administration erst einmal ausbalancieren. Die Administration war auf Zeitgewinn aus.

Diesem Ziel diente auch die neue Formel für die Reduktion strategischer Waffen, START, mit der Eugene Rostow am 22. Juni 1981 bei seiner Anhörung vor dem Senat an die Öffentlichkeit trat. Ihm war es darum zu tun, eine konzeptionelle Umkehr zu betonen. Die Beschränkung der Um- und Aufrüstung durch SALT II wurde als marginal eingeschätzt: Begrenzung der Zahl der Marschflugkörper auf B-52-Bombern, Ausstattung der MX-Rakete mit zehn statt vierzehn Sprengköpfen; Beachtung der Verifizierbarkeit der Demontage von Polaris- und Poseidon-U-Booten und manch andere technische Einzelheiten der strategischen Bewaffnung. Bis zum Frühjahr 1986 bestand das US-Konzept in der ideologischen Abkehr von der bipolaren Kooperation. Eine konstruktive Politik wurde zwar vermieden, aber doch ein reduktionistischer Kurs auf pragmatischer Basis verfolgt. Präsident Reagan hatte den USA Mitte der achtziger Jahre eine Politik der Stärke auf der Basis von Atomwaffen beschert, wie die Welt sie bis dahin nicht gekannt hatte.

Ein Frieden ohne Atomwaffen

In Europa war die Lage inzwischen ziemlich unübersichtlich geworden. Die nuklearen Mittelstreckensysteme würden gemäß dem Doppelbeschluß kommen – aus allerlei, aber nicht mehr überschaubaren Gründen. Die Raketen müßten kommen – aus Gründen der Solidarität im Bündnis, auf daß Westeuropa nicht finnlandisiert oder balkanisiert werde; aus Gründen der Glaubwürdigkeit, damit die Lücke zwischen den Typen von Atomwaffen geschlossen wird, wie Verteidigungsminister Georg Leber forderte. Die Raketen würden kommen – trotz der Sorge, daß mit der Stationierung zusätzliche Risiken für die Bundesrepublik verbunden sind, wie sein Nachfolger Hans Apel auf der Hardthöhe bekannte; trotz der Erkenntnis, daß der Doppelbeschluß die Monopolstellung der USA in der Sicherheitspolitik stärke: »Deutlicher lassen sich atomare Klassenunterschiede nicht demonstrieren«, schrieb Christian Potyka.[35]

Henry Kissinger, der langjährige Berater fast aller amerikanischen Präsidenten seit John F. Kennedy, betonte dagegen in Brüssel in ungewöhnlicher Weise den bündnispolitischen Charakter der Rüstung für den Auftrag des Bündnisses selbst, das »endlich versuchen« müssen, »einige glaubwürdige militärische Zwecke für die taktischen und kontinentalstrategischen Nuklearstreitkräfte zu entwickeln, die wir aufbauen«. Ein anderer sicherheitspolitischer Berater, McGeorge Bundy, hob vor dem Londoner Institut für Strategische Studien im Herbst 1979 die singuläre Fragwürdigkeit der eurostrategischen Systeme hervor und fuhr fort: »Diese Realität kann durch die Stationierung neuer Mittelstreckenwaffen zu Lande nicht verändert werden, und es gibt keinen Grund dafür, daß die Amerikaner diese Stationierungsart ihren Alliierten aufzwingen.«

Man mußte also nicht aus dem »Reich des Bösen« stammen, um an dieser Art der nuklearen Verteidigung zu zweifeln. Der Zerfall des sicherheitspolitischen Konsenses unter den Experten stand vor dem öffentlichen Protest der Massen. Kanzler Schmidt hatte 1977 mit seiner Rede in London für Europa in Ost und West – sicherlich unbeabsichtigt – die Tür zu einem bewegten Jahrzehnt aufgestoßen. Niemand hätte damals die Prognose gewagt, es habe das Jahrzehnt der Friedensbewegung geschlagen. Kam der Anstoß des Kanzlers für die INF-Rüstung mit dem seit Jahrzehnten akzeptierten Argument des Ausgleichs instabiler Rüstungspotentiale, so verlor die Begründung der »Nach«-Rüstung im Laufe weniger Monate ihre Legitimität.

Atomwaffen als geeignetes Mittel der Verteidigung gerieten in eine Akzeptanzkrise. Aus dem Verdacht wurden Zweifel, aus den Zweifeln Gewißheit. Wenige andere Phasen in der Geschichte sind von einem derartigen Bewußtseinswandel geprägt.

Die Anti-Nachrüstungs-Kampagne vereinte ganz unterschiedliche Stränge der sich formierenden Friedensbewegung, und sie fand ihre Gemeinsamkeit im Eintreten gegen die Atomrüstung überhaupt. Die Realisten der Macht hatten es fertiggebracht, die Romantiker und die Idealisten des Friedens zu Experten der Strategien und der Rüstungstechnologie heranzubilden. Die Argumente purzelten ebenso wie die statistischen Daten. Gleichgewicht und Glaubwürdigkeit, die strukturierenden Elemente der Sicherheit im Atomzeitalter, gerieten in Verruf.

Das Dogma der Abschreckung wurde aufgegeben. Ronald Reagan persönlich verwarf das sicherheitspolitische Paradigma des Kalten Krieges. Er wurde zum Zeugen der Fragwürdigkeit und der Sinnlosigkeit der nuklearen Abschreckung. Sie war wertlos für die Sicherheit: »impotent and obsolete«. Schließlich kam seine Begründung für das SDI-Programm aus der Unzulänglichkeit der Verteidigungs- und Militärdoktrin der NATO: »Es bedarf einer ganz anderen Streitmacht heute.«

Der Wandel der Sicherheitspolitik in Europa und die Erfahrungen der Entspannung stärkten die Friedensbewegung. Annäherung über die Blockabgrenzungen bildete Vertrauen und löste Feindbilder auf. Die Friedensgruppen diesseits und jenseits der Elbe entwickelten eine Gemeinsamkeit, eine Identität im »Kampf«, im »Widerstand« gegen etablierte Atombefürworter. Der in der ersten Phase des Kalten Krieges erfolgreiche Versuch, die Rüstungsgegner als links oder kommunisitsch unterwandert zu diffamieren, verlor in den achtziger Jahren immer mehr an Überzeugungskraft. Denn die Behauptung, »Schwerter zu Pflugscharen« sei das positive Motiv einer freiheitlichen Friedensgruppe in Dresden, in Stuttgart jedoch untergrabe es die Freiheit des Westens, ging ins Leere.

Nachdem Robert Havemann den »Abzug aller sowjetischen Truppen, aller Panzer und allen Kriegsmaterials« in Ost-Berlin propagierte und in der Bundesrepublik Sympathie fand, konnte das »Ende der nuklearen Konfrontation« nur für den Osten und den Westen gleichermaßen gelten. Mit der grenzüberschreitenden Solidarität überwand die Friedensbewegung ihre anfänglich kennzeichnende, einseitige Systemkritik und Verurteilung der Rüstung im Westen oder im Osten. Dazu hatte gerade die plastische Bildersprache von Ronald Reagan beigetragen. Die Polemik gegen die USA fand großen Widerhall.[36] Polemik gehörte zum Kennzeichen der Auseinandersetzungen der Zeit.

Es war zugleich eine Zeit der Aufklärung und der Information. Berühmte Analysen über Grenzen der Sicherheit durch Atomwaffen wurden vorgelegt. Ein internationaler Expertenkreis der UNO hatte die Fragen nach der technologischen Entwicklung der Atomwaffen, der Wirkung ihres Einsatzes auf die internationale Sicherheit und der Bedeutung der Abschrekkungsdoktrinen untersucht. Unter Berufung auf die vergeblichen Versuche des Physikers und Nobelpreisträgers Niels Bohr aus dem Jahre 1944, Präsident Roosevelt und Premier Churchill von der Notwendigkeit der internationalen Kontrolle der Atomwaffen zu überzeugen, wurde ein Kompendium über die Arsenale der »ständigen Bedrohung der Menschheit« angelegt.[37]

Mit der Vorlage dieses faktenreichen Materials konnten keine Zweifel mehr ernsthaft dagegen vorgebracht werden, daß auch bei einem minimalen Atomwaffeneinsatz die Überlebensfähigkeit der Industriestaaten in Frage gestellt wäre. Das Resultat mußte erschrecken: »Das System der internationalen Sicherheit würde zerstört sein wie auch die traditionelle Vorstellung von den Staaten, Nationen und Gesellschaften, die überlebt haben könnten.« Die im Bericht der Vereinten Nationen zusammengestellten Fakten und Argumente gegen die Sicherheit durch nukleare Abschreckung sowie die Modelle einer konkreten Abrüstung mit dem Ziel eines Gleichgewichts auf niedrigerem Niveau haben in den achtziger Jahren eine enorme Rolle gespielt, auch wenn der Friedensbewegung diese Quelle unbekannt geblieben sein mag.

Es gab Publikationen, deren Titel das Grauen der nuklearen Verteidigung in Europa begrifflich[38] faßten – wie der »nukleare Holocaust« oder »Euroshima« –, und der Friedensbewegung die Richtung wiesen und Stoßkraft gaben. Es entwickelten sich ganze Schulen der Politikwissenschaft, um praktisch und gradualistisch Wege zum Umbau des Militärs aufzuzeigen. Alternative oder defensive Strategien wurden die Stichworte, unter denen die Bundeswehr am stärksten zu leiden hatte, da sie sich erstmals vor einer breiten Öffentlichkeit für ihre Rüstung und ihren

Auftrag rechtfertigen mußte. Mehr als 3000 Veranstaltungen zur internen Weiterbildung für Offiziere wurden nötig, damit diese dem Sachverstand der »Alternativen« (über Jahre als übles Schimpfwort eingesetzt) begegnen konnten. Neben der Forderung nach Verteidigung ohne Atomwaffen ging es um glaubwürdige, defensiv angelegte Militärstrukturen. Horst Afheldt legte Arbeiten dazu vor, die jedem Taktik- und Strategieseminar an der Führungsakademie der Bundeswehr zur Ehre gereicht hätten.

Die Irritationen nahmen zu, als bekannte Offiziere die alternativen Positionen unterstützten, sie übernahmen und Beiträge zur Revision oder Umrüstung beziehungsweise zur Reformulierung der NATO-Strategie lieferten. Dazu zählten[39] unter anderen Oberst a.D. Klaus von Schubert, die Generale Gert Bastian, Jochen Löser, Franz Uhle-Wettler, Christian Krause, Eckart Afheldt – und, ein ehemaliger Oberstleutnant, der seinen Weg der Kritik aus der CSU zu den GRÜNEN und dann nach rechts außen ging, Alfred Mechtersheimer, der anfänglich ebenso prominent wie später Admiral Elmar Schmähling wichtig war. Seitdem haben sich in Deutschland Soldaten – in der Bundeswehr die Gruppierung des »Darmstädter Signals« – aktiv als Mitglieder in der Friedensbewegung beteiligt. Die Losung »Frieden schaffen mit immer weniger Waffen« brachte den Zusammenhalt zum Ausdruck, bevor in den späteren achtziger Jahren die Distanz zur Atombewaffnung in den Vordergrund trat.

Ein für die Politikberatung ungewöhnliches Konzept entstand im Umfeld der Friedensforschung in Hamburg. Der ehemalige NATO-General Wolf Graf von Baudissin[40], dessen Verdienste für die Demokratisierung des deutschen Militärs nach 1945 inzwischen allgemein anerkannt sind, verfeinerte das Konzept der kooperativen Rüstungssteuerung. Der Flügel der Sozialdemokratie, der sich Willy Brandt, Erhard Eppler und Egon Bahr verbunden fühlte, entdeckte die Attraktivität dieses Modells bereits in der Zeit vor dem Doppelbeschluß, da es von der Anerkennung der Gegebenheiten ausging und unter Beachtung der Kriterien der internationalen Stabilität eine gemeinsame, die Bündnisse übergreifende Sicherheit auf niedrigerem Rüstungsniveau anvisierte. Auf diesem Ansatz baute die Vorstellung von der doppelten Null-Lösung auf. Das Modell stieß auf Akzeptanz, da es mit Bedacht die Interessen beider Seiten als Bedingung der gemeinsamen Sicherheit in den Mittelpunkt der Aufmerksamkeit rückte.

Die Friedensbewegung selbst nutzte den Vorteil der Unbefangenheit, Phantasie und Offenheit gegenüber scheinbar gesicherten und festen Tatbeständen der Politik. Schließlich ist der Aspekt des Internationalismus[41] dieser Bewegung, gerade in ihren nuklearpazifistischen Bestrebungen, zu betonen, da sie über menschliche Kontakte auch die Glaubwürdigkeit der Fakten und Fragen verbreitete. Ein Band der Verständigung über die Grenze entlang der Elbe knüpften die evangelischen Kirchen, deren Amtsträger in der DDR »deutlichere Zeichen« setzten. So machte das Wort von Propst Heino Falcke aus Erfurt die Runde: »Wir Deutschen an der Nahtstelle zweier Weltsysteme müßten wohl doch zuerst begreifen, wie abschreckend die Abschreckung ist.« Das förderte Hoffnung, Verbundenheit und Stetigkeit.

Die Friedensbewegung lebte von ihren konkreten Objekten und Projekten. Mutlangen, ein amerikanisches Militärdepot mit Atomwaffen, wurde ein solcher Ort der Berühmtheit, als ab Herbst 1983 die Stationierung der Pershing-Raketen gemäß dem Doppelbeschluß bevorstand. Mehrtägige Sitzblockaden verwiesen auf die Handlungs(ohn)macht des Staates, dessen Reaktion einfach nicht angemessen sein konnte; Überreaktionen sollten seine Autorität provozierend ins Lächerliche ziehen. Der symbolische Akt diente der gezielten Regelverletzung. Prominente Persönlichkeiten nahmen daran teil. Die Bilder mit Robert Jungk oder Heinrich Böll, die von Polizisten weggetragen wurden, gingen um die Welt.

Der »Krefelder Appell« von August 1980 zählte zu den Initiativen, denen Vorbildcharakter für spätere Friedensaktivitäten zukommt. Er stand in Zusammenhang mit dem Forum »Der Atomtod bedroht uns alle«, das der Bundestagsabgeordnete Karl Bechert (SPD) vorbereitet hatte. Neben ihm als Physiker standen Ulrich Albrecht, Horst-Eberhard Richter, Dorothee Sölle repräsentativ für Universitäts- und Berufsgruppen (wie Ärzte, Naturwissenschaftler, Politikwissenschaftler, Psychologen, evangelische Theologen), die in den kommenden Jahren Inhalt und Form des Protestes mittragen sollten. Zu den Unterzeichnern der ersten Stunde zählten außerdem Petra Kelly, Gösta von Uexküll oder Martin Niemöller und Helmut Ridder. Publizisten, Literaten, alte Friedenskämpfer, Akademiker, Gewerkschafter.

Aus einer deutschen Bürgerkultur entstand eine sozial umfassende Bewegung, die im Unterschied zu 1968 alle Generationen und Schichten vereinte. Aus dem politischen Programm im Bundestag von Franz Josef Strauß und Manfred Wörner wurde das Wort gegen Kanzler Schmidt »Mut zur Rüstung« umgeformt zum Motto »Mut zum Frieden«. Es war anfangs ebenso populär wie »Frieden ist der Ernstfall«, ein Wort, unter das Gustav Heinemann seine Präsidentschaft gestellt hatte. Die bundesweite Friedenswoche im November 1980 gab den Auftakt für eine massenhafte Breitenwirkung. Die Aktionen entwickelten ihre eigenen Rituale: Friedenswochen und -lager, Mahnwachen, Gebets- und Stillestunden, Friedensketten von Menschen, Antikriegstage, Friedensforen, Netzwerke. Mit unterschiedlichen Formen des Protestes traten Jugendliche und dann, mit immer größerer Wirkung, die Frauen in der Friedensbewegung hervor.

Rainer Eppelmann, ein Pfarrer aus der DDR, fragte beim »Berliner Appell« mit dem Titel »Frieden schaffen ohne Waffen«: »Sollten wir nicht endlich beginnen, auch unsere Raketen zu zählen?« Die Stoßrichtung hatte sich seitdem eindeutig gegen die Rüstung in Ost und West formiert. Die großen Kundgebungen demonstrieren das deutlich. Bei der Tagung der Nuklearen Planungsgruppe der NATO im April 1981 glich Bonn einem Heerlager; dort hatten sich bereits 10 000 Protestierende versammelt. Auf dem Evangelischen Kirchentag in Hamburg fanden sich unter dem Wort »Entrüstet Euch, der Atomtod bedroht uns alle« bereits 80 000 Menschen ein. Am 10. Oktober kam es in Bonn schließlich zur Mobilisierung von mehr als 250 000 Demonstranten. Das hatte die Friedensbewegung in Deutschland noch nie gesehen. Am 10. Juni 1982, anläßlich des Treffens der Regierungschefs der NATO, mögen es nahezu 400 000 im Hofgarten vor dem alten Schloß in Bonn gewesen sein.

Die Stationierung der Mittelstreckenraketen brachte einen weiteren Aspekt in das Erscheinungsbild der Friedensbewegung, nämlich die Versammlungen, spontan oder organisiert, vor Kasernen, Parteiveranstaltungen, Rathäusern, Munitionsdepots, Kirchentreffs, Konferenzen – das bunte Bild der Friedensbewegung rührt aus dieser Phase der Bürgerinitiativen, der Basis- oder der »Graswurzel«-Arbeit nach 1983. Zugleich gerieten wissenschaftliche Kongresse von Ärzten oder Naturwissenschaftlern[42] ins öffentliche Rampenlicht mit Hoimar von Ditfurth oder Hans-Peter Dürr, die die beruflich-ethische Frage nach der Verantwortung auf eine politisch-gesellschaftliche Ebene hoben.

Die Logik der nuklearen Abschreckung wurde auch das Thema von kirchlichen Autoritäten. Der Papst selbst brach mit der Rechtfertigung der bestehenden Rüstungsspirale. Auf der Sondersitzung der Vereinten Nationen zur Abrüstung im Juni 1982 bezweifelte er den Sinn einer auf dem Gleichgewicht beruhenden nuklearen Abschreckung. Als Abschnitt auf dem Weg einer »fortschreitenden Abrüstung« könne sie allenfalls »noch für moralisch annehmbar« gehalten werden, wenn der Frieden mit einem »Minimum« der nuklearen Gefahr belastet würde. Die Botschaft von Johannes Paul II. vom 8. Dezember 1982 anläßlich des Weltfriedenstages sollte dem Dialog zwischen Ost und West unabhängig von den ideologischen Differenzen dienen. Die »Entkrampfung der Situation« sei ein Teil der Arbeit an möglichen Friedensschritten.

Diese beiden päpstlichen Dokumente[43] leiteten die amerikanischen katholischen Bischöfe in der Erstellung ihres Hirtenbriefes im Mai 1983. Sie übersetzten die ethisch-abstrakte Forderung nach Friedenshandeln der Christen in die militärpolitische Situation ihrer Zeit. Der Frieden enthalte die »fundamentale Wahrheit«, derzufolge die Supermächte ihre »objektiven gemeinsamen Interessen« wiederentdecken sollten. Die amerikanische Regierung wurde aufgefordert, nicht »in die Falle des Antisowjetismus zu tappen« und der »zentralen Gefahr einer Supermacht-Rivalität« zu erliegen. Die klare Absage an die »Drohung der Vernichtung« stand in Kontrast zur Regierung Reagan.

Die deutschen Bischöfe hatten die breite Zustimmung jenseits des Atlantiks mit einer gewissen Sorge verfolgt. Doch die politische Aktualität mißfiel dem deutschen Episkopat. Für seine Stellungnahme wählte er daher die Form einer Friedensbotschaft des christlichen Glaubens.[44] Dem Standpunkt der fünfziger Jahre entsprachen Passagen wie: »Vor allem sind das Risiko der wachsenden Unkontrollierbarkeit des Nukleareinsatzes einerseits und die Gefahr wachsender Wahrscheinlichkeit eines konventionellen Krieges andererseits gegeneinander abzuwägen.« Die Scheu, die atomaren Waffen als solche zu verurteilen, war groß.

Ähnliche Zurückhaltung hatten sich die evangelischen Kirchen auferlegt. Obwohl ihre Vertreter in Ost und West sehr aktiv hervorgetreten waren und in der Friedensbewegung an prominenter Stelle mitwirkten (wie etwa Bischof Kurt Scharf, Heinrich Albertz oder Helmut Gollwitzer), ging die Amtskirche in Dekkung. Die Friedensdenkschrift der Kammer für Öffentliche Verantwortung hatte 1981 Grundlagen für die Friedensdiskussion vorgelegt, doch nahm die anfängliche Zustimmung im Lichte der Klarheit der Aussagen der amerikanischen Bischöfe schnell ab.

Danach gewann ein Dokument hohe Aufmerksamkeit, das an den ›Heidelberger Thesen‹ mit dem richtungsweisenden »Noch« der Akzeptanz der Atombewaffnung anknüpfte, das ›Heidelberger Friedensmemorandum‹. Es verwarf die politische Abgrenzung des Antagonismus mit dem Gegenmodell[45] der »Öffnung gegenüber dem Konfliktgegner«. Die Definition von Sicherheit – kooperative Rüstungsminderung anstelle der Maximierung der Waffen – zielte auf Entspannung. Ein sicherheitspolitisches Konzept des friedlichen Zusammenlebens sollte den »Zirkel des Angst-Drohungs-Syndroms« des Kalten Krieges ersetzen.

Die Zeit der Friedensbewegung gegen die Atombewaffnung des Doppelbeschlusses brachte Wandel und Bewegung in die Denkgewohnheiten und Berührungstabus, die der zeitweilige Rückfall in den Kalten Krieg errichtet hatte. Das Sicherheitsdilemma der nuklearen Abschreckung hatte sich als Scheinlösung der Kriegsverhinderung beschreiben lassen. Die Vision der Denuklearisierung teilte sogar Ronald Reagan mit der Friedensbewegung. Und wenn von seinen Rüstungsprogrammen nur noch militärischer Schrott übrig geblieben ist, wird aus seiner »Star-Wars«-Rede von 1983 weiterhin die Aussage zitiert werden, die Atomwaffen müßten für immer »impotent and obsolete« gemacht werden.

Kapitel 6

Der Ausbruch aus dem System der Blöcke

Der Anstoß zur Null-Rüstung 1986

Zwei Staatschefs träumten von einer Welt ohne Atomwaffen. Der Terror der Atomwaffen gebot die Koexistenz mit dem »Reich des Bösen«, gegen das Ronald Reagan in aller Welt mit fieberhafter Energie stritt. Dennoch suchte er Sicherheit für sein Land. Davon träumte auch der junge Generalsekretär der Kommunistischen Partei der Sowjetunion, Michail Sergejewitsch Gorbatschow. Unkonventionell und direkt ergriff er auf dem Gipfeltreffen am 11. und 12. Oktober 1986 in Reykjavik die Gelegenheit zur Abkehr vom Mißtrauen aus Prinzip. Die Konferenz in Island sollte von Partnern, nicht von Gegnern gestaltet werden.

Die Verwirrung in der amerikanischen Delegation war total. Gorbatschow warf die gültigen Prinzipien einer vorbedachten Rüstungskontrolle mit dem Ziel einer ausgeklügelten Modernisierung der Waffen um, wie sie seit 25 Jahren ehernes Gesetz der Sicherheitspolitik gewesen waren. Der sowjetische Parteichef bot – unglaublich, wie es klang – drastische Rüstungseinschnitte beziehungsweise die Beseitigung ganzer Waffensysteme an. Von dieser Dynamik des Abrüstungsernstes wurden die beharrenden Elemente der Administration ausgehebelt.

Glaubhaft hatte Gorbatschow die Null-Lösungen, jene alten rhetorischen Formeln des US-Präsidenten, aufgegriffen und als Modell konkreter Atomwaffenreduktion vorgebracht. Und dann signalisierte die Akzeptanz der amerikanischen Positionen – die Zählweise der Waffen, die Ausklammerung seegestützter Marschflugkörper, die Begrenzung auf bipolare Systeme – auch noch ein ungeahntes, ja schier unglaubliches Entgegenkommen.

Woher sollte Widerstand jetzt noch gegen eine vernünftige Lösung kommen?

Die völlige Beseitigung der Mittelstreckenwaffen in Europa, die dem Doppelbeschluß zugrunde gelegen hatte, wurde vereinbart, und ihre Zahl auf je hundert in Alaska und im asiatischen Teil der Sowjetunion begrenzt. Ebenso einigte man sich auf den Grundsatz, die wechselseitige Bedrohung durch die Halbierung der Zahl der strategischen Waffen substantiell zu verändern, so auch den Bestand der landgestützten Interkontinentalraketen, das Rückgrat der sowjetischen Atomstreitmacht. Als Gorbatschow die Glaubwürdigkeit des neuen Systems der gemeinsamen Sicherheit mit dem Angebot einer »drastischen Verringerung der konventionellen Streitkräfte« in Europa noch unterstrich, konnten der US-Präsident und sein Außenminister, George Shultz, »kaum glauben, was geschah«[1]. Dissonanzen gab es erst wieder, als SDI in ein Testverbot eingebunden werden sollte und der alte Schauspieler auf dem Präsidentensessel zum Zeichen seiner Ablehnung theatralisch den Raum verließ. An diesem Punkt der Erörterung, der die Übereinkunft im Moment verhinderte, brach noch einmal das Mißtrauen der Vergangenheit durch.

Michail Gorbatschow hatte den militärisch-industriellen Komplex[2] als den Moloch der Neuzeit, der »alles verschlang«, erkannt. Die Wirtschaft seines Landes war durch Korruption und Planzentralismus in den Etappen der großindustriellen Modernisierung unbeweglich und unproduktiv steckengeblieben. Sein Land brauchte einen Umbau, Perestroika, zuvor Transparenz und Offenheit, Glasnost, beides Synonyme für die Systemreform; und mit Uskorenja die Beschleunigung des Wandels. Mit Eduard A. Schewardnadse wagte er, das Konzept des »Neuen Denkens« in einer Offensive der außenpolitischen Entspannung und Verständigung zu erproben, die »ein Dialog mit den Amerikanern bieten«[3] sollte. Die Phase der Entspannung lag mehr als ein Jahrzehnt zurück. Seit der Präsidentschaft Reagans hatte Moskau auf das Einfrieren der Beziehungen unbeholfen, aber mit dem die Lage nur verhärtenden Wort der »Schwelle zum Krieg« reagiert.

Für den Umbau im Innern und den Abbau der Rüstungsausgaben bot sich nun die alte Metapher des friedlichen Zusammenlebens an, das »Haus Europa«. Dem gewährte Gorbatschow Priorität. Wenn es auch Zufall war, daß einen Tag nach seiner Wahl am 11. März 1985 in Genf die Verhandlungen auf allen Ebenen – INF, START und SDI – aufgenommen wurden, entsprach es doch seinem Drängen, aus dem Schattenboxen des immerwährenden Taktierens herauszukommen. Ganz überraschend signalisierte die amerikanische Regierung, das SALT-II-Abkommen, das sie einige Monate zuvor demonstrativ bei der Übergabe von Fernbombern an die Luftwaffe verletzt hatte, doch einzuhalten.

Gorbatschow hatte den Mut zum ersten Schritt heraus aus der allgemeinen Erstarrung im Widersinn der nuklearen Hochrüstung bewiesen. Die internationale Konfrontation mußte durchbrochen werden, auch gegen Widerstände im eigenen Lager. Wie einst John F. Kennedy wagte er den Umbau der militärischen Strukturen und setzte auf den Strom der menschlichen Hoffnung, der mit Macht fortriß, was diese Bewegung behinderte. Henry Kissinger erkannte in den Gesprächen von Reykjavik bald die Radikalität des Ansatzes, die »eine Revolution« der internationalen Beziehungen zur Folge haben würde. Da war einer, »der den ersten konsequenten Schritt wagte, bedingungslos aufzuhören«[4]. Der Kalte Krieg endete, da beide Supermächte die Absurdität des aus den Fugen geratenen atomaren Rüstungswettlaufes erkannten und die Barrieren des Mißtrauens überwinden konnten. Der Moskauer Staatschef meinte seine Initiativen ernst.

Präsident Reagan sah sich in den folgenden Monaten zu Vermittlungen gezwungen. Der Kongreß drängte auf Fortschritte in der Rüstungskontrolle und wollte deswegen auf unterirdische Atomtests verzichten; im Verteidigungsministerium dagegen suchte man die Tendenzen der Abrüstung im Keim zu ersticken und die übergeordnete Funktion der Rüstungskontrolle festzuschreiben. Strikt hielt man am alten Kurs fest, Abrüstung als flankierende Maßnahme für eine bestimmte Umrüstung, als »eine Ergänzung zu einer starken nationalen Verteidigung« darzustellen. In Washington entwickelte sich eine widerspruchsvolle Phase. Im Nationalen Sicherheitsrat wurde eine derartig definierte Abrüstung zum einzigen Mittel der militärischen Machtpolitik stilisiert; daher wollte man die »Katastrophe« der Gipfeldiplomatie von Reykjavik, wie die Null-Lösungen bezeichnet wurden, schnell mit Schweigen übergehen.

Aber in Genf saßen Diplomaten einander gegenüber, die ihre kooperativen Absichten in der zunehmenden Sachlichkeit der Verhandlungen des letzten Jahres bestätigt sahen. Ihr Auftrag, den Außenminister Shultz noch mit Andrej Gromyko im Januar 1985 vereinbart hatte, deutete auf eine unglaubliche Perspektive, die Moskau offensichtlich in Realität umsetzen wollte: »Beide Seiten sind der Überzeugung, daß die anstehenden Verhandlungen letztlich, wie auch die Bemühungen allgemeiner Art, zur Begrenzung und Verringerung von Waffen, überall zu der vollständigen Beseitigung der Kernwaffen führen sollten.«

Während also die amerikanische Administration in der Kontinuität der Kreuzzugsideologie Moskau bis ins Jahr 1987 hinein des leichtfertigen Abenteurertums zieh, hatten beide in Genf bereits Zeichen der Verständigung ausgetauscht. Das erste kam im Juli 1984 mit dem Abkommen zur technischen Modernisierung des »Heißen Drahtes«, der als permanente Verbindung zwischen Washington und Moskau nach der Kuba-Krise installiert worden war. Die Kontakte waren vorsichtig, aber auch offiziell vom Weißen Haus vorangetrieben worden.

Dann kam ein Schock, das Erschrecken über die Begrenztheit des technisch Machbaren. Der Glaube an den perfekten Fortschritt wurde durch zwei Katastrophen nachhaltig erschüttert. Am 28. Januar 1986 bezeugte die Explosion der Raumfähre »Challenger« mit sechs Astronauten an Bord die Anfälligkeit höchster Technologie. Das Beispiel des computergesteuerten Fortschritts zur Eroberung des Weltraums und der Beherrschung der Satelliten, eine Vorstufe in den Machtphantasien der »Star Wars«, hatte versagt, das »Space-Shuttle«-Programm mußte für Jahre unterbrochen werden. Drei Monate später kam der nächste Schock. Am 26. April ereignete sich der Reaktorunfall von Tschernobyl in der Ukraine. Das Atomzeitalter hatte seine zivile Ruine. Die gewaltige Strahlenwolke, die zum Nordkap und in einem weiten Bogen zurück nach Mitteleuropa ihre Spur zog, stürzte die Menschen in tiefste Beunruhigung über das

»Restrisiko« der sicheren Technik. Am Ort des Unglücks setzten Tausende ihr Leben ein, um die drohende Gefahr einer endgültig außer Kontrolle geratenden Super-Gau-Explosion des Atommeilers in wochenlangen Hubschraubereinsätzen abzuwehren und um das Bersten der kritischen Masse in einem Sarkophag aus meterdickem Beton vorerst zu verhindern. Die Menschen in der Ukraine und Weißrußland lebten in kontaminierten Zonen, Opfer auf lange Zeit.[5] Viele bekamen im Frühjahr 1986 eine Ahnung von den Folgen der Technik und der Ambivalenz des Fortschritts; eine erschütternde Einsicht, der sich die Sicherheitspolitik nicht entziehen konnte.

Nach diesen Katastrophen war die Welt nicht mehr wie zuvor. Dramatische Wandlungen vollzogen sich. Reykjavik war der erste Schritt gewesen, mit einer gewissen Halbherzigkeit wohl noch, wenn man bedenkt, daß sich Michail Gorbatschow von der schauspielerischen Gestik Ronald Reagans in der Sache beeindrucken ließ. Das Thema SDI hatte einen Abschluß der Vereinbarungen aufschieben können. Aber die Dogmen der Politik des antagonistischen Mißtrauens waren aufgebrochen worden.

Der Umbau der Beziehungen in Europa zeigte bislang ungeahnte Wirkungen in anderen Bereichen, etwa in der Bereitschaft zu Kontakten, um bislang brisante Fakten kritisch zu erörtern. Sowjetische Politiker und wissenschaftliche Berater stellten sich im Westen einem kritischen Dialog, anknüpfend an die zaghaften Kontakte, die noch zu Zeiten Breschnews gekeimt und in der Zeit der Friedensbewegung über die Erörterung der Atomkriegsfolgen Annäherungen gebracht hatten. Im Zeichen von Glasnost fanden nach 1985 insbesondere in der Bundesrepublik, aber auch in Österreich und der Schweiz, eine ganze Anzahl von Tagungen mit hochkarätigen Fachleuten[6] aus Ost und West statt, die hier eine bedeutsame Mittlerrolle spielen konnten. Diplomaten, Militärs, Politiker und Wissenschaftler aus der Zeitgeschichte, aus den Naturwissenschaften, der Medizin und anderen Disziplinen, die sich mit Sicherheitspolitik befaßten, traten aus der Enge der Block-Einseitigkeiten heraus.

Sicherheit für beide Seiten, gemeinsame Sicherheit, wurde, nachdem Olof Palme mit seinem Bericht 1982 an die Öffentlichkeit gegangen war, zu einem Maßstab der Verständigung. Man ging über die alte Vorstellung von einer kooperativen Rüstungssteuerung hinaus und beschloß, die Atomrüstung kooperativ abzubauen. Die Szenarien von flexiblen Reaktionen mit Atomwaffen rieben sich am Maß der Vernunft und der Ethik einer Verteidigung, die nicht selbst vernichten will, was sie verteidigen soll, auf. Modelle einer europäischen Friedensordnung und konkreter Abrüstung wurden mit großem Ernst begründet. Diese Weichen[7] wurden schon vor 1985 gestellt, als »die Steine weicher«[8] geworden waren und den »Eisernen Vorhang« durchlässiger gemacht hatten, wie Valentin Falin bemerkte. Egon Bahr und Willy Brandt betrieben eine wahre Reisediplomatie zwischen Moskau und Washington; es gelang eine Bündelung von Initiativen und Gesprächen, die so etwas wie ein informelles Netzwerk der internationalen Politikberatung begründeten.

Einen entscheidenden Impuls für die Bewältigung von Problemen der Atomrüstung konnte im Februar 1987 das Moskauer Forum »Für eine Welt ohne Kernwaffen – Für das Überleben der Menschheit« geben. Die friedenswissenschaftliche, die moralische und kulturelle Kompetenz[9] von Andreij Sacharow und Hans-Peter Dürr ebenso wie von Horst-Eberhard Richter und Dieter Lattmann traf – eine historische Situation – auf das offene Ohr von Michail Gorbatschow, der die »Stimmung, Gedanken und Ideen einer internationalen intellektuellen Elite« aufnahm und im Politbüro die rasanten, weitergehenden Beschlüsse über »das Paket von Reykjavik«[10] durchsetzte.

Die Zielstrebigkeit Gorbatschows, die alten Strukturen der Rüstungs- und Sicherheitspolitik aufzubrechen, wird in dem Vertragsentwurf vom 28. Februar 1987 dokumentiert, in dem Moskau, ohne Konzessionen von den Amerikanern in Defensiv- oder Weltraumwaffen einzuklagen, eine Vereinbarung zum Abbau aller Mittelstreckenraketen mit einer Reichweite von 1000 bis 5500 Kilometern vorlegte. Am 22. Juli wurde sie dann als weltweite, doppelte Null-Lösung bekannt gemacht. Die Abrüstung sollte international kontrolliert werden; sie betraf alle Gebiete der USA und der Sowjetunion, einschließlich Sibirien und Alaska. Am 8. Dezember 1987 schon trafen sich Ronald Reagan und Michail Gorbatschow in Washington zur Unterzeichnung dieser Vereinbarung. Die Ratifikationsurkunden wurden von beiden im Kreml am 29. Mai 1988 unterschrieben. Damit war der Doppelbeschluß erledigt. Gemeinsame sowjetisch-amerikanische Inspektionsteams überprüften die Beseitigung dieser Raketen und Atomwaffen, die seit dem Ende der fünfziger Jahre von Schottland bis zum Ural aufgestellt worden waren. Im Mai 1991 landete die letzte SS 20 auf dem Schrotthaufen.

Die Verhandlungen über die Abrüstung der Atomwaffen warfen ein bezeichnendes Licht auf die disparate Haltung der Bonner Regierung. Sie war gespalten. Zum einen stand das Auswärtige Amt unter Hans-Dietrich Genscher für eine Entspannung durch rasche Erfolge in der Abrüstung, also für einen schnellen Abschluß mit der Absicht, Verhandlungen über die nächste Waffenkategorie von 500 bis 1000 Kilometern Reichweite gleich danach anzuschließen. Kanzler Kohl führte mit Minister Manfred Wörner, Alfred Dregger und Volker Rühe jedoch die Koalition der »Besorgnisträger« an, die bei einer Abrüstung der Pershing und Marschflugkörper eine verstärkte Bedrohung des deutschen Territoriums durch sowjetische Flugkörper kürzerer Reichweite sahen. Das Kontinuum der Abschreckung würde verletzt werden. Ihre Forderung, diese östlichen Waffensysteme in die LRNTF-Verhandlungen aufzunehmen, wurde auch erhoben, um damit die Null-Lösung bei den weitreichenden Raketen »vielleicht doch noch zum Scheitern zu bringen«[11].

Die Bonner Skepsis traf bei US-Außenminister Shultz auf Verwunderung, ja Ablehnung. Auch war Washington verärgert, da lange vergebens eine mittelfristige, konzeptionelle Abstimmung mit den westeuropäischen Verbündeten gesucht worden war. Die Besprechungen mit dem Moskauer Kollegen Schewardnadse bekräftigten das bipolare Einverständnis, der Beseitigung von Atomwaffen Priorität einzuräumen.

Am 10. April 1987 ging Gorbatschow in Prag mit dem Vorschlag in die Offensive, die Atomwaffen mit kürzerer Reichweite mit in die Null-Lösung – daher »doppelte Null-Lösung« – einzubeziehen. Mit einem Male hatten sich die Fronten verkehrt. Die US-Administration, selbst der Leiter der Abteilung für Internationale Sicherheit im Pentagon, Richard Perle, vertrat ebenso wie der Kreml, die Friedensbewegung, das Auswärtige Amt, die Opposition im Bundestag und nach einigem Zögern auch London und Paris das Ziel der Abrüstung der Atomwaffen; nur die zunehmend in die Isolierung geratene Bonner Regierung nicht.

Langsam schälte sich der Kern der Bonner Interessen heraus. Die Verteidigungsexperten von CDU und CSU waren auf den Einfall gekommen, die gerade stationierten Pershing II mit einer Reichweite von 1800 Kilometern umzurüsten, so daß sie mit einer projektierten Reichweite von unter 1000 Kilometer nicht unter das anvisierte Abkommen zur Abrüstung fallen würden. Die deutsche Regierung hatte sich vom Abrüstungsteil des Doppelbeschlusses der NATO entfernt und suchte tatsächlich mit allen Mitteln, den Abzug weitreichender Nuklearwaffen zu verhindern.

Erstmals sollte eine asymmetrische Abrüstung großen Stils stattfinden. Davon waren alle bodengestützten Raketen betroffen: Die Sowjetunion hatte insgesamt 857 Systeme (von der ältesten SS-5- bis zu der modernsten SSC-X-4 Rakete) mit insgesamt 1667 nuklearen Sprengköpfen, die USA hatten 429 dislozierte von den 572 geplanten Waffen des Doppelbeschlusses (plus 72 Pershing 1 A) überprüfbar zu beseitigen. Die Bonner Gegner dieses Einschnittes beschworen die Erpreßbarkeit des Westens durch Denuklearisierung. Reagan hielt dem Argument die Realität der bestehenden Atomrüstung entgegen, also die Garantie durch amerikanische nukleare Potentiale der US-Flotte im Mittelmeer, die weitreichenden Raketenwaffen auf U-Booten im Nordmeer und im Indischen Ozean sowie die in Westeuropa gelagerten etwa 4000 Atomwaffen.

Dennoch: Als die doppelte Null-Lösung von der NATO am 11./12. Juni 1987 befürwortet worden war, entdeckte Bundeskanzler Kohl eine Interpretationslücke und legte den Vorschlag einer Modernisierung der alten Pershing-1-A-Systeme mit einer Reichweite bis 720 Kilometern auf den Tisch. Da die Raketen unter deutscher Kontrolle standen und nur die Atombomben unter die amerikanische Zuständigkeit fielen, seien sie von jener bipolaren Abmachung nicht betroffen; außerdem dürfe der Sowjetunion nicht ein Vetorecht für Belange der Allianz eingeräumt werden. Bis zum 26. August zögerte der Kanzler, ehe er seine Zustimmung zur Abrüstung gab. Ihm blieb keine Alternative zur Abrüstung und zur Respektierung der Suprematie der USA.

Als dieser Vertrag im Dezember 1987 in Washington besiegelt wurde, war die Revolution der internationalen Beziehungen, die Henry Kissinger seinerzeit prognostiziert hatte, unumkehrbar geworden. Die Stabilität der Beziehungen verlagerte sich auf ein niedrigeres Rüstungsniveau gleicher, zumindest hinreichender militärischer Stärke. Die Kräfte der bipolaren Verantwortung im Atomzeitalter wurden stärker. Auch zeigte sich ein Wandel hin zu mehr Flexibilität innerhalb der Einflußsphären in den Bündnissen. Der Ostblock ließ pluralistische Entwicklungen in Polen oder in Ungarn erkennen, und diese Liberalisierung stieß natürlich auf große Zustimmung in Amerika.

Für den Abbau der strategischen Nuklearwaffen kam die verbindliche Übereinkunft zustande, die Obergrenze der strategischen Atomsprengköpfe mit insgesamt 6 000 für 1600 Trägersysteme anzugeben. Die genaue Festlegung bereitete Schwierigkeiten, da die USA wie auch die Sowjetunion ihre land- und seegestützten Raketen ganz unterschiedlich, mit einem oder mit bis zu zehn Sprengköpfen, mobil oder fest stationiert, ausgelegt hatten. Das Ziel, die Nuklearpotentiale zu begrenzen und zu vermindern, konnte noch relativ leicht klar umrissen werden; aber die Frage nach der strategischen Stabilität insgesamt bereitete Schwierigkeiten. Es drohte eine weitere Spirale im qualitativen Rüstungswettlauf, wobei das Hauptproblem in der zunehmenden Rüstung mit Marschflugkörpern lag, die auf See und erneut auf Bombern stationiert werden konnten.

Der Rahmenvertrag zu START, den die beiden Präsidenten George Bush und Michail Gorbatschow Ende Juni 1990 unterzeichneten, spiegelte die Probleme dieser vierjährigen Verhandlungen wider, indem eine flexible Struktur der strategischen Rüstung an Marschflugkörpern für Bomber, land- und seegestützen Raketen wechselseitig anerkannt wurde. Die Abschaffung der 11 018 sowjetischen und 12 562 amerikanischen Sprengköpfe gelang allerdings nicht im ersten Anlauf zu START I am 31. Juli 1991. Nach dieser abrüstungspolitischen Phase einigte man sich auf die Halbierung des Gesamtbestandes mit 6000 Atombomben als berechnete Maßzahl für 1600 Trägersysteme mit jeweils verschiedenen Beschränkungen für die Atomausstattung. Bemerkenswert sind die Bestimmungen über die Umsetzung der Abmachungen, die die Inspektion der stationierten Interkontinentalraketen einschloß.

Nach dem Zerfall der Sowjetunion gelang es, nicht nur Rußland, sondern auch die Nachfolgestaaten Weißrußland, Kasachstan und die Ukraine zur entsprechenden Anerkennung des Vertrages zu bewegen. Im Protokoll von Lissabon haben die drei kleineren Staaten sich sogar zur völligen Denuklearisierung bereit erklärt.

Die Verhandlungen über die strategischen Waffen gingen gleich weiter. START II zielte auf eine weitaus radikalere Verminderung der strategischen Waffenarsenale und ließ vage Ansätze eines an gemeinsamer Stabilität orientierten sicherheitspolitischen Konzepts erkennen. Denn nun wurden die fest verbunkerten Interkontinentalraketen mit bis zu zehn Sprengköpfen, geeignet für einen Erstschlag und als solche selber Zielobjekt eines gegnerischen Erstschlages, zur Verschrottung vorgesehen. Für die USA waren dies fünfzig »Peacekeeper«-Raketen mit fünfhundert Bomben, für Rußland traf es den Kern der strategischen Rüstung, die hauptsächlich auf Raketen zu Lande beruhte. Verabredet wurden der Abbau von 311 Interkontinentalraketen, 181 Raketensilos sowie vielfältige reduzierende Umrüstungen. Auch die USA kamen nicht ohne Konzessionen vom Verhandlungstisch zurück: Verminderung der Bomberflotte und Anerkennung der Höchstgrenze für seegestützte nukleare Sprengköpfe mit 1750. Die Präsidenten George Bush und Boris Jelzin schufen mit START II am 3. Januar 1993 die Plattform, um innerhalb von zehn Jahren den Gesamtbestand um zwei Drittel, auf jeweils unter 3500 Sprengköpfe zu reduzieren. Gleichwohl bieten diese nuklearen Profile und ihre technischen Standards immer noch die Voraussetzung für eine mehrfach gesicherte Vernichtungsfähigkeit. START II hat eine wichtige Abrüstung nach dem Maß der Vernunft ermöglicht, nicht aber die Abschaffung der Atomwaffen überhaupt angestrebt .

Diese Abrüstung läßt zugleich und eindeutig Züge einer vorbedachten Rüstungssteuerung erkennen. So übernahm die Regierung Bill Clinton die Linie von Präsident Bush, die Flexibilität der militärischen Zielfestlegungen aufgrund der zunehmenden Präzision zu erhöhen. Dieses Bestreben nach differenzierenden

Optionen für die strategischen Waffen verdeutlicht, daß nunmehr zwar einige wesentliche Elemente der massiven nuklearen Verteidigung vor allem für die Bündnisse aufgegeben worden sind. Dennoch wurde die nukleare Verteidigung für das nationale Szenario, also für den Schutz des amerikanischen beziehungsweise russischen Territoriums, nicht aufgegeben. Dies läßt auch die vergebliche Politik Rußlands, die Obergrenze mit 2500 Atombomben noch um ein Drittel niedriger anzusetzen, erkennen. Was sich in der russischen militärischen Szene abspielt, entzieht sich der genauen Kenntnis. Ebenso ist unklar, unter welchen Umständen eine Einsatzbereitschaft der mit Atomwaffen ausgerüsteten Truppenteile gewährleistet ist. Doch sicherlich sind die Auswirkungen der international verabredeten Abrüstungen, der strukturellen Umrüstung und der politischen Umwälzungen nach der Auflösung der Sowjetunion nicht ohne Folgen für die ehemals privilegierten Eliteeinheiten. Über Jahre jedenfalls bildeten sie den Kern der Stabilität des Militärs.

Die Amerikaner halten an einer dezidierten Atompolitik fest. Hier zeigt sich eine gewisse Kontinuität der jahrzehntelang entwickelten und verfeinerten Doktrin flexibler Kapazitäten. »Keine Experimente!«[12] lautete daher die Botschaft von Verteidigungsminister William J. Perry in seinem Jahresbericht 1995 an den Kongreß, wo er zur Vorsorge gegenüber der »Ungewißheit über die Zukunft« aufrief und zum Schutz vor deren Risiken einen »Zaun« hinreichender Nuklearpotentiale »für ein breites Spektrum« an Zielen zu errichten versprach. Das vorgelegte militärische Investitionsprogramm sah eine enorme Modernisierung, Entwicklung und Implementierung auf allen Ebenen der nuklearen Rüstung vor.

In der Mitte der neunziger Jahre gaben die USA keinen Anlaß zu der Vermutung, sie betrieben eine Art »Einmotten« der Waffensysteme für eine Übergangszeit bis zur völligen Denuklearisierung. Die eingeleiteten Maßnahmen bedeuteten eine Reaktivierung und Stabilisierung auf konfortablem Niveau an Potentialen; sie waren langfristig angelegt, sie zielten auf eine Erhöhung der Präzisions- und der Reaktionsfähigkeit der Nuklearstreitkräfte, von denen ein großer Teil in einem neu definierten Bereitschaftsstatus verblieb.

Bei der Anlage ihrer Rüstung im Jahre 1995 gingen die USA in ihrer Doktrin weiterhin von dem Fall einer existentiellen, nationalen »worst case«-Bedrohung aus, für die sie nukleare Vorsorge auf einem außerordentlichen Standard an Quantität und Qualität betrieben. Gleichwohl wurde die strategische Rüstung mit bipolar enormen Anstrengungen auf ein reduziertes Niveau um- und abgerüstet, das vor nicht allzu ferner Zeit als utopisch belächelt worden wäre.

Das Beharren Westeuropas auf nuklearer Rüstung

Es gehört zum Denken der sicherheitspolitischen Experten – im fiktiven System des Gleichgewichts – ständig, geradezu automatisch eine Modernisierung der Rüstung zu verlangen. Mit dieser Tendenz der andauernden Drehung der Rüstungsspirale wurde, natürlich anders als es die »Gesetze des Kalten Krieges« verlangt hätten, die Zeit nach der bahnbrechenden Runde in Reykjavik erneut konfrontiert. Der Abzug der Mittelstreckenwaffen sollte nicht zu einer »tabula-rasa«-Entnuklearisierung führen. Die deutschen Bedenken gegenüber den Fortschritten bei der Reduktion der Atomwaffen hatten mit der Unterzeichnung des Vertrages im Dezember 1987 nicht ihr Ende gefunden.

Die offenen Meinungsverschiedenheiten mit den Amerikanern, die Außenminister Hans-Dietrich Genscher[13] zu vermeiden suchte, griff Kanzler Kohl in gewohnt machtbewußter Manier auf und ging, da es der deutschen Regierung nicht gelungen war, die doppelte Null-Lösung zu verhindern beziehungsweise nach deutschen Interessen zu gestalten, prophylaktisch in die Offensive. Der Restbestand an taktischen Atomwaffen sollte nicht angetastet werden. Am 2. März 1988, auf der Frühjahrstagung der NATO, erklärte er in Brüssel: »Die Bundesregierung wünscht keine weitere ›Null-Lösung‹, keine kernwaffenfreien Zonen und schon gar nicht eine Denuklearisierung Europas [...]. Das Verhandlungsziel ist klar: gleiche Obergrenzen, aber nicht Null.«

Die alten pronuklearen Argumente von deutscher Seite, die seit 1955 die militärische Atompolitik begleitet hatten, wurden nach der Null-Lösung erneut aktiviert, um einen Damm gegen amerikanische und sowjetische »Alleingänge« zu errichten. Dabei wurde die Angst ausgedrückt, die Amerikaner könnten gewissermaßen auf dem Umweg über ein Einvernehmen mit Moskau die Eskalation des Atomwaffeneinsatzes grundsätzlich aufheben und durch den Abbau der Atomwaffen einen solchen Strategiewandel dokumentieren.

Die Wogen, die die Regierung Kohl schüttelten, wurden von keinem anderen als Altbundeskanzler Schmidt geglättet; er griff – das war im Jahr 1984 – auf die Grundsätze seiner Londoner Rede zurück, bestätigte die Aussagen von Henry Kissinger über das Dilemma der Sicherheit Europas, daß die nukleare Verteidigung verheerend wirken und »zur nuklearen Zerstörung Europas übergehen« würde, stellte aber dennoch nach bekanntem Schema die Forderung, die USA müßten sich militärisch »um Kontinuität bemühen«. Lapidar bezog er die Position gegen jede nukleare Abrüstung: »Kein Verzicht auf nukleare Waffen, wohl aber ein besseres konventionelles Gleichgewicht!«[14]

Hinter dem militärpolitischen Konzept der Bundesrepublik stand das alte Feindbild eines »russischen Expansionismus«, also einer »stetigen, zähen politischen und militärischen Ausdehnung der sowjetischen Einflußzonen in allen Kontinenten« – so Schmidt 1984, um seinen Argumenten gegen eine primär konventionell ausgerichtete Verteidigung Gewicht zu verleihen. Ähnlich griff, als die Unterzeichnung des Vertrages über die doppelte Null-Lösung bevorstand, Christoph Bertram, der frühere Leiter des Londoner Instituts für Strategische Studien, in die Debatte ein: Diese sowjetische Politik einer »atomwaffenfreien Welt, die Gorbatschow seit dem Januar 1986 vehement vorbringt, ist nicht etwa nur Ausdruck des ›neuen Denkens‹; sie zählt vielmehr zu den alten Zöpfen sowjetischer Westeuropa-Politik: Lange schon wollte Moskau die amerikanische Atompräsenz schwächen, die atomare Verkoppelung zwischen Amerika und seinen Verbündeten lockern und so die konventionellen Vorteile des Warschauer Paktes erst richtig zum Tragen bringen.«[15]

Nach der Unterzeichnung des Vertrages der Null-Lösung zeigten sich ebenfalls Divergenzen zwischen Bonn und Washington. Im Januar 1988 legten Fred C. Iklé, Staatssekretär im Pentagon, und Albert Wohlstetter, langjähriger Berater in Sicherheitsfragen, einen Bericht über eine Strategie der selektiven Abschrekkung[16] vor. Sie suchten einen Konsens über Veränderungen. Wieder breiteten die Amerikaner ein zeitgemäßes Szenario nuklear abgestufter Einsätze aus, wonach eine glaubwürdige Verteidigung nicht automatisch die nukleare Vernichtung nach sich ziehen mußte. Sie folgten den Bahnen, die Kissinger und Brzezinski vorgeprägt hatten. Deutlich präsentierten sie die nuklearen Optionen, doch auch diese wurden in der mittlerweile typischen westdeutschen Sprachübung abgelehnt: Amerika müsse in »nuklearer Geiselhaft« gehalten bleiben, hieß es. Auf notwendige rüstungsbedingte und sicherheitspolitische Aktualisierungen der Strategie seitens der USA reagierte Bonn nach demselben Muster, indem Gleichgewicht beschworen wurde, aber nukleare Rüstung gemeint war.

In dieser Situation zu Anfang des Jahres 1988, als der von Iklé und Wohlstetter abgefaßte Bericht vorgebracht und von Kanzler Kohl das Votum gegen die nächste Null-Lösung der nuklearen Abrüstung vorgelegt wurde, belief sich die Zahl der amerikanischen Atomwaffen in Deutschland – für die Zeit nach der Erfüllung des Vertrages – auf einen Bestand von ungefähr 3700 für taktische Zwecke. Das nukleare Arsenal setzte sich aus etwa 1400 Bomben für Flugzeuge, siebenhundert Gefechtsköpfen für die Lance-Raketen mit kleiner Reichweite und 1400 Artilleriegranaten zusammen. Für alle diese Atomwaffen existierten spezifische Trägersysteme allein in der Bundeswehr; die Tornados der Luftwaffe als Jagdbomber, die Lance-Raketen und Hunderte von Haubitzen und Artilleriegeschütze des Heeres mit Nuklearfähigkeit. Auch wenn das Wort, die Atomschwelle anzuheben, in der Bonner Regierung die Runde machte, beklagte man trotz dieser Potentiale vor allem die Schwächung der Abschreckung.

Paradoxerweise löste der INF-Vertrag zunächst einen breiten Aufrüstungsschub[17] aus. Die seit 1983 laufenden US-Programme der Modernisierung wurden vorangetrieben: für die nukleare Artillerie, für ein Nachfolgemodell der Lance-Raketen, für Raketen-Abstandswaffen der Bomber, für zusätzliche Stationierung von nuklearfähigen Jagdbombern sowie für B-52-Fernbomber. Auch die englische und französische Regierung waren an einem hochgerüsteten kontinentalen Mitteleuropa interessiert. Diese beiden weitgehend autonom handelnden Nuklearmächte hatten an der permanenten Modernisierung und am numerischen Ausbau ihrer Nuklearstreitkräfte festgehalten.

Paris und London segelten im Windschatten der bipolaren Konstellation und blieben darauf bedacht, ihre Kapazitäten überhaupt nicht in die Verhandlungsrunden einbeziehen zu lassen. Eine kritische Situation war dafür erstmals im Februar 1982 entstanden, als Jurij Andropow im Zusammenhang mit dem Doppelbeschluß die Anrechnung der britischen und französischen Atomwaffen auf Seiten der NATO vorgeschlagen hatte. Präsident François Mitterrand lehnte dann in einer Rede im Januar 1983 eine solche Einbeziehung kategorisch ab. Denn die »Force de Dissuasion« diene allein dem Schutz der nationalen Überlebensinteressen und werde durch die bilateralen Verhandlungen über Mittelstreckenwaffen in Genf überhaupt nicht berührt.

Tatsächlich hatte Frankreich seine strategischen Arsenale gerade auf fünf atomgetriebene U-Boote erhöht, bestückt mit je sechzehn Mittelstreckenraketen zu einer Megatonne Explosionskraft. Ab Mitte der achtziger Jahre sollten sie durch sechsfache Raketenköpfe ersetzt werden. Zwei Geschwader Mirage-IV-Bomber mit hundertzwanzig Bomben und weitere achtzehn Raketensilos in den Alpen komplettierten die Atomwaffensysteme.

Die Kooperation mit den USA hatte Großbritannien zu einem umfangreicheren Bestand gebracht. Die vier mit Polaris A3 ausgestatteten U-Boote trugen 192 Gefechtsköpfe, während die 56 Vulcan-Bomber mit 224 Atombomben bestückt waren. Auch hier sah die geplante Modernisierung mit Mehrfachsprengköpfen eine gewaltige Ausweitung auf über tausend Bomben vor. Diese Potentiale waren in die strategischen Zielplanungen der NATO eingefügt. Sie blieben von den Vereinigten Staaten abhängig, aber unverwundbar, weil sie in das umfassende amerikanische Konzept eingebettet waren. Das französische Arsenal hingegen wurde von den amerikanischen Militärs mehr und mehr mit Skepsis angesehen, da es andere in einen Konflikt hineinziehen konnte: Es war wohl unabhängig, galt aber als verwundbar.

Aber nicht nur in Moskau und Washington wuchs das Unbehagen über diese nuklearen Kapazitäten, auch in Bonn brachte die Zeit des Doppelbeschlusses die Erkenntnis, daß Frankreich das deutsche Territorium als Glacis der eigenen nuklearen Verteidigung auffaßte. Diese national-partikularistisch angelegte Sicherheitspolitik strapazierte Mitte der achtziger Jahre die Substanz der deutsch-französischen Solidarität. Sollte Deutschland durch französische Atomwaffen bedroht werden? Der Druck auf eine entsprechende Denuklearisierung nahm zu. Lange riskierte Frankreich Reibungen bei der europäischen Integration, bevor schließlich Gespräche über die nukleare Doktrin mit Bonn in Gang kamen und zu einer Umstrukturierung führten.

Trotz des Wandels in Osteuropa verlief vieles, gerade in der Sicherheitspolitik, beharrlich in den alten Bahnen weiter. Noch im Juli 1990 gab es auf seiten der NATO keine Abkehr vom Prinzip der nuklearen Abschreckung. Eine Ausnahme bildete allerdings das Auswärtige Amt. Hans-Dietrich Genscher lehnte in den Monaten vor der deutschen Wiedervereinigung mehrfach weitere Stationierungen in Deutschland ab, doch die NATO hielt beispielsweise an ihren Plänen zur Modernisierung der weiterreichenden Raketen für die Jagdbomber fest – zur Einführung ab Mitte der neunziger Jahre. Die Geschichte ging darüber hinweg.

Die Divergenzen um nukleare Gewichte und Gegengewichte blieben erst einmal bestehen. Bewegung kam in den Bereich der konventionellen Verteidigung, als man Ende Mai 1989 die Verhandlungen über »Reduzierungen konventioneller Streitkräfte« zwischen den beiden Bündnissen in Wien wieder aufnahm.

Die deutsche Einigung und die europäische Friedensordnung

Am 2. Dezember 1989 trafen sich vor Maltas Küste in rauher See George Bush und Michail Gorbatschow. Europa war erstaunt, daß die beiden Präsidenten eine so mühselige Tour auf sich genommen hatten. Malta erinnerte an die Kooperation zwischen Moskau und Washington während des Zweiten Weltkrieges. Die dramatisch in Bewegung geratene weltpolitische Situation forderte die Politik, denn ihre Parameter hatten sich von Grund auf verändert. Die Nachkriegsordnung, von beiden getragen, verlor die Grundlagen ihrer Stabilität.

Am 9. November war die Mauer in Berlin gefallen. Es galt,

Augenmaß für den notwendigen Umbau zu beweisen. Die Präsidenten erklärten den Kalten Krieg für beendet und stellten sich ihrer historischen Verantwortung, Deutschland und Europa in einer Ordnung des Friedens zu versöhnen. Die diplomatischen Voraussetzungen für diese Transformation der Ordnung von Potsdam schufen die beiden Präsidenten zusammen mit ihren Außenministern James Baker und Eduard Schewardnadse in einem Klima persönlichen Vertrauens, der Verläßlichkeit und Glaubwürdigkeit.

Ein »Perspektivprogramm« sicherte die Kooperation zwischen den beiden Mächten, die sich auf drei Prinzipien geeinigt hatten. Erstens bekräftigten sie ihre gemeinsame Verantwortung für Europa und den Willen, die weitere Entwicklung hier zu steuern. Gemäß dem zweiten Prinzip sollte die Transformation der Nachkriegsordnung behutsam vorgenommen werden; die amerikanische Seite wollte »Zurückhaltung« üben und alles vermeiden, was »provozierend« Veränderungen in Osteuropa herbeiführen würde. Und drittens: Der »delikate und sensible«[18] Prozeß der Vereinigung Deutschlands wurde grundsätzlich anerkannt und angenommen, ohne daß man schon ein bestimmtes Modell für das Procedere vor Augen gehabt hätte.

Der Konsens von Malta bewegte sich im Rahmen des Potsdamer Arrangements für Deutschland und ging von den Interessensphären von Jalta aus. Die Zusicherung der USA, nicht im Bereich der Sowjetunion zu intervenieren, gab dem dynamischen Prozeß des Wandels in Mittel- und Osteuropa seine Chance und Prägung. In diesem epochalen Prozeß wirkten mächtige Faktoren, von denen hier nur das machtpolitische Netzwerk skizziert wird[19] , das die Abstimmung für den Wandel ermöglichte.

Am Anfang war Potsdam gewesen, und auch jetzt forderten nicht nur die sowjetischen Sicherheitsinteressen ihren Tribut, sondern auch die der übrigen Drei sowie das Sicherheitsbedürfnis aller europäischen Nachbarstaaten vor Deutschland. Die alliierten Vorbehaltsrechte boten den Rahmen für den europäischen Konsens, der in dieser schwierigen Umbruchsituation gefunden werden mußte. Das Dach der Macht der Alliierten spannte sich nach wie vor über die beiden deutschen Staaten zur Eindämmung deutscher Macht.

Die Erinnerung an die tatsächlichen Machtverhältnisse erfolgte prompt. Am 28. November 1989 hatte Bundeskanzler Kohl im Deutschen Bundestag sein »Zehn-Punkte-Programm« zur »deutschen Einheit« vorgestellt, die in den »gesamteuropäischen Prozeß« eingebettet bleiben würde. Ob absichtlich oder nur schlampig formuliert, jedenfalls war in diesem Programm die völkerrechtliche Bedeutung der »supreme authority« der Alliierten für die deutschen Grenzen, für Berlin und die Vereinigung – Deutschland als Ganzes –, nicht angemessen wiedergegeben. Prompt hakte Washington hier ein. Die Klarstellung der Grenzen deutscher Autonomie bezog sich auf die ausdrückliche Anerkennung der Gültigkeit der »ausgeübten oder innegehabten Rechte und Verantwortlichkeiten in bezug auf Berlin und Deutschland als Ganzes einschließlich der Wiedervereinigung«. Gegenüber den Mitgliedern der Europäischen Gemeinschaft und der NATO erfolgte die Unterschrift am 4. Dezember in Brüssel, die Klärung in Straßburg am 8./9. Dezember.

Auch die Beratungen in der NATO Anfang Dezember spiegelten die Übereinkunft von Bush und Gorbatschow in Malta wider. Das Resultat der bündnisweiten Abstimmung lautete: »Die Selbstbestimmung muß ohne Vorurteil gegenüber ihrem Ergebnis verfolgt werden.« Und an anderer Stelle: »Die Wiedervereinigung sollte im Kontext einer fortgesetzten Verpflichtung der Bundesrepublik auf die NATO und einer zunehmend integrierten Europäischen Gemeinschaft vor sich gehen.« Bereits einen Monat nach dem Erfolg der friedlichen Revolution in Ostdeutschland hatten die USA die tragenden Grundsätze für ein Konzept mit Moskau formuliert, alle NATO-Staaten auf diese Entwicklung vorbereitet und auch die Regierung Kohl darauf verpflichtet. Bevor Deutschland ihnen entgleiten konnte, weiteten die Alliierten von 1945 den Rahmen der Verbindlichkeit auf alle westlichen Verbündeten aus. »Potsdam« blieb nicht auf Symbolik reduziert.

Am 8. Dezember lud der Botschafter der Sowjetunion in Berlin, Wjatscheslaw Kotschemassow, seine westlichen Kollegen in Bonn, Vernon Walters, Serge Boidevaix und Sir Christopher Mallaby ein. Im Kanzleramt herrschte helle Aufregung.[20] Die Bundesregierung wollte die Viermächte-Kontrolle nicht neuerlich und so vor aller Welt wieder aufleben lassen. Am 13. Dezember 1989 demonstrierten die vier Botschafter ihre Rolle bei einem Fototermin vor dem Alliierten Kontrollratsgebäude. Das Unbehagen im Kanzleramt schwand nicht, als aus Berlin die Feststellung kam, die Vier würden die Entwicklung der Beziehungen der deutschen Staaten und den Prozeß der Einigung begleiten.

Schon früh, am 18. September 1989, hatte Präsident Bush eine Vereinigung der deutschen Staaten öffentlich unterstützt; auch die Sowjetunion befaßte sich mit diesem Thema. Wjatscheslaw Daschitschew hatte als wissenschaftlicher Berater[21] in einem Beirat des Außenministeriums bereits Ende November 1987 in Moskau eine Analyse über die Frage der deutschen Vereinigung in einer europäischen Friedensordnung vorgetragen. Das hatte zwar seinerzeit noch den Effekt gehabt, daß die dogmatisch-konservative Mehrheit das Tabu durch ein starres Festhalten alter Positionen bestätigte, aber es gab von da an Deutschland als Thema. Noch beeinträchtigte der alte Staats- und Parteiapparat Präsident Gorbatschow.

Das Meisterstück der Diplomatie lieferte Hans-Dietrich Genscher. Er wußte mit dem zur Lösung der deutschen Frage notwendigen Instrumentarium umzugehen. Er haderte auch nicht mit den alliierten Vorbehalten, auch nicht mit den Stärken und Schwächen der Beteiligten. Der Außenminister hatte seine Außenpolitik schon lange unter dem Dach der Einbindung der Bonner Republik in das internationale System betrieben, die Spielräume der Bewegung in der Ostpolitik wahrgenommen und zuletzt beim Doppelbeschluß den hegemonialen Druck der USA erfahren.

Das Verdienst von Genscher bestand darin, den Prozeß der Vereinigung in die gegebenen Strukturzusammenhänge eingepaßt zu haben. Genau das war am 2. Februar 1990 in Washington mit der Zustimmung zum »Zwei-plus-Vier«-Verhandlungsmodus gelungen. Damit wurde die Kooperation in einen Prozeß der kontinuierlichen Abstimmung übergeleitet. Die galoppierende Schwächung der DDR wurde durch die Auflösung des Ostblocks noch verschärft, so daß in dieser Formel der Primat Bonns ebenso enthalten war wie die Dominanz Washingtons gegenüber den anderen Drei.[22] Die Artikulation eigener Interessen blieb der

DDR beinahe schon im Ansatz versagt, die Bundesrepublik gewann von Monat zu Monat an Gewicht.

Der Schlüssel zur deutschen Frage lag im Selbstbestimmungsrecht, an dem es keine Zweifel geben konnte. Die Bundesrepublik – und das vereinte Deutschland – hatten das Recht, »selbst zu entscheiden, in welchem Bündnis es sein möchte«. Das hatten die beiden Präsidenten auf Malta vereinbart; und Michail Gorbatschow hatte wohl gewußt, welche Zusage er damit gemacht hatte. Präsident Bush konnte mit dieser Lösung alle Bedenken seiner Administration und der europäischen Nachbarn gegenüber ungewissen deutschen nationalistischen Machtträumen zerstreuen, war die NATO doch seit vierzig Jahren das bewährte Instrument der Stabilisierung. Im Sommer 1990 konnte man schließlich deutlicher durchblicken lassen, daß gegenüber dem deutschen Militär ausreichend Hebel der Kontrolle in diesem diplomatisch-militärischen System verborgen waren.

Die sicherheitspolitische Lage würde sich nach der deutschen Einigung gravierend verändern, denn das entscheidende Kriterium der besatzungsrechtlichen Vorbehalte, das Recht auf Truppenstationierung, mußten die vier Mächte aufgeben. Die bisherigen »nationalen« Kontingente und die Sonderbedingungen im Zusatzabkommen von 1959 zum NATO-Vertrag hatten keine Rechtsbasis mehr in Deutschland. Es ging um beträchtliche Größenordnungen, denn in den letzten Jahrzehnten hatten sich knapp 900 000 ausländische Soldaten in Deutschland befunden. Etwa 400 000 sowjetische östlich der Elbe, westlich der Elbe das Kontingent der drei Westmächte, das mehr als 400 000 Soldaten umfaßte, daneben kanadische, belgische und niederländische Truppen.

Der Truppenabzug erwies sich insofern als eine heikle Angelegenheit, als in der Öffentlichkeit die Unterscheidung zwischen der Rechtslage nach den Bündnisverträgen und der nach dem völkerrechtlich 1955 neu gefaßten (Besatzungs-)Recht – »Potsdam« – nicht geläufig war. Das kam etwa in Mutmaßungen zum Ausdruck, nur die Sowjetunion nehme eine solche Besatzerfunktion wahr, während die westlichen Verbände ausschließlich Bündnistruppen seien. Da aber die Vier Mächte ihre Rechte schon mit dem 3. Oktober 1990 aufgaben, wurden eine Übergangszeit für den Abzug der ausländischen Truppen bis Ende 1994 festgelegt und neue Rechtsgrundlagen über den Aufenthalt ausländischer Truppen verhandelt und am 18. März 1993 paraphiert.

Aus der Zone größter Rüstung in der Welt mußte eine Zone großer Abrüstung werden. Die europäischen Friedensordnungen der neueren Geschichte, die diesen Namen verdienen und Bestand hatten, waren immer mit vielseitigen Abrüstungen verbunden gewesen – Demilitarisierung als Unterpfand vertrauensbildender Maßnahmen. »Wo sind die politischen, gesetzlichen und materiellen Garantien, daß die deutsche Einheit nicht in Zukunft eine Bedrohung für die nationale Sicherheit anderer Staaten und für den Frieden in Europa schafft?« – Für den politischen Prozeß im Jahr 1990 erwies es sich als Glücksfall, daß auf diese Frage von Außenminister Schewardnadse, die er am 19. Dezember 1989 vor dem Europäischen Parlament gestellt hatte, auch eine Antwort gegeben werden konnte.

Der hochkomplexe Vorgang der Konstruktion neuer militärpolitischer Verhältnisse entwickelte sich im Rahmen der »Helsinki«-Konferenzen. Auf dem Folgetreffen in Madrid hatten die zaghaften Ansätze der vertrauensbildenden Maßnahmen größere Verbindlichkeit erhalten. Sie begründeten die »Konferenz über Vertrauens- und Sicherheitsbildende Maßnahmen und Abrüstung in Europa« (KVAE), die seit 1983 Erfahrungen mit der militärischen Zusammenarbeit sammelte, Manöverbeobachter für Inspektionen austauschte und mit der Verifikation vor Ort das Neuland der militärischen Entspannung nach Osten, bis zum Ural, beschritt.

Für die konventionelle Abrüstung kommt Michail Gorbatschow das Verdienst zu, mit seiner Initiative vom 18. April 1986 die Verhandlungen über beiderseitige Truppenreduzierung (MBFR) auf den gesamten Kontinent, »vom Atlantik bis zum Ural«, erweitert zu haben. Das Folgetreffen der KSZE in Wien brachte am 15. Januar 1989 den Durchbruch mit einem Bündel von Vereinbarungen, unter anderem dem Beschluß über ein Mandat zu »Verhandlungen über Konventionelle Streitkräfte in Europa« (VKSE). Damit wurden die seit 1973 mehr oder weniger stagnierenden Verhandlungen über beiderseitige Truppenreduzierungen aufgegriffen, so daß an diesem europäischen Tisch nun alle sechzehn NATO- und die sieben Warschauer Vertragsstaaten saßen. Die KSZE bot die Rahmenbedingungen für die europaweite Verständigung.

In den Mittelpunkt der Verhandlungen wurde der Begriff des Gleichgewichts gestellt. Ziel war es, Ungleichgewichte durch die Herstellung gleicher Obergrenzen zu beseitigen. Alle Teilnehmer waren bereit, Reduzierungen, Begrenzungen und Umstrukturierungen ihrer Land- und Luftstreitkräfte, also der gesamten konventionellen Bewaffnung und Ausrüstung, vorzunehmen. Das war ein überaus anspruchsvolles Mandat. Mit viel gutem Willen und im Lichte der Ereignisse von 1989 und 1990 gelang in der Tat Erstaunliches: die Einigung auf Rüstungskategorien von Kampfpanzern bis zu Kampfflugzeugen, die Festlegung von Höchststärken für ein Bündnisgebiet, für nationale Kontingente und für regionale Zonen. Es handelte sich um ein abgestuftes, sich wechselseitig bedingendes System der Sicherheit.

Das kampfentscheidende Großgerät der Landstreitkräfte, Panzer, Gefechtsfahrzeuge und Artillerie, wurde durch tiefe Einschnitte reduziert, ebenso wie die Zahl der Soldaten und des Zivilpersonals; auch die Bundeswehr hat beispielsweise Tausende von Haubitzen verschrottet. Ein anderes Beispiel aus den Verhandlungen zeigt, wie Stabilität durch Gleichgewicht verstanden werden kann und macht das endlose Feilschen früherer Verhandlungen vergessen: In einem Vorschlag der Sowjetunion vom 23. Mai 1989 – in einer Phase, in der sich der Warschauer Vertrag noch nicht im Stadium der Auflösung befand – wurde die Verschrottung von zwei Dritteln des Gesamtbestandes an Kampfpanzern, von 42 000 auf 14 000 Stück, angeboten; auf westlicher Seite ging es nach diesem Vorschlag nur um ein Minus von 2000, um die gewünschte Parität herzustellen.

Über die Festlegung des Umfangs der Bundeswehr auf eine Höchstgrenze von 370 000 Soldaten ist viel spekuliert worden, da sie nach dem berühmten Treffen zwischen Helmut Kohl und Michail Gorbatschow nahe Stawropol im Kaukasus am 16. Juli 1990 bekannt gegeben wurde. Nominell hatte die Bundeswehr im Jahr zuvor einen Bestand von 495 000, die Nationale Volksarmee von 180 000 Mann gehabt, real dagegen waren es 445 000 beziehungsweise 90 000 Soldaten gewesen.[23] Ohne in die Details dieser internationalen Abklärung zu gehen, soll der Hinweis auf das amerikanische Verhandlungsmodell vom Frühsommer genügen, das langfristig von 350 000 Soldaten der Bundeswehr ausging. Diese Obergrenze hatte Präsident Bush mit Gorbatschow im Juni vorgeklärt. Daher erscheint die Festlegung vom Kaukasus, bis 1994 eine Abrüstung auf 370 000 Soldaten vorzunehmen, realistisch und gut begründet. Danach gab Minister Volker Rühe die Planung der Bundeswehr mit 340 000 Mann bekannt.

Zugleich verlor der Warschauer Pakt seine Funktion. Am 8. Juni 1990 hatte er noch mit der Moskauer Erklärung das Ende des ideologischen Antagonismus bekanntgegeben. Die NATO antwortete am 6. Juli in der Londoner Erklärung mit dem Angebot partnerschaftlicher Kooperation. Mit dem Zusammenbruch der kommunistischen Systeme in den Staaten Mittel- und Osteuropas nach 1991 hatte das östliche Bündnis keine Existenzgrundlage mehr. Es wurde aufgelöst. Denn die Sowjetunion hatte Rüstung und Militärstrategie so eindeutig dominiert und nach Moskau ausgerichtet, daß, nachdem den einzelnen Staaten die politischen Freiheiten gewährt wurden, diese Kontrolle und Disziplinierung schnell abgeschüttelt werden konnte. Dieser europaweit wirksame Umschwung, der den Umbau der Sicherheitsarchitektur des Kalten Krieges machtvoll einleitete, konnte aber erst im Zusammenhang mit der völkerrechtlichen »Lösung« der deutschen Frage stattfinden.

Am 3. Oktober 1990 war die Vereinigung der beiden deutschen Staaten feierlich vollzogen worden. Die Überwindung der »Spaltung des Kontinents« ließ es zu, »die staatliche Einheit Deutschlands herzustellen«. Das vereinte Deutschland war saturiert, hatte »keinerlei Gebietsansprüche gegen andere Staaten und wird solche auch in Zukunft nicht erheben«. Gemäß der normativen Programmatik des Grundgesetzes bekräftigten beide deutschen Staaten vor der Vereinigung, »daß von deutschem Boden nur Frieden ausgehen wird« und die Vorbereitungen »zur Führung eines Angriffskrieges [...] verfassungswidrig und strafbar« sind. So steht es im »Vertrag über die abschließende Regelung in bezug auf Deutschland« vom 12. September 1990. Die Vier Mächte gaben ihre Rechte und Verantwortlichkeiten für

Berlin und Deutschland als Ganzes auf. Das vereinte Deutschland erlangte »volle Souveränität über seine inneren und äußeren Angelegenheiten«.

Die europäische Friedensordnung wurde in dem großartigen Dokument der »Pariser Charta für ein neues Europa« gefestigt. Bei dem Treffen der Staats- und Regierungschefs der KSZE vom 19. bis 21. November 1990 wurde die deutsche Frage in den Prozeß der europäischen Integration eingebettet. In korrespondierender Form wurde die Herstellung der deutschen staatlichen Einheit als ein bedeutsamer Beitrag »zu einer dauerhaften und gerechten Friedensordnung« in Europa gesehen. Abrüstung, Konversion der Rüstung und Ausbau der vertrauensbildenden Maßnahmen sollten in weiteren Schritten vorbereitet werden. Auf Jahre wurden große Anstrengungen darauf verwandt, Kasernen stillzulegen, Großgerät auszumustern und zur Kriegführung unbrauchbar zu machen. Diese Ab- und Umrüstungen strapazierten die Grenzen der Belastbarkeit der Administrationen der europäischen Staaten, so daß mehr als die anfänglich anvisierten fünf Jahre vergingen, bevor die nächste Phase der Verhandlungen über die weitere Abrüstung am Ende der neunziger Jahre begonnen werden konnte.

Die Charta von Paris steht in der Tradition der Schlußakte von Helsinki aus dem Jahre 1975. Es wurden die Menschenrechte und die Grundfreiheiten beschworen, aber auch erweitert: »Wir verpflichten uns, die Demokratie als einzige Regierungsform unserer Nationen aufzubauen, zu festigen und zu stärken.« Das war es, was die Charta von Paris vom Abkommen in Potsdam unterschied und sie zum Fundament der Gemeinsamkeit in Europa erhob. Rechtsstaatlichkeit, wirtschaftliche Freiheit, freie Meinungsäußerung, Schutz der Rechte des einzelnen, Chancengleichheit, demokratische Institutionen wurden in einem facettenreichen Katalog zu gemeinsamen Zielen aller Staaten bis zum Ural erklärt. Der politische und gesellschaftliche Antagonismus war damit beseitigt.

»Europa befreit sich vom Erbe der Vergangenheit« ist ein Schlüsselsatz, der allen totalitären Tendenzen eine Absage erteilt und auf die westlichen Werte verweist. Mit der Überwindung der deutschen Teilung bot sich die Chance zu einer friedensverträglichen Lösung in sowie für Europa. Die Verträge des Jahres 1990 besiegelten das Ende der europäischen Kriege des 20. Jahrhunderts und begründeten im Geiste der Atlantik-Charta von 1941 die Hoffnungen einer kommenden Epoche.

Die Regelung von Potsdam 1945 – das »Provisorium« der Nachkriegszeit – währte beinahe ein halbes Jahrhundert. Der Kalte Krieg brachte Europa eine permanente Spaltung und Frieden durch gesicherte Bedrohung. Hier konzentrierte man nukleare Potentiale im Zeichen der hegemonialen Rivalität; die Hochrüstung der Abschreckung war ihre Bedingung. Willy Brandt, der dieses halbe Jahrhundert überschaute und maßgeblich mitgestaltet hatte, sagte dazu: »Aus dem Krieg und aus der Veruneinigung der Siegermächte erwuchs die Spaltung Europas, Deutschlands und Berlins. Jetzt wächst zusammen, was zusammengehört.«[24]

Der Umbau des westlichen Bündnisses nach 1990

Nachdem die Bonner Republik in der souveränen Bundesrepublik Deutschland aufgegangen war, wurde Bonn mit neuen, größeren Aufgaben, der »vollen Verantwortung in der Welt«, konfrontiert. Die amerikanische Weltpolitik hatte an ihrer Wiege Pate gestanden und in der Westintegration die Staatsräson begründet, die Existenz, Anerkennung und Sicherheit verbürgte; die Westintegration war in den fünfziger Jahren das »außenpolitische Grundgesetz« der Bonner Republik und die »Machtgeometrie« über den Atlantik genannt worden. Europäisierung und NATO haben Rolle und Selbstverständnis dieses Staates institutionalisiert. Moskau und Washington hatten mit den Vorbehaltsrechten als Teil ihrer internationalen Europapolitik den Handlungsspielraum der Deutschen bis 1990 ganz beträchtlich[25] bestimmt. Die Transformation nach 1990 konnte nur in einem Einvernehmen mit der amerikanischen Führungsmacht vonstatten gehen.

Die »Londoner Erklärung« vom 6. Juli 1990 hatte ihren Zweck als außenpolitische Deklaration ersten Ranges erfüllt und die politische Dimension der NATO betont: »Niemals und unter keinen Umständen« werde die Allianz als erste Gewalt »gegen die territoriale Integrität oder politische Unabhängigkeit irgendeines Staates« anwenden. Nicht nur das Feindbild wurde liquidiert, eine neue NATO, ein »politisches« Bündnis wurde angekündigt. Verblüfft registrierten die Militärs den gravierenden Einschnitt, als am 3. Oktober 1990 die allgemeine Einsatzplanung der NATO aufgehoben wurde. Dieses definitive Ende des Kalten Krieges im westlichen Bündnis erst läßt die starre Ausrichtung der strategischen Kategorien, der Kommunikation und Rüstung, der Logistik und Dislozierung als Struktur der nationalen und internationalen militärischen Organisation erkennen.

Die »Londoner Erklärung« setzte auf die Zukunft des »erfolgreichsten Verteidigungsbündnisses der Geschichte«. Bei dem »Blick in ein neues Jahrhundert« sollte in der NATO »noch stärker eine treibende Kraft des Wandels« für Europa gesehen werden. Das Konzept der NATO wurde jedoch in London nicht grundsätzlich verändert. Einem kollektiven Verteidigungs- und Schutzbündnis als integralem Bestandteil einer europäischen Friedensordnung wurde eindeutig eine Absage erteilt. Die NATO als erprobtes politisches Instrument der atlantischen Politik wurde nicht aufgegeben. Das hatte Konsequenzen.

Die Politik der nuklearen Abschreckung fand eine programmatische Fortentwicklung. Der revolutionäre Wandel der internationalen Beziehungen gab den Anstoß zur evolutionären Politik der Reduktion und Reorganisation der nuklearen Waffen. Daher wurde die nuklear gestützte Sicherheitspolitik der integrierten Verteidigung umdefiniert und vorsichtig umschrieben: »Zur Wahrung des Friedens muß das Bündnis für die vorhersehbare Zukunft eine geeignete Zusammensetzung nuklearer und konventioneller Streitkräfte beibehalten, die in Europa stationiert sind und auf dem gebotenen Stand gehalten werden, wo dies erforderlich ist.«

Der Wandel der Atompolitik der NATO bedeutete ganz gezielt eine numerische Reduktion und die Angleichung an das lange schon verfolgte Ziel der USA, die Atomwaffen aus der »schnellen« Einsatzautomatik herauszunehmen. Die Revision führte zur massiven Denuklearisierung in Europa. Schon im Herbst 1991 verabschiedeten die NATO-Gremien die entsprechenden Dokumente über die langfristige Bestimmung des

Bündnisses. Die Analyse der politischen Lage nahm in dem Beschluß »über die Notwendigkeit einer Umgestaltung« der NATO am 8. November 1991 in Rom breiten Raum ein. Interessant ist, wie der »neuen verheißungsvolleren Ära in Europa Rechnung« getragen wurde, die »Das neue Strategische Konzept des Bündnisses« in seiner Präambel versprach.

Bei näherem Hinsehen erkennt man freilich, daß die Konturen einer westlichen Machtorganisation in die Zukunft projiziert wurden. Dic »Risiken« der westeuropäischen Länder wurden hauptsächlich in den Instabilitäten der Reformprozesse einschließlich ethnischer Rivalitäten und Gebietsstreitigkeiten im Osten erkannt. Eine Kernaussage attestiert wohl freie und kooperative Beziehungen zu Rußland, doch sah man in dessen Militärpotential den »bedeutendsten Faktor«, »den das Bündnis bei der Wahrung des strategischen Gleichgewichts in Europa in Rechnung zu stellen hat«.

Die Annahmen im »Neuen Strategischen Konzept« der NATO verwischten nicht die Kategorien des Gleichgewichts; sie richteten vielmehr eine latente Zuordnung nach Ost und West wieder ein. In diesem Ansatz liegen »kontraproduktive Effekte«[26] gegenüber der glaubhaften Beteuerung, die Prinzipien der KSZE in der europäischen Friedensordnung verwirklichen zu wollen. Daneben wurden die »Risiken« der NATO erstmals explizit im südlichen Mittelmeer und im Nahen Osten festgemacht, wo Stabilität und Frieden »wichtig für die Sicherheit des Bündnisses« seien. Die Orientierung der NATO hat seit den neunziger Jahren – im Unterschied zu den Entwürfen der massiven Vergeltung oder der flexiblen Reaktion – eine bedeutsame Umgewichtung erfahren: Es gab den doppelten Bezug nach Osten, also besondere Beziehungen – aber ohne Gegnerschaft – zu Rußland sowie die Gefahr diverser Konflikte. Daneben trat drittens das weite Territorium des arabischen Halbmondes, einschließlich des Nahen Ostens. Diesem Sicherheitskonzept der NATO-Staaten haben die USA ihren Stempel aufgedrückt. Europa und Naher Osten sind immerhin zwei von drei Regionen in der Welt, die seit der Nixon-Doktrin das Prädikat der strategischen, vitalen Interessen der USA tragen. Der »Kampf der Kulturen«, von dem Samuel Huntington schrieb, hat nicht nur literarische Relevanz; er hat seinen Niederschlag in der Ausweitung der NATO-Konzeption gefunden.

Machtpolitisch hatte dies wieder eine kleine Rolle gespielt, als Frankreich 1996 die Reintegration in das Bündnis und die Unterstellung seiner Truppen an den Wunsch koppelte, den Posten des Oberbefehlshabers NATO-Süd, für den Mittelmeerraum, zu besetzen. Das verbreitete Lächeln über die vermeintlichen Statuswünsche bezeugt Unkenntnis über die NATO-Strukturen; denn jener (amerikanische) Befehlshaber über die NATO-Einheiten im Mittelmeer befehligte zugleich die der NATO nicht unterstellten amerikanischen Flottenverbände im Mittelmeer und die US-Truppen in der Golfregion. Frankreichs Anspruch würde amerikanische Koordinierungen und eingespielte Kommunikationen beeinträchtigen.

»Das neue Strategische Konzept« dokumentierte die Abkehr von dem »Grundsatz« der flexiblen Reaktion, so daß es zukünftig »eine verminderte Abstützung auf Nuklearwaffen widerspiegelt«. Diese merkwürdig anmutenden Formulierungen verbergen nur mühsam die Gegensätze zwischen den Mitgliedsstaaten, die entweder mehr oder gar keine Atombewaffnung wünschten. Der Konsens im Bündnis wurde offenbar durch eine Vermischung politischer und militärischer Argumente hergestellt. »Glaubwürdigkeit« und »Bündnissolidarität«, »Bekenntnis zur Kriegsverhinderung« sowie »breite Teilhabe an nuklearen Aufgaben« und »Bindeglied« zwischen Europa und den USA wurden ausdrücklich als Funktionen der Nuklearstrategie der NATO aufgeführt.

Die Reformkräfte der »Londoner Erklärung« konnten kaum die Gegenkräfte der evolutionären Umformung überwinden. »Auch im tieferen Sinn war ein großes Maß an Kontinuität festzustellen«, bemerkte der deutsche Botschafter in Brüssel, Henning Wegener, und suchte den Druck für »nachhaltige konzeptionelle Anstrengungen«[27] aufrechtzuerhalten und für ein »Neues Denken« im Rahmen des Bündnisses zu werben.

Das nukleare Konzept der NATO und der ehemaligen Staaten des Warschauer Paktes hat sich zu Beginn der neunziger Jahre radikal verändert. Abrüstung auf allen Ebenen ist die Realität. Einen wichtigen Schub brachte die Auflösung der Sowjetunion mit sich, so daß sich die verschiedenen Rüstungskontroll- und Abrüstungsgespräche auf eine kurze Zeitspanne zusammenschoben. George Bush brachte den Wendepunkt in einer Fernsehrede am 28. September 1991 in dem Satz zum Ausdruck: »Wir können den Atomwaffenbestand der ganzen Welt drastisch abbauen.« Grundlegende Veränderungen verfügte der US-Präsident für die nuklearen Gefechtsfeldwaffen der US-Flotte im Mittelmeer, deren Marschflugkörper und Bomben auf Flugzeugträgern abgezogen wurden, und für die Atomwaffen in der NATO. Dort sollte das Arsenal der landgestützten Kurzstreckenraketen und alle nuklearen Artilleriegranaten abgebaut und zerstört werden.

Zur Illustration dient ein Überblick[28] über den amerikanischen Bestand in der NATO, der auf sieben europäische Länder verteilt war. Etwa zwei Drittel befanden sich in der Bundesrepublik. Der Gesamtbestand an taktischen Atomwaffen ist zwischen 1965 (5945) und 1981 (5832) ungefähr gleich hoch geblieben, nahm 1988 (4318) erkennbar ab und ging durch den Doppelbeschluß bis Anfang 1992 (3274) weiter zurück. Ein zentraler Faktor war die Artillerie, mit der Reichweite ihrer Atomgranaten von etwa 35 Kilometern. Für die genannten Jahre betrug ihre Zahl 975, 1670, 1470 und 990. Die Ausstattung der Jagdflugzeuge (bei der Bundeswehr der Tornado) mit Atombomben erreichte 1240, 1921, 1592 und für das Jahr 1992 erneut 1592 Stück. Auf diese Potentiale bezog sich die Ankündigung eines drastischen Abbaus von George Bush.

Die Verteidigungsminister der NATO legten im Oktober 1991 bei ihrem Treffen (als Mitglieder der Nuklearen Planungsgruppe) in Taormina diese Daten ihrem Beschluß über die zukünftige nukleare Ausstattung des Bündnisses zugrunde. Eine bemerkenswerte Neuerung, nicht nur terminologischer Art, bedeutete die Einführung des Begriffs »substrategischer Kernwaffen«. Dementsprechend wurde die folgende Stationierung von Atomwaffen in Europa – im Unterschied zur gültigen Doktrin bis Oktober 1990 – nicht mehr für den direkten taktischen und operativen Einsatz vorgesehen. Im Oktober 1992 wurde diese Abrüstung in Gleneagles (Schottland) bestätigt. Doch es wurde nicht klargestellt, welche Einsatzvorstellungen mit der Kategorie »substrategisch« verbunden sind.

Die genaue Anzahl der in Europa stationierten Atomwaffen für Flugzeuge galt als geheim und ist nur annähernd zu bestimmen. Zwei Daten wurden allgemein genannt: etwa 20 Prozent des Umfangs an Atomwaffen von Ende 1991 oder knapp 50 Prozent der damaligen luftgestützten Atombomben für nuklear einsetzbare Flugzeuge. Demnach läßt sich die Zahl der stationierten Atomwaffen seit 1992/93 auf eine Zahl zwischen etwa 650 und 780 beziffern. Nach der Logistik der Stützpunkte und Flugplätze und nach der alten Regel, zwei Drittel des Gesamtbestandes in der Bundesrepublik zu dislozieren, befanden sich bis 1995 etwa 350 bis 450 Atomwaffen auf deutschem Territorium.

Danach ist eine wichtige neue Phase der Atomrüstung erkennbar. Die nukleare Abrüstung ging auf Druck der USA weiter voran. Im Zuge einer weiteren Modernisierung der Lagerstätten und der Sprengköpfe selbst fand die Reduktion auf zunächst noch 208 Bomben in der NATO statt, davon Ende 1997 genau 92 der neuen Systeme in Deutschland. Der Hauptteil lagerte auf der amerikanischen Basis in Ramstein. Auf der NATO-Konferenz in Berlin im Juni 1996 wurde in dem Dokument MC 400/1 die Funktion dieser Bewaffnung festgelegt. Danach sind Atomwaffen »unverzichtbar, essentiell, stabilisierend in Europa« und neben der Vorsorge für den Fall einer nuklearen Bedrohung als Rückversicherung gegen eine nukleare Erpressung vorgesehen. Die Zahl der in der NATO dislozierten substrategischen Atombomben soll noch um etwa ein Drittel reduziert werden.

Welchen militärischen Sinn diese Atombewaffnung in Europa macht, ist dennoch schwer zu erkennen. Der einzige nuklear bewaffnete »Gegner«, Rußland, ist im fest installierten diplomatischen Kontakt mit der NATO, ist Mitglied der »Partnerschaft für den Frieden« und hat bei der Einbeziehung in die allgemeine Diskussion der NATO von Anfang an einen Sonderstatus gehabt. Auch sind die nuklearen Systemträger der Luftwaffe ungeeignet für Distanzen bis Rußland. Das gleiche Problem taucht hinsichtlich der südlichen »Risikozone« auf, die 1995 in einer Stellungnahme der NATO erstmals als »Konfrontation« Europas mit dem »Band der Instabilität von Marokko bis zum Indischen Ozean« bezeichnet wurde. Eine umfassende Gefährdung von dort scheidet aus, sogenannte terroristische Drohungen lassen sich kaum in ein Szenario fassen, in dem substrategische Atomwaffen zur Abwehr geeignet wären.

Die neue NATO-Strategie wurde im wesentlichen in der Umbruchphase zwischen 1990 und 1991festgelegt. Die letzte große Revision betraf die Kommandostruktur, die 1994 begonnen und 1997 abgeschlossen wurde. Sie war unter dem Zeichen des »lean management« effektiver und überschaubarer Abläufe durchgeführt worden. Die Kommandostruktur wurde deutlich auf die Fläche des Bündnisses bezogen, bereits unter Berücksichtigung der nächsten Mitgliedsländer Polen, Tschechien und Ungarn.

Die Revision der NATO reflektierte den grundlegenden Umbau der Beziehungen in Europa, aber sie dokumentierte auch das Fortwirken der amerikanischen Interessen. In seiner Rede zur Lage der Nation am 25. Januar 1994 bestätigte Bill Clinton diese Bezüge unverkennbar mit der Bekräftigung der amerikanischen »Verteidigungsfähigkeit und Verantwortung« in der Welt. Der Rückgriff auf das alte Programm ist unverkennbar: Stärke »zu Hause« und »in der Welt« – »world leadership«. De facto ist die administrative Struktur der Sicherheitspolitik in der NATO nach den dramatischen Umbrüchen 1989/90 – nach dem Aufbau ihrer jahrzehntealten Schlüsselfunktion – in den Grundzügen wenig verändert worden. Eine Reform, die den europäischen Pfeiler als eigenständige Größe errichtet und eingebunden hätte, gelang nicht. Gemessen am internationalen Wandel, an dem Ende des Kalten Krieges, dem Auseinanderbrechen der Warschauer Vertragsorganisation und der europäischen Friedensordnung ist der Einfluß der USA eigentlich »noch immer auf einem überhöhten Stand«[29] der Militärpolitik. Diese wurde vom US-Präsidenten im Jahr 1995 durch eine Erhöhung des Verteidigungsbudgets um 25 Milliarden Dollar in den kommenden sechs Jahre noch weiter gestärkt. So bekräftigte Clinton im Januar 1996 vor dem Kongreß: »Wo unsere Interessen und unsere Werte in Frage stehen – und überall dort, wo unser Beitrag von entscheidender Bedeutung sein kann –, dort muß Amerika führen.« In der Leitung im Außenministerium organisierte diese Politik seit Juli 1994 Richard C. Holbrooke. Er definierte die »Partnerschaft für den Frieden« als dezidierte, aber begrenzte Osterweiterung der NATO. Die hegemoniale Position der USA in Europa und im

Nahen Osten und die Politik der amerikanischen Führerschaft wurde in der Mitte der neunziger Jahre in einer erneuerten Form der abgestuften Macht erkennbar.

Damit war erst einmal eine Absage an alternative Konzepte einer europabezogenen Sicherheitsgemeinschaft[30] verbunden. Eine weitergehende Intensivierung der Sicherheitsbeziehungen vom Atlantik bis zum Ural wird nur in kleinen Schritten vorankommen können. Die aus der restriktiven Politik der neuen NATO resultierenden Schwierigkeiten für die internationalen Beziehungen suchte die Europäische Union seit 1995 auszugleichen, indem Modelle unterschiedlicher Assoziierung der mittel- und osteuropäischen Staaten vorgebracht wurden. Es mag sein, daß auf Dauer das Netz der auf diese Weise angelegten, intensivierten Kontakte dem Bedürfnis nach ausreichender Kooperation entsprechen wird. Bis zur Mitte der neunziger Jahre wurden die Trennlinien nur gemildert, und Rußland empfand die latente Ausgrenzung sehr deutlich.

Der Umbau der NATO wurde seitens der USA gemäß dem Wort von George Bush von der »neuen Weltordnung« betrieben. In der Tat wurde global gedacht und regional gehandelt. Das allgemeine Fundament dieser amerikanischen Politik gründete auf verschiedenen Elementen. Da ist zunächst aus der Schule der Realisten das politische Vermächtnis[31] von Henry Kissinger zur Gestaltung des 21. Jahrhunderts mit seinem Kernziel, die Stellung der USA in der Welt zu sichern und ihre Botschaft eines liberalen Verfassungsverständnisses zu stärken. Diese epochenübergreifende Ableitung des historischen Auftrags der USA verknüpft sich mit dem zweiten »Auftrag« der Vereinigten Staaten, der vom Kampf gegen ethno-kulturelle Zonen im Verständnis von Samuel Huntington[32] bestimmt wird. Beide Positionen besitzen eine realpolitische Reichweite nicht zuletzt, weil sie direkt aus der Beratung des Pentagon, des Außenministeriums und des Weißen Hauses nach 1990 entstanden sind. Sie bieten einen Schlüssel für die gezähmte Ausübung der Macht der mächtigsten Nation der Erde; sie präsentieren den säkularen Entwurf einer hegemonial, auf die USA zugeordneten Welt.

In diesem weiten Rahmen wurden in den neunziger Jahren einige politische Weichen der USA für das 21. Jahrhundert gestellt.

Für Europa hatte die Stabilisierung der NATO Priorität. Der formende Charakter des amerikanischen Einflusses auf das Bündnis fand seine Entsprechung in dem Ruf nach der »Führungsmacht«, wurde von den europäischen Staaten also akzeptiert.

Die deutsche Teilhabe an der Weltpolitik

Nach 1990 wurde deutlich, welches Maß an »Hochrüstung« – der Terminus in Bonn für das Phänomen – die beiden deutschen Staaten in der Zeit des Kalten Krieges und also seit ihrem Bestehen organisiert und finanziert hatten. Bundeswehr und Nationale Volksarmee befanden sich über Jahrzehnte im Zustand der Teilmobilisierung, wie man das früher bezeichnet und damit beispielsweise den Zustand kurz vor Kriegsbeginn, etwa im Juni 1914, gemeint hätte. Dies war die Zeit der Konfrontation gewesen. Dann folgte die Phase der europaweiten Abrüstung.

Am Tag nach der Einigung der beiden deutschen Staaten, am 4. Oktober 1990, gab Bundeskanzler Helmut Kohl die Stichworte für die Grundlagen der Außen- und Sicherheitspolitik der neuen Bundesrepublik. Vor dem Bundestag stellte er die gewachsene »internationale Verantwortung« sowie die Existenz »nationaler Interessen« fest. Diese Suche nach dem Platz Deutschlands als »europäischer Großmacht« wurde von einer publizistischen Welle begleitet. Solche Schriften betonten die Notwendigkeit einer Umkehr: Deutschlands Rückkehr auf die Weltbühne; Weltmacht wider Willen.[33]

Die neue Außenpolitik, »Deutschlands Verantwortung für Europa und die Welt« mit Hilfe der Bundeswehr wahrzunehmen, wurde allerdings hitzig mit dem Vorwurf der Militarisierung konfrontiert. Dagegen setzte Minister Volker Rühe die Verwirklichung moralischer Werte: »Und wir können nicht tatenlos bleiben, wenn anderswo Frieden gebrochen, das Völkerrecht mit Füßen getreten und Menschenrechte verletzt werden. Wir müssen bereit sein, Mitverantwortung für Frieden, Freiheit und Gerechtigkeit in der Welt zu übernehmen.« Niemand, auch kein Vertreter der Friedensbewegung, könnte solchen Zielen die Zustimmung verweigern. Rühe benannte die Konsequenzen:

»Dazu gehören auch militärische Einsätze im Dienste der Völkergemeinschaft.«[34] Später, im Sommer 1997, sagte er, daß dazu seiner Meinung nach auch der Golfkrieg zählte.

Die Voraussetzungen für den Einsatz der Bundeswehr im Ausland wurden durch ein Urteil des Bundesverfassungsgerichts vom 12. Juli 1994 geschaffen, nach dem die »Blauhelm«-Einsätze – in einem parlamentarischen Zustimmungsverfahren – als zulässig erklärt wurden. Nach dieser Rechtsinterpretation ist die Entsendung deutscher Truppen möglich, wenn die UNO einen entsprechenden Auftrag an die NATO erteilt und die NATO sich zur Friedenssicherung der UNO gewissermaßen unterstellt. Das Gericht klärte in seinem Urteil über »out of area«-Einsätze die Spezifizierung der UN-Beschlußlage nicht eindeutig – Sicherheitsrat, Vollversammlung, Resolution. Dabei irritierte die Feststellung des Gerichts, die NATO und auch die WEU, die westlichen Verteidigungsbündnisse, seien – »wenn und soweit sie strikt auf die Friedenswahrung verpflichtet« sind – ein System gegenseitiger kollektiver Sicherheit. Diese Interpretation ist völkerrechtlich noch umstritten. Mit der höchstrichterlichen Auslegung wurden die NATO-Einsätze der Bundeswehr mit dem Auftrag legitimiert, sie dienten »dem Weltfrieden und der internationalen Sicherheit im Einklang mit der Charta der Vereinten Nationen«[35].

Die Bundeswehr erhielt dafür einen neuformulierten Auftrag. In den verteidigungspolitischen Richtlinien der Bundesregierung wurde die deutsche, sicherheitsgestützte Außenpolitik neben der klassischen, auf den Staat bezogenen Landesverteidigung folgendermaßen als »Herausforderung« präzisiert: »die Förderung und Absicherung weltweiter politischer, wirtschaftlicher, militärischer und ökologischer Stabilität; die Aufrechterhaltung des freien Welthandels und des Zugangs zu strategischen Rohstoffen«[36]. Der dritte Bereich – der »ungehinderte Zugang zu Märkten und Rohstoffen in aller Welt« – erhielt den erweiternden Zusatz »im Rahmen einer gerechten Weltwirtschaftsordnung«. Die Formulierungen des Konzepts für die Aufgaben der Bundeswehr waren 1992 in Bonn abgeschlossen. Das eindeutig die Begrenzung auf eine Verteidigung in Europa überwindende Spektrum deutscher Sicherheitsinteressen, wie es Generalinspekteur Klaus

Naumann umriß, unterscheidet die Bundeswehr der Bonner Republik stark von der Bundeswehr der Bundesrepublik Deutschland nach 1990.

Schließlich hat die Bundeswehr auch nach dem Ende des Kalten Krieges an jenem Element der Rüstung festgehalten, das ihr seit 1957 die besondere Machtteilhabe garantiert hatte: die Atomwaffen. Auch vierzig Jahre später blieben sie das Symbol entlehnter, mit den USA verkoppelter Macht. Die fortwährende Integration der Bundesrepublik in die substrategische nukleare Verteidigung der NATO wurde von der Bundesregierung als großer Prestigeerfolg gewertet. Sie »ist zugleich ein wichtiges Element des deutschen Gewichts im Bündnis«[37], lautete die Einschätzung.

Im Januar 1996 umriß General Klaus Naumann das Selbstverständnis der Bundeswehr, indem er den militärischen Aufwand als »Kriegsverhinderung durch glaubwürdige Abschreckung und Wahrung der Stabilität« in Europa kennzeichnete. »Ausreichende, präsente Kräfte« würden mit Atomwaffensystemen in Deutschland weiterhin »als Stabilitätsbeitrag im Frieden« unterhalten. Für die Teilhabe an den Atombomben stellt die Luftwaffe den Tornado, später den Eurofighter, bereit. Dazu hieß es im Dokument des Generalinspekteurs: »Als Teil der Bündnissolidarität ist auch in Zukunft die Stationierung verbündeter Nuklearstreitkräfte auf deutschem Boden und die Bereitstellung von Trägermitteln deutscher Luftstreitkräfte erforderlich. Sie erfordert und sichert zugleich deutsche Mitsprache bei nuklearen Planungen des Bündnisses.«

Die Atomwaffen entsprachen einer Vorsorge für den »worst case«, der denkbar ungünstigsten Bedrohungslage. Für diesen Zweck lagerten bis 1995 etwa dreihundertfünfzig bis vierhundertfünfzig Atomwaffen mit der mehrfachen Sprengkraft der Hiroshima-Bombe in den alten Ländern der Bundesrepublik und übten Bomberpiloten von sechs Staffeln der Luftwaffe Einsätze. Ihre Reichweite war begrenzt und reichte, grob geschätzt, bis in die Ukraine. Der Einschnitt von 1995, die nukleare Bewaffnung der NATO auf ein niedriges Niveau zu senken, hatte die größten Auswirkungen. Nur noch 33 Atombomben waren für die Luftwaffe auf den Stützpunkten Memmingen, Nörvenich und Büchel vorgesehen. Diese Reduktion, die bis 1997 abgeschlossen war, geht danach weiter – schließlich auf 11 Atombomben auf nur einem Stützpunkt. Das ist die größte Denuklearisierung seit der nuklearen Bewaffnung der Bundeswehr seit 1957. Gleichwohl ist dies eine herausgestellte Rüstung. Dahinter stand die am 21. April 1993 vor dem Bundestag vertretene Auffassung der Bundesregierung, eine ausschließlich konventionelle Verteidigung könne »die Kriegsverhütung nicht gewährleisten«.

Nach der nationalen Einigung stellte sich die Bundesrepublik unter Kanzler Kohl in die Tradition Konrad Adenauers und Helmut Schmidts. Wie die »Wiederbewaffnung« die Anfänge des souveränen Staates der Bonner Republik auszeichnete, übernahm nach der Einigung das Militär einen gewichtigen Part zur Einbettung Deutschlands in die internationale Politik. Die größte Armee westlich Rußlands mit den stärksten einsatzfähigen Krisenreaktionskräften trug wesentlich zur Aufwertung bei.

Die Bundeswehr wurde nach 1990 in gewandelter Form in die NATO eingebunden. Alle Truppen stehen im Falle kriegerischer Mobilisierung unter NATO-Kommando; zu dieser seit 1955 bewährten und traditionellen Form ist die Multinationalisierung der Truppenverbände getreten. Alle deutschen Korps haben bi- oder multinationale Anteile (und also auch Kommandostrukturen), die in den neunziger Jahren die Verkettung mit nahezu allen westlichen Nachbarländern, nicht nur mit Frankreich, Holland, Belgien, Dänemark, sondern auch mit England, den USA, Spanien auf einen beachtlichen Stand brachte. Die Entfaltung dieses europäisch verbindenden Ansatzes unterstreicht auf Dauer den deutschen Anteil in Europa, aber sie verringert die Chance für eine nationale Militarisierung der Außenpolitik.

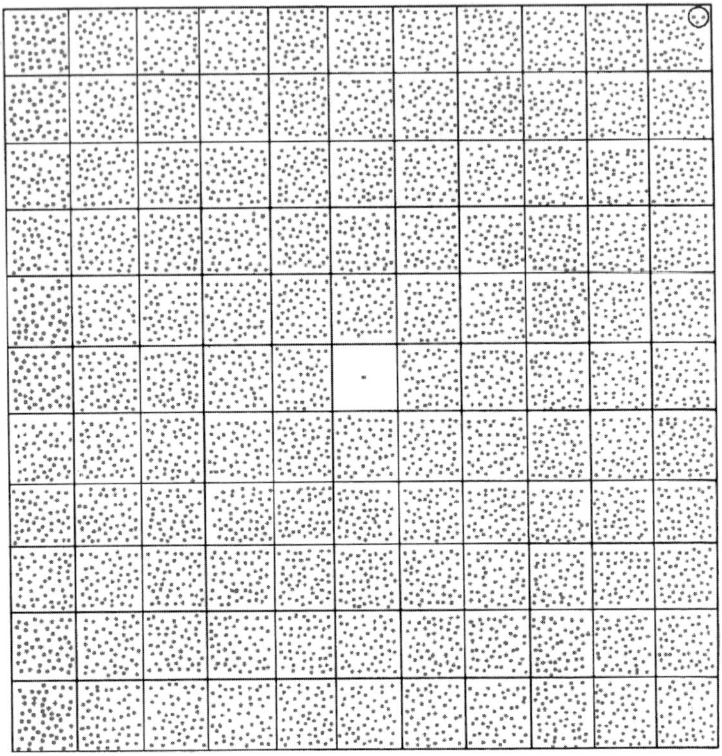

Abb. Nukleare Sprengkraft
Der Punkt in der Mitte steht für die gesamte Sprengkraft des Zweiten Weltkrieges. Die übrigen Punkte entsprechen der Sprengkraft der weltweit vorhandenen Atomwaffen. Der Kreis rechts oben veranschaulicht die Bewaffnung eines U-Boots des Typs »Poseidon«. Sie besitzt die Sprengkraft dreier Weltkriege.
Quelle: Toronto Star, 24. Januar 1982.

Kapitel 7

Die Atompolitik am Ausgang des 20. Jahrhunderts

Die Entfaltung der internationalen Ordnung

Nach dem Ende des Kalten Krieges wurden die Hoffnungen auf die neue Friedensordnung jäh durch den Golfkrieg zerstört. Es handelte sich um den ersten Krieg, der auch die Einhaltung des Vertrages über die Nichtweiterverbreitung von Atommaterial (NPT) durchsetzte. Die Vernichtung der irakischen Rüstungspotentiale und Produktionsstätten sowie der Trägersysteme für Atomwaffen hatte – dramatisch in den Scud-Raketeneinschlägen in Israel greifbar – oberste Priorität auf seiten der internationalen Koalition, die anschließend ein jahrelanges Kontrollregime der UNO einrichtete.

Letztlich lag diesem Krieg der Konflikt zwischen Nord und Süd um die Ressourcen beziehungsweise um die Preisgestaltung für die Öllieferungen zugrunde. Die ökonomische Sicherheit des Westens kann dabei für die Motive zum Eingreifen kaum unterbewertet werden; sie begründete »in letzter Konsequenz« das Eingreifen der internationalen Staatengemeinschaft, deren »Logik«[1] bis zu jener Manipulierung der Preise zurückreichte, die den Ölschock des Jahres 1973 herbeigeführt hatte. Entsprechend fußten die amerikanischen Einsatzplanungen auf einem jahrzehntealten operativen Konzept, das von einem tausend Mann starken Stab in der Nähe von Stuttgart auf den letzten Stand gebracht worden war.

Die Führungsrolle der USA wurde allgemein akzeptiert. Der einzige Staat, der in der multipolaren Welt des ausgehenden 20. Jahrhunderts als Großmacht gelten konnte, demonstrierte seine Tatkraft und organisierte nach den gewonnenen Schlachten die Kontrolle über die Region. Doch verlangte die veränderte

Konstellation in Arabien politische Rücksichten, Formen der indirekten Herrschaft und der Kompromisse, wie sie zu Beginn des Kalten Krieges keine Kolonialmacht irgendwo zugestanden hätte. Die Einzigartigkeit der nahezu unbegrenzten Macht der USA offenbarte zugleich die Erkenntnis, daß auch ihrer Interventionsmöglichkeit Grenzen gesetzt sind; doch zugleich zeigten die Ereignisse, daß die USA diese Stellung wahrzunehmen bereit waren.

Die Bundesrepublik beteiligte sich an dieser Intervention im Jahr 1991 nur insofern, als sie zur Finanzierung der amerikanischen Truppen beitrug. Noch zu sehr dem Bewußtsein verhaftet, in den beiden Teilen des gerade vereinten Staates ein Produkt des Ost-West-Konfliktes gewesen zu sein, war das Land gespalten. Zäh und schwer erwies sich das Ringen, um die eigene Rolle für die neuen Gegebenheiten[2] zu bestimmen. Evolutionär wurden die Herausforderungen angenommen. Als erstes wurde die Bundesrepublik nach Osten hin initiativ; sie, die Mittelmacht im Zentrum des Kontinents, wurde zur Mittlermacht nach Osten. Dies illustrierte die neue Gemeinsamkeit in der politischen Beratung der Gesetzgebung und der Reorganisation dieser Reformstaaten, in der Ausbildung von Offizieren aus Mittel-und Osteuropa auf Schulen und Akademien der Bundeswehr, in bilateralen Manövern, in regelmäßigen Treffen der Minister. Die intensivierten Kontakte sind auch als Aufbau der über Jahrzehnte abgerissenen Bindungen in Mittel- und Osteuropa zu werten. Langfristig besteht noch ein Nachholbedarf, bis ein Haus Europa der offenen Türen errichtet sein wird. Zugleich ist Deutschland ein Land im Gleichgewicht geworden, von dem in Europa statt Gefahr Stabilität ausgeht.

Was hat das Ende des Kalten Krieges darüber hinaus mit sich gebracht? Ein tiefgreifender Wandel hat sich vollzogen. Die »pax sovietica« ist mit dem Ende des Ost-West-Konfiktes, der nun eine historisch abgeschlossene Epoche ist, als internationales Ordnungselement verschwunden; sie ist einfach weggebrochen. Das post-totalitäre Zeitalter hat im Osten mit der ruinösen Erblast der kommunistischen Regime zu tun, deren Hinterlassenschaft die politischen Kräfte gegenwärtig und auch zukünftig binden wird. Der Zerfall der Sowjetuion ist allein mit der Auflösung der Kommunistischen Partei und der Gründung Rußlands längst nicht zu einem Ende gekommen, auch wenn ein Kapitel der Geschichte abgeschlossen wurde. Erst eine politische und ökonomische Neuformierung wird Stabilität erzeugen.

Demgegenüber sind die USA aus dem Kalten Krieg mit ihrem System der »pax americana« erfolgreich hervorgegangen. Den westeuropäischen Markt hatten sie mit ihrem Programm des ökonomischen Liberalismus mitorganisieren können. Glänzend stehen sie am Ende des 20. Jahrhunderts da. Sie haben den Zugang zu den relevanten Märkten der Welt gesichert. Nachdem sie nach dem Ersten Weltkrieg die ostasiatischen Länder jenseits des Pazifik durch die »open door policy« des Freihandels – im Abkommen von Washington im Jahre 1922 mit den dortigen Ländern und den Kolonialmächten festgelegt – für die amerikanische Wirtschaftsexpansion geöffnet hatten, bot das Ende des Zweiten Weltkrieges die Chance, nun auch die europäischen Länder jenseits des Atlantik an den von Amerika bestimmten Weltmarkt zu binden. Das war mehr als der Versuch, den »Status quo in der Welt zu sichern«[3].

Die Absprachen von Jalta über die Einflußsphären boten die Gelegenheit, die Verhältnisse im Westen Europas durch ein offenes, multilaterales Weltwirtschaftssystem zu ordnen und das »amerikanische Jahrhundert« zu begründen. Die Industriestaaten von Europa bis Japan haben davon profitiert. Ihre Struktur und Entwicklung boten die Voraussetzungen für das »goldene Zeitalter« der Prosperität. Es ist zugleich die Geschichte identischer Interessen. Dies konnte gelingen, weil die USA den »besten Weg zum Aufbau einer schlechthin überwältigenden Rüstungskapazität«[4] schon im Weltkrieg für die Zeiten danach eingeschlagen hatten und dadurch militärische Sicherheit garantieren konnten. Die »pax americana« des Liberalismus verband den »welfare«-Ansatz mit dem »warfare«-Konzept. Der unaufhaltsame Aufstieg Amerikas ist weltwirtschaftlich vonstatten gegangen; diese Macht gestaltete daher mit großem Einfluß die neuen ökonomischen Strukturen des Welthandels der neunziger Jahre.

Doch was bedeuten die Erfahrungen des Kalten Krieges für die Politik der Staaten, deren Macht auf Atomwaffen gründete?

Zunächst ist daran zu erinnern, daß selten ganz neu angefangen wird. Die Vergangenheit wirft – so eine traditionelle Konstante gerade des militärischen Denkens – ihre Schatten auf die kommende Zeit. Das konnte man nach 1945 feststellen. Damals verlangte man nach den Atomwaffen. Die Überzeugung herrschte vor, »daß die Lehren des letzten Krieges für die Vorbereitung des Zukunftskrieges ebenso wichtig sind, wie es diejenigen des Ersten Weltkrieges für die Jahre vor 1939 waren«. Das ging als Fazit des Beauftragten für die Analyse des europäischen Kriegsschauplatzes, S. L. A. Marshall, 1947 in die amerikanische Politik ein; nicht zu rüsten – schälte sich als Konsens heraus – sei »fürchterlicher als die Gefahr«, welche die Folgen der nuklearen »Kriegführung für die ganze Menschheit« bedeuteten.

Die Prognose von Marshall überzeugte: »Selbstverständlich muß man nicht nur Hiroshima und die Raketenangriffe auf England, sondern auch die rasche Weiterentwicklung dieser Offensivwaffen einkalkulieren.«[5] Diese Interpretation der Geschichte, die traditionell Staat und Macht herausstellte, führte in das Atomzeitalter der zweiten Hälfte des 20. Jahrhunderts. Atombewaffnung, Militär und die Fortschritte der Technik entfesselten die immanente eskalatorische Spirale der Rüstung; sie führte zum Horror vor dem »Gleichgewicht des Schreckens« wechselseitiger Vernichtung – machtsichernd und machtbedrohend. Der »furor atomicus« trug seinen Keim der Widersprüchlichkeit dieser Epoche in sich.

Die Bedeutung und Gefährlichkeit der Atomwaffen haben sich nach dem Umbruch der internationalen Ordnung 1990/91 objektiv nicht verändert, allenfalls haben sie psychologisch einen zeitweilig reduzierten Stellenwert erhalten. Die Bedingungen des Kalten Krieges, wonach das »Gleichgewicht des Schreckens« den Krieg zwischen den Blöcken verhindert habe, bestehen nicht mehr. Damit hat die Einschätzung, aufgrund von Atomwaffen in einem System der Sicherheit oder der relativen Sicherheit durch die Vermeidung der angedrohten Vernichtung (MAD) zu leben, ihren Sinn verloren. Die Auffassung, Atomwaffen verbürgen den Frieden, ist obsolet geworden, falls sie denn je wirklich Bestand hatte.

Atomwaffen verweisen nun noch eindeutiger auf ihren militärischen Charakter: »Eine Welt, in der feindliche Mächte Atomwaffen dislozieren, während andere Mächte, von denen einige instabil sind, in den Besitz von Atomwaffen gelangen wollen, ist nicht sicher, sondern sehr gefährdet.«[6] Damit bleibt das ethische Dilemma der Politik erhalten; denn die Atomwaffen lassen in dem Grenzfall, daß ihr Einsatz Realität werden könnte, keine fiktive Option mehr zu. Die Erkenntnis gilt: mit Atomwaffen läßt sich kein Glasperlenspiel machen. Jedenfalls ist zu erwarten, daß die Frage der Atomwaffen früher oder später wieder ein Problem der internationalen Gemeinschaft – und nicht nur der Supermacht USA – wird.

Atomwaffen signalisieren Prestige und Macht der Staaten. Allerdings halten die Vereinigten Staaten und Rußland – unabhängig von den vereinbarten Reduktionen – in ihren Arsenalen immer noch geradezu monströse Potentiale bereit – zum Schutz in extremis. Ein Schutz gegen wen und gegen was? Es mag sein, daß dies ein Zeichen des Beharrens und einer konservativen Haltung ist. Die weitere Verwendung, die Optionen und Szenarios der Atomwaffen stehen spätestens dann zur Debatte, wenn sich Struktur und Form der neuen, technischen Armeen mit gewandelter Professionalität herausgebildet haben werden. Die Dynamisierung der Rüstung durch Wissenschaft und Industrie wird weiter zunehmen. Die Atombomben als die Massenvernichtungswaffen im Zeitalter der Massenarmeen werden eine weniger bedeutsame Funktion für das Militär der Zukunft[7] allein schon deswegen erhalten, weil ein neuer Typ des Militärs im Entstehen begriffen ist.

Die Abmachungen von Jalta und Potsdam zeitigten eine fatale Wirkung für die Struktur des Kalten Krieges, weil das ideologische System der Ausgrenzungen die Einflußsphären der USA und der Sowjetunion gänzlich einschloß. Die Supermacht-Rivalität hatte in Verbindung mit dem ideologischen Antagonismus alle Regionen und Kontinente, von Europa ganz zu schweigen, erfaßt. Im Zeitalter der Ideologien[8] konnte der Kalte Krieg sein Potential voll entfalten. Die vielfältigen Dimensionen der sozialistischen und der liberalen Ordnung – der Bedingungen der Produktionsverhältnisse, der Freiheits- und Emanzipationsideale und der politischen Strukturen – stärkten den Gegensatz von

Pluralismus und Zentralismus, von Zivilisation und Kollektivismus, von Parlamentarismus und Totalitarismus.

Regionalkonflikte oder Bürgerkriege, Wirtschaftshilfe oder Rüstungslieferungen, Sicherheitspakte oder Handelspakte wurden musterbildend ausgerichtet. Die ideologische Konfrontation gab den machtpolitischen Ordnungsprinzipien eine Dynamik, die mit dem Begriff der Blockstrukturen oder der antagonistischen Konfiguration entlang der Elbe in Europa gar nicht angemessen benannt werden kann. Ihre ein halbes Jahrhundert andauernde Stabilität gründete freilich wesentlich in der Anerkennung der Verabredungen des Jahres 1945; doch die Zuspitzung der Aggressivität der Epoche lag in dem totalen beziehungsweise totalitären Anspruch des Sendungsbewußtseins der Systeme mitbegründet. Erst jetzt, seit der Sozialismus als konkretes System mit welrevolutionärem Drang verschwunden ist, konnte in die internationalen Beziehungen so etwas wie Normalität eintreten. Doch bis alle Reste der alten »Mauern in den Köpfen« abgeräumt sind, wird noch ein Weilchen vergehen.

Die bipolare Rivalität des Kalten Krieges zeigte sich auch als internationale Ordnungspolitik mit globalen und bündnispolitischen Dimensionen, wohl mit abgestuften Hierarchien.[9] Sie überlagerte die polyzentrische Staatenwelt am intensivsten in den Einflußsphären des Arrangements von Potsdam. Die Legitimität der ordnungspolitischen Einflußnahme in den Interessensphären in Ost und West, die am stärksten in den Bündnissen ihren Ausdruck gefunden hatte, wurde von den Zentren in Moskau und Washington im Kern nie bestritten. Ordnungspolitische Stabilität besaß hohe Priorität. In dieser Absicht lösten sie die Probleme, als 1956 – welche Koinzidenz! – Konflikte in Ost und West die etablierte Ordnung in Frage zu stellen schienen. Pazifizierung gewährte Frieden.

Zur historischen Leistung dieser Ordnungspolitik zählte es auch, das alte eurozentrische Weltsystem des kolonialen Imperialismus, wie es zu Beginn des Kalten Krieges global noch Bestand hatte, ohne zentrale Krisen zu transformieren und die Machtgewichte auf die beiden neuen Mächte, die Vereinigten Staaten und die Sowjetunion, friedlich zu verlagern. Der globale Mächtekonflikt hielt sie in Balance, solange und sofern das

»Schachmatt!« des nuklearen Infernos drohte. Gerade diese Ebene der hegemonialen Politik im Zeitalter des Kalten Krieges bietet einen Einblick in die Sicherung des Friedens.

Der Kalte Krieg prägte die Geschichte fast eines halben Jahrhunderts; es ist eine Geschichte mit vielen Gesichtern, es ist die Geschichte der Bedrohung, der Teilung Europas, der Kooperation wie auch der Konfrontation der Alliierten des Weltkrieges; es ist eine Geschichte der Hochrüstung, des Wohlstandes, des Friedens, der multinationalen Integration in Europa und der etappenweise ausgeweiteten politischen Kompetenz. Je nachdem, welchen Aspekt man als Leitmotiv der Geschichte wählt, schält sich eine andere Gestalt heraus. Gewiß jedoch ist, daß diese Epoche von der Macht der USA gestaltet worden ist und daß allein sie nach dem Ende des Kalten Krieges mehr denn je zuvor fähig ist, global handeln zu können.

Die USA nahmen ihren Aufstieg von der Supermacht zur führenden Macht der Welt; sie leugneten nicht einfach den Gegensatz von militärischer Gewalt und Liberalismus, und sie waren imstande, die Janusgesichtigkeit der Moderne – nuklearer Genozid versus freiheitliche Zivilisation – in Maßen zu versöhnen. In der »neuen Weltordnung« der Multipolarität nach dem Umbruch der globalen und europäischen Sicherheitsarchitektur in den neunziger Jahre übernehmen die USA eine andere Rolle. Die Interessen dieser Nation werden zukünftig klarer als zu Zeiten des Kalten Krieges in Erscheinung treten. Die Attribute ihrer Stellung – Macht und Moral – bleiben ambivalent faszinierend, da ihre Bewunderung mit Attraktivität und mit Skepsis einhergeht.

Die Restriktionen gegen die nukleare Proliferation 1995

Die Verbreitung der Massenvernichtungswaffen trat nach der Wende des Jahres 1990 unerwartet ins Blickfeld der Öffentlichkeit. Zwei Ereignisse bereiteten Schrecken. Der Golfkrieg deckte die Fähigkeit auch kleinerer Länder auf, Potentiale für eine internationale Bedrohung bereitzuhalten und bei relativ einfachen technischen Voraussetzungen Massenvernichtungswaffen herzustellen. Der Irak verfügte über das Potential, chemische und biologische Waffen mit ballistischen Raketen zu transportieren und auf eigenen Industrieanlagen den Bau von Atombomben zu betreiben.

Zusätzlich verstärkte das Auseinanderbrechen der Sowjetunion in der Welt die Sorge, daß Schlüsseltechnologien der Atomwaffen und ihrer Trägersysteme – Bauelemente, Blaupausen und Plutonium – als Ware im weltweiten Waffenbasar angeboten würden. Angesichts drohender unkalkulierbarer Risiken verunsicherte ein »wilder Frieden« die Welt. Tatsächlich ist die Problematik nicht neu, sie begleitete die Atomrüstung seit ihrem Entstehen. Die Anzahl der Länder, die technologisch zum Bau von Massenvernichtungswaffen befähigt ist, nimmt seit Jahrzehnten ständig zu. Proliferation[10], die Weitergabe also von Atomwaffen oder Mitteln zu deren Herstellung an Länder, die selbst keine Atomwaffen entwickelt haben, rückte in den Mittelpunkt der internationalen Aufmerksamkeit.

Der Atomwaffensperrvertrag oder der Vertrag über die Nichtverbreitung von Nuklearwaffen (NPT) bot 1995 den Anlaß, den Status der Atomwaffen umfassend zu erörtern. 25 Jahre nach Inkrafttreten des Vertrages im Jahr 1970 stand sein Auslaufen beziehungsweise seine unbegrenzte Verlängerung zur Debatte. Während des Kalten Krieges war der Atomwaffensperrvertrag von vielen Ländern als einseitige Privilegierung der Vetorechtsmitglieder des Sicherheitsrates der UNO, also von China, England, Frankreich, der Sowjetunion und der USA, angesehen worden. Die Unterscheidung in »haves« und »have nots« schien auf ein globales Zweiklassensystem zu verweisen, in dem per se eine Ungerechtigkeit liege.

Jahrelang hatten die großen Atommächte die Proliferation geduldet, wenn ein Land auf der »richtigen« Seite waffenfähiges »Material« einkaufte und Atomwaffen herstellte. Dies galt sicherlich für Israel, auch für Südafrika, das als einziges Land seine fünf nuklearen Sprengsätze zerlegt und abgerüstet hat. Indien hatte in den siebziger Jahren einen Sprengsatz zur Explosion gebracht, aber bis Mitte der neunziger Jahre den nicht-nuklearen Status betont; wie auch Pakistan die entsprechende Kapazität bestätigt und widerrufen hatte. Der Irak mußte nach dem Golfkrieg unter Zwang seine Anlagen demontieren; Nordkorea hatte 1995 mit den USA über Verfahren zur Demilitarisierung seiner Nuklearstätten verhandelt. Diese und weitere Staaten hatten den Atomwaffensperrvertrag nicht beachtet und sich eigene Kernwaffenoptionen offengehalten. Die »horizontale Proliferation« hatte eindeutige Schwächen gezeigt, da der Machtpoker des Kalten Krieges auch in die Dritte Welt übertragen worden ist.

Der Atomwaffensperrvertrag hatte jedoch noch eine weitere Zielsetzung, die »vertikale Proliferation«, die quantitative und qualitative Abrüstung der Atomwaffen bei den Atommächten. Hier lag ein weitreichendes, wenn nicht völliges Versagen für die gesamte Laufzeit des Vertrages vor. Sogar die epochalen Einschnitte durch die Null-Lösungen nach 1986 und die Verträge zur kooperativen Rüstungssteuerung hatten nicht verhindern können, daß die Zahl der nuklearen Sprengköpfe der fünf Atommächte zwischen 1970 und 1990 mehr als vervierfacht wurde. Die Gesamtproduktion der Atomwaffen von 1945 bis 1995 wird auf 125000 Stück geschätzt. Waren sie veraltet oder untauglich geworden, wurden sie gelagert oder ihr Material für die Modernisierung der nächsten Waffengeneration genutzt. Die permanent vorgenommene Miniaturisierung und Differenzierung für den Einsatz wird an der Zunahme noch in den achtziger Jahren deutlich. Gab es 1983 mehr als 60000 Atomwaffen, sollen es 1986 weltweit rund 70000 gewesen sein; 98 Prozent davon im Besitz der beiden Supermächte USA und Sowjetunion.

Dagegen ließen sich – im Vorfeld der Erörterung über die Verlängerung des Atomwaffensperrvertrages im Jahr 1995 – die Erfolge der Denuklearisierung der Bündnisse halten, in deren Ländern – insbesondere also in Europa – nach dem Zusammenbruch der Bedrohung durch den Kalten Krieg und seiner Sicherheitsarchitektur der bedeutendste Abbau an Atomwaffen stattgefunden hat. Pro Jahr wurden seit 1990 etwa 1500 Atomwaffen in den USA und 2000 in Rußland demontiert und zerlegt. Sehr viel Material der Sprengköpfe mußte zwischengelagert werden, da die industriellen Anlagen, die ursprünglich zur Fertigung der Bomben errichtet worden waren, nun mit der Zerlegung an den Rand ihrer Kapazitäten gerieten. Darüber hinaus sind viele Fragen nach der dauerhaften Lagerung der strahlenden Metalle – an Plutonium noch gar nicht zu denken – bis heute unbeantwortet. Die

Forschungs- und Militärhaushalte werden mit den Folgen der Atomrüstung noch Jahrzehnte belastet sein. Was während fünfzig Jahren in die Welt künstlich entlassen wurde, kann nur auf dem gleichen technisch komplizierten Weg wieder zurückgenommen werden.

1994/95 sollen die USA und Rußland gemeinsam über »nur« noch rund 44000 nukleare Sprengköpfe verfügt haben, von denen etwa die Hälfte in einsatzbereitem Zustand gehalten wird, ein Teil als Reserve eingemottet und der Rest für die Vernichtung zwischengelagert wurde. Für die Durchführung der Abrüstung besteht das neue Problem, daß es diese drei Kategorien noch viele Jahre geben wird. Wenn nach dem Erfolg von START im Jahr 2003 jede Seite offiziell über 3 500 strategische und tausend taktische Atomwaffen verfügen wird, gehen zum Beispiel die USA von einer gelagerten und Reservekapazität von mindestens 7000 weiteren Atomwaffen in den eigenen Arsenalen aus.

Auf der Überprüfungs- und Verlängerungskonferenz des Atomwaffensperrvertrages in New York vom 17. April bis 12. Mai 1995 stand das Verhalten der traditionellen Nuklearmächte in der Kritik. Anders als auf den seit 1975 im Abstand von fünf Jahren durchgeführten Überprüfungskonferenzen mit ihrem geradezu rituellen rhetorischen Schlagabtausch ohne politische Relevanz hatte das Ende des Kalten Krieges die Dinge von Grund auf verändert. Das Ende der gegenseitigen Bedrohung, durch das die traditionellen Kernwaffenstrategien ihre Legitimation verloren, und die völkerrechtliche Möglichkeit, den Atomwaffensperrvertrag im Jahre 1995, nach fünfundzwanzig Jahren, auslaufen zu lassen, erzwangen eine neuartige Auseinandersetzung über die nukleare Abrüstung.

Als Erfolg der Verhandlungen kann gewertet werden, daß die Atommächte in einem Aktionsprogramm das ursprüngliche, sehr vage formulierte Ziel des Atomwaffensperrvertrages, »in gutem Glauben in Verhandlungen« zur nuklearen Abrüstung einzutreten, aufgeben und statt dessen konkrete Schritte tun mußten. Das erste konkrete Ergebnis war die Verpflichtung zum nuklearen Teststopp bis 1996, das zweite der Beginn von Verhandlungen über drastische Einschnitte oder ein »cut off« der Produktion von nuklearwaffenfähigem Spaltmaterial und das dritte »die entschlossene Verfolgung systematischer und progressiver Schritte zur globalen Verminderung von Kernwaffen«[11].

Diese drei Zusagen mußten von den fünf Atommächten gemacht werden, um die unbegrenzte Verlängerung des Atomwaffensperrvertrages zu erreichen. Die Dauerhaftigkeit dieser Impulse soll – ähnlich wie der KSZE-Prozeß in Europa – mit Hilfe der Nachfolgekonferenzen erreicht werden. Dies ist die einzige Chance, das stillschweigend akzeptierte hohe Rüstungsniveau der START-Verträge, die man auch als Selbstverpflichtung der USA und der Sowjetunion verstehen kann, weiter zu senken. Der tatsächlich weitreichende Vorschlag von Michail Gorbatschow von 1986, bis zur Jahrtausendwende alle Atomwaffen zu eliminieren, wird als politischer Traum am Ende des 20. Jahrhunderts übrig bleiben.

Die Haltung der Staaten zur Proliferation ist durch unterschiedliche Interessen bestimmt. In der Mitte der neunziger Jahre waren sie anders als in den Fünfzigern. Die USA haben 1995 uneingeschränkt die bedingungslose Verlängerung des Atomwaffensperrvertrages vertreten. So wie sie seit den sechziger Jahren mit der Sowjetunion die treibende Kraft dieses Vertrages waren, jede Proliferation zu verhindern suchten und sich vertraglich binational gebunden hatten, setzten sie auch innerhalb der NATO die eingeschränkte Teilhabe an den Atomwaffen durch. Dieser Politik blieben sie treu. Sie unterzeichneten Anfang 1996 die Protokolle zur Nuklearfreien Zone im Südpazifik und von Afrika; in Südostasien unterstützten sie ähnliche Bemühungen.

Ergänzend zu den bilateralen Verträgen mit Rußland zur strategischen Rüstungsbegrenzung wurden die Ressourcen für Kernwaffen zum Thema der Kontrollverhandlungen. Zunächst ging es um Übersichten[12] über die Bestände an Plutonium sowie um Berichte über angereichertes Uran. Derartige Schritte zur Offenlegung der Bestände und der Kapazitäten für die Produktion von Atomwaffen konnten nur aufgrund der gewandelten Akzeptanz in der US-Administration unternommen werden, die in dieser Dimension die Unumkehrbarkeit des Abrüstungsprozesses erkennen läßt.

Bewegung war auch bei England und Frankreich zu erkennen. Seit Jahrzehnten hatten sie mit tiefem Mißtrauen die bipolaren rüstungsteuernden Übereinkünfte verfolgt; auch beim Entwurf sowie bei der Abwicklung des NATO-Doppelbeschlusses waren sie kein Jota von dieser Linie abgewichen. Erst nach den radikalen Einschnitten in die nuklearen Arsenale von Rußland und den USA scheinen sie in den neunziger Jahren bereit, über eine multilaterale Reduktion zu verhandeln. Ihr langes Erstarren in Verteidigungsszenarien mit einem großen Ausmaß an nuklearen Potentialen ist erstaunlich. Doch auf der New Yorker NPT-Konferenz signalisierten sie erstmals eine vorsichtige Revision.

Die taktische Rüstung mit Atomwaffen wurde zugunsten der Begrenzung und Konzentration auf kleinere, gewissermaßen »national-strategische« Systeme aufgegeben. Beide haben ihre Aufrüstungsplanungen bis 1996 um etwa 40 Prozent gekürzt und entweder (wie Frankreich) auf die fünfzehnprozentige Verringerung der Sprengköpfe oder (wie England) auf eine Beschränkung auf Unterseeboote mit amerikanischen Trident-Raketen verwiesen. Beide Staaten verfolgten in den neunziger Jahren eine ähnliche, wenn nicht gleichartige Politik der Verlagerung ihrer Atomwaffen auf U-Boote bis zum Jahr 2005. Frankreich plante vier »Le-Triomphant«-Boote mit jeweils sechzehn Raketen zu sechs Atombomben.[13]

Die Diskussion im britischen Unterhaus anläßlich der Haushaltsvorlage von Premierminister John Major im Jahr 1995 über die vorgesehene Beschränkung auf ebenfalls vier U-Boote mit jeweils bis zu 96 nuklearen Sprengköpfen ließ die »Realität« der Fiktionen des Kalten Krieges noch einmal aufschimmern. Ohne Marschflugkörper mit Atomwaffen würden eine Reihe von Einsatzoptionen verschenkt, lautete das erste Argument für die Beibehaltung der hohen Rüstung. Das zweite führte direkt in die Welt der sechziger Jahre: England nehme das Risiko in Kauf, daß ein solches U-Boot nach dem Abfeuern einer ersten Salve aufgespürt und zerstört werden könnte, die Flexibilität der britischen Nuklearwaffen werde damit »äußerst eingeschränkt«, kam die Klage von Minister Malcolm Rifkind.

Diese beachtlichen Rüstungsarsenale blieben jedoch nicht kritiklos weiter bestehen. Die Regierung von Tony Blair schraubte solche Ansprüche zunächst auf ein Gesamtarsenal von unter zweihundert Atomwaffen zurück. Solche Planungen von 1997 werden, auch weil sie mit Frankreich und im Blick auf die europäische Sicherheit noch nicht abgestimmt waren, keinesfalls das letzte Wort sein. Beide Länder suchen möglichst undramatisch die Veränderungen durchzuführen.

Die alte Bundesrepublik hatte die vertragliche Regelung zur Nichtweitergabe von Atomwaffen in den sechziger Jahren mit allem erdenklichen Nachdruck abgelehnt. Zunächst begründeten die militärischen Interessen der nuklearen Teilhabe die Vorbehalte; Helmut Schmidt widersetzte sich auch aus ökonomischen Gründen. Zwar hatte die erste indische Testexplosion 1974 auf die Folgen der Weitergabe von »ziviler« »dual use«-Technologie zur Nutzung militärischer Zwecke und auf die Möglichkeit des »wilden« Einsatzes aufmerksam gemacht, dennoch betrachtete die Bundesregierung die Exportrestriktionen des Sperrvertrages als unzulässige Beschränkung des Handels mit nuklearen Gütern.

Das berüchtigte »Brasilien-Geschäft«, der Export eines kompletten Brennstoffzyklus an ein Land, das den Sperrvertrag nicht unterzeichnet und seine nuklearen Ambitionen kaum verhehlt hatte, bildete ein brisantes Glied in einer längeren Kette[14] von Außenhandelsskandalen mit sicherheitspolitischer Relevanz. Das Projekt in Südamerika wurde auf Druck der USA 1977 widerstrebend und halbherzig zu den Akten gelegt. Giftgasanlagen in Libyen – »Auschwitz in the Sand« – und Beteiligungen an den Produktionsstätten im Irak des Saddam Hussein haben den Ruf einer laschen und leichtfertigen Haltung der Bonner Politik bis zum Ende der achtziger Jahre begründet.

Der Aufbau von Produktionsstätten in der Krisenzone Indien und Pakistan bietet ein weiteres Beispiel für die aus wirtschaftlichen Gründen leichtfertig zugelassenen Exporte. Bevor die USA besonders seit den neunziger Jahren mit Nachdruck die Restriktionen international durchzusetzen bereit schienen, hatten sie sich wie alle Industriestaaten am Export beteiligt. So wurden gerade auf dem indischen Subkontinent die technologischen Voraussetzungen für eine eskalierende nukleare Aufrüstung geschaffen. Wie die demonstrativen Atomtests im Frühjahr 1998 signalisieren, strebt Indien den Rang einer mittleren Atommacht an.

Das atomare Potential, also die Vorräte an waffenfähigem Plutonium, wurde annähernd auf die Größenordnung von dem in China und Frankreich geschätzt.[15] Vor allem die Forschungsreaktoren Cirus und Dhruva in Trombay lieferten das Material für den Bau von zwanzig bis sechzig Atombomben, doch in Verbindung mit dem Material aus den kommerziellen Reaktoren wird vermutet, daß das Potential für bis zu vierhundertsiebzig Atomwaffen reicht. Pakistan scheint verzweifelt eine Art nuklearer Gegenmacht aufzubauen; sein Potential wird auf sechs bis zwölf Bomben veranschlagt. Doch die regionale Rivalität um territoriale Ansprüche verweist eher auf die politische Labilität als auf nukleare Kalkulierbarkeit.

Mit der deutschen Einigung vollzog die Bundesrepublik einen Schwenk, der im August 1990 auf der vierten Überprüfungskonferenz des Atomwaffensperrvertrages in dem Beitrag von Hans-Dietrich Genscher erkennbar wurde. Die neue internationale Lage erzwang[16] Eindeutigkeit, im Sinne des Atomwaffensperrvertrages hieß es strikte Exportkontrollen zu befürworten. Einen Markstein deutscher Abrüstungspolitik setzte im Dezember 1993 eine Initiative von Außenminister Klaus Kinkel mit einem Zehn-Punkte-Programm, das neben der universellen Gültigkeit des Sperrvertrages in der Forderung gipfelte, ein Kernwaffenregister unter den Auspizien der UNO einzurichten. Damit wäre eine vollständige Transparenz und effektive Kontrolle bei allen zukünftigen nuklearen Abrüstungsschritten durchsetzbar gewesen. Ein solches Register würde praktisch eine aktuelle Bestandsaufnahme der bestehenden Arsenale verlangen und das Zerlegen oder Verschrotten der Sprengköpfe dokumentieren. Ein so weitgehender Einblick in Waffen- und Lagerbestände war allerdings nicht konsensfähig, geriet in die Kritik der Westmächte und blieb vorerst ohne Folgen.

Eine Variante der nuklearen Proliferation könnte im Zusammenhang mit der Entwicklung der Europäischen Union Zukunft haben, denn die außen- und sicherheitspolitische Dimension im Maastricht-Vertrag gewährt Möglichkeiten für eine »Europäisierung« der britischen und französischen Atomwaffen. Flankierend könnte die mit der Umstrukturierung der NATO seit 1992 herausgestellte »europäische Sicherheits- und Verteidigungsidentität« ebenso eine Rolle spielen wie der im Jahr 1990 wiederholte deutsche Vorbehalt von 1973, die weitere europäische Integration dürfe durch den Atomwaffensperrvertrag nicht behindert werden. Berater[17] der Bundesregierung jedenfalls setzten sich für ein europäisches Modell der deutschen Teilhabe an Nuklearwaffen ein. Ist das die Karte, mit der die Bundesregierung hofft, in den Club der Atommächte aufgenommen zu werden, damit auch Deutschland das »exklusivste aller Machtattribute« (Michael Stürmer) erwerben kann?

Anstoß zur öffentlichen Diskussion über eine gemeinsame europäische Nukleardoktrin hatte Staatspräsident François Mitterrand im Januar 1992 auf der Wehrkundetagung in München gegeben. Wiederaufgenommen wurde diese Idee von seinem Nachfolger Jacques Chirac, der das Ende der atomaren Testserie im Sommer 1995 mit dem Angebot an Deutschland und England verband, eine europäische Verteidigungspolitik zu entwickeln. Premierminister Alain Juppé führte das Konzept mit der Idee einer »konzertierten Abschreckung« weiter. Ob diese Vorschläge hinter den Kulissen weitergetrieben werden und unabhängig von einer offiziösen reservierten Aufnahme[18] in Bonn tatsächlich die Spitze eines Eisberges gemeinsamer Interessen zwischen Bonn und Paris zu erkennen geben oder »nur« die Schwierigkeiten andeuten, Nukleardoktrinen in Europa zu legitimieren, entzieht sich der realistischen Beurteilung.

Die Versammlung der Westeuropäischen Union stand diesen Auffassungen jedenfalls konstruktiv, vielleicht auch positiv gegenüber, indem sie bereits im Sommer 1994 die Einrichtung einer Studiengruppe für eine »langfristige Entwicklung einer gemeinsamen EU-Nuklearstrategie« forderte. Ein nächster Schritt erfolgte mit der Berufung einer »nuklearen Koordinierungsgruppe«. Es ist schwer abzuschätzen, ob damit Ansätze zu einer Verteidigungsidentität der Europäischen Union verbunden werden und welche Interessen wirklich dahinterstehen.

Real jedenfalls ist die »Defense Counterproliferation Initiative«, ein militärisches Konzept zur aktiven Bekämpfung der Proliferation. Bill Clinton trat im Herbst 1993 damit vor die UN-Vollversammlung in New York, daneben drängten die USA auf eine internationale Unterstützung durch die NATO. Das alternative Konzept von Klaus Kinkel, diesen kooperativen Ansatz, falls er zur militärischen Intervention in einem dritten Land führte, an die Zustimmung des Sicherheitsrates der Vereinten Nationen zu binden, ging im Dunkel des diplomatischen Dikkichts verloren.

Im Juni 1994 wurde die amerikanische Initiative auf der Ministertagung der NATO als Aufgabe für das Bündnis in pauschalen Worten – »Verteidigungsanstrengungen gegen Proliferation« – gebilligt. Die Zurückhaltung der europäischen Partner ist verständlich, da die USA einen Teil ihres aus der SDI-Forschung kommenden Antiraketen-Programms auch hierfür vorgesehen haben; in den Haushaltsjahren 1995 bis 1999 sind dafür immerhin mehr als 12 Milliarden Dollar eingesetzt. Nach Ansicht des US-Kongresses sollten die Verbündeten[19] sich finanziell daran beteiligen.

Die Bundeswehr hat den Kampf gegen die Weitergabe von Atommaterial in die Aufgaben ihrer hochmobilen und für die Antiterrorbekämpfung vorgesehenen, tausend Soldaten starken »Spezialkräfte« eingegliedert. Der Führungsstab der Bundeswehr umriß im März 1996 das Einsatzspektrum so: »Reaktionsschnelle und gezielte, Kollateralschäden vermeidende Aktionen werden zu ihren Aufgaben gehören.«

Die Strahlenfolgen: Atomwaffen und Tests

Am 25. September 1996 wurde ein »gigantischer Schritt nach vorn« unternommen. Das sagte US-Präsident Bill Clinton bei der Unterzeichnung des Vertrages über das vollständige Verbot von Atomtests durch die Mitglieder des Sicherheitsrates der UNO. Zuvor hatte in New York die Generalversammlung das Dokument mit überwältigender Mehrheit angenommen. Länger als ein halbes Jahrhundert nach der Explosion der ersten Kernwaffe in der Wüste von Alamogordo und dem Abwurf der Atombomben auf Hiroshima und Nagasaki im Jahre 1945 hatte es gedauert, bis diese Übereinkunft zustande gekommen war.

Im Sommer 1996 hatten die diplomatischen Konflikte um die Unterzeichnung des Atomwaffensperrvertrages noch erhebliche Reibungen erzeugt, da die Atommächte von den »have nots« wegen ihrer mangelhaften Abrüstung, zu der sie sich in jenem Vertrag seit 25 Jahren verpflichtet hatten, unter Druck gesetzt wurden. Australien, Indien und Schweden hatten sich an die Spitze der Kritik gestellt. Gerade Indien berief sich auf seine lange Tradition einer Anti-Nuklear-Politik. Pandit Jawaharlal Nehru hatte die Initiativen in der UNO 1951 mit einer Resolution zur atomaren Abrüstung begonnen; 1954 trat er mit dem Vorschlag des Einfrierens der Waffenbestände hervor; 1961 forderte er das Verbot der Atomtests und 1963 ein Abkommen gegen die Verbreitung der Atomwaffen.

So sinnvoll diese pazifistischen Ideen und so vernünftig diese politischen Initiativen zur weltweiten Abrüstung der Atomwaffen auch waren, sie scheiterten an den Realitäten; erst recht fühlte sich Indien, aber nicht nur dieses Land, hintergangen, als statt dessen seit den sechziger Jahren das Konzept der bipolaren Rüstungssteuerung zur gezielten nuklearen Aufrüstung zwischen den USA und der Sowjetunion verwirklicht wurde. Die Vorbehalte, die Indien schon 1968 gegen den Text des Atomwaffensperrvertrages gehegt hatte, hatten im Jahre 1995 immer noch die gleiche Relevanz: Zementieren des Monopols der Atomwaffenstaaten, Diskriminieren durch unterschiedliche Kontrollen, Mangel an ernsthaften Initiativen zur endgültigen Abschaffung der Atomwaffen.

Die Verlängerung des Sperrvertrages schien vollends zu scheitern, als Frankreich am 6. September 1995 eine Testserie nuklearer Explosionen auf dem Mururoa-Atoll begann. Aus der Not angesichts der öffentlichen und politischen Proteste und Boykottmaßnahmen wurde – ein Vorstoß von Jacques Chirac – die Null-Lösung der Atombombenversuche geboren: »jede Erprobung von Atomwaffen oder jede Atomexplosion« sollte verboten und das »umfassende Teststoppabkommen« in direkter Verbindung mit dem Atomwaffensperrvertrag in den Genfer Verhandlungen konzipiert werden. Dabei bestätigte sich das Wort von Michail Gorbatschow bei dessen Vorschlag für einen Teststopp von 1991: »Wer die Atomwaffen abschaffen will, braucht auch keine Atomwaffenversuche.«

Die internationale Ächtung der Tests erfuhr im Frühjahr 1998 einen Schock, als Indien und Pakistan eine ganze Serie von

Atomexplosionen unternahmen. Die wechselseitige Bedrohung spielte dabei ebenso offensichtlich eine Rolle wie die Rivalität um den Status der Schwellenländer innerhalb der internationalen Staatengemeinschaft. Daher ist die Gefahr nicht von der Hand zu weisen, daß hier ein negatives Beispiel zur Nachahmung für Staaten mit ähnlichen Interessen geboten wurde.

Eine erste Beschränkung der militärischen Tests hatte es mit dem Vertrag über das Verbot oberirdischer Nukleartests zwischen den USA, Großbritannien und der Sowjetunion vom 5. August 1963 gegeben, der ein Verbot der Versuche im Weltraum, in der Atmosphäre und unter Wasser vorsah. Dieses begrenzte Testverbot-Abkommen hatten über hundert Staaten unterzeichnet; ausgenommen blieben davon lange Zeit jedoch Frankreich und China, die bis 1974 beziehungsweise 1980 noch oberirdische Explosionen zündeten. Insgesamt wurden seit 1945 mehr als 2000 Tests mit Atomwaffen durchgeführt. Die Angaben sind aber nicht ganz exakt.

Die akribischen Zählungen gingen bislang von 942 Versuchen der USA und 181 Versuchen Frankreichs bis 1990 aus, doch haben die USA »weitere 207« geheime Explosionen zugegeben, während Frankreich in der offiziellen Dokumentation von 1995 eine Zahl von 204 angibt. Demnach müßten den USA etwa 1150 Versuche zugerechnet werden, mehr als siebenhundertzehn der Sowjetunion, zweihundertzehn Frankreich, knapp fünfzig Großbritannien und rund vierzig China.[20] In diesen Angaben sind, das scheint eine ziemlich präzise Angabe zu sein, 518 atmosphärische Atomwaffenversuche enthalten. Seit dem Trinity-Test am 16. Juli 1945 wurde bis zum Frühjahr 1996 beinahe alle zehn Tage ein nuklearer Test durchgeführt; extrem stechen die beiden Jahre 1958 und 1962 mit ihren jeweils über hundert oberirdischen Bombenversuchen hervor. Dabei wurden ungeheure Kapazitäten[21] freigesetzt: Die Sprengkraft dieser Tests ist insgesamt 40000mal größer als die der Atombombe von Hiroshima.

Ein halbes Jahrhundert Atomwaffenversuche sind nicht spurlos an der Welt vorübergegangen. Bis zum Ende der Tests wurden die radioaktiven Folgen von verharmlosenden Kampagnen der Ämter und der Administrationen begleitet; so erklärte etwa die französische Regierung zum Abschluß der Serie im Jahr 1996, ein Jahr später könne man auf dem Mururoa-Atoll eine Urlaubsanlage des Club Méditerranée einrichten. Propaganda zur Akzeptanz und Beteuerungen der Ungefährlichkeit haben die Äußerungen der Atommächte seit jeher bestimmt, wenn es um Gesundheit und Umwelt ging. Die Kontamination weiter Gebiete, der Produktions- und Industrieanlagen, der Beseitigung von Uran und Plutonium und der verstrahlten Abfallprodukte wird den kommenden Generationen als Folge der Atomrüstung des Kalten Krieges noch lange zu schaffen machen. Es ist bezeichnend für den Umgang mit diesen Problemen, daß sie in Ost und West erst nach dem Zusammenbruch des Kalten Krieges an Hand gesicherter Daten erörtert werden konnten.

Mit Hilfe einiger Beispiele der militärischen, also nicht der »zivilen« Nutzung der Atomenergie soll auf das weite Feld der langfristigen Folgen, Gefahren und Gefährdungen, wenn auch nur ganz kursorisch, verwiesen werden. Am 14. September 1954 fand in der Sowjetunion in der Nähe von Tozkoje ein einzigartiges Manöver statt. Es wurde eine Atombombe der dreifachen Sprengkraft von Hiroshima gezündet, und unmittelbar darauf probten 45000 Soldaten in der kontaminierten Steppe den Ernstfall der Verteidigung »ohne jede Schädigung ihrer Gesundheit«, wie ein Lehrfilm über das Manöver verkündete.

Am 21. Januar 1968 stürzte ein US-Bomber vom Typ B-52 in der Nähe von Thule in Nordgrönland ab. Vier Atombomben waren an Bord, von denen mindestens eine zerbarst. Da sie ohne Zünder transportiert worden waren, fand keine Explosion statt. Doch wurden mindestens 6 Kilo Plutonium in der Umgebung der Unfallstelle verteilt. 1300 freiwillige Arbeiter, aber auch Gefangene aus Haftanstalten, wurden monatelang für die Aufräumarbeiten eingesetzt, um in Schnee und Eis verstrahlte Wrackteile einzusammeln.

Vergessene Opfer der Atomindustrie[22] sind in besonderer Weise einheimische Völker rund um den Globus. Sie waren im Uranabbau als Bergleute ohne Atemmasken den strahlenden Schwermetallen unter Tage direkt ausgesetzt, und sie leben weiterhin in Gebieten, in denen Millionen Tonnen radioaktiven Erzmehls und verseuchten Schlamms offen lagern. In den USA zählen dazu die Gebiete mit berühmten Namen der Indianer, die

Navajo, Hopi, Cheyenne, Lakota und Pueblo; in Kanada ist es die Provinz Saskatchewan; in Polynesien, Australien, Südafrika oder in der Sahara und der Mongolei traf es diejenigen, die in entlegenen Gebieten wohnten. Ihr Schicksal war der Uranabbau oder die Abgelegenheit ihrer Region, die sie als atomares Testgelände interessant machte.

Die USA und die Sowjetunion haben insgesamt sechs Atom-U-Boote »verloren«, das heißt, diese in der Regel mit je zwei Atomreaktoren betriebenen Unterwasser-Großkampfschiffe sind mit ihren Atomwaffen und den Reaktoren untergegangen. Einige werden durch Messungen überwacht, doch gilt die Gefahrenabschätzung nur für die Gegenwart, da ja mit Sicherheit abzusehen ist, daß das Salzwasser eines Tages auch die Speziallegierungen der Reaktoren und der Atomsprengköpfe auf den U-Booten zerfressen haben wird.

Durch Meeresströmungen sind radioaktive Schadstoffe vor allem aus den Wiederaufbereitungsanlagen in Sellarfield, Dounreay und Cap de La Hague in die arktischen Gewässer transportiert worden. Die über Jahrzehnte freigesetzten Mengen können gar nicht überschätzt werden, gerade weil – oder: obwohl – in den achtziger Jahren die Menge der wichtigsten Radionuklide in den Abwässern dieser Fabriken um den Faktor 100 gesenkt wurde. Die Ablagerungen sind in der Barentssee konzentriert. Diesen Aufgaben, die in naher Zukunft mit hoher Dringlichkeit auf die Menschen zukommen, da sie über die Nahrungsmittelketten davon betroffen sind, widmet sich neuerdings die NATO. Nach ersten Leitstudien[23] zur Untersuchung verteidigungspolitisch bedingter Umweltprobleme vom Atlantik bis zum Ural wurde im September 1995 eine zweite Phase eingeleitet, um Lösungen zur Sanierung, Entsorgung und Gefahrenabschätzung im nördlichen Meer und in den Flüssen zu erarbeiten sowie die Gefährdungen durch die atomar angetriebenen Wasserfahrzeuge zu analysieren.

Am 29. September 1957 ereignete sich im Lager für hochradioaktive Abfälle im Kernwaffenkomplex Tscheljabinsk-65 in der Nähe von Kyschtym[24] im Südural eine Explosion. Die Kühlung der Abfallprodukte des Plutoniums brach zusammen, da das Rohrleitungssystem und die Instrumente zur Datenmessung außer Funktion gerieten. Eine ganze Stadt wurde umgesiedelt; die Amerikaner hielten sich an die Geheimhaltung der Sowjetunion, da sie befürchteten, die mit der Lagerung verbundenen Probleme könnten die amerikanische Bevölkerung verunsichern. Die Sprengkraft der Explosion wird auf bis zu 100 Tonnen TNT-Äquivalent geschätzt. Kyschtym ist ein frühes Beispiel für die Gefährlichkeit, hochaktive Abfälle in flüssiger Form zu lagern.

Das amerikanische Hanford im Staat Washington allein hat Sammelbecken für 100000 Brennstäbe mit 2300 Tonnen Gewicht. Plutonium und Strontium 90 lagern in weiteren Hunderten von Tanks in einfachen Behältern – eine Übergangslösung für wenige Monate, doch wurde das geplante Endlager nicht errichtet. Die seit 1943, beginnend mit dem »Manhattan-Projekt«, in der Nähe errichteten acht Reaktorblöcke sollen nach einem Plan des Energieministeriums – jeweils 16000 Tonnen Gewicht – auf Riesenfahrzeugen in eine 15 Kilometer entfernte Senke gebracht, einbetoniert und damit endgelagert werden. Dieses Projekt wurde mit 640 Millionen Dollar veranschlagt – nur ein Ausschnitt der Bestandsaufnahme der achtzig verseuchten Areale in dreißig amerikanischen Bundesstaaten, die vom Ministerium im März 1994 Präsident Clinton in einem Dringlichkeitsprogramm vorgelegt wurde. Die Sanierung der Restbestände wurde mit 230 Milliarden Dollar veranschlagt. Viele andere Beispiele für die ungeheuren Probleme, die von der Atomrüstung hinterlassen wurden, könnten genannt werden.

Das Ende des Ost-West-Konflikts hat die Geschichte einer Zeit in den Blick geraten lassen, die ihre Sicherheit in einer unendlich scheinenden Rüstungsspirale der nuklearen Waffen suchte. Die Kosten dieser Friedenssicherung werden von den kommenden Generationen getragen. Aus dem Abbau, der Lagerung und der Beseitigung dieser Potentiale wird in den nächsten Jahrzehnten wohl eine Herausforderung erwachsen, die der »Zähmung« dieser Waffen in nichts nachsteht.

Zum Sinn der nuklearen Sicherheit – am Ende

»Für mich ist die Atomwaffe die nutzloseste Waffe, die je erfunden wurde. Man kann sie zu keinem vernünftigen Zweck verwenden [...]. Sie ist nichts als ein Ding, mit dem man in einem Moment der Wut oder der Panik so entsetzliche Vernichtungsschläge führen kann, wie sie kein Mensch, der bei Sinnen ist, je auf dem Gewissen haben möchte.«[25] George F. Kennan, von dem diese Worte stammen, zählte zu den aktiven Politikern aus der Zeit des beginnenden Kalten Krieges. Seine politische Analyse über die Sowjetunion trug dazu bei, den Kurs in Washington nach 1945 auf Konfrontation auszurichten. Der Diplomat bezweifelte den Sinn eines auf dieser Art militärischer Sicherheit aufgebauten Friedens.

Aber sogar die nach dem Ende des Kalten Krieges revidierten und seit Mitte der neunziger Jahre gültigen Verteidigungskonzepte gehen – zur Abschreckung – von dem tausendfachen Einsatz der Atomwaffen aus. Der erreichte Stand der nuklearen Abrüstung kann keine Beruhigung gewähren, denn die für das Jahr 2003 von den Präsidenten George Bush und Bill Clinton sowie Michail Gorbatschow und Boris Jelzin angestrebte und vereinbarte Abrüstung wird noch immer ein Arsenal an Atomwaffen belassen, das über den Kapazitäten Ende der fünfziger Jahre liegt. Welchen Zweck können Tausende von Atomwaffen für die strategische Verteidigung haben, wenn ein »realistischer« Einsatz uferlose Vernichtung über die Menschheit bringt? Immer noch prägen die extremen, wenn auch angepaßten Einsatzdoktrinen einer totalen Vernichtung im Krieg den Umgang mit den Atomwaffen. Elemente eines »worst case«-Denkens werden von der sicherheitspolitischen Klasse stillschweigend bewahrt, wie die NATO-Kommuniqués, die Rüstungsplanungen Englands und Frankreichs sowie die Budgetvorlagen im amerikanischen Kongreß und der russischen Duma auch am Ende des 20. Jahrhunderts noch dokumentieren. Ganz diesem Denken des politischen Realismus und der Macht scheint die Aussage des früheren Generalsekretärs der UNO, Boutros Boutros-Ghali, verhaftet zu sein, der im August 1995 zum 50. Jahrestag des Bombenabwurfs auf Hiroshima in New York erklärte: »Der Horror von Hiroshima hat unsere Welt sicherer gemacht.«

Der anvisierte Abbau der nuklearen Arsenale entspricht nicht einem neuen Denken in den Kategorien der Vernunft für eine ausreichende oder angemessene militärische Sicherheit. Alternativen lägen aber vor. Solche gradualistischen Modelle des Gleichgewichts der Abschreckung gehen von einer hinlänglichen Vorsorge aus. Dabei wird wegen der Kontamination der Erde und der Bedrohung aller Lebensbedingungen grundsätzlich keine Angriffsfähigkeit mit Atomwaffen angestrebt. Atomwaffen bleiben als nicht einsetzbar klassifiziert, genauso geächtet wie die biologischen und chemischen Waffen. Demnach würde für eine Rückversicherung im Fall einer erneuten Konfrontation zwischen Atommächten und im Fall einer atomaren Erpressung durch politische »Abenteurer« oder Terroristen ein Bestand an Atomwaffen von hundert bis dreihundert als ausreichend gelten.

Zweifel an der Fähigkeit und am Sinn des Einsatzes von Atomwaffen für die Verteidigung hatten militärische Experten übrigens von Anfang an gehegt. Sie äußerten dies bereits vor dem Abwurf der ersten Atombombe im Sommer 1945; sie haben es nach den Tests von Atombomben 1996 erneut getan. Der Chef des strategischen Luftwaffenkommandos der USA bis Anfang der neunziger Jahre, General Lee Butler, trat am 4. Dezember 1996 mit der Forderung[26] nach vollständiger und schnellstmöglicher Abschaffung aller Nuklearwaffen an die Öffentlichkeit.

Aus der fachlichen Kenntnis der Details der Atomwaffen und ihrer Einsatzdoktrinen warnte Lee Butler vor einer Verharmlosung von »Aufbau und Erhaltung nuklearer Arsenale« auf Dauer. »Kernwaffen sind in sich gefährlich, extrem teuer und militärisch ineffizient«, lautete seine lapidare Erkenntnis. Enttäuscht zeigte sich der General, daß ein Jahrzehnt nach dem Ende der Konfrontation die Sicherheitspolitik der USA die alten Prinzipien der Abschreckung »an erster Stelle« und »unangefochten« konserviere, obwohl der sowjetische Machtapparat zusammengebrochen und auf absehbare Zeit nicht regenerationsfähig sei.

Warum halte die US-Administration für ihre nationale Sicherheit an dem Schema der Konfrontation fest und warum definiere sie noch jetzt ein System der Bedrohung, das ein halbes Jahrhundert lang aufgrund einer »Betäubung durch panische Angst« die »Vernunft ausschaltete, den nuklearen Krieg denkbar und überquellende Waffenarsenale möglich machte«? Lee Butler gelangte nach seiner Analyse zu dem Urteil, die USA sei eine Macht »im Wettrüsten mit sich selbst«. Die Atomwaffen symbolisierten Ziel und Zweck einer Politik der Ohnmacht der Macht, eingebettet in »das immer verschlungenere Netz aus Politik und Strategie bei sich vervielfachenden Waffen- und Trägersystemen, [dazu] die atemberaubenden Kosten, der erbarmungslose Druck fortgeschrittener Technologien, die grotesk zerstörerischen Kriegspläne, die täglichen Betriebsrisiken und die ständige Aussicht auf eine Krise, die das Schicksal ganzer Gesellschaften aufs Spiel setzt«.

Diese militärische Expertise, die zu einer Umkehr aus den fatalen Rüstungsverschlingungen auffordert, reiht sich in eine ganze Flut angelsächsischer alternativer Konzepte für die militärische nukleare Sicherheit. Robert McNamara, Verteidigungsminister der sechziger Jahre, hat ein Plädoyer für ein kollektives System der Sicherheit ohne Nuklearwaffen vorgelegt.[27] General Andrew J. Goodpaster, der ehemalige Oberkommandierende der NATO-Streitkräfte, forderte im August 1993 eine nukleare Abrüstung auf »nicht mehr als jeweils 200 Atomwaffen« mit dem Ziel einer »vollständigen Null-Lösung«. Mit dieser Auffassung stand er nicht allein. Auch Admiral Noel Gaylor, der ehemalige Oberkommandierende im Pazifik, erkannte 1987: »Für unsere Kernwaffen gibt es keinerlei denkbare militärische Einsatzmöglichkeit.« Eine möglichst atomwaffenfreie Welt, die in einem schrittweisen Prozeß verwirklicht werden könnte, erfordere allerdings ein Umdenken und verlange das Wagnis, aus den Denkschemata vieler Jahrzehnte auszubrechen. Es biete sich die Chance zu einem Frieden ohne nukleare Bedrohung.

Neben diesem Votum der militärischen Fachleute kamen Mitte der neunziger Jahre zwei Anstöße, die alten Verkrustungen zu überwinden, aus dem politischen Lager. Realistisch ist die Idee, die Erfahrungen aus Politik, Militär, Diplomatie und Wissenschaft in einer Kommission zusammenzufassen, die die Vision einer nuklearwaffenfreien Welt praxis- und handlungsrelevant umsetzen soll. Dieses Ziel steht hinter der Initiative Australiens vom Herbst 1995, als es die unabhängige internationale »Canberra-Kommission« von siebzehn Mitgliedern einberief. Sie soll ein konkretes Modell der völligen Eliminierung der Atomwaffen mit verläßlichen Verifikations- und Kontrollmechanismen entwickeln. Es erscheint durchaus möglich, daß die zu erwartenden Berichte an die UNO und die Genfer Abrüstungskonferenz Bewegung in die festgefahrene Atomdebatte bringen können.

Der zweite Anstoß kommt vom Internationalen Gerichtshof in Den Haag. Dort wurde die Frage der Weltgesundheitsorganisation vom 14. Mai 1993 – »Wäre der Einsatz von Atomwaffen durch einen Staat in einem Krieg oder in einem anderen bewaffneten Konflikt im Hinblick auf die Auswirkungen auf Gesundheit und Umwelt ein Verstoß gegen die völkerrechtliche Verpflichtung dieses Staates einschließlich der Satzung der WHO?« – in dem als Rechtsgutachten angeforderten Urteil am 8. Juni 1996 nämlich klar beschieden. Trotz des nachdrücklichen Widerstandes der Atommächte, an deren Seite auch die Bundesregierung[28] trat, hat das Gericht den Spruch gegen den Gebrauch von Atomwaffen verkündet.

Zwei Kernsätze sind zukunftsweisend: »Das Gericht erkennt, daß die Umwelt täglich bedroht ist und daß der Einsatz von Atomwaffen eine Umweltkatastrophe bedeuten könnte. Das Gericht erkennt zudem, daß die Umwelt keine Abstraktion ist, sondern für den Lebensraum, die Lebensqualität und besonders die Gesundheit der Menschen, einschließlich ungeborener Generationen, steht.« Hinsichtlich eines militärischen Einsatzes von Atomwaffen wurde lediglich die Entscheidung für den einen Fall offengelassen, »ob die Androhung oder der Einsatz von Atomwaffen in einem extremen Fall der Selbstverteidigung, bei dem das Überleben aufs äußerste gefährdet wäre, legal oder illegal sei«.

Aufgrund der Bewertung der Zerstörungskräfte von Hitze, Energie und Strahlung der Atomwaffen gelangte der Gerichtshof zu einer weiteren grundlegenden Feststellung: »Diese Charakteristika machen die Atomwaffe potentiell katastrophal. Die Zerstörungskraft von Atomwaffen kann weder im Raum noch in der Zeit begrenzt werden. Sie haben das Potential, jegliche Zivilisation und das vollständige Ökosystem des Planeten zu zerstören.«

Die gutachterliche Äußerung des höchsten internationalen Gerichts in Den Haag wird nicht ohne Folge auf die moralische, politische und rechtliche Verpflichtung der Staaten bleiben. Denn der Einsatz der Atombomben über Hiroshima und Nagasaki fiele nicht unter die Kategorie des extremen Falles der Selbstverteidigung. In der Fortführung dieser Rechtsauslegung würden die Atombombenabwürfe als völkerrechtswidrige Akte gelten. Das bedeutet einen normativen Wendepunkt für die Politik. Vielleicht liegt im Beginn der juristischen Abklärung der Keim eines politisch-ethischen Neuanfangs auf diesem Felde – für »Wege aus der Gefahr«.

Die »Liturgie des Kalten Krieges« (John Kenneth Galbraith) hatte in der wechselseitigen Drohrhetorik und Bedrohungsrealität jede Verhältnismäßigkeit der Mittel aufgehoben. Der Alltag war emotional polarisiert, die Welt des Soldaten rational verfremdet: die Abschreckung per Knopfdruck, der Tod in der Ferne. Den Menschen der anderen Seite wurde oftmals alles Menschliche abgesprochen und die »teuflischsten und unmenschlichsten Absichten«[29] in »fantastischer« Grenzenlosigkeit unterstellt. »Glaubwürdig« wurden die Ängste vor dem »absoluten Feind«[30] durch absolute Vernichtungsmittel erdrückt. Die subtile Verinnerlichung der Zerstörungspotentiale, die Drohung mit dem nuklearen Genozid mögen auf Traumata und Moral einer Gesellschaft verweisen, die ihre Mitte verloren hat.

Die monströsen Kräfte, die die technisch-wissenschaftliche Revolution in der Atombombe für die Macht – für Politik und Militär – verfügbar gemacht hat, sind weiterhin in dieser Welt, und sie bleiben stark genug, um unsere natürliche Umwelt und unsere Lebensbedingungen umfassend zu zerstören. Die atomaren Vernichtungsmittel schufen eine tönerne Sicherheit, einen teuer erkauften Frieden. Am Ende des 20. Jahrhunderts, dessen zweite Hälfte wesentlich von der bedrohenden Existenz der Atombombe bestimmt wurde, gilt das Wort von Andreij Sacharow und Albert Einstein mehr denn je: »Die Entfesselung des Atoms hat alles verändert, mit Ausnahme des menschlichen Denkens.«

Anmerkungen

Hiroshima, 6. August 1945

1 John Hersey, Hiroshima – 6. August 1945–8 Uhr 15. Frankfurt a. M. 1989, S. 34.

2 Hida, Shuntar, Der Tag, an dem Hiroshima verschwand. Erinnerungen eines japanischen Militärarztes. Bremen 1989, S. 74 f., 86 f.

3 Interview mit Yoshito Matsuhige, der die einzigen Fotos nach dem Bombenabwurf machte, in: Unsere Bombe. Fotos und Texte von Robert Del Tredici. Frankfurt a. M. 1988, S. 193 f.

4 Hersey, Hiroshima, S. 88 f., 91, 97 f.

5 Zitat aus: Komitee zur Dokumentation der Schäden der Atombombenabwürfe von Hiroshima und Nagasaki (Hg.), Leben nach der Atombombe. Hiroshima und Nagasaki 1945–1985. Frankfurt a. M. 1988, S. 43 ff.

6 Hersey, Hiroshima, S. 28, 139.

7 Richard Rhodes, Die Atombombe oder die Geschichte des 8. Schöpfungstages. Nördlingen 1988; vgl. auch Günther Anders, Hiroshima ist überall. München 1982.

8 Kritik und Zweifel dieses Offiziers in Robert Jungk, Offlimits für das Gewissen. Der Briefwechsel zwischen dem Hiroshima-Piloten Claude Eatherly und Günther Anders. Reinbek 1961.

9 Interview mit dem Bomberpiloten Paul Tibbets in: Unsere Bombe, S. 164 f.

10 Zitat aus: Komitee zur Dokumentation: Leben, S. 68 ff.

11 Shuichi Kato, Hiroshima, 6. August 1945, 8.15 Uhr. In: Die Zeit, Nr. 32, 1995.

12 Vgl. Gerd Greune u. K. Mannhardt, Hiroshima und Nagasaki. Köln 1982.

13 Vgl. Otfried Messerschmidt, Auswirkungen atomarer Detonationen auf den Menschen. Ärztlicher Bericht über Hiroshima, Nagasaki und den Bikini-Fall-out. München 1960; Hubertus Hoffmann, Atomkrieg – Atomfrieden. München 1980; Till Bastian, Wir warnen vor dem Atomkrieg. Eine Dokumentation. Neckarsulm 1986; die Beiträge über die Langzeitfolgen von T. Ohkita in Philippe Blanchard, Reinhart Koselleck u. Ludwig Streit, Taktische Kernwaffen. Die fragmentierte Abschreckung. Frankfurt a.M. 1987, S. 185 ff.

Kapitel 1

1 Das historische Dokument in Klaus Verfuß u. H. Wunderer (Hg.), Hiroshima. Geschichte und Aktualität der atomaren Bedrohung. Wiesbaden 1995, S. 13.

2 Brief vom 2. Sept. 1938 in: Albert Einstein – Max Born. Briefwechsel 1916–1955. München 1991, S. 183.

3 Vgl. den Überblick von Bernd W. Kubbig, Hiroshima, Nagasaki und die Rolle der Naturwissenschaften. Der gegenwärtige Forschungsstand im Spiegel neuerer Literatur. In: Wissenschaft und Frieden 12/2 (1995), S. 12 ff.

4 Hier und im folgenden vgl. Erich R. Bagge, Keine Atombombe für Hitler. In: Michael Salewski (Hg.), Das Zeitalter der Atombombe. Die Geschichte der atomaren Bedrohung von Hiroshima bis heute. München 1995, S. 27 ff.

5 Zitat bei Mark Walker, Das Uran-Projekt. Handlung, Intention und die deutsche Atombombe. In: Ulrich Albrecht u. a. (Hg.), Der Griff nach dem atomaren Feuer. Frankfurt a. M. 1996, S. 54.

6 Vgl. Werner Heisenberg, Der Teil und das Ganze. München 1969.

7 Vgl. Claus Biegert (Hg.), Der Montag, der die Welt veränderte. Lesebuch zum Atomzeitalter. Reinbek 1996.

8 Richard Garbe (Hg.), Die Bhagavadgita. Darmstadt 1978, S. 133 (XI, 32). Dieser Satz wurde von vielen in einer Art säkularisierter Interpretation begriffen, so auch von den Naturwissenschaftlern am 16. Juli 1945. Die andere Dimension dieses Textes wird in der Übersetzung von Sri Aurobindo deutlich: »Ich bin der Zeit-Geist, der Vernichter der Welt« [...].

9 Vgl. Bernd Greiner, 200 Tage ... In: Hamburger Institut für Sozialforschung (Hg.), 200 Tage und 1 Jahrhundert. Gewalt und Destruktivität im Spiegel des Jahres 1945. Hamburg 1995, S. 9 ff.

10 Gerhard L. Weinberg, Eine Welt in Waffen. Die globale Geschichte des Zweiten Weltkriegs. Stuttgart 1995, S. 923.

11 Vgl. Gar Alperowitz, Hiroshima. Die Entscheidung über den Abwurf der Bombe. Hamburg 1995; Robert J. Lifton u. Greg Mitchell, Hiroshima in America. Fifty Years of Denial. New York 1995.

12 Wieland Wagner, Das nukleare Inferno. Hiroshima und Nagasaki. In: Michael Salewski (Hg.), Das Zeitalter der Bombe. München 1995, S. 89.

13 Victor Weisskopf, Mein Leben. Ein Physiker, Zeitzeuge und Humanist erinnert sich an unser Jahrhundert. Bern, München 1991, S. 158.

14 Vgl. Edward Teller, Waren die Atombombenabwürfe ein Fehler? In: Wissenschaft und Frieden 12/2 (1995), S. 24; vgl. auch das Interview mit Teller, S. 26 f sowie den Beitrag von Bernd W. Kubbig, S. 28 ff.

15 Zitiert in Manfred Messerschmidt, Strategischer Luftkrieg und Völkerrecht. In: Horst Boog (Hg.), Luftkriegführung im Zweiten Weltkrieg. Ein internationaler Vergleich. Herford, Bonn 1993, S. 351.

16 Franz Halder, Kriegstagebuch. Tägliche Aufzeichnungen des Chefs des Generalstabes des Heeres 1939–1943 Bd. 2, Stuttgart 1963, S. 213, vgl. 99 ff.

17 H. G. Wells, Die Geschichte unserer Welt. Berlin 1932, S. 363; in mehreren Romanen ging Wells auf den Einsatz der Atombombe ein, z. B. in ›Befreite Welt‹, 1933; vgl. Bernd Hüppauf (Hg.), Ansichten vom Krieg. Königstein 1984, S. 55 ff.

18 Vgl. John Keegan, Die Kultur des Krieges. Berlin 1995.

19 Hans J. Morgenthau, Macht und Frieden. Grundlegung einer Theorie der internationalen Politik. Gütersloh 1963; diese Schule gewann auch in Deutschland früh Bedeutung, vgl. Hans Wolfgang Kuhn, Internationale Politik und Sicherheit. In: Möglichkeiten der Friedenssicherung heute. Stuttgart 1967, S. 11 ff.

Kapitel 2

1 Zitiert in Wolfgang Lautemann, Manfred Schlenke (Hg.), Weltkriege und Revolutionen 1914–1945. Geschichte in Quellen. München 1979, S. 491.

2 Gregor Schöllgen, Geschichte der Weltpolitik von Hitler bis Gorbatschow. 1941–1991. Darmstadt 1996, S. 18.

3 Vgl. Werner Link, Der Ost-West-Konflikt. Die Organisation der internationalen Beziehungen im 20. Jahrhundert. 2. Aufl. Stuttgart 1988, S. 85 f.

4 Andreas Hillgruber, Deutsche Geschichte 1945–1972. Die »deutsche Frage« in der Weltpolitik. Frankfurt a. M. 1974, S. 12.

5 Hannah Arendt, Macht und Gewalt. München 1984, S. 7.

6 Alexander Fischer (Hg.), Teheran-Jalta-Potsdam. Die sowjetischen Protokolle von den Kriegskonferenzen der »Großen Drei«. 3. Aufl. Köln 1985, S. 191; vgl. Jost Dülffer: Jalta, 4. Februar 1945. Der Zweite Weltkrieg und die Entstehung der bipolaren Welt. München 1998.

7 J. F. C. Fuller, Die entartete Kunst, Krieg zu führen. 1789–1961. Hamburg 1964, S. 118.

8 Vgl. Burkhard Schöbener, »Unconditional Surrender« – Entwicklung, Inhalt und Konsequenzen der sog. Casablanca-Formel. In: Der Staat 34 (1995), S. 163 ff.; Hans-Peter Schwarz, Vom Reich zur Bundesrepublik. Deutschland im Widerstreit der außenpolitischen Konzeptionen in den Jahren der Besatzungsherrschaft 1945–1949. 2. Aufl. Stuttgart 1980, S. 39 ff.

9 Vgl. Axel Frohn, Neutralisierung als Alternative zur Westintegration. Die Deutschlandpolitik der Vereinigten Staaten von Amerika 1945–1949. Frankfurt a. M. 1985.

10 Vgl. die Hinweise darüber aus amerikanischen Analysen des Kriegsministeriums oder des Bomberkommandos bei Gar Alperovitz, Hiroshima. Warum die Bombe zum Einsatz kam. In: Blätter für deutsche und internationale Politik. 40/7 (1995), S. 820 ff.

11 Diesen Begriff verwendet Michael Stürmer, Nukleare Abschreckung und politische Kultur. Die europäische Erfahrung. In: Uwe Nerlich u. Trutz

Rendtorff (Hg.), Nukleare Abschreckung. Politische und ethische Interpretationen einer neuen Realität. Baden-Baden 1989, S. 181 ff.

12 Vgl. Herman van der Wee, Der gebremste Wohlstand. Wiederaufbau, Wachstum und Strukturwandel der Weltwirtschaft seit 1945. München 1984.

13 Vgl. Bernhard Moltmann (Hg.), Militarismus und Rüstung. Beiträge zur ökonomischen Diskussion. Heidelberg 1981, S. 101 ff.

14 Ergänzend zur Entwicklung der Forschung in Kapitel I vgl. Helmut Rechenberg, Farm-Hall-Berichte. Die abgehörten Gespräche der 1945/46 in England internierten deutschen Atomwissenschaftler. Stuttgart 1994; dazu Carl Friedrich von Weizsäcker, »Hiroshima war ein tiefer Schock«. In: Wissenschaft und Frieden 12/2 (1995), S. 57 ff.

15 Vgl. Ulrich Albrecht, Andreas Heinemann-Grüder u. Arend Wellmann (Hg.), Die Spezialisten. Deutsche Naturwissenschaftler und Techniker in der Sowjetunion. Berlin 1992.

16 Manfred von Ardenne, Sechzig Jahre für Forschung und Fortschritt. Autobiographie. Berlin 1987, S. 196; vgl. Nikolaus Riehl, Zehn Jahre im goldenen Käfig. Stuttgart 1988.

17 Vgl. I. N. Golowin u. I.W. Kurtschatow u. a., Wegbereiter der sowjetischen Atomforschung. Leipzig 1976.

18 Andreas Heinemann-Grüder, Deutsche Mitarbeit im Atomprojekt. In: Ulrich Albrecht u. a. (Hg.), Die Spezialisten. Deutsche Naturwissenschaftler und Techniker in der Sowjetunion. Berlin 1992, S. 79.

19 Vgl. Richard Rhodes, Dark Sun. The Making of the Hydrogen Bomb. New York 1995.

20 Igor N. Golowin, »Beeilt Euch, Genossen!« Stalins Atombombenprogramm. In: Wissenschaft und Frieden 12/2 (1995), S. 52; vgl. Pawel Sudoplatow, Der Handlanger der Macht. Hamburg 1994.

21 Vgl. Andrej Sacharow, Mein Leben. München 1990.

22 Vgl. David Holloway, Stalin and the Bomb. The Soviet Union and Atomic Energy. New Haven, London 1994, S. 218.

23 Vgl. Gérard Bossuat, L'Europe occidentale à l'heure américaine (plan Marshall et unité européenne). Bruxelles 1992.

24 Fritz Kramer, Bikini oder die Bombardierung der Engel. Auch eine Ethnographie. Frankfurt a. M. 1983.

25 Vgl. die Unterlagen bei Robert del Tredici, Unsere Bombe. Frankfurt a. M. 1988, S. 179 ff.

26 Zitiert bei Bernd Greiner, »Mit deutscher Unterstützung gegen ein feindliches Rußland?« Zum Kurswechsel des britischen Militärs im Sommer 1944. In: 1999, 2 (1987), S. 89.

27 George F. Kennan, Memoiren eines Diplomaten. Bd. 1. Stuttgart 1968, S. 553 ff.

28 Lautemann u. Schlenke (Hg.), Weltkriege, S. 574.

29 Gerhard L. Weinberg, Eine Welt in Waffen. Die globale Geschichte des Zweiten Weltkrieges. Stuttgart 1995.

30 Hans-Peter Schwarz, Die Zentralmacht Europas. Deutschlands Rückkehr auf die Weltbühne. Berlin 1994, S. 27.

31 Churchill am 28. Nov. 1943. In: Fischer (Hg.), Teheran, S. 22.

32 Vgl. die beiden Seiten bei Valentin Falin, Zweite Front. Die Interessenkonflikte in der Anti-Hitler-Koalition. München 1995, und Winston S. Churchill, Der Zweite Weltkrieg. Bd. VI, 2: Der Eiserne Vorhang. Bern 1954.

33 John Gimbel, Amerikanische Besatzungspolitik in Deutschland 1945–1949. Frankfurt a. M. 1971, S. 16.

34 Vgl. Link, Ost-West-Konflikt, S. 94.

35 Vgl. Frohn, Neutralisierung, S. 44.

36 Vgl. Arnold Sywottek (Hg.), Der Kalte Krieg – Vorspiel zum Frieden? Münster 1994, S. 5 ff.

37 Helmut Erlinghagen, Selbstmord und Lebenssinn im Atomzeitalter. Bodenheim 1994, S. 213.

38 Hannah Arendt, Zur Zeit. Politische Essays. Berlin 1986, S. 51 (Aufsatz von 1950).

39 Arthur-F. Utz u. Joseph-F. Groner (Hg.), Aufbau und Entfaltung des gesellschaftlichen Lebens. Soziale Summe Pius XII. 3 Bde., 1954 ff., Nr. 3653, 3660, 3495.

40 Herbert Marcuse, Aggressivität in der Industriegesellschaft. In: E. Krippendorff (Hg.), Friedensforschung. Köln 1974, S. 141.

41 Vgl. Thea Bauriedl, Wege aus der Gewalt. Analyse von Beziehungen. Freiburg 1992; Rainer Steinweg u. Christian Wallmann (Hg.), Die vergessene Dimension internationaler Konflikte, Subjektivität. Frankfurt a. M. 1990.

42 Joseph Rotblat, Das vielschichtige soziale Gewissen der Wissenschaftler. In: Ulrich Albrecht u. a. (Hg.), Der Griff nach dem atomaren Feuer. Frankfurt a. M. 1996, S. 161 f.

Kapitel 3

1 Dokument in Wolfgang Lautemann u. Manfred Schlenke (Hg.), Die Welt seit 1945. Geschichte in Quellen. München 1980, S. 576 f.

2 Wolfram F. Hanrieder, Deutschland, Europa, Amerika. Die Außenpolitik der Bundesrepublik Deutschland 1949–1994. 2. Aufl. Paderborn 1995.

3 Vgl. Gerd Hardach, Der Marshallplan. Auslandshilfe und Wiederaufbau in Westdeutschland 1948–1952. München 1994, S. 43.

4 »Cold War« war im April 1947 im Beraterkreis des Politikers Bernard Baruch verwendet worden, wurde bekannt durch eine Publikation von Walter Lippmann.

5 Werner Link, Der Ost-West-Konflikt. Die Organisation der internationalen Beziehungen im 20. Jahrhundert. 2. Aufl. Stuttgart 1988, S. 112.

6 Vgl. das Dokument vom 22. Sept. 1947 bei Lautemann u. Schlenke (Hg.), Die Welt, S. 156 f.

7 Vgl. die Details bei Desmond Ball, Targeting for Strategic Deterrence. London 1983, S. 3 ff.

8 Vgl. Stanley Hoffmann, Gulliver's Troubles or the Setting of American Foreign Policy. New York 1988, S. 54 ff.; Klaus-Dieter Schwarz (Hg.), Sicherheitspolitik. 3. Aufl. Bad Honnef 1978, S. 25 ff.

9 Dokument bei Bernd Greiner, Atomtests und Amerikanische Militärstrategie. Ein Dokument aus dem Jahr 1947. In: 1999, 1 (1986) S. 120.

10 Zitate aus David T. Fautua, The »Long Pull« Army. NSC 68, the Korean War, and the Creation of the Cold War U.S. Army. In: The Journal of Military History, 61/1 (1997), S. 93 ff.

11 Vgl. Wilfried Loth, Die Teilung der Welt. Geschichte des Kalten Krieges 1941–1955. München 1982; Ludolf Herbst, Werner Bührer u. Hanno Sowade (Hg.), Vom Marshallplan zur EWG. Die Eingliederung der Bundesrepublik Deutschland in die westliche Welt. München 1990.

12 Vgl. Hardach, Marshallplan, S. 185 ff.; Manfred Knapp (Hg.), Die deutsch-amerikanischen Beziehungen nach 1945. Frankfurt a. M. 1975.

13 Vgl. Ludolf Herbst, Option für den Westen. Vom Marshallplan bis zum deutsch-französischen Vertrag. München 1989.

14 Rolf Steininger, Deutsche Geschichte 1945–1961. Darstellung und Dokumente in zwei Bänden. Bd. 2. Frankfurt a. M. 1983, S. 3 f.

15 Dokument bei Bernd Bonwetsch u. Peter M. Kuhfuß, Neue Quellen zum Eintritt Chinas in den Koreakrieg (Juni–Oktober 1950). In: Vierteljahrshefte für Zeitgeschichte 34 (1986) S. 274; vgl. Gottfried-Karl Kindermann, Der Aufstieg Koreas in der Weltpolitik. München 1994.

16 Vgl. Jens Hacker, Der Ostblock. Baden-Baden 1983.

17 Vgl. Andreas Fürst, Der U.S. Kongreß und die amerikanische NATO-Politik. Eine Untersuchung zur Policy-Formierung von Außen- und Sicherheitspolitik. Sinzheim 1996, S. 89 ff.; Militärgeschichtliches Forschungsamt (Hg.), Anfänge westdeutscher Sicherheitspolitik 1945–1956. München 1982, S. 150 ff.

18 Vgl. Hubertus Hoffmann, Die Atompartner. Washington-Bonn und die Modernisierung der taktischen Kernwaffen. Koblenz 1986, S. 39 ff.

19 Vgl. Robert A. Wampler, NATO Strategic Planning and Nuclear Weapons 1950–1957. Maryland 1990, S. 10 f.

20 Vgl. Waldemar Besson, Die Außenpolitik der Bundesrepublik. Erfahrungen und Maßstäbe. München 1970, S. 238 ff.; Ingo von Münch (Hg.), Dokumente des geteilten Deutschland. Stuttgart 1968.

21 Vgl. Karlheinz Höfner, Die Aufrüstung Westdeutschlands. Willensbil-

dung, Entscheidungsprozesse und Spielräume westdeutscher Politik. München 1990; Alfons Söllner (Hg.), Zur Archäologie der Demokratie in Deutschland. Bd. 2: Analysen von politischen Emigranten im amerikanischen Außenministerium 1946–1949. Frankfurt a. M. 1986, S. 290 ff.

22 Vgl. Detlef Bald, Militär und Gesellschaft 1945–1990. Die Bundeswehr der Bonner Republik. Baden-Baden 1994, S. 19 ff.; Norbert Wiggershaus, Roland G. Foerster (Hg.), Die westliche Sicherheitsgemeinschaft 1948–1950. Boppard 1988.

23 Vgl. Klaus von Schubert, Sicherheitspolitik der Bundesrepublik Deutschland. Dokumentation 1945–1977, 2 Teile. Bonn 1977.

24 Vgl. Hans-Jürgen Rautenberg u. Norbert Wiggershaus, Die ›Himmeroder Denkschrift‹ vom Oktober 1950. Politische und militärische Überlegungen. Karlsruhe 1977.

25 Vgl. Theodor Geiger, Grundgesetz und Völkerrecht. München 1985; Bald, Militär und Gesellschaft, S. 133 ff.

26 Vgl. Arnulf Baring, Außenpolitik in Adenauers Kanzlerdemokratie. Bonns Beitrag zur Europäischen Verteidigungsgemeinschaft. München 1969.

27 Vgl. Rolf Steininger, Eine vertane Chance. Die Stalin-Note vom 10. März 1952 und die Wiedervereinigung. Bonn 1986.

28 Glenn H. Snyder, The Balance of Power and the Balance of Terror. In: Dean G. Pruitt u. Richard C. Snyder (Hg.), Theory and Research on the Causes of War. Englewood Cliffs 1969, S. 114 ff.

29 Zitat bei Jost Dülffer, Die Suez- und Ungarn-Krise. In: Salewski (Hg.), Das Zeitalter, S. 110.

30 Vgl. Michael Eckert, Die Anfänge der Atompolitik in der Bundesrepublik Deutschland. In: Vierteljahrshefte für Zeitgeschichte 37 (1989), S. 115 ff.; Matthias Glaser, Das Militärische Sicherheitsamt der Westalliierten. Bonn 1992; Hanns Jürgen Küsters, Souveränität und ABC-Waffenverzicht. In: Vierteljahrshefte für Zeitgeschichte 42 (1994), S. 499 ff.

31 Helga Haftendorn u. Henning Riecke (Hg.), »... die volle Macht eines souveränen Staates ...« Die alliierten Vorbehaltsrechte als Rahmenbedingung westdeutscher Außenpolitik 1949–1990. Baden-Baden 1996, S. 205.

32 Zitat in Bald, Atombewaffnung, S. 73.

33 Konrad Adenauer, Wir haben wirklich etwas geschaffen. Die Protokolle des CDU-Bundesvorstandes 1953–1957. Düsseldorf 1990, S. 1029 (20. Sept. 1956); vgl. die Protokolle von 1954 über Souveränität und Atomwaffen.

34 Günther Anders, Die atomare Drohung. Radikale Überlegungen. München 1981, S. 11 (Aufsatz von 1958).

35 Vgl. Richard Meyer von Achenbach, Gedanken über eine konstruktive deutsche Ostpolitik. Eine unterdrückte Denkschrift aus dem Jahr 1953. Hg. v. Julius H. Schoeps. Frankfurt a. M. 1986.

36 Vgl. die Dokumente von Schwerin von 1954 bei Detlef Bald (Hg.), Miliz als Vorbild? Baden-Baden 1987, S. 71 ff.; Heinz Brill, Bogislaw von Bonin. Im Spannungsfeld zwischen Wiederbewaffnung, Westintegration, Wiedervereinigung. Baden-Baden 1988.

37 Thomas Petter, Abschreckung und Überleben im Atomzeitalter. Präsident Eisenhowers Sicherheitspolitik des »New Look«. Grüsch (Schweiz) 1990, S. 204.

38 Vgl. Gablik, Strategische Planungen, S. 106 ff.; Bald, Atombewaffnung, S. 43 ff.

39 Olaf Theiler, Die Rezeption der NATO-Nuklearstrategie durch die Bundeswehr 1954 bis 1956. In: Militärgeschichtliche Mitteilungen 54 (1995), S. 451 ff.

40 Ulrich de Maizière, In der Pflicht. Lebensbericht eines deutschen Soldaten im 20. Jahrhundert. 2. Aufl. Herford 1989, S. 229.

41 Franz Josef Strauß, Die Erinnerungen. Berlin 1990, S. 412.

42 Vgl. Ulrike C. Wasmuht, Friedensbewegungen der 80er Jahre. Zur Analyse ihrer strukturellen und aktuellen Entstehungsbedingungen in der Bundesrepublik und den Vereinigten Staaten von Amerika nach 1945. Ein Vergleich. Gießen 1987.

43 Vgl. Hans-Adolf Jacobsen, Zur Rolle der öffentlichen Meinung bei der Debatte um die Wiederbewaffnung 1950–1955. In: Aspekte der Wiederbewaffnung bis 1955. Boppard 1975.

44 Vgl. Karl A. Otto, Der Widerstand gegen die Wiederbewaffnung der Bundesrepublik, Motivstruktur und politisch-organisatorische Ansätze. In: Reiner Steinweg (Hg.), Unsere Bundeswehr? Frankfurt a. M. 1981, S. 52 ff.; Jost Dülffer (Hg.), Parlamentarische und öffentliche Kontrolle von Rüstung in Deutschland 1799–1970. Düsseldorf 1992, S. 203 ff.

45 Zitat bei Bald, Atombewaffnung, S. 110.

46 Adenauer, Wir haben wirklich etwas geschaffen. Protokolle, S. 1089.

47 Einstein u. Born, Briefwechsel, S. 315; aus einem Brief von 1944. Das Manifest in Joseph Rotblat (Hg.), Scientists, the Arms Race and Disarmament. London, Paris 1982, S. 301 ff.

48 Albert Schweitzer, Friede oder Atomkrieg. Vier Schriften. 3. Aufl. München 1986, S. 21.

49 Zitat in Christian Walther (Hg.), Atomwaffen und Ethik. Der deutsche Protestantismus und die atomare Aufrüstung 1954–1961. Dokumente und Kommentare. München 1981, S. 21 ff.

50 Vgl. Vannevar Bush, Science, The Endless Frontier. A Report to the President. Washington 1945.

51 Vgl. die Reden aus den vierziger Jahren von J. Robert Oppenheimer, Atomkraft und menschliche Freiheit. Hamburg 1957.

52 Vgl. das epochale Werk von Karl Jaspers, Die Atombombe und die Zu-

kunft des Menschen. München 1961; Carl Friedrich von Weizsäcker, Die Verantwortung der Wissenschaft im Atomzeitalter. Göttingen 1957.

53 Vgl. Günter Altner, Die Überlebenskrise in der Gegenwart. Ansätze zum Dialog mit der Natur in Naturwissenschaft und Theologie. Darmstadt 1987, S. 41; zur Gültigkeit der Heidelberger Thesen Detlef Bald (Hg.), Europäische Friedenspolitik. Ethische Aufgaben. Baden-Baden 1990, S. 103 ff.

54 Vgl. Albert Krölls, Kriegsdienstverweigerung 1949–1978. Zur Geschichte einer Reform. In: Reiner Steinweg (Hg.), Friedensanalysen, Bd. 9. Frankfurt a. M. 1979, S. 163 ff.

Kapitel 4

1 Zitat bei Arthur M. Schlesinger (Hg.), The Dynamics of World Power. A Documentary History of United States Foreign Policy 1945–1973. New York 1973. Bd. 2, S. 583.

2 NSC-5602, 8. Februar 1956. In: Ernst-Otto Czempiel u. Carl-Christoph Schweitzer, Weltpolitik der USA nach 1945. Einführung und Dokumente. Bonn 1987, S. 172 ff.

3 Vgl. Klaus Knorr (Hg.), N.A.T.O. and American Security. Princeton 1959; und die weiterführende Stufe des Modells bei Glenn H. Snyder, Deterrence and Defense. Princeton 1961.

4 Robert S.McNamara, Die Sicherheit des Westens. Bedrohung und Abwehr. München 1968, S. 131.

5 Heinrich Krone, Aufzeichnungen zur Deutschland- und Ostpolitik 1954–1969. In: Rudolf Morsey u. Konrad Repgen (Hg.), Adenauer-Studien III. Untersuchungen und Dokumente zur Ostpolitik und Biographie. Mainz 1974, S. 156.

6 Wilhelm G. Grewe, Rückblenden 1951–1976. Aufzeichnungen eines Augenzeugen. Deutsche Außenpolitik von Adenauer bis Schmidt. Frankfurt a. M. 1979, S. 458.

7 Vgl. Helga Haftendorn u. Henning Riecke (Hg.), »... die volle Macht eines souveränen Staates ...«, S. 37 ff.; vgl. ebenso Joachim Arenth, »Wenn der Westen einig und stark ist ...« Deutsch-amerikanische Interessenkongruenz und -konflikte während der Berlin-Krise. 1958–1961. In: Historische Mitteilungen 6 (1993), S. 27 ff., zum Kontext: Catherine McArdle Kelleher, Germany and the Politics of Nuclear Weapons. Columbia 1975.

8 Johannes Steinhoff u. Reiner Pommerin, Strategiewechsel. Bundesrepublik und Nuklearstrategie in der Ära Adenauer-Kennedy. Baden-Baden 1992, S. 86; Michael R. Beschloss: Powergame. Kennedy und Chruschtschow. Die Krisenjahre 1960–1963. Düsseldorf 1991.

9 Steinhoff u. Pommerin, Strategiewechsel, S. 91.

10 Willy Brandt, Erinnerungen. Frankfurt a. M. 1989, S. 11.

[11] Zitat der Befragung von Botschafter Grewe und Hans-Georg Wieck bei Christoph Hoppe, Zwischen Teilhabe und Mitsprache. Die Nuklearfrage in der Allianzpolitik Deutschlands 1959–1966. Baden-Baden 1993, S. 54.

[12] Vgl. Robert Kennedy, Dreizehn Tage. Wie die Welt beinah unterging. Darmstadt 1974; Arthur M. Schlesinger, Die tausend Tage Kennedys. Bern 1965.

[13] Zitat bei Eckart Conze, Die Kuba-Krise. Wendepunkt des Kalten Krieges? In: Salewski (Hg.), Zeitalter, S. 147.

[14] Robert S. McNamara, Meine Vision einer globalen Sicherheit im 21. Jahrhundert. In: Wissenschaft und Frieden 12/2 (1995), S. 9.

[15] Vgl. Christian Hacke, Von Kennedy bis Reagan. Grundzüge amerikanischer Außenpolitik 1960–1984. Stuttgart 1984, S. 48.

[16] Vgl. Walt W. Rostow, The Diffusion of Power. An Essay on Recent History 1957–1972. New York 1972.

[17] Vgl. Hedley Bull, The Control of the Arms Race. London 1961; eine richtige Schule entwickelte sich in England mit Leonard Beaton, Alastair Buchan, Michael Howard, Philip Windsor.

[18] Horst Osterheld, »Ich gehe nicht leichten Herzens...« Adenauers letzte Kanzlerjahre. Mainz 1986, S. 242; Krone, Aufzeichnungen, S. 180.

[19] Zitat bei Steinhoff u. Pommerin, Strategiewechsel, S. 38; vgl. Strauß, Erinnerungen, S. 349; Henning Köhler, Adenauer. Eine politische Biographie. Berlin 1994, S. 999.

[20] Zitat bei Hoppe, Teilhabe, S. 39; vgl. Bald, Atombewaffnung, S. 48 ff.

[21] Die besten Experten zählten zur Arbeitsgruppe: Albert Wohlstetter, Henry Rowen und Paul Nitze. Bis 21. April 1961 stellten sie das Papier fertig: »Policy Directive regarding NATO and the Atlantic Nations.« Einfluß nahm auch die Expertise von Henry A. Kissinger, Die Entscheidung drängt. Düsseldorf 1961.

[22] Zitat bei Matthias Küntzel, Bonn und die Bombe. Deutsche Atomwaffenpolitik von Adenauer bis Brandt. Frankfurt a. M. 1992, S. 246.

[23] Willy Brandt, Begegnungen und Einsichten. Die Jahre 1960–1975. Hamburg 1976, S. 76.

[24] Kurt Birrenbach, Meine Sondermissionen. Rückblick auf zwei Jahrzehnte bundesdeutscher Außenpolitik. Düsseldorf 1984, S. 172.

[25] Zitat vom 4. Okt. 1965 bei Hoppe, Teilhabe, S. 287; vgl. Küntzel, Bonn, S. 100 ff., dort auch die folgenden Zitate.

[26] Vgl. Roland Kollert, Die Politik der latenten Proliferation. Militärische Nutzung »friedlicher« Kerntechnik in Westeuropa. Wiesbaden 1994, und Wolfgang Liebert, Wie weiter mit dem Nichtverbreitungsvertrag. In: Wissenschaft und Frieden, 12/1 (1994), S. 57 ff.; Peter Kafka u. Heinz Maier-Leibnitz, Kernenergie – Ja oder Nein? Eine Auseinandersetzung zwischen zwei Physikern. München 1987, S. 49 ff.

[27] Vgl. General C. Ailleret, L'aventure atomique française, Paris 1968.
[28] Vgl. Walter Schütze, Frankreich und seine Verteidigung in Dokumenten, 1958–1983. Frankfurt a. M. 1983.
[29] Vgl. die Übersicht bei André Beaufre, Abschreckung und Strategie. Berlin (o. J).
[30] Willy Brandt, Begegnungen und Einsichten, S. 250
[31] Egon Bahr, Sicherheit für und vor Deutschland. München 1991.
[32] Vgl. Krone, Aufzeichnungen, S. 162 ff.
[33] So der Titel einer verbreiteten Publikation von Günter Walpuski, Verteidigung + Entspannung = Sicherheit. Texte und Materialien zur Außen- und Sicherheitspolitik. Bonn 1973, S. 35.
[34] Vgl. Thomas Ellwein u. J. J. Hesse, Das Regierungssystem der Bundesrepublik Deutschland. Erw. Aufl. Köln 1992.
[35] Vgl. die beiden seriösen Institutionen, deren Verläßlichkeit sich erwiesen hat: International Institute For Strategic Studies, The Military Balance. London (seit Beginn der sechziger Jahre) sowie Stockholm International Peace Research Institute (SIPRI), Rüstung und Abrüstung im Atomzeitalter. Hamburg 1977, S. 16 ff.; SIPRI-Publikationen seit 1966.
[36] Vgl. Henry A. Kissinger, Memoiren 1968–1973. München 1979, S. 230; Gebhard Schweigler, Von Kissinger zu Carter. Entspannung im Widerstreit von Innen- und Außenpolitik 1969–1981. München 1982.
[37] Vgl. Kissinger, Memoiren, S. 440 ff.
[38] Vgl. Brandt, Begegnungen, S. 485 ff.
[39] Helmut Allardt, Politik vor und hinter den Kulissen. Erfahrungen eines Diplomaten zwischen Ost und West. Düsseldorf 1979, S. 353.
[40] Vgl. Helga Haftendorn, Sicherheit und Entspannung. Zur Außenpolitik der Bundesrepublik Deutschland 1955–1982. 2. Aufl. Baden-Baden 1986, S. 428 f.
[41] Vgl. Reimund Seidelmann, Der KSZE-Prozeß. Perspektiven und Probleme für die Verfriedlichung der europäischen Staatenordnung. Bonn 1989, S. 9.
[42] Vgl. Wichard Woyke, Klaus Nieder u. Manfred Görtemaker, Sicherheit in Europa? Die Konferenz von Helsinki und Genf. Opladen 1974, S. 85 ff.
[43] Nur ein frühes Beispiel, Hans-Peter Schwarz u. Helga Haftendorn, Europäische Sicherheitskonferenz. Opladen 1970, S. 119 f.
[44] Peter Bender, Die »Neue Ostpolitik« und ihre Folgen. Vom Mauerbau bis zur Vereinigung. München 1995, S. 212 ff.
[45] Vgl. Wolf Graf von Baudissin, Vertrauensbildende Maßnahmen als Instrument kooperativer Rüstungssteuerung. In: Jost Delbrück, Norbert Ropers u. Gerda Zellentin (Hg.), Grünbuch zu den Folgewirkungen der KSZE. Köln 1977, S. 221 f.
[46] Vgl. Bernd W. Kubbig, Kommunikatoren im Kalten Krieg. Die Pugwash-

Konferenzen, die US-Sowjetische Studiengruppe und der ABM-Vertrag. Frankfurt a.M. 1996, S. 21 ff.

47 Georg Picht, Was heißt Friedensforschung? München 1971, S. 13; vgl. Ulrike C. Wasmuht (Hg.), Friedensforschung – Eine Handlungsorientierung zwischen Politik und Wissenschaft. Darmstadt 1991.

48 Vgl. Carl Friedrich von Weizsäcker (Hg.), Kriegsfolgen und Kriegsverhütung. München 1971; ders., Wege in der Gefahr. München 1976.

49 Vgl. Horst Afheldt u. a., Durch Kriegsverhütung zum Krieg? Die politischen Aussagen der Weizsäcker-Studie. München 1972; ders., Verteidigung und Frieden. München 1976.

50 Zitat bei Günther Heipp (Hg.), Es geht ums Leben! Der Kampf gegen die Bombe 1945–1965. Eine Dokumentation. Hamburg 1965, S. 190.

51 Vgl. Wolfram Wette, Pazifismus im Atomzeitalter. Von der deutschen Anti-Atombewegung der fünfziger Jahre zur Friedensbewegung der achtziger Jahre. In: Krieg und Literatur 1 (1995), S. 7 ff.; Helmut Donat u. Johann P. Tammen (Hg.), Friedenszeichen Lebenszeichen. Pazifismus zwischen Verächtlichmachung und Rehabilitierung. Bremen 1982.

Kapitel 5

1 Vgl. Henry A. Kissinger, Großmacht-Diplomatie. Von der Staatskunst Castlereaghs und Metternichs. Düsseldorf 1962.

2 Vgl. Raymond Aron, Die Imperiale Republik. Die Vereinigten Staaten von Amerika und die übrige Welt seit 1945. Stuttgart 1975, S. 215.

3 Zitate in Richard M. Nixon, Die amerikanische Außenpolitik für die siebziger Jahre. Aufbau des Friedens. Ein Bericht des Präsidenten der Vereinigten Staaten an den Kongreß vom 25. Februar 1971. (Bonn) 1971, S. 6 ff.

4 Brandt, Erinnerungen, S. 459.

5 Das gesamte Programm wurde 1974 und 1975 in den Reden zum Budget des Pentagon und der einzelnen Teilstreitkräfte vorgestellt; auch diese Dokumente im Europa Archiv.

6 Vgl. Czempiel u. Schweitzer, Weltpolitik, S. 311 ff.; es handelte sich um die parlamentarische Auseinandersetzung zur Verabschiedung des Jackson-Vanik-Amendments.

7 Vgl. Fürst, Der Kongreß, S. 127 ff.

8 Dokument, eine Publikation des Committee von 1977. In Czempiel u. Schweitzer, Weltpolitik, S. 367.

9 Gregor Schöllgen, Geschichte der Weltpolitik von Hitler bis Gorbatschow. 1941–1991. München 1996, S. 354.

10 Vgl. Desmond Ball, Targeting for Strategic Deterrence. London 1983, S. 17 ff. (Adelphi Paper 1985).

11 Abdruck der Joint Resolution in: Czempiel u. Schweitzer, Weltpolitik, S. 355 ff.

[12] Vgl. Dieter O.A. Wolf u. Manfred A. Dauses, Die Kriegsrechte in den Vereinigten Staaten. Analyse der verfassungsgsrechtlichen und politischen Auseinandersetzungen zwischen Präsident und Kongreß um die »War Powers«. Berlin 1979.

[13] Vgl. Hubertus Hoffmann, Die Atompartner. Washington–Bonn und die Modernisierung der taktischen Kernwaffen. Koblenz 1986, S. 131 ff.

[14] Vgl. Dieter O.A. Wolf, Hubertus M. Hoose u. Manfred A. Dauses, Die Militarisierung des Weltraums. Rüstungswettlauf in der vierten Dimension. Koblenz 1983.

[15] Zitat in Uwe Nerlich (Hg.), Sowjetische Macht und westliche Verhandlungspolitik im Wandel militärischer Kräfteverhältnisse. Baden-Baden 1982, S. 519 f.

[16] Vgl. die ausführliche Zusammenstellung von Frank Barnaby bei Philippe Blanchard, Reinhard Koselleck u. Ludwig Streit (Hg.), Taktische Kernwaffen. Die fragmentierte Abschreckung. Frankfurt a. M. 1987, S. 30 ff.

[17] Vgl. Helga Haftendorn, Sicherheit und Stabilität. Außenbeziehungen der Bundesrepublik zwischen Ölkrise und NATO-Doppelbeschluß. München 1986, S. 94 ff.; Hoffmann, Atompartner, S. 411 ff.

[18] Zitate in Wolf Richter, Neutronenwaffe – »Perversion des Denkens«? Zur Kontroverse um atomare Gefechtsfeldwaffen in Europa und ihre Bedeutung für die NATO-Strategie. München 1982, S. 254 ff.; Anton-Andreas Guha, Die Neutronenbombe oder die Perversion menschlichen Denkens. Aktualisierte Neuausgabe. Frankfurt a. M. 1982.

[19] Vgl. Helmut Schmidt, Strategie des Gleichgewichts. Deutsche Friedenspolitik und die Weltmächte. Stuttgart 1969, S. 115 ff.

[20] Vgl. David Schwartz, NATO's Nuclear Dilemmas. Washington 1983, S. 215 ff.

[21] Vgl. Hoffmann, Atompartner, S. 428 ff. und Detlef Bald, Zur zeitgeschichtlichen Dimension der Sicherheitspolitik der USA am Beispiel der Mittelstreckenwaffen für Europa. In: Mediatus 3/10 (1983), S. 4 ff.

[22] Vgl. den Beitrag von Donald R. Cotter u. a. in: Deutsches Strategie-Forum (Hg.), Das Nukleare Kräfteverhältnis in Europa. Pro Pace. Bonn 1983, S. 31.

[23] Christoph Bertram, Sicherheit in einer sich ändernden Welt. In: Klaus D. Schwarz (Hg.), Sicherheitspolitik. Analysen zur politischen und militärischen Sicherheit. Bad Honnef 1976, S. 5; vgl. SIPRI (Hg.), Rüstung und Abrüstung im Atomzeitalter. Ein Handbuch. Reinbek 1977, S. 78 ff.

[24] Vgl. Hans Günter Brauch, Die Raketen kommen. Vom NATO-Doppelbeschluß bis zur Stationierung. Köln 1983, und Alfred Mechtersheimer (Hg.), Nachrüsten? Dokumente und Positionen zum NATO-Doppelbeschluß. Reinbek 1981.

[25] Vgl. Presse- und Informationsamt der Bundesregierung (Hg.), Aspekte

der Friedenspolitik. Argumente zum Doppelbeschluß des Nordatlantischen Bündnisses. Bonn 1981 (Anhang).

[26] Vgl. K.-Peter Stratmann, NATO-Strategie in der Krise? Militärische Optionen von NATO und Warschauer Pakt in Mitteleuropa. Baden-Baden 1981.

[27] Vgl. Hans Günter Brauch, Die Raketen kommen. S. 104 ff.

[28] Vgl. den Beitrag von Robert E. Osgood in Uwe Nerlich u. Trutz Rendtorff (Hg.), Nukleare Abschreckung – Politische und ethische Interpretationen einer neuen Realität. Baden-Baden 1989, S. 103 ff.; Raymond L. Garthoff, Deterrence and the Revolution in Soviet Military Doctrine. Washington D.C. 1990.

[29] Vgl. Mathias Jopp, Zur Entstehungsgeschichte der deutschen Sicherheitsproblematik. In: Reiner Steinweg (Hg.), Unsere Bundeswehr? Zum 25jährigen Bestehen einer umstrittenen Institution. Frankfurt a.M. 1981, S. 15 ff.; grundlegend für die Problematik Basil H. Liddell Hart, Abschrekkung oder Abwehr. Gedanken zur Verteidigung des Westens. Wiesbaden 1960; F. Spannocchi u. Guy Brossollet, Verteidigung ohne Schlacht. München 1976.

[30] Vgl. Jakob Schissler (Hg.), Neokonservatismus in den USA. Eine Herausforderung. Opladen 1983, S. 111 ff.

[31] Vgl. Christian Tuschhoff, Einstellung und Entscheidung. Perzeptionen im sicherheitspolitischen Entscheidungsprozeß der Reagan-Administration. 1981–1984. Baden-Baden 1990.

[32] Abdruck beider Reden bei Czempiel u. Schweitzer, Weltpolitik, S. 405 ff. und 433 ff.

[33] Vgl. die Überlegungen, diese sicherheitspolitischen Prinzipien auf die Kritik an der massiven Vergeltung am Ende der fünfziger Jahre zurückzuführen bei André Glucksmann, Philosophie der Abschreckung. Stuttgart 1983, S. 85 ff.

[34] Zitate des Field-Manual in Horst Afheldt, Defensive Verteidigung. Reinbek 1983, S. 26 ff.

[35] Christian Potyka, Doppelstrategie mit Raketen. In: Süddeutsche Zeitung, 16. Nov. 1979.

[36] Vgl. Johan Galtung, Hitlerismus, Stalinismus, Reaganismus. Drei Varationen zu einem Thema von Orwell. Baden-Baden 1987.

[37] Bericht des Generalsekretärs der Vereinten Nationen vom Herbst 1980, vollständig in: Die UNO-Studie. Kernwaffen. München 1982, S. 198; vgl. OTA (Hg.), Atomkriegsfolgen. Baden-Baden 1983.

[38] Vgl. Günter Neuberger (Hg.), Der Plan Euroshima. Aus Reden und Schriften von R. Reagan, A. Haig, C. Weinberger u. a.. Köln 1982; Andreas Guha, Die Nachrüstung – Der Holocaust Europas. Freiburg 1981.

[39] Vgl. Gerhard Kade (Hg.), Generale für den Frieden. Interviews. Köln

1981; Alfred Biehle (Hg.), Alternative Strategien. Das Hearing im Verteidigungsausschuß des Deutschen Bundestages – Die schriftlichen Gutachten und Stellungnahmen. Koblenz 1986; Studiengruppe Militärpolitik (Hg.), Aufrüsten um abzurüsten? Reinbek 1980.

40 Vgl. zur Biographie und zum Werk Hilmar Linnenkamp u. Dieter S. Lutz (Hg.), Innere Führung. Das Werk von Wolf Graf von Baudissin. Baden-Baden 1995; Dieter S. Lutz (Hg.), Im Dienst für Frieden und Sicherheit. Festschrift für Wolf Graf von Baudissin. Baden-Baden 1985, S. 203 ff.

41 Vgl. Rüdiger Schmitt, Die Friedensbewegung in der Bundesrepublik Deutschland. Ursachen und Bedingungen der Mobilisierung einer neuen sozialen Bewegung. Opladen 1990.

42 Vgl. den typischen Ansatz, praktisch-konkret zu arbeiten, z. B. Jürgen Altmann u. Bernhard Gonsior (Hg.), Welt ohne Angst. Naturwissenschaftliche Konzepte für den Ausstieg aus dem Rüstungswettlauf. Hamburg 1987, oder Carl Friedrich von Weizsäcker (Hg.), Die Praxis der defensiven Verteidigung. Hameln 1984.

43 Vgl. Ernst Josef Nagel (Hg.), Dem Krieg zuvorkommen. Christliche Friedensethik und Politik. Freiburg 1984.

44 Vgl. Johannes Gründel (Hg.), Die Verantwortung der Christen für den Frieden. Bischöfliche Hirtenworte als Entscheidungshilfe? Düsseldorf 1984, S. 79 ff.

45 Vgl. Heidelberger Friedensmemorandum. Aus der Evangelischen Studiengemeinschaft herausgegeben von Klaus von Schubert. Reinbek 1983; eine katholische Initiative in: Bensberger Kreis (Hg.), Frieden – für Katholiken eine Provokation? Ein Memorandum. Reinbek 1982.

Kapitel 6

1 Ronald Reagan, Erinnerungen. Ein amerikanisches Leben. Berlin 1990, S. 718.

2 Vgl. die Bewertung der komplexen Entwicklung bei Volker R. Berghahn, Militarismus. Die Geschichte einer Internationalen Debatte. Hamburg, New York 1986, S. 126 ff.

3 Michail Gorbatschow, Erinnerungen. Berlin 1995, S. 204.

4 Solche »idealistischen« Forderungen aus der Friedensbewegung über einen »antiatomaren Revolutionär« bei Franz Alt, Liebe ist möglich. Die Bergpredigt im Atomzeitalter. München 1985, S. 59.

5 Vgl. Frank Franke u. a., Verstrahlt, vergiftet, vergessen. Die Opfer von Tschernobyl nach zehn Jahren. Frankfurt a. M. 1996.

6 Vgl. die typische Symbiose aus Politik und Wissenschaft bei Egon Bahr u. Dieter S. Lutz (Hg.), Gemeinsame Sicherheit. 3 Bde. Baden-Baden 1986 und 1987; zur damaligen Situation vgl. Christiane Rix (Hg.), Ost-West-Konflikt – Wissen wir, wovon wir sprechen? Baden-Baden 1987.

[7] Vgl. den Beitrag von Gottfried Niedhart in Wolfgang Michalka (Hg.), Ost-West-Konflikt und Friedenssicherung. Stuttgart 1985. Solche »Orte« waren u. a. die Evangelischen Akademien in Loccum und Tutzing, der Bergedorfer Gesprächskreis oder die Pugwash-Bewegung.

[8] Vgl. Walentin Falin, Politische Erinnerungen. München 1993.

[9] Vgl. die Hinweise dazu bei Hans-Peter Dürr, Das Netz des Physikers. München 1988, S. 466 ff.; Horst Eberhard Richter, Russen und Deutsche. Alte Feindbilder weichen neuen Hoffnungen. Hamburg 1990; Andreij Sacharow, Mein Leben. München 1991, S. 762.

[10] Michail Gorbatschow, Perestroika. Die Zweite russische Revolution. München 1987, S. 195.

[11] Vgl. den Beitrag von Thomas Risse-Kappen u. a. in Klaus von Schubert, Egon Bahr u. Gert Krell (Hg.), Friedensgutachten 1988. Heidelberg 1988, S. 106; Dieter Senghaas, Die Zukunft Europas. Probleme der Friedensgestaltung. Frankfurt a. M. 1986, S. 217 ff.

[12] Vgl. die Grundlage der Nuklearpolitik über das Ende des Jahrzehnts hinaus, das Dokument im Kongreß Nr. 104/1, 1995, »Nuclear Posture Review«. Dazu ein Kommentar: »The More Things Change, the More they Stay the Same.«

[13] Vgl. Hans-Dietrich Genscher, Erinnerungen. Berlin 1995, S. 566 ff.

[14] Helmut Schmidt, Ein Schuß ins Schwarze. In: Die Zeit, 9. März 1984; der Beitrag von Henry Kissinger, Plan to Reshape NATO, am 2. März 1984.

[15] Christoph Bertram, Feiern ohne Freudenfeuer. Hoffnung und Zweifel nach der Null-Lösung. In: Die Zeit, 25. September 1987. Zur Position von Bertram ist festzustellen, daß er sich 1988 von dieser Welt der Kalten-Kriegs-Bedrohung ausdrücklich löste.

[16] Vgl. Fred C. Iklé u. Albert Wohlstetter (Hg.), Discriminate Deterrence. Report of the Commission of Integrated Long-Term Strategy. Washington 1988; die offiziöse ablehnende Antwort aus Deutschland von Michael Howard, Karl Kaiser u. Françoise de Rose, Differenzierende Abschrekkung. In: Frankfurter Allgemeine Zeitung, 4. Februar 1988.

[17] Vgl. den Beitrag von Egon Bahr u. Reinhard Mutz in: Gert Krell, Egon Bahr u. Johannes Schwerdtfeger (Hg.), Friedensgutachten 1990. Münster 1990, S. 208 ff.

[18] Michail Gorbatschow, Gipfelgespräche. Geheime Protokolle aus meiner Amtszeit. Berlin 1993, S. 107, 120.

[19] Vgl. den Überblick über die Literatur zu 1989/90 bei Heinrich Bortfeld in Larres u. Oppeland (Hg.), Deutschland, S. 256 ff.

[20] Vgl. Horst Teltschik, 329 Tage. Innenansichten der Einigung. Berlin 1991, S. 58.

[21] Vgl. das Dokument in Wjatscheslaw Daschitschew, Aus den Anfängen der Revision der sowjetischen Deutschlandpolitik. Ein Dokument zur Deut-

schen Frage aus dem Jahre 1987. In: Beilage zur Wochenzeitung ›Das Parlament‹, B 14/1994, S. 36 ff.

22 Vgl. die Erfahrungen des Wissenschaftlers als Berater in Berlin von Ulrich Albrecht, Die Abwicklung der DDR. Die 2 plus 4-Verhandlungen. Ein Insider-Bericht. Opladen 1992; und Frank Kiessler u. Frank Elbe, Ein runder Tisch mit scharfen Ecken. Der diplomatische Weg zur deutschen Einheit. Baden-Baden 1993.

23 Vgl. Bald, Militär und Gesellschaft, S. 139 ff.

24 Willy Brandt: »...was zusammengehört.« Über Deutschland. Bonn 1993, S. 36.

25 Vgl. den Beitrag von Hanfried v. Hindenburg in Haftendorn u. Riecke (Hg.), Macht, S. 81 ff.

26 Jürgen Rose, Im Westen etwas Neues? Das nukleare Element im neuen Strategischen Konzept der NATO. In: Vierteljahresschrift für Sicherheit und Frieden 10 (1992), S. 90.

27 Henning Wegener, Die Nordatlantische Allianz im Wandel. In: NATO Brief. 4/1990, S. 3.

28 Vgl. SIPRI Yearbook 1989, S. 14.

29 Ernst-Otto Czempiel, Rückkehr in die Führung. Amerikas Weltpolitik im Zeichen der konservativen Revolution. Frankfurt a. M. 1996, S. 14.

30 Vgl. Institut für Friedensforschung und Sicherheitspolitik an der Universität Hamburg (Hg.), Die Europäische Sicherheitsgemeinschaft. Das Sicherheitsmodell für das 21. Jahrhundert. Bonn 1995.

31 Vgl. Henry Kissinger, Die Vernunft der Nationen. Über das Wesen der Außenpolitik. Berlin 1994; das ähnliche Konzept von Zbigniew Brzezinski, Die einzige Weltmacht. Amerikas Strategie der Vorherrschaft. Weilheim 1997.

32 Vgl. Samuel P. Huntington, Kampf der Kulturen. Die Neugestaltung der Weltpolitik im 21. Jahrhundert. München 1996.

33 Vgl. Christian Hacke, Weltmacht wider Willen. Die Außenpolitik der Bundesrepublik Deutschland. Aktualisierte Neuausgabe. Frankfurt a. M. 1993; Hans-Peter Schwarz, Die Zentralmacht Europas. Deutschlands Rückkehr auf die Weltbühne. Berlin 1994.

34 Volker Rühe, Betr.: Bundeswehr. Sicherheitspolitik und Streitkräfte im Wandel. Berlin 1993, S. 165.

35 Verteidigungspolitische Richtlinien des Bundesministers der Verteidigung, 26. November 1992, S. 30.

36 Militärpolitische und militärstrategische Grundlagen und konzeptionelle Grundrichtung der Neugestaltung der Bundeswehr. Januar 1992.

37 Konzeption der Bundeswehr/Teil Aufgaben und Fähigkeiten. 15. Januar 1996, S. 7.

Kapitel 7

1 Uwe Nerlich, Deutsche Sicherheitspolitik. Konzeptionelle Grundlagen für multilaterale Rahmenbedingungen. In: Karl Kaiser u. Hanns W. Maull (Hg.), Deutschlands neue Außenpolitik. Bd. 1: Grundlagen. München 1994, S. 156.

2 Vgl. Gregor Schöllgen, Angst vor der Macht. Die Deutschen und ihre Außenpolitik. Berlin 1993.

3 Ernst-Otto Czempiel u. a., Kriegstreiber oder Friedenshüter? Zu einigen verbreiteten Ansichten über die Vereinigten Staaten. In: Reiner Steinweg (Hg.), Friedensanalysen 18. Frankfurt a. M. 1984, S. 289.

4 Hans-Peter Schwarz, Die neue Weltpolitik am Ende des 20. Jahrhunderts – Rückkehr zu den Anfängen vor 1914? In: Karl Kaiser u. Hans-Peter Schwarz (Hg.), Die neue Weltpolitik. Bonn 1995, S. 18.

5 S. L. A. Marshall, Soldaten im Feuer. Gedanken zur Gefechtsführung im nächsten Krieg. Frauenfeld (Schweiz) 1951, S. 22 f.

6 John Newhouse, Krieg und Frieden im Atomzeitalter. Von Los Alamos bis Salt. München 1990, S. 624.

7 Vgl. Martin van Creveld, Die Zukunft des Krieges. München 1997; Gustav Däniker, Wende Golfkrieg. Vom Wesen und Gebrauch künftiger Streitkräfte. Frankfurt a. M. 1992.

8 Vgl. Karl Dietrich Bracher, Zeit der Ideologien. Eine Geschichte des politischen Denkens im 20. Jahrhundert. Stuttgart 1982.

9 Vgl. Raymond Aron, Frieden und Krieg. Eine Theorie der Staatenwelt. Frankfurt a. M. 1962, S. 434.

10 Vgl. Kathleen C. Bailey, Die Verbreitung von Massenvernichtungswaffen. Die rüstungskontrollpolitische Herausforderung der 90er Jahre. Bonn 1994, S. 184 ff.; Bernd W. Kubbig u. Harald Müller, Nuklearexport und Aufrüstung. Neue Bedrohungen und Friedensperspektiven. Frankfurt a. M. 1993.

11 Zitat bei Harald Müller u. a., Nukleare Abrüstung – mit welcher Perspektive? Der internationale Diskurs über die nukleare Rüstungskontrolle und die Vision einer kernwaffenfreien Welt. Frankfurt a. M. 1996, S. 12.

12 Vgl. den Beitrag von Constanze Eisenbart, Harald Müller u. Annette Schaper in Bruno Schoch, Friedhelm Solms u. Reinhard Mutz (Hg.), Friedensgutachten 1996, Münster 1996, S. 269 ff.

13 Vgl. Ulrike Kronfeld-Goharani, Zur Wiederaufnahme der französischen Atomtests im Südpazifik. Versuch einer Bewertung. Kiel 1995, S. 9.

14 Vgl. Alexander Kelle, Deutsche NV-Politik in den 80er Jahren. Zwischen Regimezwängen und Wirtschaftsinteressen. Münster 1992, S. 74 ff.

15 Vgl. Jane's Intelligence Review, Juli 1998.

16 Vgl. Wolfgang Kötter u. Harald Müller, Deutschland und die Kernwaffen. Die Nichtverbreitungspolitik der beiden deutschen Staaten und des vereinten Deutschlands. Frankfurt a. M. 1990.

17 Vgl. den Beitrag von Uwe Nerlich in Joachim Krause (Hg.), Kernwaffenverbreitung und internationaler Systemwandel. Baden-Baden 1994.

18 Vgl. Hans-Georg Ehrhart, Die EU und die Sicherheit Europas. Teil II: Präventions- und nuklearpolitische Aspekte. Hamburg 1996, S. 48 ff.; vgl. auch das Heft »Atomwaffen und kein Ende?« der Vierteljahresschrift für Sicherheit und Frieden 13 (1995), S. 137 ff.; vgl. den Beitrag von Henning Riecke in Haftendorn u. Riecke (Hg.), volle Macht, S. 218 ff.

19 Vgl. Jürgen Scheffran, Raketenabwehr contra Proliferation. Der Norden tut sich zusammen. In: Wissenschaft und Frieden 11/1 (1994), S. 51 ff.

20 Vgl. Jürgen Streich, Die neuen Atommächte. Wer sie sind und was sie wollen. Reinbek 1993.

21 Vgl. Internationale Ärzte für die Verhütung des Atomkrieges (Hg.), Radioaktive Verseuchung von Himmel und Erde. Atomwaffentests unter, auf und über der Erde: Auswirkungen auf Gesundheit und Umwelt. 2. Aufl. Berlin 1995, S. 124 ff.

22 Vgl. Claus Biegert u. Elke Stolhofer (Hg.), Der Tod, der aus der Erde kommt. Zeugnisse nuklearer Zerstörung – Ureinwohner der Erde beim World Uranium Hearing. Salzburg 1993.

23 Vgl. NATO-Ausschuß für die Herausforderungen der modernen Gesellschaft (Hg.), Summary Final Report, Nr. 206. Brüssel 1995, sowie den Final Report, Bd. 1: Radioactive Contamination, Nr. 204, Bd. 2: Chemical Contamination, Nr. 205. Brüssel 1995.

24 Vgl. Internationale Ärzte für die Verhütung des Atomkrieges (Hg.), Plutonium – Tödliches Gold des Atomzeitalters. Berlin 1994, S. 75 ff.

25 George F. Kennan, Im Schatten der Atombombe. Köln 1982, S. 261.

26 Dokumentiert in: Blätter für deutsche und internationale Politik 42/2 (1997), S. 162 ff.

27 Vgl. Robert S. McNamara, Vietnam. Das Trauma einer Weltmacht. Hamburg 1996; weitere Hinweise in dem Beitrag von Hans Nicklas in: Anton-Andreas Guha u. Sven Papcke (Hg.), Der Feind, den wir brauchen oder: Muß Krieg sein? Königstein 1985, S. 99 ff.

28 Vgl. Dieter Deiseroth, Der deutsche Atomwaffenverzicht. In: Wissenschaft und Frieden 12/1 (1995), S. 10 ff.

29 Kennan, Schatten, S. 261.

30 Dieter Senghaas, Abschreckung und Frieden. Studien zur Kritik der organisierten Friedlosigkeit. Frankfurt a. M. 1969, S. 77.

Abkürzungen

ABC-Waffen	Atomare, biologische und chemische Waffen
ABM	Antiballistic Missiles (Raketen zur Abwehr strategischer Raketen)
APO	Außerparlamentarische Opposition
CEA	Commissariat d'Energie Atomique (Kommissariat für Atomenergie in Frankreich)
CIA	Central Intelligence Agency (Amerikanischer Geheimdienst)
EVG	Europäische Verteidigungsgemeinschaft
HDv	Heeresdienstvorschrift
INF	Intermediate-range Nuclear Forces
IWF	Internationaler Währungsfonds
KSZE	Konferenz für Sicherheit und Zusammenarbeit in Europa
KT	Kilotonnen
KVAE	Konferenz über vertrauensbildende Maßnahmen und Abrüstung in Europa
LRNTF	Long-range Nuclear Tactical Forces (Weitreichende nukleare Mittelstreckenwaffen)
MAD	Mutual Assured Destruction (Beidseitig gesicherte [nukleare] Vernichtungskapazität)
MBFR	Mutual and Balanced Force Reduction (Beiderseitige Truppenreduzierungen in Europa)
MC	Military Command (Dokument des Militärischen Kommandos der NATO)
MIRV	Multiple Independently Targetable Reentry Vehicle (Mehrere, unabhängig steuerbare Sprengköpfe einer Rakete)
MLF	Multi Lateral Force (Multilaterale Atomstreitkräfte)
NPG	Nuclear Planning Group (Nukleare Planungsgruppe der NATO)
NPT	Non Proliferation Treaty (Atomwaffensperrvertrag)
NSDAP	Nationalsozialistische Deutsche Arbeiterpartei
NUWEP	Nuclear Weapons Plan (Nukleare [Ziel-]Einsatzplanung)
OMGUS	Office of Military Government, United States (Alliiertes Amt für die Verwaltung in Deutschland)
PD	Presidential Directive
SAC	Strategic Air Command (Strategisches Luftwaffenkommando der USA)
SALT	Strategic Arms Limitation Talks (Gespräche zur Begrenzung der strategischen Rüstung)

SDI	Strategic Defense Initiative (Strategische Verteidigungsinitiative)
SIPRI	Stockholm International Peace Research Institute (Stockholmer Internationales Friedensforschungsinstitut)
START	Strategic Arms Reduction Talks (Gespräche zur Reduktion strategischer Waffen)
TNT	Berechnungswert der Sprengkraft von Atombomben nach dem herkömmlichen Trinitrotoluol
VKSE	Verhandlungen über konventionelle Streitkräfte in Europa
WEU	Westeuropäische Union
WHO	World Health Organization (Weltgesundheitsorganisation)
WVO	Warschauer Pakt / Warschauer Vertragsorganisation

Literatur

Allgemeine und weiterführende Literaturhinweise finden sich in den angegebenen Darstellungen. Die Anmerkungen zum Text sollten in Verbindung zu diesen Angaben gelesen werden. Wichtige zeitgenössische Dokumente, auf die im Text nicht im einzelnen verwiesen wird, sind im »Europa-Archiv« sowie in den »Dokumenten zur Deutschlandpolitik« abgedruckt.

Für den Überblick wird folgende Lektüre empfohlen:

Hiroshima, 6. August 1945

Ulrich Albrecht u. a. (Hg.), Der Griff nach dem atomaren Feuer. Frankfurt a. M. 1996.

Detlef Bald, Militär und Gesellschaft 1945–1990. Die Bundeswehr der Bonner Republik. Baden-Baden 1994.

Richard Dean Burns (Hg.), Encyclopedia of Arms Control and Disarmament. 3 Bde. New York 1993.

John Hersey, Hiroshima – 6. August 1945–8 Uhr 15. Frankfurt a. M. 1989.

Eric Hobsbawm, Das Zeitalter der Extreme. Weltgeschichte des 20. Jahrhunderts. München 1995.

Walter Laqueur, Europa auf dem Wege zur Weltmacht. 1945–1992. München 1992.

Werner Link, Der Ost-West-Konflikt. Die Organisation der internationalen Beziehungen. 2. Auflage. Stuttgart 1988.

Michael Salewski (Hg.), Das Zeitalter der Bombe. Die Geschichte der atomaren Bedrohung von Hiroshima bis heute. München 1995.

Gregor Schöllgen, Geschichte der Weltpolitik von Hitler bis Gorbatschow. 1941–1991. Darmstadt 1996.

Kapitel 1

Günther Anders, Hiroshima ist überall. München 1982.

Gar Alperowitz, Hiroshima. Die Entscheidung für den Abwurf der Bombe. Hamburg 1995.

Hamburger Institut für Sozialforschung (Hg.), 200 Tage und 1 Jahrhundert. Gewalt und Destruktivität im Spiegel des Jahres 1945. Hamburg 1995.

Hubertus Hoffmann, Atomkrieg – Atomfrieden. München 1980.

Bernd W. Kubbig (Hg.), Hiroshima und Nagasaki. Geschichte und Gegenwärtigkeit. In: Wissenschaft und Frieden 12./2(1995).

Komitee zur Dokumentation der Schäden der Atombombenabwürfe (Hg.), Leben nach der Atombombe. Hiroshima und Nagasaki. 1945–1985. Frankfurt a. M. 1988.

Richard Rhodes, Die Atombombe oder Die Geschichte des 8. Schöpfungstages. Nördlingen 1988.
Mark Walker, Die Uranmaschine. Mythos und Wirklichkeit der deutschen Atombombe. Berlin 1990.
Jehuda Wallach, Das Dogma der Vernichtungsschlacht. Frankfurt a.M. 1967.

Kapitel 2

Wolfgang Benz, Potsdam 1945. Besatzungsherrschaft und Neuaufbau im Vier-Zonen-Deutschland. München 1986.
Andreas Heinemann-Grüder, Die sowjetische Atombombe. Münster 1992.
Klaus-Dietmar Henke, Die amerikanische Besetzung Deutschlands. München 1994.
Ludolf Herbst (Hg.), Westdeutschland 1945–1955. Unterwerfung, Kontrolle, Integration. München 1986.
Ilona Stölken-Fitschen, Atombombe und Geistesgeschichte. Eine Studie der fünfziger Jahre aus deutscher Sicht. Baden-Baden 1995.

Kapitel 3

Detlef Bald, Die Atombewaffnung der Bundeswehr. Militär, Öffentlichkeit und Politik in der Ära Adenauer. Bremen 1994.
Anselm Doering-Manteuffel, Die Bundesrepublik in der Ära Adenauer. Außenpolitik und innere Entwicklung. 1949–1963. 2. Aufl. Darmstadt 1988
Wolfgang-Uwe Friedrich (Hg.), Die USA und die deutsche Frage. 1945–1990. Frankfurt a. M. 1991.
Alfred Grosser, Das Bündnis. Die westeuropäischen Länder und die USA seit dem Krieg. München 1981.
Karl Holl, Pazifismus in Deutschland. Frankfurt a. M. 1988.
Klaus Larres u. Torsten Oppelland (Hg.), Deutschland und die USA im 20. Jahrhundert. Geschichte der politischen Beziehungen. Darmstadt 1997.
Hermann-J. Rupieper, Der besetzte Verbündete. Die amerikanische Deutschlandpolitik 1949–1955. Opladen 1991.
Rolf Steininger u. a.(Hg.), Die doppelte Eindämmung, Europäische Sicherheit und deutsche Frage in den Fünfzigern. München 1993.
Dietrich Thränhardt, Geschichte der Bundesrepublik Deutschland. 1949–1990. Frankfurt a. M. 1996.
Christian Tuschhoff, Die Grundsteinlegung deutscher Sicherheitspolitik. 1949–1955. Münster 1994.
Erich Weede, Wirtschaft, Staat und Gesellschaft. Tübingen 1990.

Kapitel 4
Horst Afheldt, Verteidigung und Frieden. Politik mit militärischen Mitteln. München 1976.
Arnulf Baring u. Manfred Görtemaker, Machtwechsel. Die Ära Brandt-Scheel. Stuttgart 1982.
Wilfried von Bredow, Der KSZE-Prozeß. Von der Zähmung zur Auflösung des Ost-West-Konflikts. Darmstadt 1992.
Helga Haftendorn, Kernwaffen und die Glaubwürdigkeit der Allianz. Die NATO-Krise von 1966/67. Baden-Baden 1994.
Klaus Larres u. Torsten Oppelland (Hg.), Deutschland und die USA im 20. Jahrhundert. Geschichte der politischen Beziehungen. Darmstadt 1997.
Bernhard Moltmann (Hg.), Perspektiven der Friedensforschung. Baden-Baden 1988.
Joachim Radkau, Aufstieg und Krise der deutschen Atomwirtschaft. 1945–1975. Hamburg 1983.
Dieter Senghaas, Aufrüstung durch Rüstungskontrolle. Über den symbolischen Gebrauch der Politik. Stuttgart 1972.

Kapitel 5
Wolf Graf von Baudissin u. Dieter S. Lutz, Kooperative Rüstungssteuerung. Sicherheitspolitik und Strategische Parität. Baden-Baden 1981.
Ernst-Otto Czempiel, Machtprobe. Die USA und die Sowjetunion in den achtziger Jahren. München 1989.
Manfred Görtemaker u. Gerhard Wettig, USA–UdSSR. Dokumente zur Sicherheitspolitik. Opladen 1987.
Bernd W. Kubbig, Amerikanische Rüstungskontrollpolitik. Innergesellschaftliche Kräfteverhältnisse in der ersten Amtszeit Reagans. Frankfurt a. M. 1987.
Erwin Müller u. Götz Neuneck (Hg.), Rüstungsmodernisierung und Rüstungskontrolle. Neue Technologien, Rüstungsdynamik und Stabilität. Baden-Baden 1992.
Uwe Nerlich u. Trutz Rendtorff (Hg.), Nukleare Abschreckung – Politische und ethische Interpretationen einer neuen Realität. Baden-Baden 1989.
Thomas Risse-Kappen, Null-Lösung. Entscheidungsprozesse zu den Mittelstreckenwaffen. 1970–1987. Frankfurt a. M. 1988.
Klaus von Schubert, Von der Abschreckung zur gemeinsamen Sicherheit. Herausgegeben von Friedhelm Solms. Baden-Baden 1992.
Studiengruppe Militärpolitik (Hg.), Aufrüsten, um abzurüsten? Informationen zur Lage. Reinbek 1980.
Wolfgang R. Vogt (Hg.), Angst vorm Frieden. Über die Schwierigkeiten der Friedensentwicklung für das Jahr 2000. Darmstadt 1989.

Kapitel 6

Timothy Garton Ash, Im Namen Europas. Deutschland und der geteilte Kontinent. München 1993.

Jörg Calließ u. Bernhard Moltmann (Hg.), Die Zukunft der Außenpolitik. Deutsche Interessen in den internationalen Beziehungen. Rehburg-Loccum 1995.

Ernst-Otto Czempiel, Weltpolitik im Umbruch. Das internationale System nach dem Ende des Ost-West-Konflikts. München 1992.

Corinna Hauswedell, Friedenswissenschaften im Kalten Krieg. Friedensforschung und friedenswissenschaftliche Initiativen in der Bundesrepublik Deutschland in den achtziger Jahren. Baden-Baden 1997.

Wolfgang Heisenberg u. Dieter S. Lutz (Hg.), Sicherheitspolitik kontrovers. Auf dem Weg in die neunziger Jahre. Bonn 1987.

Wolfram F. Hanrieder, Deutschland, Europa, Amerika. Die Außenpolitik der Bundesrepublik Deutschland. 1949–1994. 2. Aufl. Paderborn 1995.

Karl Kaiser, Deutschlands Vereinigung. Die internationalen Aspekte. Mit den wichtigen Dokumenten. Bergisch-Gladbach 1991

Ludger Kühnhardt, Revolutionszeiten: Das Umbruchjahr 1989 im geschichtlichen Zusammenhang. München 1994.

Gregor Schöllgen, Angst vor der Macht. Die Deutschen und ihre Außenpolitik. Berlin 1993.

Gottfried Niedhart, Detlef Junker u. Michael Richter (Hg.), Deutschland in Europa. Nationale Interessen und internationale Ordnung im 20. Jahrhundert. Mannheim 1997.

Kapitel 7

Hans Arnold, Deutschlands Größe. Deutsche Außenpolitik zwischen Macht und Mangel. München 1995.

Martina Haedrich u. Werner Ruf (Hg.), Globale Krisen und europäische Verantwortung – Visionen für das 21. Jahrhundert. Baden-Baden 1996.

Mir A. Ferdowsi (Hg.), Die Welt der 90er Jahre. Das Ende der Illusionen. München 1994.

Karl Kaiser u. Hans-Peter Schwarz, Die neue Weltpolitik. Bonn 1995.

Bernd W. Kubbig u. Harald Müller, Nuklearexport und Aufrüstung. Neue Bedrohungen und Friedensperspektiven. Frankfurt a. M. 1993.

Volker Matthies (Hg.), Vom Krieg zum Frieden. Kriegsbeendigung und Friedenskonsolidierung. Bremen 1995.

Volker Rittberger, Internationale Organisationen. Politik und Geschichte. Europäische und weltweite Zusammenschlüsse. Opladen 1995.

Register

Der Autor

Detlef Bald, geboren 1941, Studium der Geschichte und Politikwissenschaft in Freiburg i. Br., Promotion 1969. 1967–1970 Wiss. Assistent an der Universität Frankfurt a. M.; danach bis 1996 Wiss. Direktor für Militär und Gesellschaft am Sozialwissenschaftlichen Institut der Bundeswehr. Publizist in München.

Veröffentlichungen zur Militärgeschichte und Sicherheitspolitik, u. a.: ›Der deutsche Generalstab. 1859–1939‹ (1977); ›Vom Kaiserheer zur Bundeswehr‹ (1981); ›Der deutsche Offizier. Sozial- und Bildungsgeschichte‹ (1982); ›Tradition und Reform im militärischen Bildungswesen. Eine Dokumentation. 1810–1985‹ (1985); ›Militär und Gesellschaft. 1945–1990. Die Bundeswehr der Bonner Republik‹ (1994); ›Die Atombewaffnung der Bundeswehr‹ (1994).

20 Tage im 20. Jahrhundert

Herausgegeben von Norbert Frei, Klaus-Dietmar Henke und Hans Woller

20 Tagesereignisse aus den letzten hundert Jahren bilden den Ausgangspunkt für eine umfassende Darstellung der historischen, gesellschaftlichen und kulturellen Entwicklung vom Beginn des Jahrhunderts bis zum Ende des Jahrtausends. Als Ergebnis liegt damit eine Bilanz des 20. Jahrhunderts vor.

Volker R. Berghahn
Sarajewo, 28. Juni 1914
Der Untergang des alten Europa
dtv 30601

Dietrich Beyrau
Petersburg, 25. Oktober 1917
Die russische Revolution und der Aufstieg des Kommunismus
dtv 30602 (i. Vorb.)

Hans Woller
Rom, 28. Oktober 1922
Die faschistische Herausforderung
dtv 30603

Jürgen Osterhammel
Shanghai, 30. Mai 1925
Die chinesische Revolution
dtv 30604

Hans Mommsen
Auschwitz, 17. Juli 1942
Rassenideologie, Genozid und Ausrottungspolitik
dtv 30605 (i. Vorb.)

Jost Dülffer
Jalta, 4. Februar 1945
Der Zweite Weltkrieg und die Entstehung der bipolaren Welt
dtv 30606

Detlef Bald
Hiroshima, 6. August 1945
Die nukleare Bedrohung
dtv 30607

Dietmar Rothermund
Delhi, 15. August 1947
Das Ende kolonialer Herrschaft
dtv 30608

Franz Knipping
Rom, 25. März 1957
Die Einigung Europas
dtv 30609 (i. Vorb.)

Robert D. Johnson
Washington, 20. Januar 1961
Der amerikanische Traum
dtv 30610

Helmut Mejcher
Sinai, 5. Juni 1967
Krisenherd Naher und Mittlerer Osten
dtv 30611

Norbert Frei
Paris, 13. Mai 1968
Kulturprotest und Gesellschaftsreform
dtv 30612 (i. Vorb.)

Brigitte Röthlein
Mare Tranquillitatis, 20. Juli 1969
Die wissenschaftlich-technische Revolution
dtv 30613

Wilfried Loth
Helsinki, 1. August 1975
Entspannung und Abrüstung
dtv 30614

Harold James
Rambouillet, 15. November 1975
Die Globalisierung der Wirtschaft
dtv 30615

Mária Huber
Moskau, 10. März 1985
Die Auflösung des sowjetischen Imperiums
dtv 30616 (i. Vorb.)

Franz J. Brüggemeier
Tschernobyl, 26. April 1986
Die ökologische Herausforderung
dtv 30617

Klaus-Dietmar Henke, Kurt Sontheimer
Berlin, 9. November 1989
Die deutsche Frage
dtv 30618 (i. Vorb.)

Walther L. Bernecker
Port Harcourt, 10. November 1995
Aufbruch und Elend in der Dritten Welt
dtv 30619

Lutz Niethammer
Boston, 26. Dezember 2000
Schöne neue Welt: Erwartung und Erfahrung
dtv 30620 (i. Vorb.)